평생교육론

이경화 권옥경 김숙기 김경열 황성용
권희철 송미정 임제현 최윤주 이은정

태영출판사

머리말

'평생교육'이란 이 책의 저자들에게 유의미한 말 중에서 가장 으뜸이 되는 용어일 것이다. 특히 본 저자가 숭실대학교 100주년이 되는 해인 1997년에 교수로 임용이 되어 첫 번째로 수행한 큰 작업이 '평생교육학과'를 설립한 일이었다. 그리고 1998년에 첫 입학생이 들어왔고, 그해 우리나라에 '평생교육법'이 제정되었으니 이 일만으로도 나의 일생에서 가장 의미 있는 말이 '평생교육(平生教育)'이 아닐 수 없을 것이다.

평생교육은 개인의 자아실현을 위하여 언제 어디서나 원하는 교육을 받아 삶의 질을 향상시킬 수 있는 교육을 총칭하는 것으로, 평생교육에는 「평생교육법」에 근거하여 진행되는 모든 형태의 조직적인 교육활동, 즉 학교의 정규 교육과정을 제외한 기초문해교육, 학력보완교육, 직업능력교육, 문화예술교육, 인문교양교육, 시민참여교육 등을 포함하고 있다.

유네스코에서는 평생교육을 "평생을 통한 계속적인 교육을 의미하며, 급변하는 현대사회에 있어서 일정 연령층을 대상으로 하는 학교교육과 그 외의 제반 교육 자원을 효율화함으로써 교육 역량의 극대화를 지향하는 총제적인 노력"이라고 정의하고 있다. 우리나라의 평생교육은 "요람에서 무덤까지 평생에 걸친 배움을 강조하는 교육이념으로서 교육 양태상으로는 형식, 비형식, 무형식 교육, 교육 영역상으로는 가정교육, 사회교육, 학교교육을 포괄하는 총체적인 교육 이념이며, 궁극적으로는 학습자의 자율적 학습 수행과 교육적 선택의 자유를 통한 학습권이 보장 되는 학습사회를 지향하는 교육"이라고 정의하고 있다.

평생교육을 학교교육을 제외한 모든 형태의 조직적인 교육활동이라고 본다면, 평생교육은 배움에 있어서 시간과 장소의 한계를 탈피하여, 학령기에 학교에서만 이루어지던 교육에서부터 학교 밖에서도 이루어질 수 있는 바로 삶(Education is life) 자체라고 볼 수 있다.

우리나라의 평생교육의 역사는 평생교육법이 제정된 이후부터 약 20여 년에 불과하지만 참 빠르게 성장해 왔으며, 세계 어느 나라와 비교해 보더라도 우위에 있음을 알 수 있다. 그러나 이제는 빠른 양적 성장에 더하여 질적인 측면에서의 성장이 기대된다.

이 책은 평생교육을 공부하고자 하는 학부생, 대학원생 및 일반인들에게 평생교육 전반에 대한 기초 지식을 제공해 줄 수 있도록 구성되었다. 즉, 평생교육에 대한 이해, 평생교육 대상자의 이해, 평생교육 관련법 및 제도, 평생교육 관련 학습이론, 평생교육 방법의 이해, 평생교육 프로그램의 이해 및 개발, 평생교육과 인적자원개발, 성인학습 상담, 평생교육 경영, 지역사회와 평생교육, 국외 평생교육 현황과 이슈, 다문화교육과 평생교육 그리고 평생교육의 향후 과제 등 13개 챕터로 구성되어 있는데, 10명의 평생교육 전공자들이 각자 세부전공에 따라 챕터를 맡아 책을 집필하였다.

우리나라에도 평생교육개론서는 수없이 발간되었다. 그러나 이 책은 내 사랑하는 박사 제자들과 함께 우리나라 평생교육의 발전에 작은 밀알로써 도움이 될 수 있기를 바라며 공동 작업을 하였기에 그 의미가 더해진 것이다.

완성도 높은 책을 만들고자 하는 마음에 작업이 더뎌져서 집필 기간을 너무 오래 끌게 되었기에, 태영출판사 김현태 사장님과 편집부장님의 마음을 너무 안타깝게 해드린 점에 죄송한 마음을 표하며, 그래도 묵묵히 기다려 주셔서 감사드립니다.

2017년, 정유년 1월에 저자들을 대표하여

이경화 씀

차 례

제1장

평생교육의 이해

1. 현대사회와 평생교육
2. 평생교육의 개념
3. 평생교육의 필요성

1. 현대사회와 평생교육

1) 평생교육의 태동

인간은 태어나는 순간 가족이라는 소규모 사회의 일원으로서 삶을 시작한다. 시간이 흐름에 따라 개인이 속한 사회의 크기는 물론이고 특성 또한 변화한다. 이러한 변화는 개인의 성장 과정에 기인할 수도 있고, 사회 자체의 변모에 기인할 수도 있다. 현대사회가 놀라운 속도로 생산해 내는 엄청난 양의 지식과 정보는 인터넷이라는 초국가적 연결망을 통해 순식간에 전세계로 퍼져 나간다. 이와 더불어 산업의 구조도 변화하는 사회에 살고 있는 현대인은 새로운 지식, 기술, 정보에 빠르게 적응하기 위해 끊임없이 재교육을 받거나 자기주도적 학습을 수행해야 한다. 이처럼 사회의 변모에 따른 교육 내용과 패러다임의 변화는 개인의 성장 과정에서 요구되는 교육 내용과 방식에도 변화를 요구하고 있다.

현대사회의 세 가지 특징은 정보화, 개방화, 다원화이다. 정보통신 기술의 발달은 다양한 분야에서 많은 양의 지식과 정보를 생산해 내고 있으며, 이처럼 급증하는 정보는 일상생활에 큰 영향을 미치고 있다. 또한 교통과 통신의 발달은 무역 발달을 촉진시킴으로써 국가와 국가 사이에 교류를 증대시켜, 경제와 문화 분야에 있어 세계는 지구촌이라 불릴 정도로 국가 간 장벽이 허물어지고 있다. 이러한 문화 개방은 다양한 문화에 대한 관심과 욕구를 증대시키고 사람들의 생활과 사고에 영향을 미침으로써, 현대인은 다원화된 사회에서 각자의 개성을 추구하며 살아가게 되었다(성낙돈 외 3인, 2009).

다른 한편 현대사회는 여성의 지위 향상, 여가 시간 증대, 노년층 증가, 직업의 다양화, 직업 간 교류 증대 등의 특성도 보이고 있다. 근대 이후 점진적으로 성장해 온 여성 인권에 대한 인식은 신체 노동보다 정신 노동이, 지적 노동 못지않게 감정 노동이 요구되는 현대 산업의 구조 변화와 맞물려 일상생활에서 여성의 지위뿐만 아니라 산업현장에서 여성의 지위상승도 촉진하고 있다. 산업 구조의 변화와 인권 인식의 성장은 노동 시간 단축으로 이어지면서 여가 시간의 증대를 가져오기도 했다. 또한 과학의 발달과 함께 성장한 의료 기술은 인간의 평균 수명을 늘림으로써 세계 각국에서 노년층이 증가하고 있는 상황이다. 과학의 발달은 다양한 산업 분야에도 영향을 미쳐 각 분야에서 새로운 직업을 창출해 내고 있을 뿐 아니라, 첨단과학 간의 융합은 새로운 산업 분야를 빠르게 생성해 내고 있기도 하다(한숭희, 2006).

이처럼 경제와 문화가 개방된 사회에서 넘쳐나는 정보와 발전하는 과학이 세계를 빠르게 변화시키는 가운데 우리는 늘어난 평균 수명 덕분에 과거 어느 때보다 긴 일생을 살아가게 되었다. 다시 말해 급격히 그리고 다양하게 변화하는 현대사회에서 오래 잘 살아가기 위해 우리는 보다 효과적 · 효율적으로 대처할 수 있는 역량을 지속적으로 길러 나가야 할 필요에 당면해 있는 것이다.

하지만 특정 연령대에 집중하여 제한된 교과목을 중심으로 운영되는 정규 학교교육만으로는 이처럼 급변하는 세계에 대처하기 쉽지 않다. 이에 교육학계에서는 무엇을, 어떻게, 누구를 주체로 하여 교육할 것인지에 대하여 논의를 계속해 왔다. 이러한 논의의 결실로 기존 학교교육의 단점을 보완하고 대체할 교육에 대한 청사진으로 평생교육은 전통적인 교육의 한계를 극복할 수 있는 핵심 이념으로 특히 주목받고 있다.

2) 평생교육의 발전

제2차 세계대전 이후 전세계적으로 인권과 평등의 문제가 제기되었다. 이에 각국은 이념으로서의 평등을 현실에서 실현하기 위한 숙고의 일환으로 교육의 중요성을 재인식하였다. UNESCO를 비롯한 여러 국제기구들이 출범하면서 평생교육에 대한 관심도 높아졌다. 특히 UNESCO에서 주관하여 1949년 이후 12년마다 개최되는 세계성인교육회의에서 성인교육의 역할과 실천 방향 등에 대하여 활발한 논의가 전개되었다. 덴마크의 엘시노어에서 열린 첫 회의에서 참가국들은 전후 재건을 위하여 성인교육이 어떤 역할을 수행해야 하는지, 세계대전과 같은 전쟁이 재발하지 않도록 평화롭고 민주적인 사회를 건설하는 데 성인교육이 어떻게 공헌할 수 있는지 등에 대해 논의하였다. 범세계적으로 초등교육의 보편화를 실현하려는 움직임이 활발히 전개되던 1960년 당시 몬트리올에서 열린 제2차 회의는 UNESCO가 평생교육을 제창하는 기반이 되었다. 2차 회의에서는 정책목표로서 평생교육 이념이 대두되었고, 급격히 변화하는 세계에서의 성인교육과 성인의 문맹퇴치, 평화와 성인교육의 관계, 기술교육의 필요성을 강조하였다.

이처럼 국제사회에서 평생교육의 필요성에 대한 인식이 높아지는 가운데, 1965년 12월 파리에서 열린 UNESCO 성인교육발전회의에서 프랑스의 성인교육 이론가이자 실천가 Lengrand은 「평생교육」이란 논문을 발표함으로써 평생교육에 대한 본격적 논의의 길을 열었다. Lengrand은 이 논문에서 평생교육의 개념과 실천 방안을 다섯 가지로 제안하였다.

① 태어나서부터 죽을 때까지 일생을 통하여 교육의 기회를 제공한다.

② 인간발달의 종합적 통일이라는 관점에서 여러 교육을 조화 및 통합시킨다.

③ 평생교육의 실현을 위해 노동일의 조정, 교육 휴가, 문화 휴가 등의 조치를 취한다.

④ 초 · 중 · 고 · 대학도 지역사회 학교로서의 역할과 지역문화센터로서의 역할을 수행하기 위해 힘쓴다.

⑤ 교육에 대한 종래의 생각을 근본적으로 바꾸어 교육 본래의 모습으로 돌아가기 위해 평생교육 이념을 확산시키는 데 힘쓴다.

이처럼 UNESCO의 각종 보고서를 통해 평생교육 이념이 전파되기 시작하자 평생학습은 각계각층에서 뜨거운 관심의 대상이 되었으며, 관련 회의와 간행물도 쏟아져 나왔다. 정치인, 기업인, 교육자로부터 평생교육에 관한 요청도 쇄도하였다. 이후 30년 동안 평생학습에 대한 관심의 수위는 최고점과 최저점 사이에서 오르내리기를 반복하다가, 90년대 후반부터 국제 정책 기구를 중심으로 새롭게 그 수위를 높여 가고 있다. 1996년 EU는 유럽 평생학습의 해를 지정했으며, 같은 해 1월 열린 OECD 교육부 장관 회의에서 '평생학습을, 모두를 위한 현실로 만들자(making lifelong learning for all)'라는 슬로건이 표방되었다. 나아가 1996년 UNESCO 교육위원회의 21세기 보고서는 '일생에 걸친 배움(learning throughout life)'을 주안점으로 채택하였다. 이어 1999년 6월 쾰른에서 열린 회의에서 G8 회원국들이 평생교육을 세계에 홍보하고 촉진하는 데 동의했을 뿐 아니라 평생에 걸친 재교육을 우선 과제로 선언했다(Knapper & Cropley, 2000).

2. 평생교육의 개념

1) 평생교육의 정의

평생교육의 이념은 1965년 UNESCO의 성인교육발전회의에서 Lengrand이 발표한 논문 「평생교육」을 바탕으로 제창되었다. 이 논문은 평생교육의 핵심이 인간에게 일생에 걸친 교육 기회를 제공하고, 인간 발달을 종합적 통일의 관점에서 보아 여러 교육을 통합하는 데 있다고 밝혔다. 이러한 평생교육의 실현을 위해 사회는 노동일의 조정, 교육 휴가, 문화 휴가 등의 실질적 조치를 취할 것, 학교는 단순한 교육기관의 기능을 넘어 지역사회 학교로서의 역할과 지역문화센터의 역할을 수행할 것을 주장했다. 나아가 교육에 대한 기존의 통념을 뿌리부터 바꾸어 교육 본연의 모습으로 돌아가기 위해 노력할 것도 당부했다.

평생교육에 대한 정의는 학자마다 기관마다 상이하다. 이는 평생학습이 생애학습, 학습 사회, 학습을 배우는 것, 교과과정으로써의 삶 등 다양한 내용으로 설명되기 때문이다. 사실 평생교육의 개념 자체는 새로운 것이 아니다. 평생교육을 둘러싼 논의들은 러시아 볼셰비키 혁명 등의 영향으로 여성과 노동자 계급의 시민권 확대 차원에서 전개되었던 논의의 연장이기 때문이다. 즉 제1차 세계대전 직후부터 시작된 평생교육 논의가 1960년대 후반에 평생교육에 대한 관심이 급증하면서 본격화된 것이다(장원동 · 윤영란, 2008). 1919년 영국의 성인교육위원회에서 발표된 글은 평생교육에 관한 초기 논의의 대표적 사례이다.

> 성인교육은 소수의 선택받은 사람들을 위한 사치스러운 교육으로 간주되어서는 안 된다. 또한 단기간이나 성인 초기만을 고려해서도 안 된다. 이는 영구적인 국가적 필요이며 시민권과 떼려야 뗄 수 없는 관계이기에 보편적이고 일생에 걸친 것이어야 한다(Adult Education Committee of the Ministry of Reconstruction 1919: 5, upper case in original).

평생교육의 창시자인 Lengrand은 "평생교육은 개인이 태어났을 때부터 죽을 때까지의 전 생애에 걸친 수직적 혹은 시간적 차원과 개인 및 사회 전체의 수평적 혹은 공간적 차원의 교육적 통합"이라고 말한다. 즉 평생교육은 개인의 전 생애에 걸친 교육일 뿐 아니라 사회 전체를 대상으로 하는 교육의 통합이라고 설명할 수 있다.

인도 출신의 평생교육학자인 Dave는 평생교육을 뜻하는 낱말 'life, lifelong, education'의 의미를 부각시켜, 전 생애에 걸쳐 이루어지는 계속적인 학습으로써 평생교육 지향성을 강조한다. 즉 삶의 질 향상을 목표로 하여 일생 동안 이루어지는 모든 형태의 형식적 · 비형식적 학습활동이라고 정의한다(임종운 · 문영희, 2003).

세계적으로 평생교육 연구가 활발해지면서 우리나라에서도 평생교육의 정의에 관해 다양한 의견이 제시되었다. UNESCO 한국위원회 보고서는 평생교육을 "문자 그대로 평생에 걸친 계속적인 교육을 의미하며, 급변하는 현대사회에 있어, 한편으로는 일정 연령층을 대상으로 하는 한정된 기간의 교육으로서의 학교교육의 기능과 다른 한편으로는 조직화되지 못한 비효율적인 상태로 방치되어 있는 사회교육의 기능을 모두 개편 · 강화하고, 한 사회가 가지고 있는 교육자원을 효율화함으로써 교육역량의 극대화를 지향하는 노력"으로 정의하고 있다.

김도수(1994)는 평생교육을 "개인과 집단의 생활의 질을 높이기 위하여 사적 교육의 단계에서, 모든 사람에게 교육기회를 보장하는 공적 교육의 단계로 전환하는 것을 목표로 하며 인간의 교육을 위하여 기존의 모든 교육을 수직적 · 수평적으로 통합 · 재편성하려는 교육체제 개혁의 지도 이념"으로 정의하였다. 또한 김종서(2000)는 평생교육을 "삶의 질 향상의 이념 실현을 위하여 태아에서 무덤에 이르기까지의 교육적 · 수직적 통합과 가정교육, 사회교육, 학교교육의 수평적 통합을 통한 학습사회를 건설함으로써 최대한의 자아실현과 사회발전 능력의 함양을 목적으로 하는 것"이라고 말하고 있다.

그리고 한숭희(2006)는 "학습자들이 자기주도적인 평생학습을 통해 자신의 경험을 끊임없이 재구성하고 개발시켜 나갈 수 있도록 지원하는 교육 과정 · 방법 · 제도 · 네트워크 등"을 의미한다고 보았다. 즉 평생교육은 학습자들 자신의 경험을 통해 계속적이고 자기주도적인 성장을 유발하는 학습을 촉진하는 의도적이고 체계적인 활동 가운데 교육의 조건을 만족시키는 실천과 제도에 관한 조직 원리라고 말할 수 있다. 또한 차갑부(2012)는 한 개인이 태어나서 죽기 전까지의 수직적 통합 그리고 가정과 학교를 포함한 모든 생활공간의 수평적 통합을 통해 언제 어디에서나 개인의 학습욕구를 충족시킬 수 있는 형식적 · 비형식적 · 무형식적 교육 활동이 평생교육이라고 하였다.

이들 모든 견해는 학습이 삶의 특정 시기에 국한되지 않고 일생 동안 이루어지며 학교뿐만 아니라 모든 장소에서 이루어질 수 있는 범생애적 속성을 갖는다는 점을 평생교육의 전제로 삼고 있다. 이 관점에 의하면 교육받을 권리는 학교 접근성 여부를 넘어서 본질적으로 삶의 과정 전반에 걸쳐 배울 수 있는 권리를 의미한다. 따라서 국가는 학교 시스템 안팎에서 모든 연령층의 국민에게 동일한 학습 기회를 보장할 의무가 있다. 정규적 · 비정규적 교육이 효과적 학습으로 이어지고, 모든 국민이 학교 시스템 외부에서도 적절한 학습 기회를 보장받을 수 있도록 준비해야 하는 것이다.

1965년에 Lengrand이 주창한 평생교육은 오늘날 다양한 교육 시스템의 주요 구성 원리로 받아들여져 지식사회 구축에 큰 기여를 하고 있다. 평생학습의 채택은 교육 구조나 정책의 부분적 조정이 아니라 교육과 학습 문화의 전반적 변혁을 요청한다.

학령기를 따로 정해 두고 학령기 학습자들이 정해진 내용을 배우는 학교를 유일한 교육 시스템으로 간주하는 학교중심의 교육 패러다임은 평생교육의 당위성을 인정하는 현대사회에서 더 이상 유효하지 않다. 교육과 수련, 면대면 학습과 원거리 학습, 정규 교육과 비형식 · 무형식 교육은 서로 대립되거나 단절된 개념들이 아니다. 교사가 주도하는 교육과 자신이 주도하는 수련이 뒤섞이거나 연속되며, 면대면 학습과 원거리 학습이 연계되고, 정규 교육과 비형식 · 무형식 교육이 서로를 보완하면서 병존한다. 따라서 지역과 국가는 변화하는 시대의 요청에 부응할 수 있도록 다양한 방식의 학습 시스템을 인정하고 명시할 의무가 있다.

학습 시스템과 학습 기회를 구성할 때 중요하게 여기는 연령에 대한 문제도 새로운 시각으로 접근할 필요가 있다. 학습에서의 성취는 연령이 아니라 노력이 좌우한다는 과학적 증거를 수용하여 배우고 싶은 것을, 배우고 싶은 때에 학습할 수 있는 사회적 학습 시스템을 마련해야 한다. 학교 또한 학령기 학습자의 학업 성취도를 측정하는 평가기관으로서의 역할을 넘어서 학습자가 보다 효과적인 학습을 할 수 있도록 지원하는 기관으로 변화되어야 한다. 이를 위해 교실이라는 제한된 공간을 넘어서 실외, 자연, 실제 삶의 현장 등으로 나아가는 방법도 유효할 것이다. 학교만이 아니라 가정, 직장, 지역사회 등 모든 곳에서 세대 간 그리고 학습자 간의 연계 학습 기회를 증진시킬 필요도 있다.

이와 같은 차원에서 진행되는 교육과 학습은 개인적 측면뿐만 아니라 사회적 측면까지 포괄하는 보다 통합적 관점을 요구한다. 이러한 관점 아래, 개인의 요구는 물론이고 지역사회의 요구를 구체적으로 수용하기 위한 정책이 다양하게 시행되어야 할 것이다. 지역의 현재 특성과 중장기적 발전 방향을 반영하면서 지역의 자원들을 활용하는 학습 환경을 구축함으로써 지역의 현재 요구를 충족시키는 한편 미래의 발전을 준비하는 지역사회 기반 교육이 한 가지 사례이다. 이처럼 지역사회 구성원들이 지역 내에 있는 자원을 교육을 위해 공동으로 활용하며 협력하는 문화는 한 지역을 교육 공동체이자 경제 공동체, 나아가 생활 공동체로 혁신하는 일이 아닐 수 없다. 따라서 구성원들이 함께 준비하고 학습하고 발전하는 평생학습 사회를 실현할 수 있는 구체적인 정책이 정교하게 계획되어야 한다.

우리가 거듭 주의할 점은 그 개념이 여러 다른 개념과 혼동되어 사용되는 와중에서 평생교육은 곧 성인 대상 교육이라고 잘못 인식되기 쉽다는 점이다. 이는 학교 외 교육에서 평생교육의 이념을 구현하려 할 때 실제적 대안이 성인교육이었기 때문에 생겨난 현상이다. 하지만 평생교육은 성인에게만 해당되는 교육이 아니며, 평생교육과 성인교육이 일치하는 개념도 아니다. 평생교육은 요람에서 무덤까지 전 생애에 걸쳐 이루어지며, 모든 연령층의 교육과 모든 형식의 교육을 포함하는 보다 상위의 개념이다. 한국교육심리학회에서 펴낸 교육심리학 용어사전에 따르면 성인교육(adult education)은 성인들이 지식, 태도, 가치, 기술 등을 계속적으로 습득할 수 있도록 체계화된 교육과정이다. 교수방법에 있어 성인교육 교사의 역할은 일반 학교나 대학의 형식적인 프로그램을 전통적인 방법으로 가르치는 교수자의 역할과 비슷하다고 볼 수 있다. 그러나 교육의 대상이 다르고 비형식적이며 비학교 환경이라는 점에 있어, 평생교육에 있어 성인교육 교사의 역할은 그러한 교수자의 역할과 다른 점이 있다.

한편 비교적 최근까지도 성인의 뇌는 변화에 잘 대처할 수 없다고 믿어졌다. 태어나서 얼마 지나지 않아 인생을 살아가는 데 필요한 모든 뇌 세포를 갖추게 되지만, 나이가 들면서 그 뇌 세포를 조금씩 잃어가게 되므로 학습, 기억, 활동에 있어 하락세를 보인다고 생각했기 때문이다. 하지만 연구가 지속되면서 반론이 제기되고 있다. 새로운 정보를 저장하는 작업은 이전만큼 효율적이지 않다 해도, 성인의 뇌가 생각보다 유연하게 변화에 대처할 수 있다는 것이다. 뇌의 가소성(plasticity)이 개인으로 하여금 지속적으로 변화하는 환경에 적응할 수 있도록 돕기 때문이다. 결국 뇌의 능력은 얼마나 잘 활용되는가에 좌우되므로 뇌는 이미 평생학습, 환경적응, 성인기 재교육에 알맞도록 준비되어 있다고 연구자들은 주장한다(Blakemore & Frith, 2005). 사실이 이러하므로 성인을 대상으로 하는 교육의 효과를 충분히 기대할 수 있는 것이다.

2) 평생교육의 원리 및 특성

"교육은 인생을 준비하는 과정이다. 그러므로 교육이 곧 인생이다." 성인교육 연구의 기초가 되었다고 해도 좋을 만한 『성인교육의 의미 (The meaning of adult education)』에서 Lindeman이 한 말이다. 그는 여기서 "교육이 인생을 준비하기 위한 것이라고 생각하는 순간 학습 과정은 악순환의 고리에 빠지고 만다"고 경고했다. 대학 진학, 취업 등 인생의 다음 단계로의 전진만을 위해 설계된 현재의 교육 체계가 학습자의 흥미와 열정을 떨어뜨려 학습자가 의무교육을 벗어나는 순간부터 배움을 멀리하게 만들기 때문이다.

전통적 교육 시스템은 교사가 제시한 길을 학습자가 따라가게 되어 있기 때문에 학습자는 이미 마련되어 있는 교육과정에 적응하는 것이 중요하다. 그러나 성인교육은 학습자의 필요와 관심에 의해 진행되므로 학습자 스스로 상황에 대응하도록 돕는 것이 목표이다. 이때 교사는 주도하는 자가 아니라 지원하는 자이다. 심지어 교사가 학습자가 되기도 한다. 성인교육에서 창조적 사고를 배제하는 시험이나 교수법적 공식, 권위적인 지도는 적절하지 않다.

Lindeman은 성인교육이, 단순한 직업교육이 아니라 근로자로 하여금 자신이 하는 일의 가치를 알도록 도움으로써 직업 활동 자체를 풍요롭게 하여 궁극적으로 학습자의 삶을 의미 있게 한다고 보았다. 또한 그는 경험이 '성인학습자의 살아 있는 교과서'라고 믿으면서 교육이 교과목이 아니라 학습자의 경험으로부터 출발해야 한다고 주장했다. 경험이 부족한 아동 학습자를 가르칠 때는 교사가 상상력을 동원하여 학습자 외부에서 경험을 제공해야 하지만, 성인은 살아오는 동안 내면에 축적된 경험이 있으므로 교사도 학습자도 이를 적절히 활용할 수 있기 때문이다. 그는 성인학습자들이 자신의 경험을 삶 전반과 연관짓게 함으로써 인간성을 고양시키는 과정을 교육의 일부로 보았기 때문에 소그룹을 조직하여 토론을 하도록 했다. 나아가 토론에서 논의된 내용을 실천에 옮기도록 독려했다. 지성을 고양시키기 위해 노력하는 소수의 성인들로 구성된 그룹, 외부에서 조작적으로 제시되는 경험이 아니라 이미 내면화되어 있는 자신의 경험 탐구, 사고를 자극하는 교사의 안내에 따른 토론 등의 방식이 성인교육, 더 나아가 삶의 의미를 탐구하는 진정한 교육의 토대라고 Lindeman은 말한다(강대중 · 김동진, 2013).

또한 평생교육의 이론을 논할 때 Knowles의 안드라고지(Androgogy)를 빼놓을 수는 없다. 안드라고지는 학습자가 학습 내용, 학습 시기, 학습 방법 등을 스스로 결정함으로써 자신의 학습을 주도해 나가는 학습 과정과 상황을 포괄하는 개념으로 성인을 대상으로 하는 교육방법이다. 1833년 Kapp가 처음으로 제안했으나, 당시 교육학의 핵심 개념은 교사의 훈육에 의한 아동기 학습을 중시하는 페다고지

(Pedagogy)였기 때문에 안드라고지 개념은 철저히 외면되었다. 하지만 이 개념은 1980년대에 미국의 사회교육학자 Knowles의 노력으로 영어권에 정착한 후 널리 인정받기에 이르렀다. Knowles가 정리한 페다고지와 안드라고지, 각각의 기본 가정은 〈표 1-1〉과 같다(신용주, 2004).

표 1-1 페다고지와 안드라고지의 기본 가정

	페다고지의 기본 가정	안드라고지의 기본 가정
알고자 하는 욕구	학습자는 학습 내용이 실생활에 어떻게 적용될 것인지를 알 필요 없이 진급이나 자격취득 등을 위해서 교사가 전달하는 내용을 학습해야만 한다.	학습자는 학습하는 이유와 학습의 결과로 얻게 될 이익을 검토한 후 검토 결과가 긍정적일 때 학습에 임한다. 따라서 성인학습의 촉진자는 학습자 자신이 무엇을 알고 싶어하는지 스스로 인식하도록 도와야 한다.
학습자의 자아개념	교사가 학습자를 의존적 존재로 인식하고 있으므로 학습자 스스로도 의존적 자아개념을 갖게 된다.	성인학습자의 자아개념은 대부분 자신의 삶에 대한 책임감과 관련되어 있다. 성인학습자들은 자신이 다른 사람들에게 자기 주도성을 가진 사람으로 인정받기를 원한다. 성인교육에 있어서 성인학습자가 지닌 과거의 학습 경험은 매우 중요하다. 성인교육의 담당자는 성인교육에 참여한 성인학습자들이 긍정적 학습경험을 통해 의존성을 극복하고 자기주도적인 학습자로 변화하도록 이끌어야 한다.
학습자 경험의 역할	학습자의 경험은 학습 자원으로 인정받지 못한다. 교사나 교재 · 교구 개발자들의 경험만이 중요한 학습 자원으로 존중된다.	성인학습자들은 청소년 학습자보다 풍부한 경험을 가지고 학습에 참여한다. 다양한 역할을 통해 축적된 성인학습자들의 경험이 성인교육에 시사하는 바는 매우 크다. 안드라고지 모형에서는 성인 집단에 내재하는 상이한 동기 · 목표 · 학습유형을 고려한 개별화된 교수–학습 전략이 요구된다. 또한 학습자의 풍부한 경험을 학습 자원으로 활용하기 위해, 지식이나 기술을 단순히 전달하는 전달식 교수법이 아니라 경험적 교수법을 중시한다. 즉 집단토론 · 사례연구 · 문제해결 활동 등 경험에 기초한 교수법을 통해 학습자 간의 상호작용과 상호협력을 촉진한다.
학습 준비도	학습자는 자신의 시험 및 자격취득을 위해 교사가 준비하고 제공하는 내용에 대하여 학습할 준비가 되어 있어야 한다.	성인학습자는 자신의 삶에 실제로 활용할 수 있고, 스스로 흥미를 느끼는 주제에 대해 학습하고자 한다. 이때 학습 준비도에 영향을 미치는 중요한 변수는 발달 과업이다. 각 발달 단계마다 그 다음 단계로 진행하기 위해서는 반드시 요구되는 학습 경험이 있기 때문이다.

학습 성향	학습자는 조직화된 교과 중심적 학습을 선호하는 경향이 있다. 따라서 교과 내용은 논리적으로 조직된 학습 경험들로 구성되어, 단원별로 전개된다.	교과 중심적 학습 성향을 지닌 아동 · 청소년 학습자에 비해 성인학습자는 생활 지향적, 과업 지향적, 문제 지향적인 학습 성향을 보인다. 따라서 성인학습자는 교육을 통해 습득한 새로운 지식 · 기술 · 가치 · 태도 등을 실제 삶에 적용할 수 있을 때 두드러지는 학습 효과를 나타낸다.
동기	학습자는 성적, 교사의 칭찬이나 꾸중, 부모의 압력 등에 의해 학습 동기가 유발된다.	성인학습자에게 봉급 인상이나 승진, 더 좋은 직업으로의 이동 같은 외재적 동기는 중요하다. 그러나 자아존중감 함양, 직무 만족도 향상, 삶의 질 고양 같은 내재적 동기는 외재적 동기보다 강한 영향력을 발휘한다.

* 출처: 신용주(2004). 평생교육의 이론과 방법. 서울: 형설출판사. pp. 76~78.

Knowles는 안드라고지 모형을 뒷받침하기 위해, 전통적인 페다고지의 대상인 아동 학습자와는 다른, 성숙한 성인학습자의 특성으로 다음 다섯 가지를 전제했다. 성인학습자의 특성은 다음 〈표 1-2〉와 같다.

표 1-2 성인학습자의 특성

구분	특성
자아개념 Self-concept	의존적인 성향의 사람에서 자기주도적인 사람으로 변화
경험 Experience	자신이 쌓아온 경험을 학습의 자원으로 활용
학습 준비도 Readiness to learn	사회적 역할에서 요구되는 과제에 토대를 둔 학습 준비도로 이행
학습 성향 Orientation to learning	학습이란 미래를 대비하는 지식이 아니라 실생활에 신속히 적응할 수 있는 지식을 얻는 배움이라는 사실을 알게 됨으로써, 학습 성향이 교과 중심에서 문제해결 중심으로 이동
학습 동기 Motivation to learn	내면에서 학습 동기 발현

* 출처: Smith, M. K.(2002). Malcolm Knowles, informal adult education, self-direction and andragogy.

Knowles는 성인학습을 목적으로 하는 모든 모임이 사람들이 협력하여 살아가는 방식을 경험할 수 있는 '민주주의의 실험실'이 되어야 한다고 생각했다. 개인의 태도와 견해는 주로 자발적으로 소속된 모임에서 형성되기 때문에 이러한 모임이 민주주의의 기반이며 모임의 목적이 대체로 우리 사회의 목적을 결정한다는 것이다. 이런 측면에서 볼 때 성인학습은 최소한 다음의 결과들을 창출해야 한다(Smith, 2002).

- 성인은 자기 자신을 충분히 이해해야 한다. 무엇을 원하는지, 무엇에 흥미를 느끼는지, 목표는 무엇인지, 능력은 어느 정도인지 등을 가늠할 수 있을 때 스스로를 객관적으로 바라볼 수 있다. 이와 더불어 자신을 인정하고 존중하며 보다 발전하기 위해 노력할 수 있어야 한다.
- 성인은 타인을 포용하고 사랑하며 존중하는 태도를 길러야 한다. 이는 모든 인간관계의 바탕이다. 이러한 태도는 타인에 대한 공감과 타인을 돕고자 하는 진실한 열망으로 확장될 수 있다.
- 성인은 삶을 향해 역동적 태도를 길러야 한다. 삶의 변화를 수용하고 이에 따라 자신이 항상 변화하고 있음을 자각해야 한다. 모든 경험을 학습의 기회로 여기는 습관을 들이고 이러한 기회의 활용에 숙련되어야 한다.
- 성인은 문제의 원인에 반응하는 방법을 배워야 한다. 문제에 대한 해결책은 현상이 아니라 원인에 있다. 이 교훈을 실생활뿐 아니라 인간관계에도 적용할 수 있어야 한다.
- 성인은 자기 개성의 잠재력을 성취하는 데 필요한 기술을 익혀야 한다. 모든 사람에게는 자신뿐만 아니라 사회에 기여할 수 있는 능력이 내재되어 있다. 하지만 잠재된 능력을 이끌어 내기 위해서는 다양한 기술이 필요하다. 학습자가 자신의 능력을 충분히 활용하는 데 필요한 기술을 가르치는 일 역시 교육의 목표 중 하나가 되어야 한다.
- 성인은 경험 자본의 가치를 이해해야 한다. 우리는 우리가 살고 있는 세계에 이미 존재하는 지식, 아이디어, 전통 등의 유산과 친숙해져야 한다. 나아가 인류를 하나로 결속시키는 가치들을 이해하고 존중할 수 있어야 한다.
- 성인은 소속된 사회를 이해하고 그 사회의 변화를 주도하는 데 능숙해져야 한다. 민주사회에서는 모든 성인이 사회 질서에 영향을 미치는 결정에 참여한

다. 민주사회에서 이러한 참여는 필수적이므로 사회구성원 모두가 현명한 결정에 참여할 수 있기 위해, 이미 마련된 사회 질서를 이해하고 있어야 한다.

Dave는 평생교육의 핵심적인 특성으로 총체성, 통합성, 유연성, 민주성을 꼽았다(임종운 · 문영희. 2003).

- **총체성**(Totality): 평생교육은 모든 종류의 교육을 포함하는 포괄적 형태의 교육이다.
- **통합성**(Integration): 평생교육에 내포된 다양한 교육들은 긴밀한 통합 관계 속에서 운영되어야 한다. 이때 통합이란 수평적 · 수직적 통합을 모두 가리킨다. 수평적 통합은 학교와 가정 그리고 사회교육의 통합을 의미하고 수직적 통합은 발달 단계의 통합을 의미한다.
- **유연성**(Fexibility): 다양한 학습 욕구를 가진 학습자들이 각자에게 맞는 방식으로 학습할 수 있도록 교육 내용, 교육 시간과 장소, 교육 방식 등을 유연하게 구성하여 학습자의 접근성을 높여야 한다.
- **민주성**(Democratization): 어느 누구도 소외되지 않고 모두 공평하게 교육받을 권리가 있다. 이 권리를 보장하기 위해서 교육에 대한 민주적 참정권 역시 공평하게 보장되어야 한다. 이는 교육 기회의 확대와 평등화에 기여하는 특성이기도 하다.

이외에도 평생교육은 학습자의 필요와 욕구에 따른 자발적 참여를 전제로 하는 자기 주도적 형태로 이루어지며, 학교교육의 독점을 지양하고 일반교양 교육과 전문교육이 조화와 균형을 이루도록 하는 특성 역시 포함하고 있다. 즉 교육의 주체나 대상, 방법 등에 따라 다양한 특성을 보이는 것이다.

이처럼 평생교육이 가진 모든 특성은 바로 그 자체가 평생교육의 목표이기도 하다. 결국 평생교육의 지향점은 평생교육을 통한 개인과 사회, 즉 공동체의 삶의 질 향상이라고 할 수 있다.

3) 평생교육의 목적과 역할

우리 모두는 살아가기 위해 학습을 필요로 한다. 학습 활동은 환경의 변화에 적응하기 위해 우연히 또는 자연스럽게 발생하기도 하고, 의도적이고 체계적으로 이루어지기도 한다. 특정한 의도에 따라 계획적으로 이루어지는 학습은 인간의 성장과 발달을 유의미하고 발전적인 방향으로 이끌어 간다. 우리는 이러한 활동을 교육이라 일컫는다. 다시 말해 교육 활동은 학습자의 행동을 어떤 목적에 따라 의도한 방향으로 변화시킴으로써 학습자가 이상적이고 바람직한 상태에 도달할 수 있게 한다. 따라서 성공적인 교육을 위해서는 교육 활동에 내재된 목적과 방향이 분명하게 제시될 필요가 있다.

평생교육의 목적은 1985년 개최된 제4차 세계성인교육회의에서 주창된 성인교육의 목적에 뿌리를 두고 있다. 이에 따르면 성인교육은 ① 저마다 자신의 능력을 개발하게 하고, ② 기존의 지식을 더욱 풍부하게 하며, ③ 이미 획득한 기술이나 자격을 변화를 맞이한 상황에서도 더욱 풍부하게 갱신할 수 있게 하며, ④ 지금까지의 태도나 행동양식을 바꾸게 하며, ⑤ 각 개인의 보다 원숙한 인성발달을 촉진하는 동시에, ⑥ 국민 개개인이 보다 균형잡힌 사회적 · 경제적 · 문화적 발전 과업에 참여할 수 있도록 돕는데 그 목적이 있다.

오늘날 성인교육의 목적은 여러 방식으로 범주화되어 있다. 이 중에서 Linedman이 제시한 두 가지 범주가 가장 보편적이다. 그는 “자기 수양의 단기 목표가 장기적이고 실험적이지만 일관적인 사회 질서 변화에 대한 정책과 양립할 수 있다면, 성인교육은 개인을 발전시키는 데 일조할 수 있다. 이러한 개인 측면에서의 목표가 변화하는 사회 기능에 지속적으로 적응할 수 있도록 개인을 변화시키려는 사회의 장기 목표와 동일하지는 않지만, 이 두 목표는 성인교육의 통일된 목표이기도 하다”고 하였다. 한편 Knowles(1980)는 성인교육이 개인과 기관, 사회의 요구를 만족시키는 데 그 목적이 있다고 본다. 그의 관점에서 교육자의 책임은 개인이 자신의 요구를 충족시키고 목표를 달성할 수 있도록 돕는데 있다. 개인의 목표가 자아 성취라면 기관과 사회의 요구는 이와 다르다. 기관과 사회는 공동체의 활동 기반을 넓히고 공동체를 보다 효율적으로 운영하기를 원한다. 사회는 공동체의 유지와 발전을 위해 빈번한 변화에도 적절히 기능할 수 있을 정도로 숙달된 성인 인력을 필요로 하는 것이다(Merriam & Brockett, 2011).

오늘날 세계 각국은 교육을 어떻게 수행할 것인가라는 문제에 관하여 한층 혁신적인 해결책을 요구받는 상황에 직면해 있다고 주장하는 목소리가 점점 높아지고 있다. 이에 대한 응답으로 평생교육은 하나의 해결책이 될 수 있으므로, 교육 체계가 평생교육을 조성할 수 있는 방향으로 바뀌어야 한다(Knapper & Cropley, 2000). Hasan(1996)은 교육 체계의 세 가지 필수 요소에 주목하고 있다. 그는 이 요소들을 만족시키면서 평생학습의 원칙을 이행하는 것이 문제해결에 필수적인 과정이라고 말한다.

(1) 개인 발달의 조성

평생교육은 제대로 교육을 받지 못한 성인들의 저임금 노동과 가난 등 사회경제적 제약에 의해 부과된 한계로부터 사람들을 해방시키고, 이들에게 동기를 부여하며, 이들의 자아상을 촉진한다. 또한 평생교육을 통해 실직 상태에서도 삶의 질을 향상시키는 한편, 긴 은퇴기간을 생산적이고 즐길 만하도록 만들어 준다.

(2) 사회 발달의 조성

혁신성과 생산성 그리고 경제적 능력을 향상시키고 사회적 진보, 즉 민주적 가치와 사회 화합 그리고 연대 등을 촉진하여 중산층 감소 문제를 극복하고 생산성과 경제적 활동을 보다 평등하게 분배한다.

(3) 전산화된 세계에 숙달

전산화된 세계는 정보사회의 출현과 더불어 이미 시작되었다. 기술이 고도로 발달한 산업사회는 정보의 창출과 조작에 대한 의존도가 점점 더 높아지고 있기 때문이다. 더욱이 이제 새로운 산업을 창조하는 데 있어 컴퓨터는 많은 작업의 토대이다. 사회구성원 각자가 이러한 기술적 변화에 적절히 대응하는 능력을 반드시 지녀야 하기 때문에 이에 적절히 대응하지 못하는 개인은 배제될 수도 있다. 오늘날 많은 노동인력이 이러한 위험에 직면해 있지만, 이러한 위기는 기존의 학교교육을 통해서는 해소될 수 없다.

3. 평생교육의 필요성

평생교육의 필요성은 지식기반사회와 관련하여, 사회변화에 대한 적응과 삶의 질 향상 등과 같은 측면에서 설명할 수 있다. 현대사회의 급격한 변동에 발맞춰 새로운 기술의 습득과 그로 인한 직업 세계의 변화는 필연적이다. 또한 전문직업인으로서 자리매김을 위해 계속교육과 평생학습은 절실히 필요하다. 계속적인 자기개발과 성취를 위한 평생학습은 전 생애에 걸쳐 이루어지며, 학교교육만으로 대처하기 어렵다(권이종, 2010). 현대사회의 특성 및 변화는 남녀노소 혹은 도시인이나 농촌인을 불문하고 누구에게나 영향을 미치고 있으며, 변화에 대처해 나가기 위한 새로운 교육을 필요로 하게 되었다. 또한 경제 발전으로 인하여 어느 정도의 경제적, 사회적 안정을 찾은 사람들은 배움에 대한 욕구는 더욱 증가한다. 평생교육은 다양한 삶의 질 가운데 인간의 풍요로운 정신세계로서의 삶의 질을 향상시키는 데 있다(한숭희, 2006).

장원동(2008)은 평생교육의 필요성에 대하여 지식, 정보의 대량화 및 단명화, 학습 주체의 변화, 교육의 확장, 여가의 증대, 비판적 의식 고취로 설명하고 있다. 또한 허혜경(2007)은 지식기반 경제와 관련된 평생교육의 필요성을 강조하고 있으며, 특히 여성, 노인, 비정규 고용인력 수용 증가를 손꼽고 있다. 또한 삶의 질 향상과 관련하여 자아실현적인 측면, 지식의 생산, 사용과 환경의 문제, 문화에 대한 욕구 증가와 새로운 사회생활 양식, 성인, 노인, 여성, 장애인 등에 대한 지위 변화에 따라 평생교육의 중요성을 강조한다. 이러한 내용을 종합하여 평생교육의 필요성을 개인적인 측면과 사회적인 측면에서 알아보고자 한다.

1) 개인적 측면

(1) 개인의 자아실현과 삶의 질 향상 추구

개인의 자아실현을 추구하는 것에 대하여 Maslow는 다음 [그림 1-1]과 같은 위계적 욕구이론을 제시하였다.

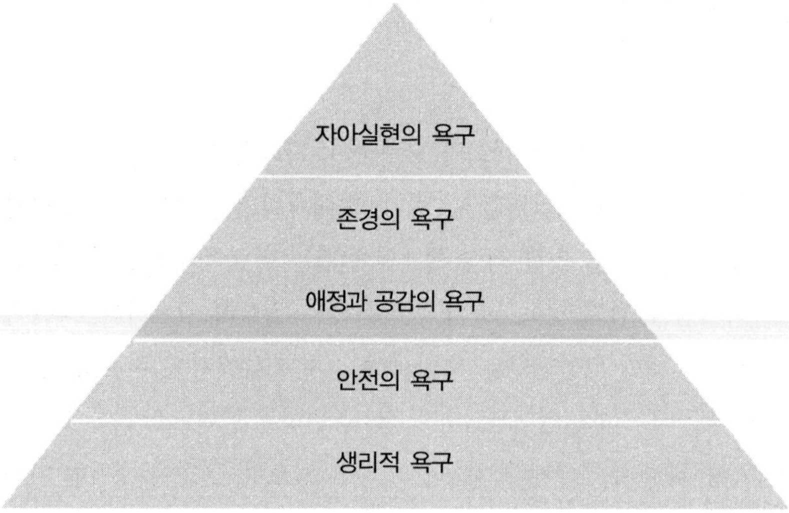

[그림 1-1] Maslow의 위계적 욕구이론

- **1단계**: 생리적 욕구 — 식욕, 성욕, 수면욕, 배설욕, 활동욕
- **2단계**: 안전의 욕구 — 위험 · 고통으로부터의 회피, 안정
- **3단계**: 애정과 공감의 욕구 — 애정, 친화, 소속감
- **4단계**: 존경의 욕구 — 승인, 존경, 지위, 명예
- **5단계**: 자아실현의 욕구 — 자기완성, 삶의 보람

인간은 자신의 삶의 질을 향상하기 위해 자아실현의 욕구가 강하다. Maslow가 말하길, 인간은 기본적인 욕구들이 충족되면 최고급인 5단계인 자아실현의 욕구가 생긴다고 한다. 자아실현의 욕구는 자신의 잠재된 능력을 발휘하며 이를 구현해 내기 위한 욕구를 말한다. 그러므로 인간은 자아실현의 욕구를 충족하기 위해

끊임없이 자신을 개발하고 보완할 수 있어야 한다. 그 뒷받침이 되어지는 것이 평생교육이기 때문에 필요성이 강조되어지는 것이다.

Maslow의 욕구위계는 5단계에 인지적 욕구, 심미적 욕구가 포함되어 7단계로 보기도 한다.

(2) 문화에 대한 욕구 증가

세계화가 급속해지면서 사람들은 다양한 문화를 접할 기회가 생겼다. 또한 경제적 안정이 생길 뿐만 아니라 근무시간이 단축됨에 따라 여가시간이 증대되었다. 현대에는 여가시간이 휴식이 아닌 생산적인 시간으로 인식되어지고 있다. 사람들이 여가와 문화에 대한 관심도가 높아지면서부터 평생교육에 대한 관심도 더욱 높아졌다. 여가시간을 활용하여 평생교육을 통해 자아실현을 구축해 나갈 수 있는 기회뿐만 아니라 새로운 문화를 접하고 배울 수 있는 기회라고 생각하기 때문이다.

(3) 새로운 생활양식의 적응

지식과 기술의 발달로 공간적 한계가 무의미해지고, 인간의 수명은 연장되며 또한 경제적 안정으로 인해 여가나 문화에 더 많은 관심을 갖게 되었다. 해방 후 산업화가 되면서 경제정책과 세계화에 맞추어 많은 인구가 해외로 이주하였고 아울러 많은 외국인들이 국내에 거주하게 되었다. 그 결과 서로 이질적인 국내인과 외국인간의 문화 차이로 인한 생활양식의 변화와 문화 가치의 향상을 위해 평생교육을 강조하는 계기가 된다(가영희 외, 2009).

(4) 안정된 직업의 창출

현대사회의 급격한 변화는 직업세계에 많은 영향을 미쳤다. 지식기반사회에서는 단순노동의 일보다는 앞서 말했듯이 새로운 지식을 창출, 가공, 활용할 수 있는 지식경영에 기반을 두기 때문에, 직업은 전문직, 기술직, 사무직 등으로 다양한 분야에서 전문화되고 세분화되어지고 있다. 따라서, 새로운 직업들이 생겨나고 인기 있는 직종들이 바뀌기 시작했다. 라이프 사이클이 빠르게 변화하고 있다는 증거이다. 개인의 직업 수명이 단축되기 시작하면서 사회구성원들은 평생교육을 절실히 필요로 하고 있다. 평생교육으로 필요한 지식을 습득하여 기존에 낙후되었던 자신의 기술을 보완하는 기회를 갖게 되며, 나아가 사회에서 요구되는 지식과 기술을 습득할 수 있다. 또한, 더 나은 직업을 가질 수도 있는 기회를 획득할 수 있다.

2) 사회적 측면

(1) 현대사회의 급격한 변동에 대한 적응

현대사회는 과학기술과 정보통신의 발달로 인해 급격한 변동이 이루어지고 있다. 특히, 과학기술과 정보통신의 발달로 인해 지식이 급증하였다. 지식기반 사회에서는 다양하고 새로운 지식들이 창출되고 있으므로, 사회구성원들은 새로운 지식을 활용할 수 있는 능력을 가지고 있어야 한다. 사회구성원들이 이러한 변화에 능동적으로 적응을 하기 위해서 의무교육이나 학교교육만으로는 불가능하다. 따라서, 새로운 사회에 적응하기 위해서는 지속적인 평생교육의 필요성이 제기된다.

(2) 인간의 수명 연장으로 인한 노인교육

의학기술이 발달하면서 인간의 수명이 연장되어지고 있다. 인간의 수명이 연장되면서, 우리나라는 2000년대에 고령화 사회에 진입하게 되었다. 앞으로 2018년 고령사회 진입 예정, 2026년 초고령 사회 진입 예정이다. 이렇게 사회구성원들의 평균연령이 높아짐에 행복한 노년기를 보내기 위한 사회에 대한 재적응 교육 등과 같은 노인교육이 강조되어지고 있다.

(3) 사회 계층구조의 변화

현대사회의 특성은 남녀노소 누구나에게 영향을 미치고 있다. 뿐만 아니라 수명 연장으로 인구 구조 변화와 함께 지식기반사회가 되면서 다양한 계층들이 형성되었다. 교육권이 소외되었던 계층(여성, 노인, 장애인 등)이 교육에 대한 요구가 늘어났다. 교육 기회 평등사상이 확대되었다. 모든 사람이 평등하게 교육을 받기 위해서는 새로운 평생교육 체제가 필요하다고 한다.

특히, 여성들이 과거에는 가사일에 집중하였지만 현대에는 직업진출로 인해 의무교육을 받지 못한 여성들이 평생교육에 대한 수요가 늘어나고 있는 것으로 보고 있다.

(4) 세계화에 따른 다문화 습득

정보통신 발달로 이루어진 지식기반사회는 세계화를 가속화시키고 있다. 언제 어디서든 다른 나라의 문화를 받아들일 수 있게 되었다. 다른 나라와의 통신뿐만 아니라 지식, 정보기술, 경제 등 모든 분야에서 세계는 상호의존성을 띄고 있다고 본다. 세계와 원활한 소통을 위해서는 새로운 언어뿐만 아니라 각 나라의 문화, 이념 등의 지식을 습득하여야 한다.

(5) 환경의 변화와 문제에 대처

지식기반사회가 되면서 단순노동의 일이 기계화와 자동화가 되었다. 자동화와 기계화로 인하여 산업화와 정보화로 축적되었던 환경문제가 지식기반사회에서까지도 대두되고 있다. 하지만, 사회구성원들 환경문제를 당장 눈에 보이지 않는 것으로 여겨 심각하게 받아들여지지 않고 있다. 하지만, 우리가 안전하게 질 높은 삶을 살기 위해서는 환경문제의 해결의지를 두고 직업교육 뿐만 아닌 환경과 관련된 생태교육, 급속한 사회변화로부터 파생되는 부정적 사회 병리 현상을 올바르게 치유할 수 있는 다양한 평생교육, 기존에 없었던 새로운 환경적 변화에 대처하기 위한 지속적이고 꾸준한 문화적 이해와 사회적 질서교육이 필요하다.

참고 문헌

가영희, 성낙돈, 안병환(2010). 교육학개론. 서울: 동문사.
강대중, 김동진(2013). 성인교육의 의미. 서울: 학이시습.
권이종, 이상호 공저(2010). 평생교육개론. 경기: 교육과학사.
김도수(1994). 평생교육. 경기: 양서원.
김종서, 황종건, 김신일, 한숭희(2003). 평생교육개론 수정판. 경기: 교육과학사.
배석영, 박성희, 박경호, 황치석(2007). 미래사회를 위한 평생교육개론. 경기: 양서원.
성낙돈, 가영희, 안병환, 임성우 공저(2009). 평생교육학개론. 서울: 청목출판사.
신용주(2004). 평생교육의 이론과 방법. 서울: 형설출판사.
신태진, 고요한(2007). 포스트모던 문화교양과 여가교육. 서울: 학지사.
임종운, 문영희 공저(2003). 평생교육개론. 서울: 홍익재.
장원동, 윤영란 공저(2008). 평생교육의 이해. 서울: 동문사.
차갑부(2012). 평생교육론-모든 이를 위한 평생학습. 경기: 교육과학사.
한국성인교육학회 편(2012). 성인교육의 현재와 미래. 서울: 학지사.
한숭희(2006). 평생교육론 평생학습사회의 교육학. 서울: 학지사.
허혜경, 박성열, 구병두(2007). 평생교육학개론. 서울: 청지사.

Blakemore, S. J., & Frith, U.(2005). The learning brain: lessons for education: a précis. *Developmental science, 8*(6), 459-465.

Hasan, A.(1996). Lifelong learning. In Tujinman, A. C. (ed.). *International encyclopedia of adult education and training*(2nd ed.). Tarrytown, NY: Pergamon.

Knapper, C. K. & Cropley, A. J.(2000). *Lifelong learning in higher education.* (3rd ed.). London, U. K.: Kogan Page.

Knapper, C. K. & Cropley, A. J.(2000). *Lifelong learning in higher education.* (3rd ed.). London, U.K.: Kogan Page.

Knapper, C. K. & Cropley, A. J.(2000). *Lifelong learning in higher education.* (3rd ed.). London, U.K.: Kogan Page.

Lindeman, E. C.(2011). For those who need to be learners. In Merriam. S. B. & Grace. A. P.(Eds.), *Contemporary issues in adult education* (pp. 7-11). San Francisco, U.S.: Josey-Bass.

Merriam, S. B., & Brockett, R. G.(2011). *The profession and practice of adult education: An introduction.* John Wiley & Sons.

Nesbit, T.(2011). Social class and adult education. In Merriam. S. B. & Grace. A. P. (Eds.), *Contemporary issues in adult education* (pp. 207-218). San Francisco, U.S.: Josey-Bass.

Smith, M. K.(2002) Malcolm Knowles, informal adult education, self-direction and andragogy.

Veen, R. V. D. & Preece. J.(2011). Poverty reduction and adult education. S. B. & Grace. A. P.(Eds.), *Contemporary issues in adult education* (pp. 219-233). San Francisco, U.S.: Josey-Bass.

제2장

평생교육 대상자의 이해

1. 아동 및 청소년 평생교육
2. 성인 평생교육
3. 노인 평생교육
4. 여성 평생교육
5. 장애인 평생교육

1. 아동 및 청소년 평생교육

1) 아동기의 특성

아동기는 학령기에 해당되는 6세에서 12세까지를 말한다. 이 시기는 신체적인 발달이 유아기나 사춘기에 비해 완만한 상태로 육체적, 정신적인 면에서 안정을 이루는 시기인 동시에 독립적 생활의 기초를 이루는 시기이기도 하다. 또한 현대사회는 가정환경, 사회 경제적 환경의 영향으로 핵가족화되며 맞벌이 가정이 증가하게 되어 아동기의 교육문제에 대한 필요성과 중요성은 높아졌다. 그 어느 때보다 아동기의 특성에 대한 올바른 이해와 그에 맞는 아동교육이 중요하게 된 것이다.

아동기의 특성과 그에 따른 교육적 요구를 살펴보면 첫째, 지적 의욕이 매우 강하고, 지적인 호기심이나 흥미가 다양해진다. 지적인 발달이 이루어지고 아동 스스로도 환경자극에 대해 계속적인 관심을 보이기 때문에 적절한 교육이 필요한 시기이다. 이 시기에는 일상생활에 필요한 개념, 지적 기술이 발달하고 새로운 지식을 얻는 데에 매우 적극적이다. 둘째, 선과 악의 구별과 도덕적 의식이 싹트는 시기이다. 이 시기 아동들은 현실을 의식하게 되고 남과 더불어 살아가는데 필요한 사회적, 도덕적 의식과 행동을 발달시켜 나간다. 따라서 아동들에게는 대 · 소집단 활동을 통한 자연스러운 사회적 의식의 발달과 사회적 행동의 확립 기회를 부여하는 교육적 배려가 중요하다(조옥희 외, 1998). 셋째, 조직 내 집단 활동을 추구하는 경향이 강하다. 세련된 지각 및 동작활동으로 운동기능을 기술적으로 사용할 수 있게 되고 에너지가 왕성하므로 각종 운동이나 놀이에 열중한다. 또한 격렬하고 일시적인 것이 특징이다. 아동기에는 학교 입학과 더불어 아동의 환경이 가정에서 친구나 또래집단으로 크게 확대된다. 학령 후기로 갈수록 2차 성징과 함께 급격한 신체변화를 겪고, 학교생활에 적응하면서 또래문화가 형성되고 발달한다.

이와 같이 사회생활의 범위가 커짐에 따라 집단에 대한 태도가 발달하고 또

자기 자신에 대한 의식을 형성하게 된다. 도덕성이나 양심을 판단하는 기준과 능력이 발달하게 된다. 아동기에는 지식에 대한 요구가 강하고, 사회 환경이 확대되어 또래집단에 대한 요구와 사회적으로 인정받고자 하는 욕구가 강해진다. 이러한 점들이 잘 충족될 경우는 성취감이 발달한다. 그러나 아동들이 자신에게 주어지는 과제를 또래들과 비교하여 제대로 성취하지 못하거나 실패의 경험을 많이 하거나 또는 어른들이 아동에게 편견적인 태도를 취하게 되면 열등감이 형성된다. 아동기는 자아 성장의 결정적 시기이므로 개개인 아동의 수준에 적합한 과제를 통하여 성공의 경험을 갖게 해 줌으로써 자신에 대하여 긍정적인 태도를 형성하도록 도와야 한다(전풍자, 2001).

2) 청소년기의 특성

일반적으로 청소년의 신체적 발육은 과거보다 더욱 빨라지고 있다. 하지만 점점 학교교육 기간의 연장으로 성인으로서의 역할을 부여하는 시기는 상대적으로 늦춰지고 있는 실정이다. 이러한 생리적 과정과 사회화 과정의 격차 현상이 청소년의 사회심리적 문제를 더욱 야기시키는 특징을 갖는다.

청소년기의 급격한 신체적 발달과 생리적 변화는 그들의 정서에도 불안정을 초래한다. 자극에 대한 과민반응, 기호의 다양성과 급속적인 변화, 대상에 대한 감정적 대응을 유발한다. 청소년의 사회적 역할 변화는 사춘기를 전후해서 혼란과 함께 찾아온다. 이제까지 익숙해진 소년기의 사회적 역할로부터 밀려 나오게 되면서도 어른들의 세계 속으로 쉽게 받아들여지지 못하는 애매한 상태에 처하게 되는 것이다. 즉 청소년은 부모에의 의존과 부모로부터 독립하고 싶은 마음, 순종과 반항 사이를 왕래하며, 아이로 취급되면 화를 내지만 반대로 어른으로 취급하면 불안해하는 특성을 나타낸다.

이 시기가 되면 청소년은 지금까지 감추어 있던 내적 세계에 눈을 뜨기 시작하고, 세계를 주관적으로 보기 시작하면서 독립적으로 성장하고자 한다. 이때 청소년의 자아가 성인들로부터 수용받지 못하고, 성인으로서의 동등한 대우를 거부당할 경우 청소년들은 심한 반항적 특성을 나타내기도 한다. 만일 청소년들이 자아정체감(self-identity)을 형성하지 못하고 이러한 반항심리적 이탈현상이 강하게 되면 동료집단으로의 소속이나 가출 같은 사회적, 지리적 이탈로도 발전된다.

청소년의 특성과 현대사회의 특성이 가장 밀접하게 관계되는 것은 가족제도와 교육제도이다. 자녀들의 교육을 위한 기능과 어른들의 일하는 장소가 가정에서 분리된 현대사회에서는 어른과 아이의 세계 간의 간격을 더욱 심화시키고, 자식들에 대한 아버지의 권위와 영향력을 약화시키는 직접적인 요인이 되고 있는 것이다(김용현, 1998).

3) 아동 · 청소년기의 평생교육

아동 · 청소년기의 평생교육이란 아동과 청소년에게 정규학교 교육과정 외의 내용을 학습하도록 하는 체계적인 교육활동을 말한다. 학교교육의 주된 학습자 계층으로만 이들을 이해할 것이 아니라, 평생교육 차원에서도 여전히 중요한 학습자 계층이라는 점(권이종 외, 2001)에 주목할 필요가 있다. 학교교육에서는 주로 교과수업이나 학교의 정규 교육과정에서 효과적으로 학습성과를 이룰 수 있도록 하는 데 주안점을 두고 있다. 그러나 평생교육 과정에서는 전인적 발달을 할 개인으로서 전 생애를 통해서 다루어져야 할 교육 경험에 주목한다고 볼 수 있다(김한별, 2014). 평생교육으로 교육지원이 필요한 것을 살펴보면 다음과 같다.

(1) 정서행동 문제 개입교육

정서행동 문제를 경험하는 아동 · 청소년기의 수는 증가 추세에 있다. 아동 · 청소년기의 정서발달은 향후 사회구성원으로 건강하게 역할수행을 잘 할 수 있는가와 밀접한 관련이 있다. 특히, 초기에 보이는 문제행동들은 아동 · 청소년기의 왜곡된 인지적 사고, 그리고 정서적 취약성에서 비롯된다. 문제행동들을 바로잡기 위해서는 학교교육만으로 부족하다. 학교교육 뿐 아니라 평생교육 과정에서 좀 더 적극적으로 개입할 필요가 있다. 예를 들면, 학교폭력의 경우 왜곡된 인지적 사고와 정서적 취약성이 맞물린 아동 · 청소년기의 대표적 정서행동 문제라고 할 수 있다. 우울감을 경험하는 아동 · 청소년들의 비율은 날이 갈수록 증가하고 있다. 이에 대한 부정적 대처 방안, 즉 흡연, 인터넷 채팅 및 게임 중독, 학교폭력과 집단 따돌림, 가출 등의 문제를 야기하고 있다(김수지, 2012). 이러한 문제행동에 대한 초기 개입 교육의 중요성은 그 동안 여러 연구들을 통해 강조되어 왔으며 평생교육 과정에서 다뤄야 할 과제이다.

(2) 긍정적 자아존중감 형성교육

요즘과 같이 컴퓨터시대, 영상시대라고 불리는 현대사회에서 자라나는 아동 · 청소년들은 여과되지 않은 많은 정보에 노출되므로 자칫 혼란에 빠지기 쉽다. 이러한 사회에서 바른 가치관 및 도덕관을 심어 주어야 하며, 정신적으로 건강한 사람으로 자라도록 하기 위해 무엇보다 건강하고 긍정적인 자아존중감을 형성하도록 하는데 더욱 중점을 두어야 한다(고진영 · 이경화, 2001).

(3) 대안교육

대안교육은 교육의 운영 주체가 추구하는 교육이념과 교육 목표에 따라 다양한 모습과 다른 형태로 전개된다. 대안교육은 이상적으로 교육이 학생들의 전인적 성장을 추구함에도 불구하고, 학교교육이 현실적 조건 때문에 지식 중심의 교육에 치우쳐 있다는 비판에서 출발한다(이종태, 2007). 자연친화적 가치에 바탕을 두는 교육, 공동체 함양을 목적으로 하는 교육, 교육의 자율성 회복에 주목하는 교육, 지역사회와 함께하는 노작과 체험 중심의 교육 등과 같이 다양한 형태로 전개된다(이병환 · 김영순, 2008).

아동 · 청소년기의 평생교육은 학교교육에만 의존하지 않고 교육과제를 보다 유연하게 함으로써 그들이 균형잡힌 인격체로서 잘 성장할 수 있도록 돕고자 노력하는 것이다. 따라서 학교교육에 대한 부족한 부분을 보완하고, 전인적 인간으로 살아갈 수 있도록 하는 것에 목적이 있다.

2. 성인 평생교육

1) 성인학습자의 특성

성인학습자에게 있어서 학습은 자신의 정체성을 재확인시켜 주는 수단인 동시에 삶의 의미를 깨닫게 해 주는 도구이다. 학습을 통해 자신의 부족한 부분을 보완하고, 잘못 익혀 왔던 것을 교정하며, 새롭게 무언가를 지속적으로 보강해 나가고자 한다. 성인학습자는 다른 생애주기 단계의 학습자와 달리 자신에게 필요한 것을 찾아서 배우는 것에 능동적이다. 여러 발달단계를 거치면서 풍부한 인생의 경험을 축적하여 왔으며, 이러한 경험과 더불어 학습을 통해서 개인적으로 성장하고자 한다. 그러므로 성인학습자는 자신의 학습경험을 해석하여 재구성하고, 새롭게 창조해 가는 학습의 주체이자 경험의 주체가 된다. 성인학습자의 학습경험은 평생학습 구조 아래에서 생물학적인 나이에 의한 발달과업과 심리적 성숙, 사회적 역할에 따라 평생에 걸친 성장과 발달을 가져오는 평생학습의 활동이다(김향식 외, 2010).

성인학습자의 특성을 이론으로 정립한 안드라고지 이론에서 다음과 같은 여섯 가지 가정을 제시하고 있다(김규리, 2012).

(1) 학습의 필요성

성인은 무엇인가를 학습하기 이전에 그것을 왜 배워야 하는가를 알아야 한다. 성인학습자가 학습의 필요성을 인식하는 것에서부터 학습은 출발되어야 한다.

(2) 자기주도적 성향

대부분의 성인학습자는 학습을 할 때 자기주도적 성향을 갖는다. 따라서 단순히 지식을 전달받는 것이 아니라 상호탐구 과정에 참가하는 것이다.

(3) 경험의 역할

성인교육에서 가장 중요시되는 가치는 학습자의 경험이다. Knowles(1984)는 성인은 많은 경험을 누적시키게 되고 그 누적된 경험은 학습에 영향을 미친다고 하였다. Mezirow(1991) 또한 성인에게 있어서 경험이란 그들이 누구인가에 대한 정체성을 의미한다고 말한다. 살아오면서 어떠한 경험을 축적해 왔는지에 대한 관심과 분석이 중요하다는 것을 알 수 있다.

(4) 학습 준비성

성인학습자는 삶의 상황으로 인해서 무엇인가를 알아야 할 필요가 생길 때 학습할 준비가 되었다고 볼 수 있다(Knowles, 1984). 학습 준비성의 풍부한 자원은 발달단계에서 그 다음 단계로 옮겨가는 것과 관련된 발달과업이다.

(5) 학습 지향성

성인들은 다분히 생활중심, 과업중심, 또는 문제중심적이다. 성인들은 학습이 그들의 업무를 수행하는 데 혹은 생활 속에서 만나는 문제를 다루는데 도움이 된다는 것을 인식할 때에 학습동기가 유발된다(최은수 역, 2010).

(6) 동기

성인들은 학습에 의해서 충족될 수 있는 욕구와 흥미를 경험함으로써 학습에 대한 동기부여가 된다. 또한 성인학습자들은 학습에 있어서 외적인 요인보다는 내적인 요인에 의해 동기화된다(Knowles, 1984). 성인학습자의 동기부여를 위해서는 그들의 관심이 무엇인지 그리고 개인이 원하는 것이 무엇인지에 대한 탐색이 필요하다.

2) 성인학습자의 평생교육

(1) 성인학습의 의미

성인들은 인생에서 많은 어려움에 부딪힌다. 급변하는 사회 환경 속에서 다양한 역할과 수많은 선택, 그리고 딜레마는 결과적으로 인식, 행동, 감정상태의 불균형을 초래하게 된다. 성인학습자들은 그럴 때마다 삶의 균형적 안정과 새로운 만족감을 채우기 위해 다양한 학습기회를 갖고 자기계발을 위해 끊임없이 노력하게 된다. 또한 인생에서 겪는 가정생활, 직업, 대인관계, 사회적 지위, 여가 등과 관련된 일상 속의 갈등을 자신의 경험에 근거한 문제해결식 학습방법을 통해 해결하며 살아가고 있다. 주도적인 학습 태도와 함께 자기 성찰 및 관점의 변화가 끊임없이 일어나며 그로 인한 학습이 의미를 갖는다.

(2) 학습 접근방식

성인교육은 학습자의 개인적 특성 뿐만 아니라, 교육에 있어서의 과거 경험과 현재의 경험, 그리고 평가 절차의 특성에 영향을 받는다. 따라서 다양한 배경을 가진 성인학습자들은 학습에 있어서 다차원적이고 복잡한 양상을 나타낸다. 이러한 면에서 평생학습자는 자신이 가진 학습 기술을 인식하는 것 뿐만 아니라 선행지식과 학습자로서의 경험을 스스로 이해하는 것이 중요하다(Merriam & Caffarella, 1999). 특히, 성인학습자들은 각기 다른 의도를 가지고 학습에 임하게 되는데, 이러한 의도가 어떻게 학습해 나가야 할 것인지를 결정하게 되고 결과적으로 성취의 질을 결정하게 된다. 이러한 학습에서의 의도가 곧 학습 접근방식이다(이정희 외, 2007).

또한 학습자가 교육기관의 가치와 이념의 공유, 삶과 교육에 대한 비전 설정, 소속감과 일체감, 참여의 긍지 등을 경험하게 되면 공동체에 자발적으로 헌신하고 오래 머물게 된다(Tweedell, 2000). 따라서 교육기관의 학문적 지원, 학습 분위기, 교수자와 학습자, 학습자간 상호작용 등은 성인들의 참여성과에 직 · 간접적인 영향을 미치는 학습과정상의 중요한 요인이라고 할 수 있다(임숙경 · 조용하, 2008).

학습이 필요한 시기나 장소에 대해서도 학습은 교실에서만 일어나지 않는다. 성인교육과 학습은 평생을 통해 확대되며 모든 지식과 기술을 포함하는데, 공간적 개념인 교실과 무관하게 항상 발생하고 있는 것이다. 즉, 교육은 모든 연령층에 개방되며 교육 기회 역시 모든 일 속에 항상 존재한다는 것을 의미한다.

3. 노인 평생교육

1) 노인기의 특성

65세 이상 노인인구의 비율이 증가하면서 고령화는 선진국 모든 나라들의 주요 관심사가 되어 왔다. 우리나라에서도 이미 노령인구의 절대수가 증가하고 있으며, 그 증가폭도 크게 확대되고 있다. 한국은 이미 2000년에 65세 이상 인구의 비중이 7%를 넘어서면서 고령화 사회에 진입했다. 이런 추세가 계속되면서 2018년 고령사회(14.4%), 2026년 초고령사회(20%)에 도달할 전망이다. 2015년 통계청이 발표한 '세계와 한국의 인구현황 및 전망'에 따르면 2060년이 되면 65세 이상 고령인구 비중은 40.1%로 높아진다. 카타르(41.6%)에 이어 세계 2위 수준이다.

고령화는 사회적 차원과 개인적 차원의 고령화로 나뉜다. 먼저 사회적인 고령화는 노인층의 특성 변화, 즉 질적 향상을 의미한다. 사회의 전반적인 경제수준과 교육수준, 문화수준이 향상되면서 노인들의 경제적, 교육적, 문화적 수준도 함께 향상되어 가고 있다. 우리나라의 고등교육(2년제 전문대 이상) 취학률은 2000년을 기준으로 80%를 상회하고 있다. 따라서 지금 고등교육에 취학한 인구가 노인이 되는 2040년경에는 노인의 대부분이 대학 이상의 학력을 지닌 고학력자가 될 것으로 예측해 볼 수 있다. 학력과 경제력, 문화력까지 갖춘 노인들은 그만큼 사회에서 많은 권력과 영향력을 갖게 된다. 한편, 개인적인 차원에서의 질적 고령화는 단순히 오래 사는 장수의 의미만이 아니라, 더 풍요롭게 노년을 영위해 나가고자 하는 삶의 질에 대한 욕구와 관련된다. 노인들은 점점 그들의 노후 삶의 질에 대하여 강력한 욕구를 갖게 될 것이다(한국성인교육학회, 2012).

가족주의와 개인주의 양상은 오늘날 한국사회에서 공존하고 있다. 전통적으로 보편적인 가족주의는 아직도 영향력 있는 사회적 가치로 존재하고 있으며, 동시에 개인주의는 현대 한국사회를 이끌어 가는 주도세력이 되고 있는 실정이다. 이러한 문화의 공존현상은 한국사회에서 볼 수 있는 독특한 현상이며, 가족주의와 개인주의를 절충하려는 노력의 움직임은 한국 노인교육이 갖는 특성이라고 볼 수 있다. 이처럼 가정과 사회에서의 비활동적인 생활, 역할의 상실, 고부, 손자녀 등 가족 간의 갈등문제는 노인교육이 해결해야 할 과제이다. 오늘날 노인문제가 사회문제로 인식되고 있는 이면에는 노인문제가 이미 가정에서 가족구성원들끼리 해결할 수 있는 범주를 벗어났다는 것을 의미하는 것이기도 하다. 현대사회에서는 과거의 지식만으로 노년기를 영위할 수 없게 되었으며, 신구세대 간의 가치관, 생활양식의 격차가 점점 더 넓어지고 있다. 이러한 문제는 심각한 소외현상을 불러일으키게 되고, 노인들에게 있어 노인교육은 그들의 문제를 해결하는 접근방법으로서 주요한 역할을 하게 된다(홍기형 외, 2001).

노년기 교육은 노인에게 자기 확신과 자율성을 상승시켜 주는 역할을 하며, 심리적인 문제와 현재 처해져 있는 실제적인 문제를 잘 극복하도록 도와준다. 또한 새로운 일을 할 수 있도록 연결시켜 주며, 자기경험을 도와주어 일상생활에서 시간을 유용하게 쓰도록 해 주고, 사회적인 상호작용을 통하여 사회의 변화에 적응하도록 도와준다. 노인교육을 통하여 노년기에 나타나는 문제를 일반적으로 해결하게 되므로 삶의 질을 향상시켜 미래에 대처하도록 하므로 교육은 사회적인 문제를 예방하는데 도움이 된다. 또한 노인은 자신의 능력을 개발시킬 수 있다. 노인에게 교육은 소비가 아니라 투자이다. 교육은 개인이 즐기는 휴가로서 의미있는 것이 아니라 구체적으로 심리적, 사회적, 그리고 경제적인 효과로 나타난다.

2) 노년기의 평생교육

(1) 노년기의 학습능력

노년기가 되면 학습이 불가능할 것이라는 사회적 우려는 대체로 세 가지 형식으로 나타난다. 첫째는 인간의 학습능력이 결여된다는 것이다. 둘째는 지능이 노화될수록 감퇴하고 더욱더 소멸된다는 것이다. 셋째는 창의력이 감소된다는 것이다. 이 모두는 노년의 학습이 어렵다는 것을 직·간접적으로 암시하며 노년의 학습 가능성을 부정해 왔다. 그러나 이런 사회적 우려는 그 동안 여러 가지 연구결과를 통해서 편견에 불과할 뿐이었음이 밝혀졌으며, 노년기의 학습 가능성을 잘 입증해 주었다. 인간 발달에 관한 많은 논의들은 인간의 노화로 인하여 신체적, 인지적 능력은 쇠퇴하더라도 오랜 경험을 통해서 얻어진 지혜와 노련함은 오히려 증가한다. Horn와 Cattell(1967)은 유동적(fluid) 지능과 결정적(crystallized) 지능으로 구분하여 설명하고 있는데 유동적 지능은 유전적, 신경생리적 영향에 의해 발달된 지능으로, 뇌와 중추신경계의 성숙에 비례하여 발달하고 연령이 증가할수록 지능이 서서히 저하한다. 반면에 결정적 지능은 가정환경과 교육정도 및 직업 등과 같은 환경적, 문화적 영향에 의해 발달되는 지능으로서 의도적 학습과정을 통해 향상되는 지능이다.

결국 나이가 들면서 비록 암기력이나 순발력은 떨어지지만, 자신의 경험이나 선행 지식을 이용한 판단력이나 이해력은 계속 발전할 수 있다는 것이다. 노인기에도 여전히 발달과정이 진행된다는 것은 노인에 대한 적절한 교육적 지원이 의미있음을 시사한다. 노인이 되어도 필요로 하는 일정한 지식을 배울 수 있고 인지할 수 있다. 다만 노인의 학습능력을 조금 어렵게 만드는 것은 학습의 속도감각이다. 노인은 학습을 성공적으로 수행할 수는 있으나 학습한 내용을 아주 빠른 속도로 재생할 수는 없다. 결국 학습 시간을 어느 정도 조절할 수만 있다면, 노인들은 충분히 학습할 수 있고, 그 학습은 좋은 결과를 가져올 수 있다. 따라서 노인학습의 조건과 학습의 환경을 바꾸는 등에 더 관심을 쏟는다면 노인을 위한 평생교육은 그 가능성이 무한하다고 할 수 있다.

(2) 노년기 평생교육의 목적과 영역

노인 평생교육은 노인들에게 현대사회에 적응할 수 있는 능력을 키우기 위한 지식을 습득하게 하고, 고독감, 소외감 등을 없애 주고 보람있는 노후생활을 하도록 하기 위해 필요하다.

노인 평생교육의 목적을 요약하면 다음과 같다.

첫째, 노년기의 삶의 질을 적극 향상시키는데 있다.

둘째, 노인들로 하여금 급속한 사회변동에 성공적으로 적응할 수 있도록 한다.

셋째, 연령에 의한 가치를 높이고, 문화적 갈등을 좁히는 데 있다.

넷째, 노인들로 하여금 계속적인 자기 개발과 원만한 사회적응, 다른 연령 집단과의 연대감을 통해 안정된 노후를 보내도록 하는데 있다.

따라서 노인 평생교육은 노인의 능력수준과 흥미 또는 필요에 맞추고, 노인들의 현재 생활과 직결된 내용을 반영하여, 적절한 반복교육을 통해 긍정적인 효과를 나타내도록 점진적으로 깊이와 넓이를 더해 가도록 조직한다. 또한 노인들의 경험 속에 통합될 수 있도록 하나의 교육이 동시에 여러 교육목표와 연계되도록 한다.

4. 여성 평생교육

1) 여성학습자의 특성

여성학습자들은 결혼과 자녀 출산 양육 등 심리적, 환경적인 요인이 존재한다. 이러한 학습환경의 특수성으로 인해 학습가치, 학습에 대한 효능감, 학습애착과 같은 학습자 특성에서 남성학습자보다 더 많은 영향을 받을 수 있다. 여성학습자는 특히 학습이 가치 있다고 인식할 수 있을 때에 자신의 시간과 에너지를 기꺼이 투자할 수 있으며, 학습에 대한 자신감이 있을 때 성취할 수 있다.

여성교육에 대한 정책적 차원의 노력은 주로 여성의 경제활동 참여의 측면에서 논의되고 있다. 비경제 활동 영역에 있는 여성들은 실제로 취업보다는 자원봉사 및 기타 다른 형태의 사회활동에 참여하고 싶은 욕구가 높은 것으로 나타났다(유현숙, 2005). 여성학습자의 중요한 또 다른 변인으로는 학습에 대한 애착과 열정이다.

학습에 대한 애착은 Guglielmino(1977)가 자기주도 학습에서 중요한 변인으로 제시한 새로운 학습기회에 대한 개방성, 효율적인 학습자로서의 자아개념, 학습에 있어서 주도성 및 독립성, 자신의 학습에 대한 책임감, 미래지향성, 창의성, 기초 학습 능력과 문제해결 기술을 사용하는 능력과 함께 제시된 8가지 성인학습자 특성 중 하나에 해당된다. 학습에 대한 애착 및 열정은 학습하려는 강한 욕구를 보이고, 체계적인 학문 탐색을 즐기는 태도와 가치관을 갖고 있으며, 지속적으로 학습하는 사람을 존경하는 특성을 말한다. 또한 학습자가 교육기관의 가치와 이념의 공유, 삶과 교육에 대한 비전 설정, 소속감과 일체감, 참여의 긍지 등을 경험하게 되면 공동체에 자발적으로 헌신하고 오래 머물게 된다(Tweedell, 2000). 따라서 교육기관의 학문적 지원, 학습분위기, 교수자와 학습자, 학습자간 상호작용 등은 성인들의 참여성과에 직 · 간접적인 영향을 미치는 학습과정상의 중요한 요인이라고 할 수 있다.

박성정(2005)은 생애주기별로 여성의 삶은 획일적이 아니라 차이가 있으며, 평생교육도 그러한 차이를 배려하는 방향으로 나아가야 한다고 보았다. 기본적으로 10대, 20대, 30대, 40대, 50대, 60대 등 각 연령대의 말기나 초기에 다음 시기의 인생을 대비하고 계획할 수 있는 '인생설계 교육'과 각 시기의 가장 중요한 과업 및 문제에 대비하는 세부교육이 필요하다. 물론 전 연령을 초월해서 '여성으로서의 자아 찾기'에 대한 지속적인 관심과 교육이 병행되어야 한다. 인간으로서 생의 의미 찾기가 궁극적인 평생교육의 목표라는 점에서 여성으로서의 자아 찾기 역시 여성 평생교육의 핵심 목표라고 할 수 있다.

여성 평생교육 관점에서 자아의 추구, 가치관의 재구성과 전환의 과정은 생의 의미를 추구하는 인간의 평생에 걸친 가장 중요한 행위라고 할 수 있다. 남성중심 사회 속에서 여성으로서의 자아정체감, 진정한 '나'를 찾아가는 것은 매우 어렵고 힘든 과제이다. 그러나 이는 인간으로서의 성장을 향한 핵심적 과제이자 인간의 기본적인 요구이므로, 여성 평생교육은 여성의 자아 확립 노력을 지원할 필요가 있다. 여성의 삶에 있어 본질적인 문제는 회피한 채 여타의 부수적인 요구와 문제해결을 위한 교육만 제공하는 평생교육은 '할 일을 하지 않는 교육'인 셈이다.

여성의 삶에 있어 '자아정체감', '사랑과 결혼', '일'은 가장 중심이 되는 공통의 과제이다. 어느 한 요소라도 문제가 있을 경우 대부분 여성들의 삶의 만족도는 저하된다. 이 세 가지 과업들은 여성의 생애주기별로 직면하는 문제와 해결 수준에 차이가 있으므로 이에 대한 교육적 고려가 필요하다. 직업교육의 경우에는 연령대에 따라 직업 탐색 및 준비, 경력개발 및 성장, 유지의 과업이 요구된다. 여성의 경우 30대와 40대에도 직업세계에 새로이 적극적으로 참여하는 경우가 많으므로 이 연령대의 여성들을 위한 직업교육이 매우 중요하다. 또한 40대 이후 직업전환 욕구를 지원할 수 있는 프로그램들도 향후 활성화되어야 한다. 연령 외에 배우자와의 사별, 이혼, 성 폭력, 가정 폭력 등 공통의 경험과 사건을 고려한 교육 프로그램 기획에 대한 필요성도 커지고 있다. 이러한 접근은 중산층 문화교육에 치우친 여성교육을 여성의 독립성과 총체적 삶의 질 향상에 기여하는 교육으로 방향을 전환시킬 수 있는 계기가 될 수 있다고 본다(박성정, 2005).

2) 여성 평생교육

(1) 여성 평생교육의 필요성

김양희(2003)는 여성 평생교육을 '여성학습자를 대상으로 하는 사회교육적 관점에서의 학교 외 교육활동'을 의미한다고 정의하며, 여성 평생교육의 필요성을 다음의 세 가지로 파악하고 있다. 첫째, 현대의 사회적 특성 및 변화에 능동적으로 대처하기 위해 교육의 필요성이 증대되고 있다. 여성의 경우 변화하는 현대사회에 적응하고 사회변화를 주도하기 위해서 여성을 위한 평생교육의 중요성이 강조된다. 둘째, 현대적 의식구조 및 가치관의 변화로서, 여성들의 경우 현대적인 생활양식을 받아들여 생활하면서 사고나 가치관이 따라오지 못하는 경우가 많다. 이는 현재의 삶에 원만하게 적응하고 다가올 미래에 적극적으로 대처하며, 이러한 문제를 해결하기 위한 방안으로 평생교육의 필요성이 대두된다. 셋째, 여성의 역할 변화로 인한 여성의 사회참여와 경제활동의 증가, 학력수준의 증가, 권리에 대한 자각 등으로 여성의 역할에 대한 인식의 전환의 뒷받침을 위해 평생교육이 더욱 요구된다.

또한 김남선(2001)은 여성 평생교육의 필요성에 대하여 여성들이 보다 인간답게 살 수 있도록 하여 나아가 여성의 잠재능력을 계발하여 사회발전에 기여할 수 있게 하여야 한다는 대(大)명제에서 출발한다고 하였다. 따라서 여성 평생교육은 여성을 위한, 여성을 대상으로 한 평생교육을 의미하며, 여성들의 삶의 질을 향상시키는 기초이며, 여성의 지위 향상을 위한 중요한 기제임을 이야기하였다. 또한 여성 평생교육은 여성들이 변화하는 사회적 상황에 대처하고 적응토록 함으로써 여성 자신의 자아실현은 물론, 사회발전을 도모하는 기능을 가진다. 여성들이 교육을 통해 자기 자신을 돌아보고 생애전환을 이루게 하며, 여성의 생활주기의 변화로 인해 증가된 여가시간을 활용하여 자아를 실현하고, 사회에 참여할 수 있는 기회를 배가시킨다는 점에서 그 의미가 크다(교육인적자원부, 2002). 여성의 평생교육 참여는 여성 자신의 복지향상 및 사회 전체의 복지향상과 성 평등이라는 사회적 과제를 이루기 위해서도 절실히 필요하기에 더욱 활성화되어야 할 것이다.

(2) 여성 평생교육의 내용

우리나라 여성교육은 해방 후 1970년대까지는 주로 실천적인 면에서 여성의 개인적인 발전보다 사회체제의 유지와 발전을 위한 교육이 제공되었으며 교양증진과 취미활동을 중심으로 이루어졌다(곽삼근, 1998). 그러면서 점차 여성의 개성과 능력신장 및 사회참여를 강조하는 평생교육의 필요성이 제기되었다. 이로 인해 여성의 개성과 능력신장을 위해 보다 사회참여를 활성화시키려는 노력들이 이루어졌으며, 이와 함께 여성단체와 평생교육 학자들에 의해 여성의 지위 향상과 여성 문제해결을 위한 비판적 의식교육의 필요성이 제기되었다. 1980년대 여성을 대상으로 한 의식교육은 1990년대에 들어서면서 활발한 움직임을 보여 주었다. 여성 의식교육은 성차별로 인한 여성들의 제한된 활동, 수동적 인간관을 극복할 수 있게 하는데 초점을 두고 있다. 성차별, 여성문제, 여성운동, 여성발전, 여성의식 향상을 위한 프로그램을 통해 여성으로 하여금 그들의 문제를 인식하고 지도력을 기르며, 자아실현을 통해 삶의 만족감을 찾도록 하는데 도움을 주고자 하였다

(한국여성개발원, 1995).

우리나라에는 여성평등의 평생학습을 도와주기 위한 수많은 여성 성인교육기관들이 있다. 교회와 사찰로부터 각종 문화센터, 각종 여성운동단체에 이르기까지 수만 개의 평생학습기관들이 있다. 이러한 기관에서는 여가생활, 취업이나 직업 재교육, 여성의 사회 정치적 참여를 촉진하는 다양한 프로그램을 제공하고 있다. 이와 같이 여성을 위해 평생학습기관이 제공하는 프로그램의 종류는 다양하나 그 바탕은 성별에 따른 차이를 존중하기 위한 삶의 질 향상에 있으므로 모든 과목들이나 내용들에는 성별에 따른 차이를 존중하는 기본적인 사상적인 흐름이 통합적으로 그 밑에 깔려 있어야 한다.

5. 장애인 평생교육

1) 장애인 평생교육의 특성

세계보건기구(WHO)에 따르면, 장애인을 나타내는 용어는 Impainment(기능적 상실), Handicapped(사회적 장애), Disability(기능적 장애)라는 세 가지 측면으로 분류되어 사용된다. 한국의 경우에는 장애인이라는 용어(막히다, 즉 Impainment)가 사용되고 있고, 2000년대 초부터 장애인의 완곡한 용어로서 장애우가 사용되었다. 장애우로 공식적인 용어로 변경하고자 한 논의가 있었으나 각 장애인 단체에서 장애우는 연령에 의한 차이를 포괄할 수 없고 '우'라는 용어 자체가 동정, 즉 사회적 약자인 측면을 강조할 수 있으므로 용어변경을 거부하였다. 따라서 현재 우리나라의 공식적인 용어는 장애인으로 명명하고 있다(임동진 · 문상호, 2014).

보건복지부는 2015년 4월 20일 장애인의 날을 맞이하여 「장애인 실태조사」 결과를 발표하였다. 이 실태조사는 장애인복지법에 근거하여 1990년 1차 조사 이후 7번째 실시되는 조사로서 이번 실태조사는 2014년에 한국보건사회연구원을 통해 전국 38,560가구에 대한 방문 면접조사를 통해 이루어진 것이다. 조사결과에 따르면 우리나라 추정 장애인 수는 273만 명이고, 장애 출현율은 5.59%로 인구 10,000명 중 559명이 장애인인 것으로 나타났다(보건복지포럼, 2015년).

장애인은 비장애인에 비해 학습 속도가 느리고, 학습 집중력과 지속력이 부족한 경우가 많다. 이들이 사회구성원으로서 제 역할을 하기 위해서는 꾸준한 학습활동이 필요하며 비장애인보다 더욱 적극적인 교육기회를 제공받아야만 한다. 그런데 이들 중 평생교육 프로그램에 참여하여 학습하는 경우는 극히 소수이며, 대부분 학교 졸업 후 다시 가정으로 돌아가 사회와 단절된 생활을 하고 있다(임동진 · 문상호, 2014).

인간은 누구나 배움을 통해 의미있는 삶을 누리고자 하며, 또 그렇게 할 권리가 있다. 현대와 같은 지식기반사회에서는 변화에 능동적으로 대처하면서 나아가 삶의 질을 향상시키기 위한 노력이 수반되어야 한다. 그러기 위해서 평생교육은 삶에 있어 필수적이며 그 중요성은 더욱 부각될 수밖에 없다. 이러한 평생교육에서 장애인 또한 예외가 될 수 없다. 오히려 장애로 인하여 사회적응에 어려움을 겪고 있는 장애인에게 평생교육은 일반 사회구성원보다도 중요성이 더 크다고 할 수 있다. 즉, 장애인은 언제, 어디서나, 누구든지 교육을 받아야 하는 평생교육의 가장 중요한 대상이라고 할 수 있다.

2) 장애인 평생교육의 문제점과 개선방향

급변하는 현대사회에서 교육은 학습자의 다양성을 인정하고 학습과정과 학습방법의 다양화를 모색해야 하며, 학교교육을 중심축으로 하던 이전의 교육 패러다임이 아니라 학교를 떠난 이후에도 평생 동안 학습할 수 있는 교육체제의 구축이 요구된다(정동영 외, 2003). 평생교육은 교육의 개념을 시간적으로 연장할 뿐 아니라 공간적으로도 확대되기 때문에 평생교육에서는 모든 국민이 교육의 대상이 되며, 사람의 한평생이 교육기간이 되고, 사회전체가 교육의 장소가 된다고 할 수 있다(정인숙 외, 2013). 장애인 역시 배움이 필요하고, 배움의 즐거움을 느끼는 존재이다. 장애인들에게는 통합된 지역사회의 다양한 환경의 요구에 적합하게 반응하고,

다양한 활동들에 활발히 참여하고, 다양한 역할 수행을 위한 태도와 능력을 증진시키기 위해 다양한 기관에서 이루어지는 평생교육이 요구된다(박승희, 2004). 다시 말해서, 장애인 평생교육은 일반적이고 보편적인 내용 이외에 장애 특성에 따라 개인적 삶의 질 향상을 위한 특별한 내용과 프로그램을 지원해야 한다는 것을 뜻한다.

교육부는 장애인의 생애주기별 교육지원 체계 구축방안으로 2008년 '제3차 특수교육 발전 5개년 계획(2008~2012)'에서 장애인에 대한 고등교육 및 평생교육 기반을 마련하였고, 2013년 '제4차 특수교육발전 5개년 계획(2013~2017)'에서 장애 성인 평생교육 기회 확대 및 여건 개선을 중점과제로 발표한 바 있다(교육과학기술부, 2008; 교육부, 2013). 하지만 장애인 평생교육의 실상은 그 필요성에 비해 턱없이 부족하다. 보건복지부(2011)의 조사결과에 따르면 실제 평생교육의 영역별 참여 경험 비율은 학력보완교육 0.2%, 성인기초 및 문자해독교육 0.2%, 직업능력 향상교육 1.4%, 인물교양교육 0.8%, 문화예술교육 2.1%, 시민참여교육 0.3%로 극소수의 장애인만이 평생교육을 받은 것으로 나타나고 있다. 또한 장애인 교육은 학령기의 특수교육에 국한시켜 제공되는 경향이 강하다. 이는 "모든 국민은 평생에 걸쳐 학습하고, 능력과 적성에 따라 교육받을 권리를 지닌다"(교육기본법 제3조), "모든 국민은 성별, 종교, 신념, 인종, 사회적 신분, 경제적 지위 또는 신체적 조건 등을 이유로 교육에서 차별을 받지 아니한다"(동법 제4조) 등에서 밝히고 있는 교육의 법적 당위성이 실현되지 않고 있음을 보여 준다(서보순 외, 2014).

김용욱 외(2011)의 연구에서는 첫째, 장애인 평생교육에서 가장 문제가 되는 것은 일반인에 비해 평생교육의 기회 및 교육내용과 프로그램이 부족하다는 것이라고 제시하였다. 비록 장애인 등에 대한 특수교육법에 장애인의 평생교육을 위한 조항이 마련되었지만, 아직 현실적으로는 장애인 평생교육의 기회 및 내용이 많이 부족함을 알 수 있다. 장애인에게 평생교육의 의미는 삶과 재활의 수단인 동시에 질적인 삶을 추구하기 위한 과정이다. 따라서 장애인의 평생교육을 위해서 먼저 평생교육의 기회 확대와 더불어 실제적이고 효과적인 평생교육 내용을 제공하기 위한 종합적이고 체계적인 정책과 실행방안이 마련되어야 할 것이다. 둘째, 장애인 평생교육의 교육내용으로 장애인의 사회적응 및 지원을 위해서는 다양한 평생교육 내용이 필요하지만, 그 중에서도 직업교육이 가장 필요하다고 인식하였다. 장애인에게 직업의 의미는 사회적 참여와 더불어 경제적 안정을 통한 자아실현의 기회인 동시에, 장애인에게 최선의 복지는 직업교육을 통해 취업으로 연결되어 사회참여와 더불어 경제적인 자립생활을 하는 것이다. 따라서 장애인의 취업 및 고용을 위해서는 직업교육이 가장 필요하므로 장애인의 삶의 질 향상을 위한 평생교육의 내용으로 장애인의 취업을 위한 직업교육이 보다 체계적이고 실제적으로 이루어져야 할 것이다.

그 동안 장애인 평생교육에서의 문제를 보완하고 국내 장애인 평생교육의 활성화와 내실화를 위하여 문제점으로 드러난 부분에 대해서는 프로그램 개설 보완 및 확대, 장애인의 생애 단계에 적절한 평생학습 모형 제시, 장애인의 평생교육 관련 프로그램의 개발, 지역사회 기관간 협력 체계 구축을 통한 지역중심 장애인 평생교육 지원을 담당할 지역센터 설치(교육과학기술부, 2010) 등이 제시되었다(김용욱 외, 2011). 따라서 구체적인 실천방법 및 전략을 통해 장애인 평생교육 모델을 제시하는 다양한 연구들이 시도되어야 하며 평생교육 차원에서 접근하여 체계적이고 일관성 있게 이루어져야 할 것이다. 특히 장애인 평생교육 프로그램은 장애 영역별 특성과 능력이 고려되어야 한다. 장애인의 경우 개인차가 다양하기 때문에 획일적인 교육이 아닌 장애인의 특성과 요구에 적합한 다양한 교육 프로그램이 선택되어 이루어져야 할 것이다.

참고 문헌

권이종, 이상오(2010). 평생교육개론. 경기: 교육과학사.

고진영, 이경화(2001). 유아, 아동기 자아존중감의 발달적 특성 탐색. 한국영유아보육학 제25집. 325-349.

교육인적자원부, 한국교육개발원(2011). 2011년 국가 평생교육통계조사.

김규리(2012). 성인학습자의 컬러테라피 프로그램을 통한 정서적 변화 고찰: 전환학습 관점을 중심으로. 평생교육 · HRD연구.

김남선(2001). 평생교육개론. 서울: 형설출판사.

김수지(2012). 아동의 정서행동문제를 위한 음악의 치료적 사용. 한국예술연구 제6호, 99-116.

김양희(2003). 여성삶의 질 향상을 위한 사회교육 활성화 방안. 서울: 집문당.

김용현(1998). 사회교육과 열린 평생학습. 서울: 독자와 함께.

김용욱, 우정한, 박종화(2011). 장애인의 사회참여 확대를 위한 직업교육 중심의 평생교육 모델 개발에 대한 기초 연구. 한국지체중복건강장애교육학회. 54권 1호, 237-256.

김향식, 최은수(2010). 고등교육과정에서 성인학습자가 갖는 학습경험의 본질에 관한 연구. Andragogy Today.

김한별(2014). 평생교육론. 서울: 학지사.

박승희 (2004). 대학부설 평생교육원의 발달장애인을 위한 성인교육 프로그램의 개관 및 효과. 특수교육학연구, 39(1), 39-75.

보건복지포럼(2015년). 제7차 장애인 실태조사결과와 장애인 복지정책에의 함의.

서보순, 박재국, 박량은(2014). 장애인 평생교육에 대한 평생교육기관 종사자들의 메타포(metaphor) 분석. 특수교육저널: 이론과 실천 제15권 3호, 191-214.

윤치연(2003). 발달장애의 이해. 서울: 형설출판사.

이기언(2013). 소외계층의 평생학습 요인이 사회참여에 미치는 영향. 평생교육 · HRD연구.

이정희, 윤명희, 윤소정(2007). 성인학습자의 성별, 연령에 따른 자기주도학습과 학습접근방식 차이. Andragogy Today Vol. 10, No. 4.

임동진, 문상호(2014). 장애인의 개인적 특성이 경제활동실태와 자활의 정도에 미치는 영향 및 장애인 고용의무정책의 효과성. 한국정책학회 2014권 0호, 767-786.

임숙경, 조용하(2008). 여성 성인학습자의 평생학습 참여성과 및 영향요인에 관한 구조모형 분석. Andragogy Today Vol. 11, No. 4.

전풍자(2001). 인간발달의 이해. 교육교회지.

정동영, 정동일, 정인숙(2003). 장애인 평생교육 관계자의 요구분석을 통한 장애인 평생교육 지원방향 탐색. 특수교육, 2(1), 5-35.

정인숙(2005). 장애성인 평생교육 현황과 대책 수립에 관한 연구. 특수교육연구, 12(1), 75-98.

최은수 역(2010). 성인학습자. Knowles, M. S., & Holton E. F., & Swanson, R. A. 서울: 아카데미프레스.

한국성인교육학회(2012). 성인교육의 현재와 미래. 서울: 학지사.

홍기형, 이화정, 변종임(2001). 평생교육의 이해. 경기: 교육과학사.

Horn, J. L. & Cattell, R. B.(1967). Age differences in fluid and crystallized intelligence. *Acta Psychologica*, 26, 107-129.

Knowles, M. S.(1984). *The adult learner: A neglects species(3rd ed).* Houston: Gulf.

Merriam, B. S. & Caffarella, S. R.(1999). *Learning inadulthood.* San Francisco: Jossey-Bass.

Mezirow, J.(1991). *Transformative dimension of adult learning.* San Francisco, CA: Jossey-Bass.

Tweedell, C. B.(2000). Retention in accelerated degree-completion programs. Adult Higher Education Alliance Conferences Archived Proceedings. Chicago. October 4-7.

제3장

평생교육 관련법 및 제도

1. 평생교육 관련법
2. 평생교육제도

1. 평생교육 관련법

1) 헌법

헌법은 국가의 구성과 조직 및 기본권 보장에 관한 기본적 원칙을 규정한 근본법으로써, 국가통치체제의 기초를 정한 국가의 기본법이자 최고의 법규이다. 헌법은 정치성, 이념성, 역사성 등의 제도적인 특성을 지니고 있다. 왜냐하면 헌법은 정치를 떠나서는 존재할 수 없으며, 가치 추구를 실현하기 위한 이념을 갖고 있고, 또한 그 시대의 흐름에 따른 상황 속에서 만들어지기 때문이다. 헌법에 의해 구성된 국가기관은 국민의 기본권 보장에 힘쓰며, 헌법에서 허용하는 권한을 실현한다.

국민의 권리와 의무에 대한 부분을 담은 헌법 제2장에서 특히 제31조는 "교육의 기회 균등, 교육을 받을 권리, 의무교육, 교육의 자주성 · 전문성 · 정치적 중립성의 보장 및 대학의 자율성, 평생교육의 진흥"에 대해 명시하고 있다.

〈헌법 제31조〉

제1항	모든 국민은 능력에 따라 균등하게 교육을 받을 권리를 가진다.
제2항	모든 국민은 그 보호하는 자녀에게 적어도 초등교육과 법률이 정하는 교육을 받게 할 의무를 진다.
제3항	의무교육은 무상으로 한다.
제4항	교육의 자주성, 전문성, 정치적 중립성 및 대학의 자율성은 법률이 정하는 바에 의하여 보장된다.
제5항	국가는 평생교육을 진흥하여야 한다.
제6항	학교교육 및 평생교육을 포함한 교육제도와 그 운영, 교육재정 및 교원의 지위에 관한 기본적인 사항은 법률로 정한다.

현행의 헌법에서 국민은 누구나 "교육을 받을 권리"를 갖고 있음을 규정하고

있다. 교육은 능력 계발을 통한 개성 신장과 문화 복지국가를 실현하는 수단이 된다. 또한 교육을 통해 문화 복지국가 실현을 촉진시키는 힘이 되며 합리적이고 계속적인 교육을 통해 민주주의 국가 실현에 원동력이 된다. 능력에 따라 균등한 교육을 실현함으로써 헌법이 추구하고 있는 사회국가적 이상에 보다 가까이 가게 한다는 의의와 기능을 내포하고 있다(권두승 · 최운실, 2014).

헌법 제2장 제31조에서 특히 평생교육에 관한 내용을 명시한 것은 제5항 "국가는 평생교육을 진흥해야 한다."와 제6항 "학교교육 및 평생교육을 포함한 교육제도와 그 운영, 교육재정 및 교원의 지위에 관한 기본적인 사항은 법률로 정한다." 이다. 이는 평생교육 진흥의 의무와 평생교육 행정의 법률주의 원리를 규정하고 있는 것으로써, 국가가 국민의 학습권에 대하여 평생을 통해 보장하며 개인의 능력개발과 국가 발전에 기여하는 평생교육을 강조한 점에 큰 의의가 있다.

2) 교육기본법

교육기본법은 1997년 12월 13일에 제정되어, 1998년 3월 1일부터 시행된 법이다. 교육에 관한 국민의 권리와 의무 및 국가, 지방자치단체의 책임을 정하고 교육제도와 그 운영에 관한 기본적인 사항을 규정하고 있다. 또한 급변하는 현대 시대에 맞춰 새로운 교육적 인간상을 구현하기 위해 우리나라의 학교교육 및 평생교육이 추구해야 할 기본적 방향, 필요한 제도의 핵심 사항을 명시하고 있는 주요한 법규로써의 큰 의의가 있다고 볼 수 있다.

제1장 총칙에서는 우리 교육의 이념과 국민의 학습권, 교육의 기회균등 원칙, 그리고 교육의 자주성과 중립성을 선언하고 있다. 또한 교육재정과 의무교육의 기본 방향, 학교교육 및 사회교육에 관한 기본적 사항을 규정하고 있다. 교육기본법은 국민의 권리와 의무 및 국가, 지방자치단체의 책임을 정하고 교육제도와 그 운영에 관한 기본적 사항을 규정함이 목적이며, 홍익인간(弘益人間)의 이념 아래 모든 국민으로 하여금 인격을 도야(陶冶)하고 자주적 생활능력과 민주시민으로서 필요한 자질을 갖추게 함으로써 인간다운 삶을 영위하게 하고 민주국가의 발전과 인류공영(人類共榮)의 이상을 실현하는 데에 이바지하게 함을 명시하고 있다.

제2장 교육당사자에 관하여 학습자의 기본권, 보호자의 권리와 의무, 교원의 지위와 신분, 교원단체와 학교설립의 기본 방향을 규정하고 있다. 주요 세부 사항을 살펴보면, 부모 등 보호자는 보호하는 자녀 또는 아동이 바른 인성을 가지고 건강하게 성장하도록 교육할 권리와 책임을 가지며, 보호하는 자녀 또는 아동의 교육에 관하여 학교에 의견을 제시할 수 있고, 학교는 그 의견을 존중하여야 한다. 또한 학교와 사회교육 시설의 설립자 및 경영자는 법령으로 정하는 바에 따라 교육을 위한 시설 · 설비 · 재정 및 교원 등을 확보하고 운용 및 관리한다. 그리고 법령으로 정하는 바에 따라 학습자를 선정하여 교육하고 학습자의 학습성과 등 교육의 과정을 기록하여 관리하며, 학교와 사회교육 시설의 교육내용은 학습자에게 미리 공개되어야 한다. 국가와 지방자치단체는 학교와 사회교육 시설을 지도하며 감독한다.

제3장 교육의 진흥 부분에서는 남녀평등교육의 증진, 학습윤리의 확립, 건전한 성의식 함양, 특수교육의 지원에 관한 조항과 함께 영재교육, 유아교육, 직업교육, 과학기술교육의 진흥 원칙을 제시하고 있으며, 더불어 교육의 정보화와 국제교육의 진흥 의지 등 시대적 특성을 반영한 내용을 담고 있다.

3) 평생교육법

(1) 평생교육법 제정 과정

UNESCO 한국위원회가 주관하여 이듬해인 1973년 8월 춘천에서 평생교육의 이념과 실천 전략이라는 주제로 학술회의를 학계 및 교육계 인사들을 주축으로 최초로 열게 되면서 국가의 관심사가 되었다. 1999년 8월 31일에는 평생교육의 진흥을 국가의 의무로 규정하고 있는 헌법 및 교육기본법의 규정에 의거, 종전의 사회교육법 제명을 평생교육법으로 공포하였다. 2000년 2월 29일에는 평생교육 시설의 설비 기준, 인가와 등록과 신고 방법 및 절차, 평생교육사의 자격기준 등을 따로 정하는 평생교육법 시행령 및 시행규칙을 제정 · 공포하기에 이르렀다.

(2) 평생교육법 제정 배경

평생교육법은 사회교육법(1982)을 대체하여 1999년 새로 입법한 법률로서 기존의 사회교육법은 학교중심 교육법의 하위법의 위상에 머물렀다. 평생교육법은 초·중·고등 교육법과 함께 교육기본법의 삼법 정립 체제로 정리된 것으로, 새로운 법체계에서 평생교육을 지원 육성의 필요성을 말하고 있는 것이라 하겠다. 급변하는 사회변화에 법적·제도적으로 따라가지 못하는 현실을 새롭게 인식하게 되었으며, 특히 21세기 지식기반사회를 맞이하여 평생학습의 중요성이 날로 증가하여 새로운 틀의 법령 마련이 대두되게 되었다. 교육부는 교육공급자 중심의 닫힌 사회교육체제를 수요자(학습자) 중심의 열린 평생학습체제로 개편하기 위해 교육개혁의 핵심 과제로 평생교육법 제정을 추진하게 되었다.

(3) 평생교육법 제정 취지

평생교육법 제정의 취지는 다음과 같다.

첫째, 국민의 학습권과 학습자의 선택권을 최대한 보장하였다.

둘째, 평생교육과정 이수자의 사회적 대우를 통하여 평생학습 의욕을 고취시키었다.

셋째, 형식적 학력위주 사회를 실질적 능력위주 사회로 변화를 유도하는데 있다.

넷째, 성인교육사회 확대와 고등 수준으로 국민의 자질 향상에 중점을 두었다.

다섯째, 국가 및 지방자치단체의 평생교육 정책지원을 강화하였다.

여섯째, 지식·인력개발사업과 교육훈련산업을 육성하였다.

(4) 평생교육법의 목적 및 법적 근거

우리나라 헌법과 교육기본법에서 명시한 평생교육의 이념구현을 위하여 평생교육에 관한 기본적인 사항을 규정함으로써 평생교육에 관한 기본법으로서의 법적 지위를 부여하기 위함이다.

(5) 평생교육의 이념

평생교육 이념은 평생교육의 기회균등, 자발성 및 자기 주도성, 중립성, 평생교육과정 이수자의 사회적 대우 등과 같이 「헌법」 또는 「교육기본법」상의 교육 일반에 관한 기본적 원칙과 권리가 보장되어야 한다. 다른 법률과의 관계는 다른 법률에 특별한 규정이 있는 경우에는 그 법률의 규정이 우선 적용되고, 그 외의 경우 「평생교육법」이 적용됨으로써 평생교육에 대한 일반법으로서의 지위를 가진다. 국가 및 지방자치단체의 임무는 모든 국민에게 평생교육 기회가 부여될 수 있도록 평생교육 진흥정책을 수립하고 추진해야 하며, 그 소관에 속하는 단체 · 시설 · 사업장 등의 설치자에 대하여 평생교육의 실시를 적극 권장해야 한다(평생교육백서, 2013).

평생교육법 제4조(평생교육의 이념)

① 모든 국민은 평생교육의 기회를 균등하게 보장받는다.
② 평생교육은 학습자의 자유로운 참여와 자발적인 학습을 기초로 이루어진다.
③ 평생교육은 정치적 · 개인적 편견의 선전을 위한 방편으로 이용되어서는 아니 된다.
④ 일정한 평생교육과정을 이수한 자에게는 그에 상응한 사회적 대우를 부여해야 한다.

(6) 평생교육법의 개정 주요내용

1982년 12월 사회교육법(법률 제3648호)으로 제정된 뒤 3차례 개정을 거쳐, 1999년 평생교육의 진흥을 국가의 의무로 규정한 헌법 및 교육기본법에 따라 전문 개정되었다. 1999년 이후 네 번의 부분개정이 되었고, 2007년에 전면적으로 개정되었다.

평생교육법 개정 사항(2007년 전면개정안)

1. 개정취지
평생교육의 활성화를 위하여 국가와 광역 · 기초 자치단체 단위의 추진체제를 정비하고, 평생교육의 총괄적인 집행기구로서 한국교육개발원의 평생교육센터, 학점은행센터, 한국방송통신대학교의 독학학위검정원 3개의 기관을 통합하여 「평생교육진흥원」을 설립하려는 것이다.

① 국가의 교육제도를 체계화하고 평생교육 개념을 명확히 한다. '평생교육법'의 법적 체계를 학습자의 학습권과 평생학습의 원리에 맞춘 학습자 중심의 새로운 법적 체제로 마련하고자 한 것이다.
② 지식기반사회, 창조경제사회에 있어서 '인재대국' 건설을 위한 평생학습기반을 조성한다.
③ 국가 및 지방자치단체의 평생교육에 대한 지원책무를 강조한다. 즉 국가와 지방자치단체가 평생교육기관이 비용지원, 평생교육기관 상호 간의 네트워크 구축, 평생학습도시 운영 등 지역주민을 위한 평생교육 관련사업을 조정 · 협력한다는 것이다.
④ 평생학습과정 이수자의 사회적 대우를 강화하고 학습 의욕을 고취시킨다. 이에 따라 종래 초 · 중등 학력인정 중심이었던 학력인정 평생교육 시설을 전문대학 학력인정 수준으로 확대하였다. 또한 초 · 중등 학력인정 문자해득 교육프로그램의 지정과 운영을 통해 성인기초 교육대상자의 평생학습 의욕을 고취하며, 학습휴가제 및 계좌제와 학습비 지원 등 금전적 · 비금전적 보상을 통해 평생학습 기회를 촉진시키고자 하였다.
⑤ 기초교육 기회확대와 더불어 고등교육 수준의 평생학습 기회를 확대한다. 대학의 평생교육원 등 다양한 평생교육기관을 통해 성인교육의 기회를 확대하고 전공대학, 학점은행제, 사내대학, 원격대학 형태의 평생교육 시설 등 다양한 학력인정제도를 통해 고등교육 수준까지 국민의 능력 향상에 중점을 둔다는 것이다.

2. 주요내용

가. 평생교육의 개념(안 제2조 제1호) 정의의 명확화
평생교육의 개념을 "학교의 정규교육과정을 제외한 학력보완교육, 성인기초 문해교육, 직업능력 향상교육, 인문교양교육, 문화예술교육, 시민참여교육 등을 포함하는 모든 형태의 조직적인 교육활동"으로 정의하여 평생교육의 활동내용을 구체적으로 파악할 수 있도록 한다.

나. 평생교육진흥 기본계획 등(안 제9조 및 제11조)
교육인적자원부 장관은 5년마다 평생교육진흥 기본계획을 수립하고, 시 · 도지사는 평생교육진흥 기본계획에 따라 연도별 평생교육진흥 시행계획을 시 · 도 교육감과 협의하여 수립 · 시행하여야 한다.

다. 평생교육진흥원 등(안 제19조부터 제21조까지)
국가는 평생교육진흥 관련 업무를 지원하기 위하여 평생교육진흥원을 설립하고, 시 · 도지사는 대통령령이 정하는 바에 따라 시 · 도 평생교육진흥원을 설치 또는 지정 · 운영할 수 있도록 하며, 시 · 도 교육감은 관할구역 내의 주민을 대상으로 평생교육 프로그램 운영과 평생교육 기회를 제공하기 위하여 시 · 군 · 구에 평생학습관을 지정 또는 설치 · 운영하도록 하고, 기초자치단체의 장은 평생학습관의 설치 또는 재정적 지원 등 지역 평생교육 진흥 사업을 실시할 수 있도록 한다.

그 후 「평생교육법」은 지속적으로 수회에 걸쳐 개정되어, 2009년 5월에 평생학습 프로그램에 대한 평가인정회 사후관리 방안 규정, 평생교육사 자격제도 개선,

사내대학 설립조건 완화 및 입학대상 확대에 대해 개정하였다. 이어 2011년 7월에는 원격교육 방식의 학교 교과학습 학원 관련 내용이 개정되었고, 2013년 5월에는 평생교육사 자격증의 교부 및 재교부 업무에 대해 개정이 이루어졌다.

(7) 유급 · 무급 학습휴가제 도입과 학습비 지원

〈평생교육법〉

제8조(학습휴가 및 학습비 지원)
국가 · 지방자치단체와 공공기관의 장 또는 각종 사업의 경영자는 소속 직원의 평생학습 기회를 확대하기 위하여 유급 또는 무급의 학습휴가를 실시하거나 도서비, 교육비, 연구비 등 학습비를 지원할 수 있다.

제16조(경비보조 및 지원)
① 국가 및 지방자치단체는 이 법과 다른 법령으로 정하는 바에 따라 다음 각 호의 어느 하나에 해당하는 평생교육진흥 사업을 실시 또는 지원할 수 있다.
1. 평생교육기관의 설치 · 운영
2. 제24조에 따른 평생교육사의 양성 및 배치
3. 평생교육 프로그램의 개발
4. 그 밖에 국민의 평생교육 참여를 촉진하기 위하여 수행하는 사업 등

② 지방자치단체의 장은 해당 지방자치단체의 조례로 정하는 바에 따라 주민을 위한 평생교육진흥 사업을 실시하거나 지원할 수 있다. 이 경우 교육감 또는 지역교육장과 협의하여야 한다.

2. 평생교육제도

1) 학점은행제

(1) 학점은행제의 취지

학점은행제는 「학점인정 등에 관한 법률(1997. 1. 12)」에 따라 학교에서 뿐만

아니라 학교 밖에서 이루어지는 다양한 형태의 학습과 자격을 학점으로 인정하고, 학점이 누적되어 일정 기준을 충족하면 학위취득을 가능하게 함으로써 궁극적으로 열린 교육사회, 평생교육사회를 구현하기 위한 제도이다. 국민의 평생학습권을 보장하며 다양한 학습 경험과 함께 고등교육의 기회를 놓친 경우 고등교육 이상의 학력을 취득할 수 있도록 제공하는 대안적 방안이라는 점에 큰 의의가 있다.

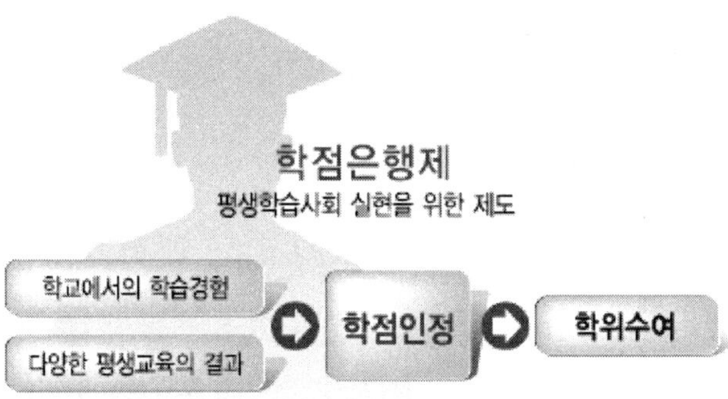

[그림 3-1] 학점은행제 기본 흐름
자료출처: 평생학습계좌제(http://www.all.go.kr)

(2) 학점은행제의 학점 인정 항목

학점은행제는 평가인정 학습과목 이수, 학점인정 대상학교 이수, 시간제등록 이수, 자격증 취득, 독학학위제 시험합격 및 면제 과정 이수, 중요 무형문화제 보유 및 전수교육 경험을 가진 경우 등 다양한 학습경험을 학점으로 인정한다.

표 3-1 학점은행제 학점 인정 항목 및 세부 내용

인정 항목	학점은행제 인정 항목 세부 내용
평가인정학습 과목	대학 부설 평생(사회)교육원, 학원, 직업전문학교, 각종 평생교육 시설 등에서 평가 인정받은 과목을 이수함
학점인정대상 학교(전적대학)	중퇴한 혹은 졸업한 대학에서 이수한 학점이 있음 (단, 졸업한 4년제 대학에서 이수한 학점은 인정받을 수 없음)

시간제 등록	시간제 등록은 대학(전문대학 및 사이버대학 포함)에서 일반인에게 대학의 수업을 이수하게 하는 제도로서, 각 대학의 학칙에 의거하여 시간제 등록을 통해 과목을 이수함
자격	교육부 장관의 승인을 받아 국가평생교육진흥원장이 고시한 자격을 취득함(국가기술자격, 개별법에 의한 국가자격, 국가공인민간자격 중 일부만 해당됨)
독학학위제	독학학위제 단계별 시험에 합격하였거나, 면제 교육과정을 이수함
중요 무형문화재	「문화재보호법」에 의한 중요 무형문화재 기능 및 예능 보유자이거나 전수자의 전수교육 경험이 있음

출처: 국가평생교육진흥원(2014). 학점은행제 길라잡이.

(3) 학점은행제의 학위수여 요건

학점은행제는 「학점인정 등에 관한 법률」 제9조에 따라 고등학교를 졸업한 자 또는 이와 동등 이상의 학력이 있다고 인정된 자로서 법령에 의해 일정한 학점을 인정받고 정해진 요건을 충족한 자에 대하여 학위를 수여한다. 학점은행제 학위 수여는 교육부 장관 명의에 의한 수여 방식과 대학(교)장 명의에 의한 수여 방식 두 가지가 있으며, 학위수여 요건은 다음 표와 같다. 학점은행제 학위수여는 「학점인정 등에 관한 법률 시행령」 제17조(표준교육과정)의 규정에 따라 이루어지며, 표준교육과정은 노동 시장 등 사회적 요구와의 부합성, 학문적 타당성, 현실성, 교육과정 구성의 적합성 등을 검토하여 교육부 장관이 고시한다.

표 3-2 학위수여 요건

<table>
<tr><th colspan="2" rowspan="2">구분</th><th rowspan="2">학사 학위</th><th colspan="2">전문학사 학위</th><th rowspan="2">비고</th></tr>
<tr><th>2년제</th><th>3년제</th></tr>
<tr><td>1</td><td>총 학점</td><td>140학점 이상</td><td>80학점 이상</td><td>120학점 이상</td><td rowspan="4">공통</td></tr>
<tr><td>2</td><td>전공</td><td>60학점 이상</td><td>45학점 이상</td><td>54학점 이상</td></tr>
<tr><td>3</td><td>교양</td><td>30학점 이상</td><td>15학점 이상</td><td>21학점 이상</td></tr>
<tr><td>4</td><td colspan="4">이수학점 중 평가인정학습과목 또는 시간제 등록을 통해
이수한 학점이 반드시 18학점 이상 포함되어야 함</td></tr>
<tr><td>5</td><td colspan="4">전공필수는 희망하는 전공에 따라
학점 또는 과목 수로 충족되어야 함</td><td>교육부 장관 명의
학위수여</td></tr>
</table>

6	해당대학의 학점	84학점 이상	48학점 이상	65학점 이상	대학의 장 등에 의한 학위수여
7	학칙으로 정한 요건을 충족하여야 함				

출처: 국가평생교육진흥원(2014). 학점은행제 길라잡이.

2) 독학학위제

독학학위제는 「독학에 의한 학위취득에 관한 법률」 제정(1990년)에 따라 고등학교 졸업자격을 갖춘 자가 자학자습을 통해서 학습을 진행하고 1~4단계의 시험에 응시하여 합격하면 교육부 장관 명의의 학사학위를 수여하는 제도이다. 독학학위취득시험은 1990년 중앙교육평가원 주관 하에 처음 실시된 이후, 1998년 관련 업무가 한국방송통신대학교로 이관되었고, 「평생교육법」 개정에 따라 2008년부터 국가평생교육진흥원의 주관 아래 시행되고 있다.

이 제도는 고등교육 기회를 갖지 못하거나 중도 탈락하는 등 사회적, 경제적으로 교육받기 어려운 환경에 처한 사람들에게 최소한의 비용으로 대안적인 고등교육의 기회를 보장하고, 시 · 공간의 제약 없이 자기주도적으로 학습한 결과에 대하여 시험을 통해 검정해 줌으로써 열린 평생학습사회 구현에 기여하고 있다.

자기주도학습

01 STEP **교양과정 인정시험**	02 STEP **전공기초과정 인정시험**	03 STEP **전공심화과정 인정시험**	04 STEP **학위취득 인정시험**
고등학교 졸업자 또는 동등 이상의 학력 인정자	대학 1년 이상 학력 인정자 또는 학점은행 35학점 이상 취득자 1단계 시험 2과목 이상 합격자	대학 2년 이상 학력 인정자 또는 학점은행 70학점 이상 취득자 2단계 시험 2과목 이상 합격자	대학 3년 이상 학력 인정자 또는 학점은행 105학점 이상 취득자 1~3단계 시험 전과목 이상 합격(면제)자

학사학위수여

[그림 3-2] 독학학위제 기본흐름

자료출처: 평생학습계좌제(http://www.all.go.kr)

독학에 의한 학위취득제는 「독학에 의한 학위취득에 관한 법률(1990. 5. 3)」 열린교육체제를 구축하고자 하는 정부의 의지가 담겨 있는 제도이다. 즉 사회적 · 경제적으로 어려운 환경에 처한 사람들에게 대안적인 고등교육의 기회를 보장함으로써 교육복지의 실현에 기여해 오고 있다. 이 제도는 스스로 학습한 정도가 학사학위 취득의 수준에 도달하였는지를 시험으로 측정하여, 합격한 사람에게 학사학위를 수여하는 제도를 말한다.

독학학위제는 4단계의 시험이 있다. 제1단계는 교양과정인정시험으로 이 시험의 합격을 통해 일반 대학의 교양과정을 이수하는 것과 같은 결과를 갖게 된다. 제2단계와 제3단계는 각각 전공기초과정인정시험과 전공심화과정인정시험으로서 전공 영역에 대한 시험으로 구성된다. 마지막으로 제4단계는 학위취득종합시험으로 제1단계와 제2, 3단계를 거쳐서 다룬 내용을 종합적으로 점검하는 시험이다. 이 4단계 시험을 통과해야 학사학위를 취득할 수 있다. 현재 전공은 국어국문학, 영어영문학, 심리학, 경영학, 법학, 행정학, 가정학, 컴퓨터과학, 정보통신학분야, 유아교육학, 간호학 등 총 11가지의 전공분야가 있다.

3) 평생학습계좌제

평생학습계좌제란 개인의 다양한 학습경험을 학습계좌(온라인 학습이력관리시스템)에 기록 · 누적하여 체계적인 학습설계를 지원하고 학습결과를 학력이나 자격인정과 연계하거나 필요한 경우 노동시장에서 고용정보로 활용할 수 있게 하는 제도를 말한다.

〈평생학습계좌제 관련 법령〉

① 교육부 장관은 국민의 평생교육을 촉진하고 인적자원의 개발 · 관리를 위하여 학습계좌(국민의 개인적 학습경험을 종합적으로 집중 관리하는 제도를 말한다)를 도입 · 운영할 수 있도록 노력하여야 한다. 〈개정 2009. 5. 8., 2013. 3. 23〉

② 교육부 장관은 제1항의 학습계좌에서 관리할 학습과정을 대통령령으로 정하는 바에 따라

> 평가인정할 수 있다. 〈신설 2009. 5. 8., 2013. 3. 23〉
>
> ③ 교육부 장관은 제2항에 따라 평가인정을 받은 학습과정을 설치 · 운영하는 평생교육기관이 다음 각 호의 어느 하나에 해당하면 그 평가인정을 취소할 수 있다. 다만, 제1호에 해당하는 경우에는 평가인정을 취소하여야 한다. 〈신설 2009. 5. 8., 2013. 3. 23〉
> 1. 거짓이나 그 밖의 부정한 방법으로 평가인정을 받은 경우
> 2. 제2항에 따라 평가인정받은 내용을 위반하여 학습과정을 운영한 경우
> 3. 제2항에 따른 평가인정의 기준에 이르지 못하게 된 경우
>
> ④ 교육부 장관은 제3항 제2호 및 제3호에 따라 평가인정을 취소하고자 할 경우에는 대통령령으로 정하는 기간과 절차에 따라 평생교육기관의 장에게 시정을 명하여야 한다. 〈신설 2009. 5. 8., 2013. 3. 23〉
>
> ⑤ 교육부 장관은 제4항에 따라 시정명령을 하는 경우에는 평생교육기관의 장에게 시정명령을 받은 사실을 공표할 것을 명할 수 있다.

(1) 학습자들은 본인의 학습계좌를 개설해 자신의 학력, 자격, 평생교육 이수 경력, 그리고 개인활동 사항 등과 같은 개인학습 인력을 학습이력관리 시스템에 입력을 한다(학습계좌제의 예로 노동부의 근로자능력개발카드제 - 근로자가 직업능력개발훈련을 전부 또는 일부 지원받기 위해서 받는 카드로써 재정적 지원뿐 아니라 기록 · 저장할 수 있음).

(2) 입력을 토대로 학습이력관리시스템에서 제공하는 관리시스템을 통해서 자신의 학습계획을 수립할 수 있을 뿐만 아니라 평생학습계좌제에서 제공하는 학습상담을 통해 효율적인 학습설계를 수행해 나갈 수 있다.

(3) 다양한 과정을 통해 얻어진 학습결과를 활용해 그에 합당한 정규교육과정 수료를 인정받거나 자격증 취득, 그리고 구직과 같은 활동 등에 유용하게 사용할 수 있다.

(4) 학습자의 학습이력을 통해 기업은 인적자원의 효과적 채용과 인사관리 그리고 지방자치단체에서는 지역 인적자원 발굴 및 양성할 수 있게 하는 공신력 있는 자료를 획득 및 활용할 수 있다.

(5) 학습과정 평가인정을 받은 프로그램의 이수는 그 자체만으로도 공신력을 얻을 수 있으며, 또한 프로그램의 이수를 통해 자격증 취득이나 그 수준에 맞는

학력인정을 받을 수 있고, 그 외에도 여러 혜택들이 현재 연구 및 개발 중에 있다.

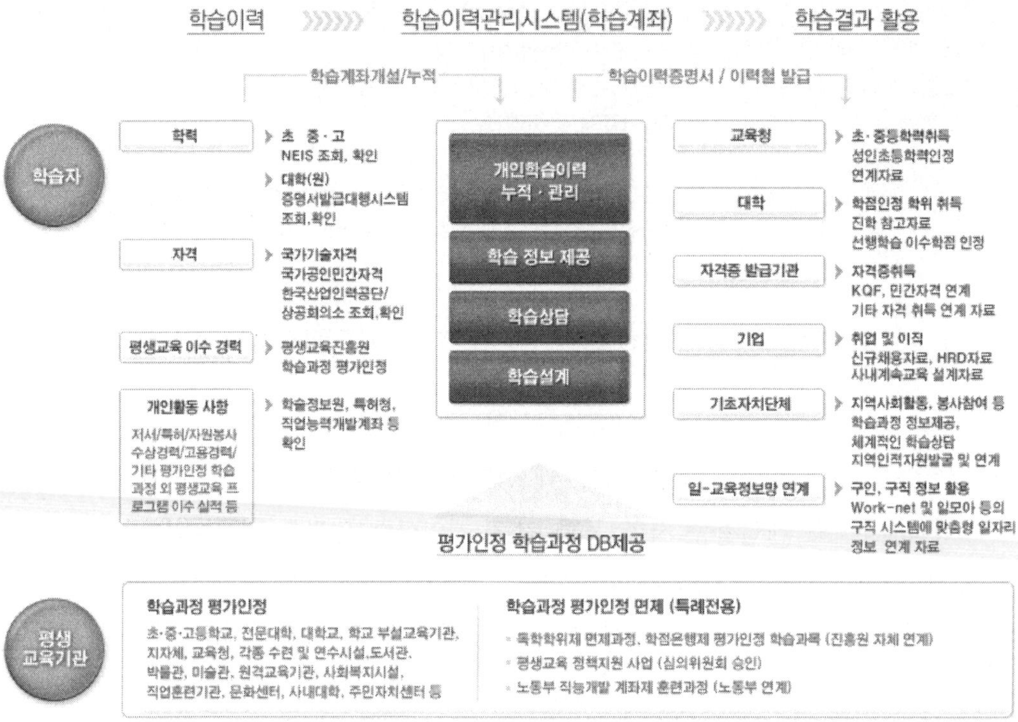

[그림 3-3] 학습계좌제 운영시스템
자료출처: 평생학습계좌제(http://www.all.go.kr)

4) 평생교육사

(1) 평생교육사의 개념

평생교육을 일반적으로 학교 밖의 청소년 및 성인을 위한 교육프로그램이라고 정의할 때 평생교육사란 바로 이러한 교육을 담당하고 이들의 학습을 도와주는 사람을 의미한다. 현행 평생교육법에 따르면 평생교육사는 평생교육의 기획 · 진행 · 분석 · 평가 및 교수업무를 수행한다(평생교육법 24조). 그러므로 평생교육사는 일정한 자격을 갖추고 다양한 평생교육 단체나 기관에서 일정기간 동안 가르치고

지도하거나 평생교육 프로그램을 기획, 진행, 평가하는 일을 담당하는 사람이라고 정의할 수 있다.

(2) 평생교육사의 기능

① 전체 교육의 기획

전체적인 기획 직무에는 사회와 조직의 교육요구 분석하기, 교육조직 및 기관의 비전 수립하기, 교육전략 수집하기, 중 · 장기계획 수립하기, 연간계획 수립하기, 마케팅하기, 성과 분석하기 등이 포함된다.

② 프로그램 개발 직무

프로그램 개발 직무에는 프로그램 타당성 검토, 프로그램 개발을 위한 공동작업, 교육요구분석 및 파악, 프로그램 목표설정, 프로그램 내용의 선정, 프로그램 설계, 그리고 프로그램 실행 매뉴얼 만들기 등의 핵심과업이다.

③ 프로그램 운영 직무

프로그램의 운영에는 시설 및 매체확보하기, 강사 및 교수자 섭외, 프로그램 홍보 및 마케팅, 프로그램의 실행, 교육매체 조작하기, 성과 분석하기 등이 핵심과업이다.

④ 기관관리의 직무

기관관리의 직무에는 행정업무, 재정관리, 조직관리 및 개발, 법규 정책 해석 및 활용, 교육시설 및 환경관리, 학습자관리, 강사관리, 기관홍보 등이 포함된다.

⑤ 네트워킹 및 지원의 직무

네트워킹 및 직무에는 지역사회 학습자원 조사하기, 인적 · 물적 자원 교류하기, 정보 공유하기, 사업제휴하기, 공동연수하기, 네트워킹 조직 구축하기 등이 핵심 직무이다.

⑥ **교수-학습의 직무**

교수-학습의 직무에는 교수대상자 분석하기, 교수계획 세우기, 교수자료 수집하기, 교수자료 개발하기, 강의 실행하기, 강의 평가하기 등이 핵심과업이다.

교육의 질은 전적으로 교육자의 질에 달려 있다. 리더로서의 자질, 지각능력, 유머감각, 인내력, 풍부한 지식, 민주주의에 대한 신념, 좋은 화술능력, 융통성, 열정적인 성격, 인간에 대한 애착 등이 요구된다.

〈평생교육사의 교수-학습 기획역량 13가지〉

① 학습자원 및 정보수집 역량 — 평생학습 관련 정보 및 자원수집

② 분석역량 — 학습자 분석, 학습환경 분석, 요구 분석, 트랜드 분석

③ 비전과 전략수집 역량 — 기관 및 지자체 차원에서 평생학습사업에 대한 비전 설정, 실현을 위해 상세한 전략 수립

④ 학습목표 및 학습활동 구체화 역량 — 교수-학습 목표설정, 학습활동 구체화

⑤ 계획수립 역량 — 중·장기 계획 및 연간, 단위사업계획 수립

⑥ 평생교육 SWOT분석 — 평생학습기관의 내외적인 강점, 약점, 기회, 위기를 분석하여 발전방안과 보완전략 수립

⑦ 교수설계 역량 — 교수-학습의 큰 프레임을 만들기 위한 목표, 학습활동, 학습전략 수립

⑧ 프로그램 개발 및 이해 역량 — 다양한 프로그램 매뉴얼 개발, 프로그램 실행, 자원확보

⑨ 교수법 개발 역량 — 다양한 교수법에 대한 사전이해(객관주의와 구성주의 교수법)

⑩ 학습내용 이해 역량 — 학습내용에 대한 명확한 분석과 전달하고자 하는 내용에 대한 정확한 이해

⑪ 교수-학습과정안 작성 역량 — 수업과정안 및 실행계획서 개발, 매뉴얼 작성

⑫ 교재 개발 역량 — 학습내용을 효과적, 효율적으로 전달하기 위한 교재의 구성 및 제작

⑬ 교수매체 개발 역량 — 학습도구, 플랫폼, 매체, 프리젠테이션 개발

(3) 평생교육사의 자격 및 배치 현황

평생교육사 응시 자격은 대학 및 원격대학 형태의 평생교육 시설 또는 사내대학에서 관련 과목을 30학점 이상 이수하고 졸업한 자이며, 이수과목에 대한 것은 다음과 같다.

〈평생교육사 자격〉

1. 응시자격
대학, 원격대학 형태의 평생교육 시설 또는 사내대학에서 관련 과목을 30학점 이상 이수하고 졸업한 자

2. 이수과목
① 필수과목 : 평생교육론, 평생교육경영론, 평생교육방법론, 평생교육 프로그램개발론, 평생교육실습(4주간)
② 선택과목 : 아동교육론, 청소년교육론, 여성교육론, 노인교육론, 시민교육론, 문자해득교육론, 특수교육론, 성인학습 및 상담(1과목 이상 선택하여야 함), 교육사회학, 교육공학, 교육복지론, 지역사회교육론, 문화예술교육론, 인적자원개발론, 직업 · 진로설계, 원격(이러닝, 사이버)교육론, 기업교육론, 환경교육론, 교수설계, 교육조사방법론, 상담심리학(1과목 이상 선택하여야 함)

배치대상	배치기준
1. 진흥원, 시 · 도 진흥원	◦ 1급 평생교육사 1명 이상을 포함한 5명 이상
2. 시 · 군 · 구 평생학습관	◦ 정규직원 20명 이상 : 1급 또는 2급 평생교육사 1명을 포함한 2명 이상 ◦ 정규직원 20명 미만 : 1급 또는 2급 평생교육사 1명 이상
3. 법 제30조에서 제38조까지의 규정에 따른 평생교육 시설(학력인정 평생교육 시설은 제외한다), 「학점인정 등에 관한 법률」 제3조 제1항에 따라 평가인정을 받은 학습과정을 운영하는 교육훈련기관 및 법 제2조 제2항 다목적의 시설 법인 또는 단체	◦ 평생교육사 1명 이상

등급	자격기준
평생교육사 1급	평생교육사 2급 자격증을 취득한 후, 교육과학기술부 장관(현 교육부 장관)이 정하는 평생교육과 관련된 업무(이하 "관련업무"라 한다)에 5년 이상 종사한 경력이 있는 자로서 진흥원이 운영하는 평생교육사 1급 승급과정을 이수한 자
평생교육사 2급	1. 「고등교육법」 제29조 및 제30조에 따른 대학원에서 교육과학기술부령(현 교육부령)으로 정하는 평생교육과 관련된 과목(이하 "관련과목"이라 한다) 중 필수과목을 15학점 이상 이수하고 석사 또는 박사학위를 취득한 자. 다만, 「고등교육법」 제2조에 따른 학교(이하 "대학"이라 한다)에서 필수과목을 이수한 경우에는 선택과목으로 필수과목 학점을 대체할 수 있다. 2. 대학 또는 이와 같은 수준 이상의 학력을 인정할 수 있는 기관, 「학점 인정 등에 관한 법률」에 따라 평가인정을 받은 학습과정을 운영하는 교육훈련기관(이하 "학점은행기관"이라 한다)에서 관련 과목을 30학점 이상 이수하고 학위를 취득한 자 3. 대학을 졸업한 자 또는 이와 같은 수준 이상의 학력이 있다고 인정되는 자로서 다음 각 목의 어느 하나에 해당하는 기관에서 관련 과목을 30학점 이상 이수한 자 가. 대학 또는 이와 같은 수준 이상의 학력을 인정할 수 있는 기관 나. 법 제25조 제1항에 따른 평생교육사 양성기관(이하 "지정양성기관"이라 한다) 다. 학점은행기관 4. 평생교육사 3급 자격증을 보유하고 관련 업무에 3년 이상 종사한 경력이 있는 자로서 진흥원이나 지정양성기관이 운영하는 평생교육사 2급 승급 과정을 이수한 자
평생교육사 3급	1. 대학 또는 이와 같은 수준 이상의 학력을 인정할 수 있는 기관, 학점은행기관에서 관련 과목을 21학점 이상 이수하고 학위를 취득한 자 2. 대학을 졸업한 자 또는 이와 같은 수준 이상의 학력이 있다고 인정되는 자로서 다음 각 목의 어느 하나에 해당하는 기관에서 관련 과목을 21학점 이상 이수한 자 가. 대학 또는 이와 같은 수준 이상의 학력을 인정할 수 있는 기관 나. 지정양성기관 다. 학점은행기관 3. 관련 업무에 2년 이상 종사한 경력이 있는 자로서 진흥원이나 지정양성기관이 운영하는 평생교육사 3급 양성과정을 이수한 자 4. 관련 업무에 1년 이상 종사한 경력이 있는 공무원 및 「초 · 중등교육법」 제2조 제2호부터 제6호까지의 학교 또는 학력인정 평생교육 시설의 교원으로서 진흥원이나 지정양성기관이 운영하는 평생교육사 3급 양성과정을 이수한 자

(4) 평생교육사의 역할과 책임

① 학습자의 요구와 목표달성을 도와주는 멘토로서의 역할

평생교육사의 일차적인 역할은 학습자들의 개인적 요구를 만족시키고 그들의 목표를 달성시킬 수 있도록 돕는 일이다. 또한 평생교육사는 개인이 이러한 노력과 학습을 할 수 있도록 환경을 조성하고 끊임없는 자극을 주어야 한다. 바로 이러한 의미에서 평생교육사는 학습자의 요구와 목표달성을 도와주는 멘토로서의 역할을 수행해야 한다.

② 기관의 욕구와 목표달성을 도와주는 프로그램 개발 · 운영자로서의 역할

평생교육사들은 자신이 속한 기관의 요구와 목표를 달성할 수 있도록 도와주어야 할 것이다. 평생교육기관과 단체의 필요와 요구는 세 가지로 나누어 볼 수 있다. 첫째, 기관과 단체의 설립취지에 따라 개인들의 발달을 가져오게 하는 것, 둘째, 각 기관이나 단체의 지속적인 발전을 추구하는 것, 셋째, 지역사회의 공적인 이해와 협조를 구하는 것이다.

③ 사회(국가)의 요구와 목표의 달성을 도와주는 교육자로서의 역할

평생교육사는 국가와 지역사회의 필요와 목표에 따라 개인들의 발달을 꾀해 나가도록 해야 할 것이다. 또한 시대와 상황에 따라 요구되는 시민상이 달라질 수 있지만 평생교육사는 그들이 속한 사회의 시민들이 그 사회가 요구하는 자질을 갖출 수 있도록 도와주어야 한다. 따라서 평생교육사는 사회지도자적 사명의식을 갖고 있어야 하며, 구체적인 시민교육의 내용과 방법에 대해서도 파악하고 있어야 한다.

5) 문화예술사

(1) 문화예술교육사의 차별적 역량 및 자격 기준 마련

개정 전 문화예술교육지원법 제2조 제5항에 따르면 '문화예술교육 전문인력'은

'문화예술교육 관련 교원 외에 문화예술교육에 관한 기획 · 분석 및 평가 등의 업무를 수행하는 자'로서 '교육시설 및 교육단체 등에서 문화예술교육 관련 교육과정 및 교육 내용에 관한 기획 · 분석 및 평가 업무를 2년 이상 수행한 자', 혹은 '학교, 교육시설 및 교육단체, 제24조의 각종 시설 및 단체 등에서 문화예술교육을 2년 이상 수행한 자'라고 규정되어 있다.

이러한 정의에는 문화예술교육의 '교수'활동을 핵심직무에 포함시키지 못하고 있으며, 문화예술교육 전문인력에 대한 역량 및 자격기준이 제시되어 있지 않다. 이것은 문화예술교육정책이 문화예술교육 강사들의 교수활동을 기반으로 추진되고 있는 현실을 고려할 때, 법적 기반이 매우 취약한 것이라고 할 수 있다. 또한 기존의 문화강좌 형태의 다양한 문화예술교육 프로그램에 참여하는 인력들과의 차별적 특성을 구체적으로 나타내지 못하고 있다. 현재 정부의 예술강사 지원사업에 참여하는 예술강사들에 대해서도 '문화예술교육을 2년 이상 수행한 자'로 규정하는 수준에서 머무르고 있다. 이러한 예술강사들이 어떤 자격기준과 역량을 갖추고 있는지에 대한 표준화된 준거자료가 규정되어 있지 않고 있다. 이에 따라 학교 문화예술교육에 참여하는 예술강사들의 경우에는 예술강사들의 자격과 역량을 나타낼 수 있는 공식적인 인증자료가 취약한 상황에서 보조강사 형태로 활동하고 있는 실정이다.

자격제도 도입은 문화예술교육 전문인력을 문화예술 교육사로 법제화하고, 자격을 부여함으로써 문화예술교육 분야에서의 활동 근거와 위상을 제고하는데 초점을 두고 있다. 또한 문화예술교육사로 하여금 문화예술교육 분야에 활동하는 것에 대한 자긍심과 자존감을 고취할 수 있을 것으로 기대되며, 문화예술교육 전문인력으로서의 정체성을 형성하는데 기여할 것으로 판단된다.

(2) 문화예술교육사에 대한 사회적 인식 개선 및 신뢰 구축

예술강사 지원사업, 학교문화예술교육사업, 사회문화예술교육사업 등이 지속적으로 확대, 추진되면서 문화예술교육사업 및 문화예술교육프로그램에 대한 사회적 인식은 점차 개선되고 있다. 실제로 예술강사 지원사업에 참여한 강사들

중에는 예술강사 지원사업 외에도 지역의 다양한 문화예술교육 프로그램에 참여하는 경우가 많아지고 있다. 그러나 이러한 예술강사들이 기존의 문화강좌 프로그램을 운영하는 강사들에 비해 어떤 차별적 역량과 특성을 갖고 있는가에 대해서는 사회적 인식이 취약한 실정이다. 학교문화예술교육에 참여하는 예술강사들인 경우, 예술가로서의 전문성 뿐 아니라 교육분야의 전문성을 필요로 한다. 학교 문화예술교육은 단순히 기술을 전달하는 기능교육이 아니라 학생들의 창의성, 사회성, 정서적 안정, 자아정체성 확립을 추구하는 교육활동이기 때문이다. 또한 학교문화예술교육은 학습자의 특성을 분석하여 이에 적합한 교육체계와 교육방법론을 갖출 필요가 있다.

사회문화예술교육 분야의 경우, 기존에 기능교육에 초점을 둔 문화강좌 강사와는 달리 학습자의 특성에 적합한 통합교육에 초점을 두고 있기 때문에, 이러한 사회문화예술 분야의 차별적 특성을 자격제도를 통해 전문영역으로 부각시킬 필요가 있다. 현재 사회문화예술교육 분야의 강사들은 문화예술교육정책사업으로 참여하는 예술강사, 예술단체의 예술강사, 평생교육 및 문화강좌 프로그램에 참여하는 예술강사 등 그 유형이 다양하며, 실제 문화예술교육 관련 교육 현장에서는 이러한 강사들이 혼재되어 복합적으로 활동하고 있다. 이러한 상황에서 문화예술교육사에 대한 자격기준과 역량을 구체적으로 제시하는 것은 문화예술교육사에 대한 사회적 인식을 개선하는데 긍정적으로 작용할 것으로 전망된다.

사회문화예술교육 분야에서 문화예술교육사는 문화예술 분야의 전문성을 바탕으로 다양한 학습자들의 특성에 적합한 교육체계와 교육방법론을 개발하여 실행함으로써 학습자들의 창의성과 사회성의 함양, 정서적 안정, 자아정체성 확립을 목적으로 추구할 필요가 있다. 문화예술교육사가 이러한 목적을 달성하기 위해서는 문화예술 분야의 전문성 뿐 아니라 교육학, 상담학, 파트너십 구축 및 관리론, 문화예술교육 프로그램 기획 및 관리론 등 다양한 분야의 전문성을 필요로 한다. 문화예술 분야의 전문성에 있어서도 문화예술교육사는 통합장르적 교육을 기획하여 진행할 수 있는 역량을 갖추어야 한다. 그 동안 예술강사 사업에 참여한 예술강사들인 경우에 이러한 문화예술교육사의 역량을 추구해 왔다. 문화예술교육사 제도는 이러한 문화예술교육사의 차별적 역량을 법적으로 규정함으로써 문화예술교육의 특성과 문화예술교육사의 역량에 대한 사회적 신뢰기반을 형성하는 계기가 될 것으로 전망된다.

(3) 문화예술교육사의 전문성 및 경력개발 역량 강화 준거

문화예술교육정책이 문화예술교육 영역에 미친 가장 큰 영향은 문화예술교육 활동을 수행하고 있는 예술강사들의 전문성을 향상시키기 위한 교육연수 체계를 갖추었다는 점이다. 이러한 교육연수 체계는 예술강사들로 하여금 문화예술교육론, 문화예술교육정책, 학교교육 및 사회교육론, 파트너십 구축, 문화예술교육 기획관리 등 예술강사 활동에 필요한 직무교육을 제공함으로써 문화예술교육의 전문성을 높이는데 긍정적으로 작용하고 있다. 그러나 이러한 교육연수체계는 다음 두 가지 측면에서 새로운 전환점을 모색할 필요가 있다.

① 예술강사의 경력별 역량강화 체계를 갖출 필요가 있다. 예술강사에 따라 특성화 분야, 전문역량, 예술강사 현장 경력 등이 매우 다양하며, 문화예술교육에 대한 교육훈련 수요 또한 다양하다. 예술강사에 대해 단순히 문화예술교육 프로그램에 참여하는 수준을 넘어 전문직종으로서 접근할 필요성이 커지고 있다. 그러나 현행 문화예술교육 분야의 교육연수체계는 이러한 다양성을 포괄하지 못하고 있으며, 선정된 예술강사의 현장 파견 활동에만 초점을 두고 있다. 앞으로 교육연수체계는 문화예술교육 활동에 참여하는 다양한 형태의 예술강사들이 전문 경력을 개발할 수 있는 여건을 제공할 필요가 있다. 문화예술교육사 제도의 도입으로 등급별 교육과정을 전문화, 고도화할 수 있는 법적 기반을 구축할 수 있게 되었다. 또한 문화예술교육사 제도는 자발적인 경력관리와 정책적인 경력관리체계를 결합하여 문화예술교육 전문 강사로서의 경력관리체계를 구축하는데 기여할 것으로 전망된다.

표 3-3 현행 문화예술교육 강사 경력의 형성과 활동 경로 실태

강사 경력의 형성	문화예술 교육 유형	주요목표 및 지향점	경력 및 역량 관리
· 문화예술 분야 대학 졸업자 문화예술교육 강사 · 문화예술 현장 경력 → 문화예술교육 강사	· 문화예술강좌 프로그램	· 예술장르별 기능 확보 · 예술체험 및 접근성 증진	· 자발적 경력관리
· 문화예술 현장경력 → 문화예술교육 강사			
· 문화예술 분야 대학 졸업자 → 예술강사 지원사업 참여 → 문화예술교육 강사	· 학교문화예술 교육프로그램 · 사회문화예술 교육프로그램	· 창의성, 사회성, 통합성, 자존감, 표현력 확대 등	· 정책적인 교육연수, 평가, 교육 활동 지원
· 문화예술 현장경력 → 예술강사 지원사업 참여 → 문화예술교육 강사			

② 예술강사의 교육연수체계를 다양화하여 한국문화예술교육진흥원 외에도 민간부문의 지정교육기관이 참여할 수 있는 여건을 조성할 필요가 있다. 문화예술교육 활동에 참여하는 교육가는 현행 예술강사 외에도 그 유형이 다양하다. 현재 예술강사 지원사업에 참여하는 강사들의 경우에는 교육연수체계에 참여하고 있지만, 그 외의 예술강사들은 이러한 교육연수 프로그램에 참여하지 못하고 있는 실정이다. 앞으로 문화예술교육 인력을 체계적으로 양성하고, 전문적으로 경력개발체계를 구축하기 위해서는 한국문화예술교육진흥원 외에도 다양한 지정교육기관을 활용할 필요가 있다. 이런 점에서 최근에 광역문화예술교육지원센터의 문화예술교육 연수체계가 확대, 발전되고 있는 것은 의미가 있다고 할 수 있다. 앞으로 대학을 비롯한 지정교육기관이 참여할 수 있는 여건을 조성할 계획이다.

(4) 미래 문화예술 양성을 위한 교육과정 개발 및 진입경로 제시

문화예술교육 수요가 확대되고, 전문화됨에 따라 예술역량, 교육역량, 사회적 소통역량을 갖춘 문화예술교육사에 대한 수요 또한 확대될 전망인 바, 이러한

인력들의 수급관리를 위한 법적 기반을 마련할 필요가 있다. 이와 관련하여 현장예술가 뿐 아니라 대학 재학생들에게 문화예술교육사로 활동하기 위해서는 어떤 자격과 역량을 갖추어야 하는지에 대해 구체적으로 제시함으로써 미래 문화예술교육사로서의 경력개발을 하는데 준거기준을 제시할 수 있다.

표 3-4 2010년도 한국문화예술교육진흥원 교육연수 사업[1]

사업명	세부사업	사업실적	
		시수	인원
문화예술교육 아카데미(CETA) 운영사업	문화 행정인력 (고위정책과정, 과장후보자 핵심 역량과정, 5급 승진자 과정, 부처 공무원) 연수, CEO 연수 실시	13회, 73시수	1,233명
	문화예술교육기관, 단체 실무자 연수 (광역센터 연수 포함)	20회, 135시수	380명
예술강사 연수 운영사업	학교 · 사회 예술강사 연수 운영 (기본연수/심화연수)	2,488시수	5,003명
	유아 예술강사 연수 운영(국악, 음악, 연극, 무용, 미술, 공예의 6개 분야)	150시수	235명
학교 경영자 문화예술교육 연수 운영사업	학교 경영자 연수 운영(서울, 부산, 인천, 광주, 경기, 전남, 경북 지역)	25회, 137시수	4,362명
	학부모 대상 연수 운영 (경기, 대구 지역)	3회, 12시수	410명
다문화교육 인력 양성사업	제3기 다문화 전문강사 양성과정 운영	98시수	94명
	제 1, 2회 다문화교육의 이해 연수(문화기반 시설 실무자 대상)	2회, 12시수	35명
사회 문화예술교육지원사업 관계자 연수 운영사업	사회 지원단체 연수 (소속강사, 관계자 대상)	4회, 33시수	112명
	사회복지사 및 기관 관계자 연수	1회, 9시수	30명
	국방부 관계자 연수 (실무자, 주무관, 합동참모대학 등)	3회, 21시수	177명
	법무부 관계자 연수(교화직 6-7급, 사회복귀 실무자, 상담심리 실무자 등)	3회, 20시수	123명

1) 한국문화예술교육진흥원 (2011), 『2011 한국문화예술교육진흥원 연차보고서』 참조.

이러한 접근은 현장인력 중심의 교육연수체계가 문화예술교육정책 초기 기반 조성단계에서는 정책 확산 차원에서 중요하게 작용하지만, 장기적으로는 미래 인력을 양성하고, 이를 위한 정규교육과정이 필요하다는 인식에 바탕을 둔 것이라고 할 수 있다. 이러한 접근은 또한 문화예술교육사를 전문직종으로 인식할 필요가 있음을 의미한다고 할 수 있다.

이와 관련하여 문화예술교육사 제도는 현재 한국문화예술교육진흥원 중심으로 운영되는 교육과정을 장기적으로는 대학의 정규교육과정으로 다양화하는 계기를 마련할 수 있다. 현재는 대학의 문화예술교육사를 양성하기 위한 교육과정이 거의 없는 상황(현재로서는 광주교육대학교 대학원 과정에서 운영되고 있는 '문화예술교육 · 기획교육과정'이 거의 유일한 관련 교육과정이라 할 수 있다)이기 때문에 예술강사로 선정된 경우에는 문화예술교육에 대한 연수과정을 통해 문화예술교육사에 필요한 역량을 함양할 수 있는 실정이다. 문화예술교육사 제도가 도입됨에 따라 앞으로 대학에서의 정규교과과정으로 문화예술교육에 대한 교육과정이 활성화될 것으로 전망된다.

(5) 국가 자격제도 도입을 통한 전문 자격관리 체계 구축 및 공신력 강화

학교, 지역문화 시설, 사회복지 시설, 주민자치센터, 평생교육 시설 등에서 문화예술교육 프로그램을 운영하는 과정에서 예술강사를 활용하고자 할 경우에 예술강사의 역량과 경력을 검증할 만한 자료를 요구하는 경우가 많은데, 현재는 교육연수 이수 경력과 교육경력, 그리고 민간자격증을 제시하고 있는 실정이다. 특히 학교의 경우에는 교사 외에도 실기교사, 전문상담교사, 사서교사, 보건교사, 영양교사, 산학겸임 교사, 스포츠 강사 등 다양한 유형의 교사에 대해 자격기준을 제시하고 있다. 그러나 학교의 교육과정에 참여하는 예술강사의 경우, 자격요건이 제시되어 있지 않으며, 보조강사로서 활동하고 있는 실정이다.

주민자치센터, 지역문화기반 시설, 사회복지기관 등의 경우, 강사에 대한 자격 소지 여부를 채용 기준으로 삼는 경우가 많아, 많은 강사들이 비교적 취득이 용이한 민간자격증에 관심을 갖는 경우가 많다. 2010년 6월 현재 부처별 민간자격 등록신청 수는 총 1,535건이며, 이 중 등록된 자격은 1,250개 종목으로 신청대비

82.3%에 이른다. 그러나 민간자격의 경우, 교육·자격 발급 및 사후 관리체계가 법적으로 명확히 규정되어 있지 않아, 유사 자격증의 지나친 남발 및 취득자의 역량 부족 등 여러 가지 문제점이 발생하고 있다. 이와 관련하여 정부에서는 2008년부터 자격기본법 개정안 시행을 통해 '민간자격 등록제도'를 설치·운영하고 있으나, 아직 이러한 문제점을 개선하기에는 아직 다소 미흡한 모습을 보이고 있다.

이러한 상황에서 문화예술교육사 자격제도의 도입으로 강사들의 자격기준과 역량, 경력 등을 국가가 공인할 수 있기 때문에 강사에 대한 신뢰수준이 높아질 것으로 판단된다. 그리고 이러한 사회적 신뢰가 형성된다면, 장기적인 관점에서 문화예술교육사의 활용도 또한 높아질 것으로 전망된다.

참고 문헌

교육부, 국가평생교육진흥원(2013). 「2013 평생교육백서」(제16호).

권두승, 최운실(2014). 평생교육경영론. 경기: 교육과학사.

권이종(1998). 사회교육법규론. 경기: 교육과학사.

김경열(2015). 평생교육론. 배움사이버평생교육원.

김란수 외 공저(1982). 평생교육론. 서울: 문음사.

김용현(2010). 평생교육개론. 경기: 양서원.

김종서 외 공저(1987). 평생교육원리. 경기: 교육과학사.

한국문화예술교육진흥원(2011), 『2011 한국문화예술교육진흥원 연차보고서』.

한숭희(2006). 평생교육론. 서울: 학지사.

황종건(1985). 한국의 사회교육. 경기: 교육과학사.

제4장

평생교육과 학습이론

1. 초기 학습이론
2. 최근 학습이론

교육은 매우 광범위하고 복합적이다. 사회적 기능을 실천하기 위해 필요한 도구다. 현대를 살아가기 위한 사회인으로서 교육이 필요한 이유는 훈련된 교사의 도움으로 어떤 성취 확률을 높일 수 있기 때문이다. 근대교육의 시스템은 2차 산업혁명이라 불리는 1850년대 초, 미국에서 노동자 양성을 목적으로 교육의 필요성이 강조되면서 갖추어지기 시작하였다. 공교육의 가치를 대중에게 알리는 데 큰 몫을 담당했던 Horace Mann(1796~1859)은 1852년부터 앤티옥 대학교의 초대학장으로 활동하면서 공교육제도와 행정조직을 확립해 나갔다. 민주주의를 실천할 수 있는 능동적 참여와 합리적 의사결정을 준비하기 위해서는 국가가 주도하는 교육철학이 요구되었던 것이다. 국가 주도적 교육철학은 모든 아이들이 참여하여 시민교육을 받을 수 있는 공교육, 특히 학교교육을 통해 그 가치가 실현될 수 있었다.

19세기 이후 교육철학은 교육에 대한 학문적 전통의 가치를 연구하면서 발달되었다. 20세기 초에는 학술회, 학술지 간행, 그리고 다양한 교육 컨퍼런스 등의 모습으로 확립되었다. 1941년 미국교육철학회(American Philosophy of Education Society)가 설립되었고, 1951년 교육이론(Educational Theory) 학술지 간행이 출간되기 시작하였다.

우리나라는 김영삼 정부시절 '신교육체제 수립을 위한 교육개혁방안'이라는 이름으로 발표된 5 · 31 교육개혁을 단행하였다. 이 개혁안에는 '선택과 다양성'이라는 가치와 '국민적인 평생학습사회 기반구축과 열린교육체제의 기술적 기반 구축'을 하겠다는 내용이 담겨 있다. 5 · 31 교육개혁 이후, 신자유주의에 입각한 시장경제의 원리, 자유경쟁의 원리를 반영한 교육 정책이 쏟아져 나오기 시작하였다. 신자유주의는 정치적이고 경제적인 양립을 요구하면서 그 모호함을 교육으로 극복하려는 의도가 숨겨 있다. 다양한 교육 조항과 정책으로 경제적 자유주의에 입각하여 철저한 경쟁주의에 교육이 노출되었고, 그에 따른 실천적 문제로 인한 책임은 학습자의 몫으로 남겨졌다.

국가가 주도하는 사회적인 체제에 대한 통치 기술은 지식과 밀접한 관련이 있으며, 이러한 지식은 권력과 하나의 집합을 이룬다. 세계화에 따른 지식의 경제화는 보이지 않는 권력을 활용하여 지배적인 신자유주의 패러다임을 구성하고 있다. Foucault(1991)는 교육을 통해 국가가 경제를 주도하면서 정부 주도성(governmentality)의 통치 기술(the art of government)을 발휘한다고 주장하였다. 정부 주도성의 통치 기술이 발휘되려면 학교교육으로는 매우 제한적이다. 따라서 지식의 폭발적인 팽창과 과학기술의 발달로 인한 현대사회는 학교중심교육 체계에서 벗어나 평생학습을 지향하는 새로운 교육시스템이 필요하게 되었다.

사회의 급격한 변화로 인한 평생학습은 학습사회의 전환을 더욱 가속화시키고 있다. 시대의 변화를 반영한 학습이론은 어떻게 실천되고 있는가? 학습이론은 기본적으로 Merrian과 Caffarella의 구분 방법에 따라 행동주의, 인지주의, 인본주의, 사회학습이론, 구성주의로 구분할 수 있다. 본 장에서는 초기 학습이론과 최신 학습이론이라는 두 가지 개념으로 나누어 학습이론의 발달에 따른 평생교육의 실천적 적용을 논의하고자 한다. 20세기를 기준으로 현대 교육철학은 진보주의, 본질주의, 항존주의로 구분된 전기와 실존주의, 분석철학, 포스트모더니즘을 대표하는 후기로 구분하여 설명할 수 있다(이인학 · 김기영 외, 2013). 따라서 20세기의 교육철학을 바탕으로 행동주의 학습이론과 인지주의를 초기 학습이론으로 명명하고, 구성주의와 경험학습, 전환학습, 확장학습을 최신 학습이론으로 구분하여 논하고자 한다.

1. 초기 학습이론

1) 행동주의 학습이론

행동주의 학습이론은 인간의 행동이 외적인 환경에 의해 결정된다는 이론을 강조한다. 학습의 가장 중요한 요인이 학습자의 의지나 동기가 아니라 외부환경이라는 것이다. 학습이란 자극(S)에 의해 어떤 반응(R)을 습득하여 기억된다는 가정을 전제로 한다. 환경을 조성하고 반복적으로 적절한 강화를 제공한다면 어떠한 행동도 학습시킬 수 있다는 것이다. 학습자는 외부 자극에 의한 교육적 내용을 암기하여 필요시 재생할 수 있도록 훈련될 수 있다. 우수한 환경에 있는 학습자는 긍정적인 학습 경험을 습득하여 학습의 결과로 우수한 교육적 행동의 변화를 취할 수 있다. 행동주의 학습이론은 환경적 자극의 역할을 강조하면서 학습자의 관찰가능한 행동의 변화를 중시하였다.

그러나 행동주의 입장에서는 학습자를 수동적인 존재로 보았다. 물질주의, 현실주의, 실증주의를 바탕으로 인간의 행동은 외부의 자극과 환경에 의해 언제든 통제가 가능하다는 이론이다. 능력위주의 학습 결과물을 강조한 행동주의 학습이론은 크게 Watson을 중심으로 고전적 행동주의와 Skinner를 중심한 신행동주의로 구분할 수 있다. 자극에 대한 반응의 결합으로 이루어진다는 행동주의 학습이론(S-R이론)은 고전적 조건화이론, 시행착오이론, 조작적 조건화이론, 사회학습이론(모방학습이론) 등을 포함한다. 본 장의 행동주의 이론은 Pavlov의 고전적 조건형성이론, Thorndike의 시행착오설, Skinner의 조작적 조건화이론으로 발전한 내용과 평생교육의 실천적 관점에서 살펴보고자 한다.

(1) 고전적 조건형성이론

신 음식을 보면 입 안에 침이 고였던 경험이 있을 것이다. 특정한 자극에 대해서 무의식적으로 반응하는 반사현상으로 나타난다. 신 것을 보는 것과 침이 나오는 것은 선천적으로 아무런 연관관계가 없다. 무조건반사란 신 음식을 입에 넣었을 때 침이 나오는 것이다. 하지만 이러한 자극을 경험한 사람은 신 것을 보기만 해도 입 안에 침이 고이는 것을 느끼게 된다. 이러한 학습으로 인하여 반사작용이 일어나는 경우를 조건반사라고 한다.

조건반사가 일어나기 위해서는 대뇌피질에 기억된 학습 능력이 필요하다. 고전적 조건화(classical conditioning)는 행동주의 심리학의 이론으로 특정 반응을 이끌어 내지 못하던 자극(중성자극)이 그 반응을 무조건적으로 이끌어 내는 자극(무조건자극)과 반복적으로 연합하여 그 반응이 나타나게 하는 과정이다.

Pavlov는 1900년대 초, 개의 타액분비 작용이라는 연구에 의해 정신반사라는 개념을 주장하여 노벨상을 받았다. 처음에는 생리학에 관심을 보이면서 우연하게 개가 먹이를 보고 타액을 분비한다는 사실을 관찰하게 되었다. 그는 개를 대상으로 신호 학습을 시키는 실험을 시작하였다. 처음에는 벨을 30초 동안 울리고 개에게 음식을 주었다. 똑같은 과정으로 매일 혹은 격일로 6~10회씩 반복하는 실험을 하였다. 시간이 흐르자, 음식을 주지 않고 벨 소리만 들려주었는데, 개는 타액을 흘리는 반응을 보였다. 이러한 실험으로 '조건형성'이라는 개념이 만들어졌고, 조건화라는 과정을 통해 행동의 수정이 이루어질 수 있다는 근거를 세웠다.

조건화란 평소 특정한 반응을 이끌어 내지 못했던 자극(중성자극, Neutral Stimulus: NS)이 무조건적인 반응(무조건반응, UnConditioned Response: UCR)을 이끌어 내는 자극(무조건자극, UnConditioned Stimulus: UCS)과 연합하는 과정이다. 조건화가 이루어지면 중성자극은 조건자극(Conditioned Stimulus: CS)이 되어 조건반응(Conditioned Response: CR)을 이끌어 낸다. 이를 위한 첫 번째는 조건화 이전 단계로 개는 음식을 보면 무조건 침을 흘린다. 여기서 음식은 무조건자극(UCS)이고, 침을 흘리는 반응은 무조건반응(UCR)이다. 이때 종소리를 들려주면 개는 반응이 없으므로, 종소리는 중성자극(NS)이 된다. 두 번째 단계는 조건화 과정으로 무조건자극과 중성자극의 연합이다. 개에게 음식을 줄 때마다(UCS) 반복적으로 종소리를 같이 들려준다(NS). 마지막으로 세 번째 조건화 이후의 단계는 중성자극인 종소리(NS)만 들려주어도 침을 흘리게 된다. 조건화된 후의 종소리는 조건자극(CS), 조건화된 후에 침을 흘리는 반사는 조건반사(CR)가 되는 것이다. 이렇게 고전적 조건화가 일어나는 이유는 조건자극(CS)을 제공받으면 바로 무조건자극(UCS)도 함께 제공받을 것이라는 기대가 있기 때문이다.

조건자극을 준 후에 무조건자극을 주면 이를 강화라고 하고, 조건자극을 제공하면서 무조건자극을 주지 않으면 점차 조건반사가 일어나지 않게 되는 현상을 소거라고 한다. Pavlov 실험의 경우에는 종소리를 울린 후 먹이를 주는 경우가 강화다. 하지만 조건자극만 주고, 종소리를 울린 다음 먹이를 주지 않는 경우가 소거에 해당된다. 조건반사는 한 번 익혔다고 해서 계속 유지되는 것은 아니다.

자극이 계속 가해지지 않으면 사라지게 된다. 그 이유는 기초적인 형태의 학습이란 신경세포 사이의 결합에 의해서 조절되기 때문이다.

조건자극이란 처음에는 반응을 이끌어 내지 못하는 중성자극이었다. 그러나 조건화가 이루어지고 나면 무조건자극과 같이 반응을 보인다. 즉 조건자극은 다른 중성자극과도 연합할 수 있다. Pavlov의 개 실험에서 조건화된 종소리와 함께 파란 불빛을 보여주면 파란 불빛만 봐도 침을 흘리게 되는 이차적 조건화가 이루어질 수 있다(second-order conditioning). 이러한 조건화는 3차적 조건화, 4차적 조건화 등 고차적 조건화(higher-order conditioning)로 더욱 발전할 수 있다. 그러나 고차적 조건화를 위해서는 조건자극들이 연달아 제공되어야 한다.

Watson은 11개월 된 Albert를 고전적 조건화에 대한 실험대상으로 확장시켜 진행하였다. 연구의 목적은 Albert가 흰쥐에 대한 공포반응을 조건화하는 것이다. 아이는 본래 흰쥐에게 공포를 느끼지 않았다. 하지만 Albert가 흰쥐에게 다가가거나 만질 때마다 갑자기 큰 소리를 들려주었다. 사람은 원래 갑작스러운 큰 소리에 놀라는 반응을 한다. 여기서 큰 소리는 무조건자극이 되고, 놀라는 반응은 무조건반응이 되는 것이다. 처음에는 무서움을 느끼지 않았던 흰쥐(중성자극)와 큰 소리(무조건자극)를 지속적으로 연합하면 흰쥐(조건자극)만 보아도 놀라는 반응(조건반응)을 하게 되는 것이다. 이러한 과정이 반복되자 결국 Albert는 흰쥐를 무서워하게 되었고, 흰 수염을 가진 어른만 보아도 공포반응을 보였다. 조건자극과 유사한 다른 자극에 동일한 조건반응을 보이는 것을 자극일반화(stimulus generalization)라고 한다. Watson은 이러한 공포반응을 탈피할 수 있도록 변별(discrimination)학습을 시키려 하였지만, Albert 부모의 협조가 이루어지지 않아 성공적인 실험을 마무리할 수 없었다(이경화 외, 2009).

이러한 고전적 조건형성의 연구는 학습결과에만 중점을 두고 학습과정에서 일어날 수 있는 사고와 감정 등의 내면화는 고려하지 않고 이루어진 초기 학습이론이다.

(2) 조작적 조건형성이론

학습의 광범위한 의미는 인지, 시행착오, 조건부여에 따라 습득할 수 있는 행동이다. 학습은 후천적인 경험과 훈련을 통해 목적에 따라 지속적인 행동의 변화를 촉진하는 것이고, 과정을 통해 학습의 결과가 나타난다. 고전적 도구를 사용하여 특정 반응이 반복적으로 강화되는 것을 조건부여라고 한다. 초기 학습이론은 동물을 대상으로 조건을 부여한 다음 특정 행동을 강화시켜 습득하도록 유도한 실험을 통해 학습의 가장 대표적인 사례로 확인되었다.

① Thorndike의 시행착오설

Thorndike는 1899년 동물의 지능(animal intelligence, an experimental study of associative process in animals)을 발표하면서 학계의 주목을 받았다. 쥐를 대상으로 한 '미로실험' 혹은 고양이를 대상으로 '문제상자(problem box)'라는 실험을 통해 시행착오설이라는 학습이론을 주장하였다.

배고픈 고양이가 '문제상자(problem box)'에 갇혀 있을 때, 상자를 할퀸다거나 물어뜯으면 보상을 해 주지 않고, 빗장을 건드렸을 경우에만 보상을 해 주는 실험이었다. 고양이는 먹이를 먹기 위해 비효율적인 다양한 반응을 거쳐 시행착오를 줄여 나갔고, 고리를 잡아당겨 문을 열었을 경우, 맛있는 생선을 보상받았다. 상자문이 열리고, 그 고양이는 음식물을 보상받은 후, 다시 상자 속에 갇히게 된다. 실험과정을 반복하는 동안에 효과가 있는 반응은 남고, 효과가 없는 반응은 소실하게 되었다. 그리고 문제상자의 탈출 소요 시간은 점점 단축되었다. 고양이가 문을 열고 배고픈 문제를 해결한 행동은 점진적으로 학습한 결과이기 때문이다. Thorndik는 이러한 실험을 통해 자극-반응 연합으로 점진적 각인이 이루어졌다고 결론을 내렸다. 동물실험으로 강화의 조작은 자극-반응의 결속을 연결하는 학습의 관점을 의미한다. 그의 이론은 영국의 연합심리학 계통을 이어서 '연합주의 혹은 결합주의'로 알려졌다.

Thorndike는 이러한 실험으로 '효과의 법칙(law of effect)'을 주장하였다. 만족을 초래하는 특정 반응의 학습은 만족의 정도가 크면 클수록 그 반응이 선택되어 학습이 효과적으로 발생한다. 또한 연습을 많이 할수록 결합이 강화되고 연습 횟수가 적거나 그것을 사용하지 않을 때는 결합이 약화된다는 연습의 법칙(law of exercise)과 결합에 대해 준비가 되어 있으면 학습이 일어나지만 그렇지 않으면 억제된다는 준비성의 법칙(law of readiness)을 제창하였다. 이와 관련하여 James는 반응이 효과를 보이는 시간과 근접하고 반복될수록 확고해진다는 근접의 법칙(law of proximity)과 빈도의 법칙(law of frequency)을 주장하였다.

어떠한 학습과정은 학습자에게 주어진 다양한 문제의 상황이나 조건에 따라 달라질 수 있다. 문제상자의 실험에서와 같이 출발점에서 목표가 분명하지 않을 경우에는 시행착오의 학습과정이 이루어질 수 없다. 즉 도구나 기구의 사용으로 목표가 분명하지 않을 경우에는 예상학습이 이루어지기 힘들다. Thorndike의 시행착오설은 학습자의 상황을 고려하는 다양한 교수-학습이론의 발달에 기초가 되었다.

인간의 외형적 행동의 변화에 초점을 맞추는 행동주의 학습이론은 자극의 반응과 연결된 연합이론으로 수업방법의 전환을 가져왔다. 즉 잘못된 지식이 학습자에게 내면화되는 화석화 현상을 방지하기 위해 교수자의 즉각적 피드백이 때로는 제공되어야 한다. 따라서 상황에 따라 학습과 시행착오의 관계가 형성될 수 있다. 신행동주의자 E. C. Tolman의 가설학습론에서는 학습이란 단순한 시행착오의 반복으로 보지 않고 여러 가지 예상이나 가설에 의한 반응으로 형성되는 것을 주장한다.

② Skinner의 조작적 조건형성이론

Skinner는 조건형성 원리를 기반으로 인간행동을 분석하였다. 그는 배고픈 쥐를 상자 속에 넣고 한쪽 벽면에 있는 지렛대를 누르면 먹이를 먹을 수 있는 실험을 하였다. 배고픈 쥐는 처음에는 여러 행동을 보이다가 우연히 지렛대를 누르게 되었다. 먹이를 먹을 수 있다는 경험으로 지렛대를 누르는 반응시간은 점점 짧아졌다. 이 때, 지렛대는 조건자극, 지렛대를 누르는 행동은 조건반응이라고 할 수 있다. 그는 이러한 실험을 통해 유기체란 실험상황에서 먹이를 얻기 위해 보상이나 벌을 받아야 된다는 의미의 '조작적 조건형성(operant conditioning)'이라는 용어를 사용하였다.

행동에 대한 올바른 이해를 하게 되면, 행동의 원인을 분석하여 예측하고 통제할 수 있다. 인간 행동은 대부분 조작적이며, 이러한 행동은 통제할 수 있다는 것이다. 조작적 조건화란 자극과 반응의 연합에 의한 학습으로 나타난다. 어떤 행동에 뒤따르는 결과가 만족스럽다면 그 행동들의 빈도는 점차 증가하겠지만, 결과가 만족스럽지 못하다면 그 행동을 하지 않거나 행동의 빈도가 점차 감소하게 된다. 조작적 조건형성 과정에 자극, 강화를 투입하여 유기체가 일정하게 반응하도록 습관을 만들 수 있다.

Skinner는 조작적 조건형성에서 가장 중요한 개념을 강화라고 판단하였다. 인간의 행동은 강화를 통해 바람직한 행동을 하도록 반응의 빈도를 높일 수 있다. 강화에는 두 가지가 있다. 바람직한 행동을 증대시키기 위해 유기체가 선호하는 것을 제공함으로써 행동을 강화하는 정적 강화(positive reinforcement)와 유기체가 불쾌해하거나 혐오스러워하는 것을 제거함으로 바람직한 행동을 증대시키는 부적 강화(negative reinforcement)가 있다. 강화와는 반대로 반응을 약화시키는 절차의 벌(punishment)은 바람직하지 못한 행동을 중지시키기 위하여 불쾌한 것을 제공하는 것이다. 잘못된 행동에 대한 벌에는 두 가지가 있다. 어떤 반응으로 혐오자극을 가하는 것과 어떤 반응에 대한 정적 강화물을 제거하는 것이다.

조작적 조건형성 과정에서 이미 학습된 행동에 대해 더 이상 보상이나 강화를 중지하게 되면 행동에 대한 반응이 점점 감소하게 된다. 이를 소거(extinction)라고 하는데, 여기서 주의해야 할 점은 반응을 중지하게 되면 처음부터 반응의 쇠퇴가 일어나지 않고, 오히려 증가된다는 것이다. 상자에 쥐를 다시 넣어 지렛대를 눌러도 음식이 나오지 않게 하여 행동을 소거시켰다. 하지만, 시간이 경과되어도 다시 지렛대를 누르는 행동을 하게 된다는 현상을 통해 자발적 회복이 발생하였다. Skinner의 이론은 바람직한 반응이 일어날 때마다 보상이 제공되는 강화가 유용하다는 점을 시사한다. 또한 소거의 개념으로 적절하지 못한 행동을 했을 경우 처벌보다는 무시하는 반응도 바람직하다는 것을 암시하고 있다. 따라서 조작적 조건형성이론은 교육학자, 교사, 학부모를 대상으로 교육현장에서 유용하게 사용할 수 있는 교육 방법론을 제공한다.

③ 관찰학습이론

Bandura는 1960년대 학습이 모방과 관찰을 통해 이루어진다는 관찰학습이론을 주장하였다. 그는 인간의 모든 행동은 개인과 환경간의 상호작용에 의한 학습으로 이루어진다고 보았다. 관찰학습이론은 인지과정을 포함하므로 사회인지이론, 사회학습이론이라고도 불린다. 그 이유는 인간은 학습과 수행을 구별하여 새로운 반응을 학습할 수 있기 때문이다. 또한 행동촉진작용으로 특정한 행동을 억제하거나 피할 수 있다고 주장하였다. 즉 학습은 단순한 외적 요인만이 아니라 내적 요인의 상호작용, 그리고 개인과 환경간의 상호작용으로 이루어질 수 있다.

관찰학습에는 주의집중과정, 파지과정, 운동재생과정, 동기화과정이 있다. 첫째, 주의집중과정은 모델 행동의 특성을 파악함과 동시에 강화에 영향을 받는다. 관찰자에게는 강화의 효과에 따라 대리강화 혹은 자기강화의 효과가 나타난다. 둘째, 파지과정은 관찰 내용이 상징적 형태로 기억되어야 행동으로 나타날 수 있다. 주로 심상과 언어로 저장이 된다. 셋째, 운동재생과정은 기억된 상징적 형태가 행동으로 수행되는 과정으로 운동동작의 계속적 실천과 자기 수정적 조정이 필요하다. 마지막으로 학습과 수행은 분리되기 때문에 동기화과정이 필요하다. 모델과 같은 행동을 하게 되면 본인도 그렇게 될 수 있다는 강화를 받게 되어 학습을 수행할 수 있는 것이다.

(3) 행동주의를 활용한 평생교육의 실천

행동주의자들은 학습을 행동의 변화과정으로 규정하였고, 행동주의 이론은 실제 교육현장에 많은 영향을 미치고 있다. 평생교육의 실천이라는 관점에서도 행동주의 학습이론은 행동의 변화를 이끌 수 있는 실질적이고 효율적인 학습임을 부정할 수 없다. 교수-학습의 체계적 디자인, 행동주의적 교육목표, 프로그램 학습, 컴퓨터 보조학습 등 많은 것이 행동주의의 학습이론에 근거를 두고 있다(김한별, 2014). 이러한 이론은 주어진 자극에 대하여 측정 가능한 반응을 의미하는 인간의 외현적인 행동에 초점을 둔 것이다. 행동주의 학습을 위해 교수자는 바람직한 행동이라는 결과물을 도출하기 위해 학습 환경과 관련된 일관성 있는 정보를 학습자들에게 지속적으로 제공해야 한다. 행동주의 학습이론과 관련된 연구 결과는 교육훈련과 성인직업교육에서 흔하게 찾아볼 수 있다. 성인의 직업교육이나 훈련은 행동주의에서 주장하는 학습과제의 분리 진행을 거쳐, 다양한 평가방법을 강조하고 있다.

박근혜 정부에서 국정과제로 진행하고 있는 NCS(National Competency Standards)는 산업별 직무능력의 수준별 성과의 표준을 제시하고 있다. 직업의 기초적인 훈련 과정을 이수하여 직무역량의 수준을 높이고, 성과를 달성할 수 있는 행동주의 학습이론을 기반으로 한다. 이는 국가적, 국제적 직무능력표준 시스템이다. 직업훈련소나 교육기관의 학습자들이 기업에서 요구하는 직무능력을 학습하도록 안내하는 내용이다. 즉 학습자가 바로 산업현장에 투입되어 산업체에서 요구하는 직무를 연결하는 차원으로 실무적 교육의 성과를 지향한다.

개인은 기업, 교육기관, 자격검정기관이라는 환경에서 NCS를 활용할 수 있다. NCS는 단순히 기업과 구직자의 채용범위를 넘어 평생학습의 관점에서 다양한 평가가 이루어지는 새로운 시스템이다(최윤주 · 안성수, 2015). 개인은 생애 발달에 따라 어떤 평가를 받을 수 있는지 확인할 수 있고, 단계별 학습과정의 예상을 거친 후, 사회인으로서 성장하기 위해 다양한 교육기관에서 학습능력을 키우고 직업인으로 성장하여 경력을 개발할 수 있다. 단계마다 구체적인 정보를 알고 활용할 수 있다. 또한 특정 직무의 수준별 단계마다 자격 수준을 취득하여 그 성취를 공식적으로 검증해 나간다. [그림 4-1]은 개인과 교육기관, 기업, 자격검정기관 4가지 측면에서 NCS를 적극 활용, 적용할 수 있는 범위를 설명하고 있다.

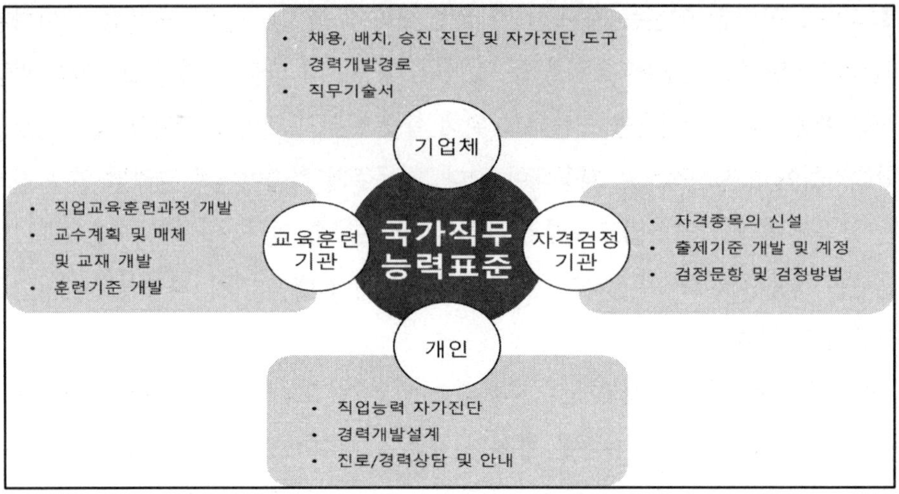

[그림 4-1] NCS 활용범위

출처: 한국산업인력공단, 2015(http://www.hrdkorea.or.kr).

행동주의 학습이론이 개인, 교육훈련기관, 기업체와 자격검정기관을 통한 평생교육의 현장에서 실천되기 위해서는 바람직한 행동의 결과가 지속적으로 재현될 수 있는 정적 강화가 제공되어야 한다. 학습과제에 적절한 배경을 제공하는 것은 과업을 성공적으로 수행하기 위한 선결과제이고, 학습에 방해가 되는 요인은 제거해야 한다. 또한 과제의 성취를 위해 모든 학습의 구성요소들을 구체적으로 확인해야 한다. 학습자의 과업수행을 유도하기 위하여 각 과업요소들이 학습될 때까지 다양한 체험이나 실습의 기회가 제공되어야 한다. 따라서 학습행동이 반복적이고 지속적인 올바른 생활습관의 결과물로 유지할 수 있다.

이러한 행동주의 이론에 바탕을 둔 우리나라의 교육 시스템은 그 동안 우수한 인적 자원을 활용하여 사회발전을 촉진하는데 지대한 영향력을 미쳤다. 1957년 우리나라와 비슷한 GDP를 가진 나라였던 가나와 비교했을 때, 반 세기가 지난 지금 비교할 수 없을 만큼 서로 다른 길을 걷고 있는 이유가 바로 이러한 교육의 결과이다. 우리나라의 역사와 문화에 맞추어 범국가적인 평생교육의 실천을 위해서는 평생교육에 대한 요구를 분석하고, 국가 차원의 평가와 후속조치가 추진되어야 한다. 따라서 교육·훈련 결과 검토, 분야별 파급효과 분석, 운영효율성 분석,

지원체제가 지속적으로 연계되어야 할 것이다.

국가의 발전을 위해 지역 차원에서 잠재된 인력들의 역량이 효율적으로 향상될 수 있도록 보다 현실적인 지원이 제공되고 있다. 지역의 특수한 문화와 풍토가 드러나는 독특한 형태의 지식 창출과 확대가 가능하도록 평생교육은 다양한 학습 결과를 인정할 수 있다. 따라서 행동주의 학습이론으로 평생교육의 실천 확장을 위해서는 지역 차원에서 평생학습을 활용한 개인의 능력이 개발되어 지역 발전과 함께 혁신적인 경제활동으로 연결되어야 한다.

2) 인지주의 학습이론

(1) 인지주의 학습

인간은 사고력을 바탕으로 언어를 습득하고 특정 기술과 지식, 태도를 익힌 후 사회인으로 성장해 나간다. 사회인이 되면 환경에 영향을 받을 뿐만 아니라 능동적인 입장에서 환경과 지식을 선택할 수 있다. 인지주의 학습이론은 행동주의 학습이 추구하는 자극과 반응을 일으킬 수 있는 외부환경에 의한 결과보다는 환경과 학습자의 내적 요인간의 관계를 중시한다.

인지주의 학습은 지각, 기억, 문제해결, 사고, 판단과 같은 고등 정신작용에 의해 학습이 강화된다는 것을 주장한다. 학습자의 주의집중, 기호화, 그리고 학습으로 인한 인출이 내적인 과정으로 어떠한 영향을 미치는지, 새로운 지식이 어떤 결과를 가져오는지를 탐색한다. 행동주의 학자들은 일반적으로 공통된 학습의 법칙과 학습의 결과를 중시하는 반면, 인지주의 학자들은 결과보다는 학습과정에서 일어날 수 있는 정보의 지각, 조직, 저장, 인출 등을 강조하였다. 즉 인지주의 학자들은 사고를 추론할 수 있는 다양한 방법에 초점을 두어 개인의 발달에 따라 연구하고 있다.

Piaget는 '지식은 어떻게 구성되는가?'라는 의구심으로 인지의 틀을 강조하였다. 그는 인지 기능발달을 결정하는 구성요소를 고려하여 도식(scheme)과 구조(structure), 동화(assimilation), 조절(accomodation), 그리고 평형(equilibrium)의 단계를 설명하였다. 도식과 구조는 학습자가 환경을 구성하면서 만드는 지식, 관계, 절차이다. 동화는 학습자의 도식 속에 새로운 대상을 받아들이는 인지과정이다. 조절은 학습자의 도식과 구조가 동화되지 않으면, 새로운 대상에 맞게 이미 존재하는 도식을 바꾸는 과정이다. 평형은 유기체가 환경과의 상호작용을 통해 균형을 모색하면서 동화와 조절이 조화를 이루어 통찰되는 과정을 설명한다.

Bloom의 인지영역에서 교육목표 분류학은 지식-이해-적용-분석-종합-평가라는 단계를 가진다. 또한 Vygotsky의 인지와 정서를 강조한 근접발달영역(ZPD) 이론은 학습과 발달의 관계를 규명하고 있다. 그는 학습에 대한 인간의 이해에 있어서 사회, 문화, 역사적 측면을 제시한 '맥락'을 강조하였다.

(2) 형태주의 심리학

인간이 경험하는 학습은 단순히 자극과 반응에 의한 원리에 따라 이루어지는 수동적인 과정이라고 보기 어렵다. 인간은 경험해 보지 못한 복잡한 문제라도 논리적 추론을 통해 해결할 수 있다. Werthheimer는 1910년대 파이현상(phi phenomenon)을 주장하였다. 이를 기반으로 '전체는 부분의 총합 이상이다'라는 형태주의 심리학이 출발하였다. 형태주의 학자들은 전체주의 원리가 학습과 사고를 포함한 인간의 지각현상 전 분야에 적용될 것이라고 믿었다. 형태주의를 대표하는 지각의 원리에는 가까이 있는 물체를 하나의 묶음으로 인식하는 근접성의 원리(proximity), 크기나 색상이 유사한 것들을 집단화하려는 유사성의 원리(similarity), 단절된 자극보다는 하나의 계속된 형태로 지각하려는 연속성의 원리(continuity)가 있다.

형태주의 심리학을 대표하는 학습이론에는 Köhler의 통찰학습과 Tolman의 잠재학습이 있다. Köhler는 침팬지 실험을 통해 주변의 도구를 사용하여 통찰함으로 문제해결이 가능하다는 지각의 원리를 주장하였다. 통찰은 전체-분석-종합의 단계를 거친다. 통찰학습이란 문제 상황에서 문제의 요소들을 재구성함으로 문제가 해결되는 현상을 의미한다. 즉 이전에 학습한 경험이 없지만, 상황의 요소들을 재구조화함으로써 문제해결을 할 수 있는 능력을 주장한 것이다.

통찰학습은 4가지 특징을 가진다. 첫째, 문제가 해결되기 이전 상태의 과정에서 우연히 일어난다. 둘째, 완벽하고 자연스러운 통찰을 통해 문제가 해결된다. 셋째, 통찰에 의한 해결책은 기억이 오래간다. 마지막으로 통찰을 통한 원리는 다른 문제에 다양하게 활용될 수 있다(이경화 외, 2009). Tolman이 주장하는 잠재학습이란 특별한 자극이나 강화가 없어도 주변 환경에 대한 인지도는 자연적으로 발달할 수 있다는 것이다. 보상이 주어지기 전이나 동기가 생기기 전까지는 학습한 행동을 실천하지 않기 때문에 겉으로 학습이 이루어지지 않은 것으로 보일 수 있지만 개인의 내부에서 자연적으로 학습할 수 있는 능력이 존재한다. 학습은 개인과 환경의 밀접한 관계로 행동유발에 영향을 미치는 생활공간에 대한 구조화와 재구조화로 이루어진다.

(3) 정보처리이론

지금까지의 학습이론들은 한 가지 영역에 치중된 이론적 체계를 갖추고 있었지만, 정보처리이론은 지식과 정보의 흐름을 중요시하여 학습의 과정을 연결했다는 데 의미가 크다. 정보처리이론은 기억의 구조와 기억의 처리 과정을 강조하고 있다. 지각과 기억이론을 바탕으로 한 인지이론은 외부감각적 자극변형, 기호화, 부호화, 파지, 재생 또는 인출이라는 정보 처리적 관점으로 1960년대 후반부터 본격적인 연구가 시작되었다.

정보처리이론은 학습자를 컴퓨터에 비유하고 있다. 정보의 투입-저장-인출이라는 과정이 인간 정보처리과정의 기본적인 체계로 구성되었다. 컴퓨터의 고안 자체가 인간 뇌의 인지구조를 기반으로 이루어진 것이기 때문이다. 인간이 새로운 지식을 습득하는 과정은 외부의 자극이 내부의 정보로 저장되고 인출된다는 정보의 흐름을 설명한다. 〈표 4-1〉은 감각등록기, 단기기억, 장기기억 특징을 표현한 것이다.

표 4-1 감각등록기, 단기기억, 장기기억의 특징

	감각등록기	단기기억	장기기억
다른 명칭	잔향기억, 영상기억, 감각기억	작업기억, 일차적 기억	이차적 기억
용량	무제한	제한적	무제한
지속시간	0.5~4초	되뇌임 없이 30초	무제한
정보의 형태	시각적(혹은 청각적)	현재 의식하고 있는 정보	학습된 혹은 약호화된 정보
망각의 원인	소멸이나 간섭에 의함	간섭에 의해 망각되지만 소멸됨	인출 실패

출처: 이경화 외(2009). 교육심리학. p. 231.

장기기억에 저장된 지식은 3가지로 분류할 수 있다. 첫째 '무엇이 이러하다'라는 사실에 관한 지식(knowledge that)으로 선언적 지식(declarative knowledge)이다. 이는 의미적 혹은 일화로 기억 속에 저장된다. 둘째, 무엇을 어떻게 알아야 하는가(knowledge how)에 관한 절차적 지식(procedural knowledge)이다. 실제적인 행위를 보여줄 수 있기 때문에 일단 학습하게 되면 기억에 오래 남는다. 절차적 지식은 조건-행위 규칙(condition-action rules)으로 산출된다. 산출의 결과는 새로운 지식을 활성화시키기 위해 기억을 수정하는 인지활동으로 이어진다. 마지막으로 지식을 적용시키기 위한 시기(when)와 이유(why)를 아는 조건적 지식(conditional knowledge)이 있다. 조건적 지식은 기억이나 사고를 통제하면서 활용이나 점검의 역할을 하므로 인지전략이라고 할 수 있다.

정보처리이론에서 주의 깊게 다루는 제한점은 컴퓨터와 같은 시스템은 유기적 체계성을 가질 수 없다는 것이므로, 이를 극복하기 위해 인공지능에 대한 기술이 계속적으로 발전해야 한다는 것이다. 진정한 학습은 정신적인 균형과 감성을 동시에 개발하는 것으로 정신적 측면을 포함하면서 뇌를 통해 발생한다. 학습에 대한 인지주의는 환경이나 주변과의 관계를 구성하는 방식인 인지 지도로 접근할 수 있다. 이는 행동주의에서 의미하는 자극과 반응이 인지과정에서 어떤 연결 단계로 구조화되는지를 밝히기 위함이다. 인지 지도는 인간의 두뇌에 시각과 공간의 재현으로 표현할 수 있다. 과학적 패러다임에 의한 교육은 동물, 인간, 그리고 인공지능 시스템에서 마음과 지능이 어떻게 작동하는가를 탐구하는 인지과학의 영역에서 바라볼 수 있다(이정모, 2010). 인지과학에서는 인지주의란 하나의 과학적 혁명으로 마음과 컴퓨터는 정보체계라는 것을 주장하고 있다.

(4) 인지주의를 활용한 평생교육의 실천

1950년대 이후 컴퓨터에 바탕을 둔 정보화는 사회전반에 걸친 획기적인 변화를 일으켰다. 정보사회의 발전이 가능했던 이유는 발상의 개념적 전환 때문이다. 단순한 숫자 계산을 다양한 상징과 데이터로 처리하고, 문제를 해결하면서 인간의 지능을 모방한 형태의 컴퓨터라는 도구로 발전시켰다. 인지주의 입장에서 잘 조직된 정보처리는 평생교육의 장을 통해 다양한 형태로 나타날 수 있다. 즉, 컴퓨터와 마음의 작용에 의해 이루어진 교육적 부분은 공식적인 틀을 넘어 각종 인공물로 결합된 평생교육을 통해 실천할 수 있다. 마음의 특성들이 컴퓨터의 다른 대상들에서 어떻게 구현될 수 있는가를 묻고, 인간과 컴퓨터를 포함하는 개념적 틀을 재구성하려는 시도가 늘어나고 있다.

평생교육을 통한 다양한 방법으로 학습이 이루어지는 과정이 교육 현장에서 일어나고 있다. 즉, 인간의 마음도 컴퓨터와 같이 상징조작체계로서 개념화할 수 있다는 것이다. 마음의 내용과 과정을 컴퓨터 유추 개념과 컴퓨터 모의실험을 통해 명확한 구조와 절차로 기술할 수 있으리라는 연구 결과들이 1956년 MIT에서 개최된 정보이론 심포지엄을 기폭제로 알려지고 있다. 이러한 연구를 바탕으로 하여 1950년대 후반에 Bruner 등을 중심으로 하버드대학교에서 '인지연구센터'가 설립되었다. 정보처리적 인지심리학은 '인간은 어떻게 아는가?' 라는 질문에 중점을 두고, 심리현상 전반의 문제들을 이와 연관해서 기술하려고 한다.

인지심리학의 연구 영역은 신경인지, 지각, 주의, 형태재인(대상파악), 학습, 기억, 인지발달, 언어 이해와 산출, 개념적 사고, 문제해결 사고, 추리, 판단, 결정, 지능과 창의성, 정서, 사회적 인지를 포함한 거대 조직인 문화와 연결된다. 교육의 가장 중요한 의미는 문화적 변화의 근거를 제공할 수 있느냐는 것이다. 새로운 개념은 창의적인 과정으로 소개될 수 있다. 언어의 경우에도 대부분의 단어들은 개념을 나타내는 표지로 작용할 수 있으므로, 인간의 의사소통은 영역과 정보의 교환으로 이루어진다.

학습은 문화적 동화 속에서 특정 사회집단에 점진적인 참여를 통해 과제를 풀 수 있는 도구로 사용된다. 인지과정은 특정 분야에서의 문제해결을 위해 구성된 틀이다. 새로운 문제에 대한 능동적이고 기능적인 해결을 모색하기 위해 지속적으로 실제적 과제들을 해결할 수 있는 평생교육이 필요하다. 따라서 평생교육을 실천하기 위해서는 첫째, 특정 사회집단에서 필요한 실제 과제의 문제해결 전 과정을 전문가가 시범해 보이는 "시연 단계(modeling)", 둘째 문제해결을 위한 인지적 틀의 제시를 하는 "교수 도움 단계(scaffolding)", 마지막으로 학습자 스스로가 문제를 해결할 수 있는 "교수 도움의 중지 단계(fading)"가 필요하다. 학습이나 지식습득은 학습자의 체험을 통해 이루어지는 것이 바람직하므로 사회집단의 문화적 양상이 내재되어 있는 지역의 특정 상황과 맥락이 학습과정에 포함되어야 한다. 이는 지역과 문화가 함께하는 평생학습의 실천으로 가능하다.

평생학습의 실천은 공동체 학습, 일터 학습, 온라인 학습 등으로 다양하게 이루어질 수 있다. 따라서 평생교육이 가지는 생애 발달적인 시간적 · 공간적 범위를 수평적, 수직적 차원으로 통합할 필요가 있다. 따라서 인지주의 학습이론을 활용한 평생교육은 변화된 삶에 적응하기 위해 실질적인 문제를 해결하고 다양한 환경과 사회적 틀로 실천될 수 있다.

2. 최근 학습이론

초기 학습이론이 지식과 기술을 강조한 행동주의와 인지주의 학습방법으로 행동의 변화와 결과물을 중시하였다면, 최근 학습이론은 복잡하고 다양한 환경과 학습자를 이해하는 과정을 좀 더 깊게 다루고 있다. 최근 학습이론은 상황에 따른 실질적인 문제를 중심으로 문제의 사례를 제시하거나, 자기주도 학습, 소집단 학습, 그리고 학습자들이 자유롭게 가치를 나눌 수 있는 반성적 사고를 추구한다. 본장에서는 최근 학습이론을 구성주의 학습이론, 경험학습, 전환학습, 그리고 확장학습 관점으로 살펴보고자 한다. 〈표 4-2〉는 초기 학습이론과 최근 학습이론을 비교한 내용이다.

표 4-2 초기 학습이론과 최근 학습이론의 비교

	초기 학습이론	최근 학습이론
개념	· 지식과 기술의 획득	· 복잡하고 폭넓은 환경의 이해와 학습자를 이해하는 관점
문제해결 학습의 관점	· 형태심리학적 관심 · 학교학습 · 특정한 시스템이론 · 이론적 접근	· 경험학습, 실천학습 · 삶을 통한 조직학습, 성인학습, 일터학습 · 학습자와 상황이 연결된 복잡한 시스템적 특성 · 학습은 개인적 발달과 역량에 따라 개발 · 상황에 따라 창의적으로 대응할 수 있는 다양한 방법으로 추구
심리적 과정	· 객관주의적 행동주의 · 과학적 인지주의	· 문화심리학적 입장 · 외적인 상호작용
학습방법	· 분절된 한 가지 학습이론을 강조 · 학습의 자동화(행동주의 심리학에서의 조건화) · 현실적 상황을 면밀하게 분석하지 않은 학습 시스템	· 맥락적 학습으로 개인주의에서 실천공동체의 참여로 확장 · 현실적 상황에 따라 개인의 역량을 전환할 수 있는 학습의 재구성 · 사회적이고 문화적인 상황에서의 학습

1) 구성주의 학습이론

(1) 구성주의 학습의 필요성과 개념

구성주의는 지식과 학습에 관한 이론으로 '무엇을 어떻게 아는가?'를 강조한다. 학습자는 지식을 단순하게 재생하는 것이 아니라, 스스로 지식을 구성할 수 있다. 구성주의(constructionism)는 MIT(Massachusetts Institute of Technology) 대학의 Seymour

Papert에 의해 개발된 교육이론으로 사람들이 경험하는 시스템을 갖추면서 구성한다고 주장한 Piaget의 지식이론에 근거를 두고 있다. 즉 구성주의에서 주장하는 지식이란 개인의 경험으로부터 구성되며, 학습이란 환경에 영향을 받으며 개인의 관점에 따라 다르게 이루어질 수 있다는 것이다.

역사적으로 그 시대를 대표하는 교육의 형태와 철학, 방향, 그리고 사회적 환경 등이 공존해 왔다. 교육은 사회와 밀접한 상호 관계를 맺으며 서로 영향을 주고받는다. 농경시대는 도제교육의 형태로 가정이나 마을 단위의 공동체 중심 교육이 이루어졌다. 산업시대에는 집단교육의 형태로 공교육의 중요성이 강조되었다. 정보화 시대에는 산업사회의 획일적이고 표준화된 교육에서 벗어나 학습자의 창의성과 다양성을 가진 인재 양성에 집중하고 있다.

교육 개혁에 따라 요구되는 구성주의 교육 이론은 기존의 객관주의에 대한 패러다임에서 탈피하여 학습자 중심의 자기주도적 학습(self-directed learning)의 형태를 추구한다. 구성주의는 행동주의에 바탕을 둔 객관주의와는 다르게 상대주의적 인식론에서 출발한다. 실질적인 상황을 배경으로 구체적인 성격의 과제를 얼마나 학습목표의 달성과 연결시킬 수 있느냐를 보여주는 실제성이 요구되는 것이다. 먼저 학습 환경과 학습과정을 중시하는 구성주의에 따라 수업을 설계할 수 있다. 그리고 세부적인 과제는 지식이나 기술, 전략적 방법에 관심을 기울이는 객관주의 학습전략을 사용하는 방법으로 해결할 수 있다.

객관주의 학습방법에서 수업설계자는 교수자이며 지식의 전달자 역할을 한다. 학습목표는 연계별로 세분화되어 진행되고, 수업 종료 후 객관적인 평가가 이루어진다. 개인적 과제와 성취를 중요시하며, 수업 이전에 체계화된 구조로 계획이 완성되어야 한다. 그러나 구성주의 학습방법에서의 교수자는 학생 스스로 수업을 설계할 수 있고, 협동학습으로 다양한 인식이 성립되도록 조언자의 역할을 한다. 구체적인 상황을 배경으로 개인의 사고력에 의해 문제를 해결할 수 있는 과정을 평가하는 것이다. 전체적인 학습목표를 정하여 학습할 내용을 관찰하고, 포트폴리오, 프로젝트, 개인저널을 활용한 다양한 형태로 평가할 수 있다(이병석 · 박완성, 2011).

객관주의와 구성주의 학습방법을 이분법으로 구분하여 교수-학습의 원칙을 분리하는 것은 무의미한 일이다. 두 가지 학습방법의 장점을 활용하여 학습자의 상황에 맞는 방법으로 교육을 진행할 수 있기 때문이다. 구성주의는 학습의 주체와 객체가 바뀔 수 있는 교육의 변화를 이론적으로 뒷받침하기 때문에 교수자 중심의 교육방법에서 학습자 중심으로의 학습방법 전환을 위한 실천적인 대안을 제시하는 학습이론이다. 즉 수동적인 지식의 습득자로서의 학습자가 아니라, 적극적인 지식의 형성자로 인지적 기술과 역량을 발휘할 수 있다. 그러므로 학습자에게는 성찰적 실천(reflective practice)을 위한 개인적 경험과 현상의 의미를 분석할 수 있는 인지적 습관 형성이 필요하다(이성진, 1999). 교수자는 학습자의 인지적 활동을 자극시키고, 질문을 통한 배움으로의 안내자 역할을 해야 하며, 문제해결을 위한 개념적인 틀과 자료를 제시한다. 또한, 진정한 평가의 영역 속으로 학생들을 참여시키기 위해 학습자들과 지속적인 접촉을 시도하면서 협력자로서의 역할을 인정해야 한다.

구성주의 학자들은 다양한 생각과 관점을 통해 다차원적인 사고력을 훈련할 수 있는 협동학습(collaborative learning)의 환경을 활용하도록 주장한다. 이론과 실천 속에서 발견된 차이점과 갈등을 인정하고 소개할 수 있다. 구성주의는 인지적 구성주의(cognitive constructivism)와 사회문화적 구성주의(sociocultural constructivism)라는 2가지 접근방법으로 구분할 수 있다(이경화 외, 2009). 인지적 구성주의는 인간의 개별적 · 인지적 작용을 통해 지식의 형성 과정을 설명하고 있고, 사회문화적 구성주의는 개인의 인지적 발달을 포함하면서 환경적인 상호관계를 고려한 지식의 구성을 중요하게 다룬다. 〈표 4-3〉은 인지적 구성주의와 사회문화적 구성주의를 비교하였다.

표 4-3 인지적 구성주의와 사회문화적 구성주의의 비교

	인지적 구성주의	사회문화적 구성주의
대표 학자	Piaget, von Glasersfeld, Fosnot, Cobb, Duffy, Jonassen, Bransford, Sprio, Brown, Collins	Vygotsky, Rorty, Rogoff, Bruffee, Lave, Cole, Cunningham, Wertsch
이론적 근거	Piaget의 발달심리	Vygotsky의 발달심리이론
이론적 관심	개인의 인지적 발달과정	사회문화적 과정
학습목표	인지적 구조를 재편성하여 개인경험의 사회문화적 타당성 검증	관련 공동체에서의 문화적 동화를 일으켜 개인들의 상호작용에 의한 사회문화적 관습을 습득
분석내용	사회적 상황에 의거한 인지적 재구성 과정	관련 공동체에 참여를 통한 사회문화적 행동양식 습득 및 동화과정
수업환경	교사와 학생 간에 형성되는 문화를 조사	공동체의 문화를 반영하는 학습교육의 실태조사

(2) 구성주의를 활용한 평생학습의 실천

산업사회를 지나 정보사회를 주도하는 교육적 패러다임은 교수자 중심에서 학습자 중심으로의 전환이라는 관점으로 변화되고 있다. 즉 학습의 주체와 객체가 바뀌는 혁명적인 교육의 변화를 이론적이고 실천적으로 뒷받침해 줄 수 있는 것이 바로 구성주의 학습이론이다. 학습자의 행동을 예측하여 통제할 수 있다는 행동주의와 인지주의를 바탕으로 학습의 효과성과 효율성을 강조하는 측면도 중요하다. 그러나 학습자의 능력이 복잡한 상황에 따라 자율적으로 선택되어 발휘될 수 있도록 다양한 학습방법이 제공되어야 한다. 형식교육보다는 비형식과 무형식 학습을 활용한 평생교육을 학습자의 능력에 따라 다양한 학습방법으로 확장해 나가야 한다.

산업사회가 만든 패러다임의 틀 속에서 교육의 지향점은 사회적 유용성을 실천할 수 있는 인재를 양성하는 것이었다. 그러나 지식의 다양성을 강조한 정보사회는 학습자의 창의성과 과정을 중시하는 인본주의적 접근을 강조한다. 시대가 요구하는 교육적 패러다임은 통제와 예측이 가능하고 복잡한 불확실성을 선택하기 위한 구성주의 학습을 통해 변화하고 있다. 중앙집권적으로 통제가 가능한 공교육

은 행동주의와 인지주의 학습으로 결과지향적 성취를 목표로 하였다. 그러나 평생교육은 학습자의 다양한 상황에 따라 선택적으로 교육의 목표와 커리큘럼을 조정할 수 있다.

능력중심 사회의 교육시스템은 이론을 전환하여 산업체에서 필요한 실무적인 지식, 기술, 태도로 재구성하였다. 따라서 교수자는 복잡한 환경의 변화에 따라 학습자가 사회에 적응할 수 있는 준비 과정을 제공할 필요가 있다. 단순히 자극을 주고 목표에 맞는 학습결과가 나오길 기대하는 차원을 뛰어넘어 전략적인 학습방법으로 학습자에 따른 학습 계획을 설계해야 한다. 학습자의 입장에서는 수동적 지식과 기술을 익히는 과정이 아니라 자유로운 학습 분위기 속에서 지식과 기술을 확장할 수 있는 기회가 필요하다.

본질적 문제는 현실과 연결된 실제적인 탐구에서 비롯된다. 문제의 관찰은 주변의 실제 상황에서 수집될 수 있는 다양한 정보를 통해 이루어질 수 있다. 개인의 관심에 의해 결정되는 정보의 선택은 지속적인 경험으로 완성되는 것이다. 학습자들은 자신이 속한 환경에서 다양한 도구를 활용한 학습으로 실생활의 문제를 해결해 나갈 수 있다. 이러한 문제해결 과정으로 학습자들은 관심분야의 내용을 탐색하면서 자신만의 지식을 구성해 나간다. 관심분야의 공동체 속에서 다양한 정보와 학습 도구를 공유하는 네트워크는 구성주의를 활용한 평생학습의 실천적 접근방법이다. 따라서 다양한 학습 공동체들은 지식의 형식을 자율적으로 구성하면서 본인만이 경험하는 학습 가치를 표현한다. 이러한 학습의 가치는 새로운 영역을 스스로 확장해 가는 에너지로 작용할 수 있다.

2) 경험학습

사회적 인간이 되기 위해서는 삶을 통한 경험이 필요하다. 학습이란 삶을 통한 경험으로 이루어진다. 경험학습은 경험으로부터의 학습 또는 실행으로부터의 학습을 의미한다. Dewey는 학습을 '경험'이라는 용어로 시작하였고, 학습이 삶에 관한 것이라고 주장하였다. 20세기 후반 Roger, Javis, Lewis, Williams, Hanry 등과 같은 학자들에 의해 성인학습의 중요성이 부각되면서 경험이 학습의 중요한 요인으로 주목받기 시작하였다(이인학 외, 2013).

학습자는 새로운 태도나 기술, 그리고 새로운 사고방식을 개발하기 위해 먼저 경험에 몰입한 후, 습득한 경험을 성찰할 수 있다. 경험을 활용한 학습은 지식습득을 위한 보조수단이 아니라 일, 교육, 개인적인 성장과 연결된 자연스러운 생활이다. 감각을 통해 들어오는 직접적이고 간접적인 경험은 사고를 할 수 있도록 유도한다. 이러한 사고는 어떤 행동을 진행하도록 자극하고 경험을 통한 피드백으로 더욱 견고해질 수 있다.

경험학습은 성인학습에 대한 이론적인 배경으로 주요한 자리를 차지하고 있으며, 학습자의 경험을 기반으로 스스로의 경험을 재조직하는 과정이다. 경험학습의 과정은 첫째, 학습자의 관심과 연결된 상황 속에서의 특정한 경험에서 시작한다. 둘째, 학습자는 경험을 성찰하고 경험한 질서를 찾아내는 과정을 거친다. 셋째, 경험한 과정을 기반으로 새로운 가설을 수립하고, 그 가설을 토대로 새로운 경험을 시도해 본다. 마지막으로 학습자는 성찰과 평가의 과정으로 경험학습을 실천할 수 있다.

교육에서의 실천적 행위를 특정한 경우에만 적용할 수 있는 기술위주의 모델로 한정짓는 것은 위험하다. 하지만 교육의 실천적 행위가 신자유주의 체제라는 그늘 아래 경제 시스템의 수행능력을 효율적으로 극대화하는 도구로 강요되고 있는 것이 부정할 수 없는 현실이다. 교수-학습의 전통적 방법이 경제적 위기라는 세계관 속에서 교육을 경영주의적 개혁의 도구로 활용하자는 의도로 공격을 받고 있다. 단편적인 예로, 교육의 목표는 직업적인 수행능력과 성취의 경쟁에서 살아남기 위한 유용한 노동력의 환원이고, 그 목표에 도달하지 못할 경우, 경제적 쇠퇴라는 대가를 받을 수 있다. 따라서 학습자를 자극할 수 있는 동기는 평가체제에 의한 기술, 역량, 자격 등과 연결된 학습 결과물로 한정되고 있다.

선진국의 교육철학은 계몽주의 전통 속에서 확립된 이성적인 인간이 되기 위한 수단으로 넓은 분야에서의 문제를 다루면서 자신의 정체성을 삶에서 실현하는 것을 기본으로 다룬다. 교육 이론과 실천적 행위를 구별하는 철학적 아이디어에 반기를 든 것이 Dewey식의 프래그머티즘(pragmatism)이다. Dewey의 교육철학은 인간의 잠재력을 향상시켜 사회적으로 성장하는 것을 목적으로 한다. 프래그머티즘은 대상의 개념을 결과중심으로 해석한 용어로 1878년 Peirce에 의해 처음 소개되었다(이인학 외, 2013). 프래그머티즘은 개방적으로 이론과 실제가 유연하게 적용되어 결합된 이상적 철학을 의미한다. 프래그머티즘은 진보주의 철학에 바탕을 둔 실용주의를 의미한다. 경제적인 측면으로 화폐의 가치가 중시되는 시대를 살면서, 실용주의를 바탕으로 한 프래그머티즘은 우리 삶 속에서 당연히 존재해야 될 모습으로 이미 자리잡고 있다. 복잡한 상황 속에서 문제를 해결하여 효과적인 산출물을 만들어 내는 학습이 다양한 방법들로 소개되고 있기 때문이다.

개인은 공동체 속에서의 주체로서 자아의 사회적 본성의 중요성을 인식하며 확장해 나갈 수 있다. 즉 공동체 안의 문화를 통해 개인의 습관이 형성되면서 유용한 행동의 결과로 나타날 수 있다. 습관은 정신적 기능과 신체적 기능을 연결시킨다. 개인의 습관은 사고를 어떻게 형성하느냐에 따라 좌우된다. 공동체가 속한 문화의 관습은 개인의 습관과 사고에 각인될 수 있는 영향력을 미치는 것이다.

고정된 학습이나 교육의 목적은 존재하지 않는다. 프래그머티즘을 지향하는 교육자는 상황에 따라 바뀌는 개개인의 특수성을 존중하면서 그들의 장점이 사회적으로 기여할 수 있도록 이끌어 준다. 훌륭한 가르침이란 인지적인 교과전달뿐만 아니라 심미적이고 윤리적인 인식도 함께 전수하는 것이다. 따라서 고정된 방식의 계획보다는 사회적 맥락에 따라 변할 수 있는 역동적인 계획을 세울 수 있도록 학습자를 인도해야 한다. 학습자는 상황에 따라 다차원적인 시각으로 자아를 인식하면서 사회적 의무를 감당해 나가야 하기 때문이다.

교육현장에서는 이론적인 교육내용 뿐만 아니라, 삶의 현장과 연결된 유연성이 요구되고 있다. 최근 들어 급속한 사회적 변화에 따라 새로운 지식과 기술을 학습하기 원하는 성인학습자가 급격히 늘어났다. 성인학습자들은 이전에 습득한 지식이나 경험을 새롭고 다양한 방법으로 문제를 해결하는데 활용하고 있다. 경험학습을 통해 학습자는 상황의 주체자로 학습을 실천하며 맥락과 학습, 이론과 실제, 인지와 정의적인 부분을 이분법으로 나누고 있는 것은 아닌지 성찰해 볼 필요가 있다.

1920년대 심리학과 사회학이 논쟁거리로 제기되었을 때, Vygotsky는 학습의 발달을 학습자의 내부적이고 외부적인 요인의 통합으로 사회에 적응하는 복잡한 변증법적 과정이라고 주장하였다. 즉, 서양 심리학 연구의 근간이 되는 데카르트식 이분법에 동의하지 않았던 것이다. Vygotsky 이론의 중요한 주장은 모든 정신적 기능이 먼저 사회적인 경험에서 비롯된다는 것이다. 이러한 개념 중 하나가 근접발달영역(ZPD)인데, 기술이 부족한 학습자는 보다 뛰어난 사람들과 협력하면서 학습하여 학습자가 받아들이는 능력만큼의 성장을 한다고 설명하였다. 그는 학습의 수단과 방법이 사회적 · 문화적 환경에서 이루어지는 과정을 연구했다.

학습자의 존재 자체와 사회인으로 되어 가는 과정에는 경험학습이 요구된다. 학습이란 경험을 바탕으로 지식, 기술, 그리고 태도를 감각으로 느끼기 때문이다. 이러한 감각들을 두뇌와 정신의 언어로 전환하여 의미를 가지면서, 우리 생활세계의 문화를 학습자 자신에게 통합시키는 과정이 학습이다. 학습을 통해서만 의도적인 변화가 일어난다. 즉 학습을 하지 않는다는 것은 변화를 거부한다는 의미로 해석할 수 있다. Javis는 이와 같은 학습의 세 가지 전환을 감각, 인간, 그리고 사회적 상황을 포함한다고 결론지었다. 변화는 삶의 근본적인 생활양식이다. 그러므로 학습이란 삶의 근본적인 생활양식인 동시에 변화를 추구하기 위한 수단이다. 이것이 곧 평생교육의 개념이기도 하다. 변화를 위해 끊임없이 반복해서 소통하는 것, 즉 인간은 사회적 상황에서 끊임없는 학습을 필요로 한다. 따라서 경험학습의 실천적 접근을 위해서는 학습자 중심의 학습과정을 위한 심리학적 측면과 이를 지원할 수 있는 사회적 측면이 동시에 탐구된 평생교육 시스템적 실천이 요구된다.

3) 전환학습

전환학습은 구성적 발달주의의 심리적 사고 접근 방식을 근거로 발전하였다. 전환학습은 교육적 사고의 접근 방식에서 학습에 대한 의미 형성을 강조한다. 지식과 경험을 융합하여 학습자만의 독특한 가치가 만들어질 수 있다. 학습을 통해 가치화의 변화를 추구하는 것이 전환학습의 의미다. 즉 많이 아는 것이 아니라, 다르게 아는 것을 요구하는 학습이다.

Mezirow는 평생에 걸친 학습으로 변화되어 가는 삶을 누릴 수 있는 과정을 그의 아내를 통해 관찰할 수 있었고, 학습을 통해 완전한 인간의 모습을 실현시키고자 전환학습이론을 주장하였다. 그는 우리 삶에서 흔히 일어나고 있는 학습의 현상을 면밀히 관찰하고 알고 있는 것(정보학습)을 바탕으로 전환학습이 이루어진다는 이론을 주장하였다. 진정한 전환학습이 이루어지려면, 수동적 학습이 아니라, 능동적 학습으로 학습자가 주체가 되어야 한다. 하지만 수동적인 정보학습을 기반으로 실제적인 학습 도전에 대한 인식을 전환하여 문제를 해결할 수 있다.

개인은 학습을 통해 전통주의를 지향하는 사회화가 되어 간다. 사회적 학습이 이루어지면, 개인의 내적 권위, 자기 권위적 인식론(모더니즘)이 발달하여, 마침내 자기 전환적 마음(포스트모더니즘)을 일으킬 수 있다.

생애 발달적 교육을 통해 전통과 지혜를 지키면서 삶을 전환시키는 방법을 전수하는 민족이 있다. 유대인들은 자신의 정체성을 후손들에게 정확하게 심어 주면서 학습의 필요성을 인식하게 해 준다. 대표적인 사례가 만 13세에 행해지는 유대인들의 성인식이다. 사춘기 시절부터 정체성을 찾아 주고 교육하기 위해 가장 중요한 날 중 하나로 성인식을 거행하는 것이다. 많은 사람들이 모여 축하해 주는 방식으로 뉴욕 중학교에서는 날짜가 서로 겹치지 않도록 조절까지 해 준다. 종교 행사 후 거행되는 파티는 우리나라 경조사처럼 부조금을 낸다. 뉴욕의 평범한 직장인이 200달러를 내고 보통 하객들은 200명 정도 초대를 한다. 이렇게 모인 4만 달러 정도를 자녀가 직접 관리하게 하여 경제적인 개념을 학습할 수 있도록 한다. 돈은 버는 것이 아니라, 불린다는 경제 원칙을 몸소 실천하게 하는 경험을 체득할 수 있는 행사가 전통적으로 이어지고 있다. 유대인들의 이러한 실천적 교육 때문에, 인류의 0.25% 인구가 세계의 경제에 미치는 영향력은 상상을 초월한다. 즉 유대인들은 전통적으로 내려오는 가치를 삶에 적용하면서 지식의 경제적 가치로 환원하는 전환학습을 직접 실천하고 있는 것이다.

인생을 경영한다는 관점에서 전환학습이 스스로의 삶을 변화하기 위한 촉진제의 역할을 할 수 있다. 전환학습을 위해서는 학습자가 자신의 정체성에 대한 인식을 가지고 삶에 대한 목적의식이 있어야 한다. 인지적 능력과 감정을 다스릴 수 있는 개인 내적인 부분을 통합하여 성찰하려는 자세가 필요하다. 이러한 자세로 우리는 새로운 아이디어를 활용하여 삶의 또 다른 가치를 학습을 통해 실천할 수 있다. 단순하게 행동을 바꾸는 것이 아니라 알아가는 방식의 틀을 직접 전환해 가는 것이다. 정보와 지식, 기술을 채워 나가기 위해 '무엇을 알고 있는가?'에서 '어떻게 알고 적용할 수 있는가?'의 방식으로 지식을 만들어 볼 수 있다. 따라서 암기위주의 학습보다 학습자로서의 잠재역량을 어떻게 확인하고 발전시켜 나갈 것인가에 중점을 둘 필요가 있다. 전환학습이 평생학습을 통해 발휘되려면, 삶을 통해 일어나는 여러 가지 신호를 학습자가 인식하면서 재구성할 수 있는 기회를 가져야 한다. 전환학습은 학습에 대한 습관과 삶을 바라보는 관점으로 평생학습의 실천에 기여할 중간 역할을 한다.

전환학습이론의 준거 틀은 사고습관과 그 결과로 생기는 관점의 차원에서 변화를 시도할 수 있다. 상호 전환에 의한 사고의 변화는 알고 있는 방법들을 가능한 한 많은 의사전달의 형태들로 다양하게 연결된다. 예를 들어, '어떤 것을 들으면서, 무엇을 볼 수 있는가?'라는 감각을 통해 인식을 전환할 수 있다. 감각적인 직관을 종합하여, 이를 유추하여 이미지 형태로 표현하고, 기억을 반복하면서 추상적인 지식으로 개념화한다. 그리고 경험과 실천적 학습을 통한 융합 현상으로 의식할 수 있다.

따라서 교수자는 많은 지식과 기술을 학습자에게 전수해 주는 것이 아니라 다르게 알아가는 방식을 적극 지원해 줄 필요가 있다. 또한 학습자는 발견의 의미를 알고 사고를 구조화함으로 삶을 전환할 수 있는 단계를 경험한다. 사회 문화적 환경 속에서 학습자가 스스로 학습의 의미를 찾아내는 것이다. 평생에 걸친 학습은 삶을 더욱 정교하게 다듬을 수 있도록 매개체 역할을 한다. 그러한 매개체는 학습자의 사고와 마음을 표현하도록 이끄는 도구이다. 교수자와 학습자의 신뢰는 학습자 스스로 의미를 재구성할 수 있는 책임감을 전제로 표현될 수 있다. 삶에 대한 책임감은 교육과정을 통해 잠재적인 역량을 발휘하도록 이끈다. 전환학습을 통해 학습자는 정체성과 인생의 방향을 스스로 확장할 수 있다.

4) 확장학습

확장학습은 캘리포니아 대학(University of California, San Diego)의 교수인 Yrjö Engeström의 이론으로 활동이론에 기반을 두고 있다. Engeström은 확장학습(expansive theory)에 관한 박사학위 논문으로 활동이론의 접근과 이중구속(double-bind)의 상황 및 학습수준과 관련된 Gregory Bateson의 체계이론을 결합하였다. 이중구속은 새로운 형태의 사회적 활동 사이에서 개인들의 일상 행위와 잠재적으로 연결되어 있는 하나의 해결책으로 집합적 형성이 가능하다. Engeström은 Vygotsky의 정신적 발달에 관한 문화 역사적 학습구조에는 없는 갈등의 개념을 소개하였다. 그는 활동이론의 역사적 발달과 현 상태를 요약하고 헬싱키에서 행해진 경계교차실험(boundary crossing laboratory) 사례를 통해 그가 개발한 이론의 잠재력을 확장학습으로 설명하였다.

확장학습은 활동이론의 개념에서 시작한다. 그러므로 활동이론이 담고 있는 발전과정과 다섯 가지의 핵심 아이디어를 살펴볼 필요가 있다. 활동이론은 3세대에 걸쳐 발전해 왔다(전주성 외 역, 2013). 문화 역사적 활동이론은 1920년대와 1930년대 초반에 Vygotsky에 의해 처음 시작되었고, Vygotsky의 동료이자 제자인 Alexei Leont'ev에 의해 더욱 발전되었다. Vygotsky를 중심으로 한 제1세대는 '매개(medication)'라는 아이디어를 만들어 냈다. 이 아이디어는 자극과 반응 사이의 조건화된 직접적 연계가 복잡하게 매개된 행위(mediated act)로 구체화되었다. 행위들(actions)의 문화적 매개에 대한 Vygotsky의 아이디어들은 흔히 주체(subject)와 객체(object), 그리고 매개물(medicating artifact)로 구성된 삼각구조로 표현되었다. 제1세대의 한계는 분석의 단위가 개인에게 초점을 둔 것이다.

이러한 주체와 객체가 매개로 연결된다는 삼각구조의 제1세대에 대한 설명은 Leont'ev를 중심으로 한 제2세대에 의해 더욱 발전되었다. Leont'ev는 하나의 개인적 행위와 하나의 집단적 활동 사이의 중대한 차이를 강조하였다. Leont'ev는 Vygotsky의 오리지널 모델을 집합적 활동체계를 확장하여 하나의 집합적 활동체계 안에 내재되어 있는 개인 및 집단의 행위들을 표현하였다. 다양성에 대한 질문들과 서로 다른 전통들 혹은 관점들 사이의 논의는 점차 활동이론을 국제화의 쟁점으로 부각시켰다.

제3세대 활동이론은 대화, 다양한 관점들, 그리고 상호작용하는 활동체계의 네트워크들을 이해하기 위한 개념적 도구 개발로 이어졌다. Vygotsky의 프레임워크를 확장시키는 방법으로 대화와 토론에 대한 다양한 방법론들의 아이디어가 소개되었다. Engeström은 1990년 중반 Leont'ev의 활동에 대한 개념을 확장해 나갔다. 또한 활동 네트워크들(activity networks)에 관한 개념을 개발하여 활동이론 내에서의 경계교차 개념이 제3세대 활동이론의 구성에 대한 기본 모델로 최소한 두 개의 상호작용하는 활동체계들이 포함되도록 주장하였다. 제1세대 활동이론을 기본으로 발전된 제3세대 활동이론에 대한 설명은 [그림 4-2]와 같다. 특정한 조건이 형성되어 작용하지 않는 객체1은 처음 상태로부터 활동체계에 의해 구성된 집합적인 의미로 존재한다. 그리고 잠재적으로 공유한 혹은 함께 구성한 집합적 의미의 객체3으로 이동한다. 이러한 방식으로 객체는 정해진 단기적 목표로 나타날 수 있는 역동성을 지닌다.

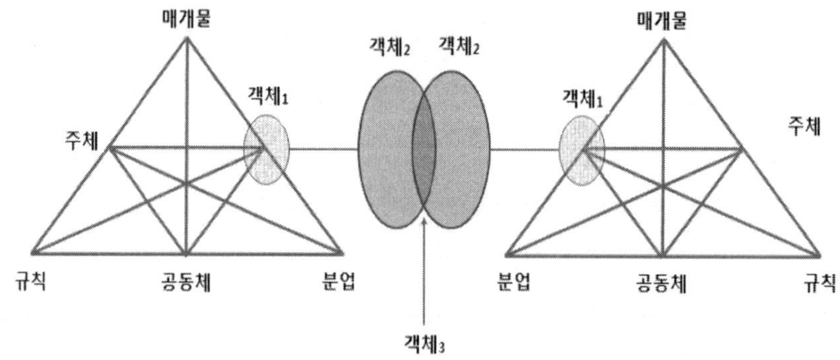

[그림 4-2] 제3세대 활동이론을 위한 최소 모델로써의 두 개의 상호작용하는 활동체계들
출처: 전주성 외 역(2013). 현대학습이론(Contemporary Theories of Learning by Knud Illeris). p. 126.

활동체계들 안에서의 확장적인 전환은 언제나 가능하다. 한 활동체계에서 갈등을 일으키는 모순들이 완화될 경우, 몇몇 주체는 고정된 규칙이나 공동체, 그리고 분업화된 시스템으로부터 벗어나기 시작한다. 나아가 또 하나의 의도적인 변화의 노력에 따라 새로운 객체로 확장될 수 있다. 확장학습이라고 할 수 있는 전환은 학습자의 활동영역에서 Vygotsky가 주장한 근접발달영역을 통해 이해될 수 있다. 학습자인 주체는 다양한 매개물을 사용하면서 특정한 객체를 학습 목표로 설정해 나간다. 주체가 다양한 객체를 추구하는 과정에서 새로운 객체가 만들어지고, 확장되는 것이다. 확장학습은 인간이 공동체 속에서 규칙을 만들고 분업하여 생활하는 과정에서 흔하게 일어나는 현상을 포함한다. 이러한 학습은 인간의 생활양식에서 뿌리 깊게 이어져온 수단이자 생존의 도구로 사용되어 온 것이다.

원시시대부터 인간은 사냥하고 맹수를 피하는 방법 등 생존을 위한 방법을 배워야 했다. 문명이 발달하면서, 학습은 자기생성체제를 위해 더욱 도구화되었고, John Field의 표현대로 '조용한 폭발'이라는 해방의 의미를 갖추면서 다양한 의미로 발전하고 있다. 현대를 살아가는 사람들은 포스트모더니즘의 영향으로 인생경로체제의 개인화 경향을 뚜렷하게 보이고 있다. 신자유주의 정책에 따라 교육의 의미는 사회적 자본에서 경제적 자본으로 체계적 균형이 이동하고 있다. 즉 평생교육의 의미가 지식이 풍부한 사회에서 스스로를 고립되지 않도록 배움에 투자하라는 목적으로 전환되고 있는 것이다. 생존을 위해 필요했던 무형식의 학습이 현대사회에는 다양한 학습방법으로 소개되면서 인생을 스스로 설계하고 조직하도록 이끌고 있다.

따라서 평생교육의 주체자라는 관점에서 자신에게 필요한 객체를 인식하여 적절한 매개를 활용할 수 있어야 한다. 실용적인 지식을 선별하여 유익한 정보를 활용하되 사회적 유용성을 높일 수 있도록 다양한 객체를 만들면서 확장학습을 실천할 수 있다. 변화의 물결이 상상을 초월하도록 빨라진 시대에서 생존하기 위해서는 교육의 패러다임은 생활 속에서 반드시 전환되고 확장되어야 한다. 개인의 자아를 실현하는 도구인 평생교육은 생존과 삶을 누리기 위한 개인의 다양한 변화물인 객체를 복합적인 실제적 구조로 연결해 주는 매개역할을 한다. 따라서 확장학습의 실천을 위해서는 학습 주체가 원하는 다양한 객체가 평생교육의 관점으로 형성되고 실현되어야 할 것이다.

참고 문헌

김한별(2014). 평생교육론. 서울: 학지사.

이경화, 고진영, 최병연, 정미경, 박숙희(2009). 교육심리학. 경기: 교육과학사.

이병석, 박완성(2011). 신 실기교육방법론. 서울: 학지사.

이성진(1999), 교육심리학 서설, 경기: 교육과학사.

이인학, 이기영, 김규태, 최성열, 신성철, 박지은, 류관열, 김도진(2013). 최신교육의 이해. 서울: 학지사.

이정모(2010). 인지 과학 과거-현재-미래 서울: 학지사.

전주성, 강찬석, 김태훈 역(2013). 현대학습이론 Contemporary Theories of Learning by Knud Illeris(2009). 서울: 학지사.

최윤주, 안성수(2015). NCS! 창의적 사고기법으로 접근하기. 서울: 학지사.

한국산업인력공단(2015). IPP형 일학습병행제 기본계획.

Foucault, M.(1991) Discipline and Punish: The Birth of the Prison, Harmondsworth: Penguin.

제5장

평생교육 방법의 이해

1. 평생교육을 위한 교수설계
2. 평생교육 방법의 유형
3. 원격교육

평생교육 방법은 평생교육을 전개하기 위해 교육을 설계하고 수행하고 평가하는 과정 중에 계획된 내용들을 달성하기 위한 과정이라 할 수 있다. 평생교육을 전개하는 방법은 교육대상, 교육내용 및 교육장소에 따라 나타낼 수 있다. 이 장에서는 평생교육 방법의 이해에 대해 평생교육을 위한 교수설계, 평생교육 방법의 유형, 원격교육에 대해서 살펴보고자 한다.

1. 평생교육을 위한 교수설계

1) 교수설계 정의 및 특성

사람들은 본인이 원하는 삶을 위해서 자신만의 꿈을 가지게 된다. 어릴적 본인의 꿈을 이루기 위해서 나의 학창시절은 어떻게 보내고, 성인이 되어서는 어떻게 보내겠다는 구상을 하게 된다. 이때 막연하게 머리로만 생각하는 사람과 그 생각을 하나씩 하나씩 실현하기 위해 꼼꼼하게 설계하는 사람이 있다. 과연 어떤 사람이 나중에 그 꿈을 실현하게 될 것인가? 분명히 후자일 것이다. 우리가 집을 짓고자 할 때도 마찬가지이다. 막연하게 멋있는 집을 짓겠다가 아니다. 내가 원하는 집을 짓고자 할 때 그에 해당하는 기초는 어떻게 할까에 대해 생각만 하고 집을 짓게 되면 내가 원하는 집이 만들어지지 않는다. 정확하게 어떤 식으로 어떻게 집을 지을지 첫 단계부터 명확하게 설계라는 도면을 통해서 집을 지어야 우리가 목적으로 하는 집을 지을 수 있다. 우리가 꿈꾸고 있는 꿈도 명확하게 설계를 통해서 실현이 되는 것이다.

그렇다면 학습자를 가르치게 되는 교수자는 학습자가 적절한 학습활동을 할 수 있도록 방향을 제시해야 한다. 관련된 지식을 얻을 수 있게 해야 한다. 학습자의 행동들을 관찰하고, 학습자의 사고를 촉진시키는 수많은 질문을 하며, 학습자가 행동하는 것에 대해 피드백을 해 주어야 한다.

Reigeluth와 Stein(1983)은 교수설계가 어떤 교과에서 특정한 학습자를 대상으로 의도된 변화들을 가져오기 위해 최선의 수업방법을 구성하는 조직적인 절차와 과정이라고 했다.

Dick 외(2001)는 교수설계란 체제접근에 의한 활동으로서 한 단계 결과에 대한 산출물이 다음 단계의 투입자료가 되어서 처리가 되고, 이에 대한 피드백을 통해서 단계들이 수정과 보완이 되고 각 요소들은 최종 목표인 효과적인 교수를 창출하는데 상호보완적인 관계 속에서 기능을 해낸다는 것이다.

강이철(2009)은 학습자 개개인에 대해 특정한 학습 성과가 나타나는 것을 뒷받침하고 촉진하기 위하여 교수설계를 학습의 원리와 이론, 그리고 공학적 원리와 기법을 수업과정에 적용하며 수업절차, 수업자료, 수업방법을 체계적으로 계획하고 개발하는 과정이라 하였다.

유승우 외(2010)는 교수설계가 교수자의 수업을 보다 일관성 있고 신뢰감 있게 진행하기 위해 체계적이고 계획적인 청사진을 만들어 가는 활동이라고 했다. 여기서 교수설계를 좁은 의미로 한정하면 특정한 대상자를 대상으로 특정한 교과 내용을 전달하고자 할 때 가장 좋은 수업방법을 결정하는 것이다. 교수설계를 넓은 의미로 확대하면 교수자가 수업목표를 달성하기 위해 어떤 학습전략, 학습활동 및 학습자료를 제공해야 하는가이다. 또한 수업을 통해서 학습자가 무엇을 학습하고 수업에 대한 달성 여부를 어떻게 판단할 것인지에 대한 답을 찾아가는 과정이라는 것이다(박숙희 · 염명숙, 2007).

류지헌 외(2013)는 교수설계가 수업목표를 효과적으로 달성하기 위해 다양한 수업방법을 적용하는 과정이라 했다. 교수설계는 특정한 학습자들이 특정한 내용에 대해 바람직한 수준의 지식과 기술을 얻을 수 있는가에 관심을 갖는 것뿐만 아니라, 교수방법에 대해 이해하고 개선하며 적용하는 데도 관심을 갖고 있다. 교수설계의 복합적인 성격 때문에 학자들은 서로 다른 관점에서 교수설계를 다르게 정의하여 사용해 왔다. 결론적으로 교수설계는 교수자가 학습자의 학습에 영향을 미치도록 의도된 모든 활동인 교수(instruction)의 과정을 최적화하기 위한 활동이라고 할 수 있다.

교수설계이론의 특성은 교수설계를 위한 명확한 지침을 제공하는 것으로 오랜 연구와 경험을 통해 제안되고 지속적으로 정교화되어 왔다. 또한 학습자로 하여금 바람직한 변화를 일으킬 수 있도록 최적의 교수방법을 제시해 주는 이론이다. 교수설계이론은 네 가지 공통적인 특징이 있다(Reigeluth, 1999; 백영균 외, 2010; 유승우 외, 2010).

첫째, 교수-학습이 진행되는 과정을 교수목표가 달성하는데 필요한 처방을 하는데 초점을 두는 것이지, 그대로 기술하거나 설명하는 것에 초점을 두지 않는다. 주어진 목표 달성을 위해서 다양한 접근방법과 가장 좋은 교수방법을 찾아서 처방해 주는 설계 지향적이고 처방 지향적이다.

둘째, 동일한 학습내용이라도 그것을 배우는 학습자의 특성, 수준, 환경 등과 같은 맥락이나 상황에 따라 적용할 수 있는 교수방법이 달라지고 학습결과도 달라질 수 있다. 상황 보편적으로 적용되는 것이 아니라 상황에 따라 달라지는 맥락적이고 상황적이다.

셋째, 다양한 교수방법의 요소가 사용될 때 상황에 따라 효과적으로 사용될 수도 있고 그렇지 않을 수도 있다. 교육은 실제적으로 상황의 특성과 관련되는 하위 요소들이 교육 실제에 도움을 주는 것으로 요소적이다.

넷째, 특정 교수방법을 활용하면 특정 목표 달성을 보장하는 것이 아니고, 목표 달성의 가능성을 증진해 주는 것을 의미한다. 그래서 상황에 따라 얼마든지 변경할 수 있는 융통성을 가지고 있다. 결정적이지 않고 개연적이라는 것이다.

2) 교수설계이론의 구성요소

교수설계이론 구성요소에 관해 Reigeluth(1999)는 학습을 촉진할 가능성이 있는 교수방법과 그 교수방법이 사용될 수 있는 교수상황으로 나누었다.

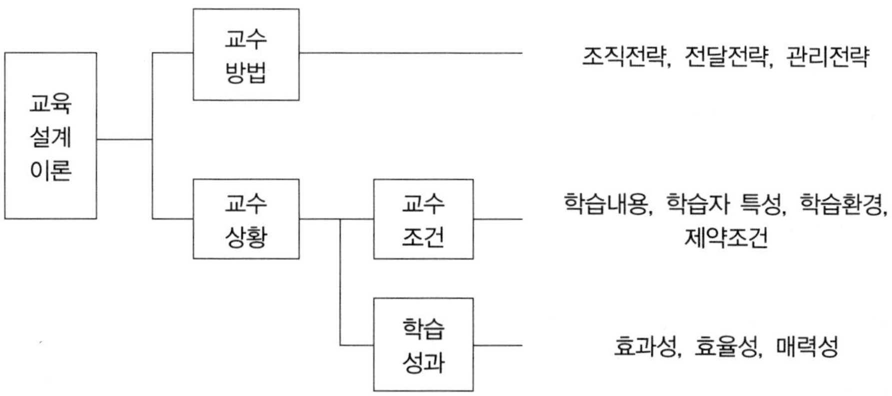

[그림 5-1] 교수설계이론의 구성요소

(1) 교수방법

교수방법에는 가르칠 내용을 어떻게 조직할 것인가에 대한 조직전략, 어떻게 전달할 것인가에 대한 전달전략, 이러한 과정을 어떻게 관리할 것인가에 대한 관리전략이 있다.

조직전략은 교수의 내용을 어떤 순서로, 어떻게 상호 연결하여 제시할 것인가에 대한 교수의 내용을 조직하기 위한 기본적인 방법들을 모두 포함한다. 조직전략에는 거시적 조직전략과 미시적 조직전략이 있다. 거시적 조직전략은 단원 수준 이상의 여러 개의 개념, 원리, 아이디어들을 서로 연결하여 가르치고자 할 때 아이디어를 선택하고 계열화하고 요약하고 종합화하는 전략을 말한다. 미시적 조직전략은 단일한 개념이나 원리 등을 가르치고자 할 때 정의, 사례, 연습문제, 대안 등과 같은 차시 개념의 수업을 조직하는 경우의 전략이다. 전달전략은 교수자가 교과내용을 학습자에게 올바르게 전달되었는지에 대해 평가하고, 학습자들로부터 다양한 종류의 다양한 교수매체, 학습자료, 상호작용 등을 사용하여 피드백을 제시하는 방안에 관한 전략이다. 관리전략은 교수과정의 어느 부분에 조직전략의 요소들을 사용하고, 가장 효과적인 전달전략 요소들은 무엇을 사용할 것인지에 대해서 조직전략과 전단전략의 요소들 사용을 체계적으로 관리하는 전략이다.

(2) 교수상황

교수상황은 교수활동을 계획할 때 고려해야 할 출발점을 의미하는 교수조건과 학습을 한 뒤에 최종적인 학습목표를 평가하기 위한 지표인 학습성과로 나눈다.

① 교수조건

교수조건은 교수자가 학습자에게 어떤 내용을 가르치고, 누구를 대상으로 하는가에 대한 것이다. 학습내용, 학습자 특성, 학습환경, 제약조건으로 구성된다. 학습내용은 학습자에게 가르쳐야 할 지식 및 기능의 유형들을 학습할 내용의 특성에 따라 적합한 교수방법으로 서로 다르게 이루어져야 한다. 학습자 특성은 학습자 개개인 적성, 학습자 사전지식, 학습전략, 동기수준, 발달수준 등이 있으므로 이들 학습자 특성에 따라 적합한 교수방법으로 교수설계 단계부터 고려되어야 한다. 학습환경은 학습 집단의 크기, 사용가능한 학습매체, 학습자료 등의 교수가 실시될 제반 여건을 의미한다. 제약조건은 교수개발에 소요되는 시간, 비용, 인력 등을 고려해야 한다.

② 학습성과

학습성과는 교수자가 교수활동의 결과로 얻어지는 성과를 의미한다. 교수자는 항상 이 성과에 대한 변인을 고려하여 교수활동을 전개해야 한다. 나중에 수업목표를 측정하기 위한 평가기준의 최종적인 자료로 이용되기도 한다. 학습성과에 대한 변인에는 효과성, 효율성, 매력성이 있다. 효과성은 학습자가 학습과정을 통해 습득하게 되는 학업에 대한 성취수준을 의미한다. 수업목표의 달성정도를 의미한다. 효율성은 수업목표의 달성정도에 시간, 노력 및 비용의 투입정도를 의미한다. 소기의 목적을 달성하는데 가능한 한 적은 시간, 노력 및 비용이 투자될수록 효율적이다. 매력성은 학습자가 교수활동을 어느 정도 즐겁고 유익하게 인식하는가 하는 정도로 학습자가 동기를 유발하여 다시 듣고 싶은 교수활동을 의미한다.

2. 평생교육 방법의 유형

평생교육의 교수-학습방법은 다양하게 개발되고 활용되고 있으나 교육에 있어서 최고의 교육방법은 없다. 다만 최적의 교육방법만이 있을 수 있다. 따라서 평생교육 방법의 선정에 있어서도 다양한 교육방법 중 어느 것이 특히 더 좋은 방법이라고 말할 수 없다. 그것은 학습목표와 교육내용, 교수자의 경험 정도, 학습자의 특성과 이전의 경험학습, 환경에 따라 그 효과가 다르기 때문이다. 따라서 교수자는 다양한 평생교육 방법을 익히면서 특정한 상황에서 어떤 방법을 어떻게 사용할 것인가를 고민하여야 한다. 여기서는 평생교육 방법의 유형을 교수법과 평생교육 방법으로 분류하였다. 교수법에는 개인중심 교수방법과 집단중심 교수방법으로, 평생교육 방법에는 기업에서 사용하는 교수방법과 평생교육기관에서 사용하는 교수방법으로 나누어 설명하고자 한다.

1) 교수법

(1) 개인중심 교수방법

① 멘토링

멘토링(mentoring)은 멘토(mentor)의 도움을 필요로 하는 멘티(mentee)의 요구에 초점을 두는 것으로 기원전 1200년경에서부터 시작했다고 한다. 멘토링은 일반적으로 더 많은 지혜와 경험을 소유한 사람이 덜 숙련된 사람에게 지혜와 지식을 전해 주는 것의 의미를 갖는다(임형택 외, 2013). 멘토는 멘티의 잠재력을 개발하여 학업, 직업, 사회적, 개인적 목표를 달성하도록 지지하고, 가르치며, 상담하고 돕는 것이다. 멘토가 자신의 역량을 최대한 발휘하여 멘티 개인의 잠재력을 개발하여 전인적인 삶으로 멘티를 조언해 주는 자를 말한다. 또한 멘토는 조직 내에서 경험과 능력이 입증된 사람으로 멘티의 경력계획을 지원하고 조직의 행동에 역할모델을 해 줄 수 있는 사람이다(류재석, 2004). 멘토의 특성은 멘티의 욕구를 이해하고 민감하다. 책임감과 우수한 대인관계 기술을 가지고 있어서 멘티의 사고과정에 객관적이고 명확해야 한다. 멘토가 되기를 원하는 사람이 이런 특성을 가지고 있는지 평가를 통해서 확인할 수 있다면 그 멘토링은 성공에 대한 잠재력을 가질 것이다. 멘티는 멘토가 그 영향을 미치는 대상이 되는 사람을 말한다. 멘토링은 젊고 경험이 부족한 사람을 위해 경력개발을 촉진하기 위해 지지해 주고 가르쳐 주고 지도해 주고 가이드한다. 스폰서로서 도와주며 학습자의 교육적 성장을 지도해 주고 촉진시키는 종합적인 과정을 말한다(김종복 · 이복희, 2010).

최병권(2004)은 멘토의 기능을 경력개발을 지원해 주는 '경력개발기능', 심리적인 것과 정신적인 측면에서 개인적인 도움을 제공해 주는 '개인적 도움기능', 조직학습을 도와주는 '학습기능'으로 구분하였다. 경력개발기능에는 도전적인 과제수행을 하게 하고, 상사의 후원 및 지원을 추천해 주고 성과와 업무수행 정도에 대한 피드백을 제공하며 조직 및 개인적 경력목표 달성에 도움이 되도록 지원해 준다. 개인적 도움기능에는 카운슬링 및 상담을 하고, 정신적 지원과 격려를 제공하고, 상사의 역할 모델을 제공하며 칭찬 및 자신감을 제고시킨다. 학습기능에는 현재 직무에 대한 학습을 하고, 조직문화나 규율에 대한 학습을 하며 특정 전문지식이나 기술에 대한 학습을 한다. 효과적인 멘토링을 진행하기 위해서 멘토와 멘티의 참여자를 선정하고, 멘토링에 대한 오리엔테이션을 하고, 멘토링 활동을 전개하고, 멘토링 활동에 대하여 평가를 한다(김종표 · 이복희, 2010; 임형택 외, 2013). 멘토와 멘티의 참여자 선정에 있어서는 멘토의 강점과 약점, 멘티의 욕구와 요구(needs)가 적절하게 궁합이 맞아야 한다. 멘티의 의견을 최대한 존중하고 서로의 성격과 가치관을 검토한다. 부서에 대한 부분도 충분히 검토해 본 다음에 결정하면 멘토링에 대한 시너지효과를 극대화할 수 있다.

멘토링 오리엔테이션은 멘토링 관계에 대한 정의를 하고, 각자의 역할과 책임을 명확히 하는 기회를 제공해 주는 것이다. 경영진이나 임원들이 함께 참석하여 멘토링 활동에 대한 격려와 지지를 해 주는 스폰서십이 멘토링을 성공적으로 이끌어 가는데 매우 효과적이다. 실질적인 멘토링 활동을 위해 멘토링 운영부서는 월 단위의 일정금액을 지원하여 멘토링 활동전개를 원활히 하고 의욕을 촉진하는 것이 좋다. 멘토링을 성공하기 위해서는 활동기간 중에 지속적인 모니터링을 해야 한다. 멘토링의 활동기간은 대상을 어떻게 선정하느냐에 따라서 6개월이나 1년으로 하는 것이 바람직하다. 멘토링 활동에 대한 평가는 철저한 사후평가가 없을 경우 제도 본연의 목적을 달성하기가 어렵다. 멘토링의 성과지표를 명확히 설정하고 평가 후에 평가에 대한 공유회를 통해서 서로에 대한 공감대를 형성하여 조직에 정착하는 것이 중요하다.

② 코칭

코칭(coaching)은 학습자가 새로운 개념을 습득할 수 있도록 도와주고 그 개념을 실천하는 것을 보조해 주며, 이미 획득한 개념들을 완벽하게 해 줌으로써 새로운 개념들을 가르치는데 사용된다(기영화, 2004). 일반적으로 전문코칭영역에서 코칭을 받는 대상자를 '코치이(coachee)'라고 칭하고 있지만, 이 한국어 표기는 매우 다양하다. 연세대학교 코칭아카데미에서는 코치이를 '피코치'라고 한다. 한국코칭센터에서는 카운셀링에서 사용하여 클라이언트(client)라고 한다. CMOE에서는 코치이를 '코칭대상자'라고 하며 아시아코치센터에서는 '고객'이라고 부르며, '내담자 혹은 코치를 받는 사람'이라고 표현하기도 한다. 아직 용어가 통일이 되어 있지 않고, 코칭 세션에 따라 유연하게 사용하고 있는 듯하다. 코칭은 사람이 무엇이든 할 수 있는 무한한 능력과 가능성이 있다는 공통된 철학과 자신의 능력을 극대화하고 개발하여 목표를 성취할 수 있도록 돕는다는 의견이다(김종표 · 이복희, 2010).

박봉수(2014)는 조직활성화를 위한 코칭에서 코칭, 티칭, 멘토링, 상담, 컨설팅의 차이점을 다음과 같이 이야기하고 있다. 코칭과 티칭의 차이점에서 코칭은 '개인의 문제해결'에 초점을 맞추어져 있다. 티칭은 '개인 또는 조직의 역량 개발'에 초점이 맞추어져 있다. 코칭과 멘토링의 차이점에서 코칭은 코칭기술이나 코칭 프로세스만 알면 가능하다. 멘토링은 해당 직무에 대한 지식과 능력 및 경험이 필요하다. 코칭과 상담의 차이점에서 코칭은 현재 문제는 물론 미래에는 무엇을 하고, 어떻게 성장하여 발전할지를 설계하고 실행하도록 도와준다. 상담은 현재의 문제나 과거에 기반을 둔 현재의 문제를 해결한다. 코칭과 컨설팅의 차이점에서 코칭은 코치가 문제를 직접 제시하거나 답을 주지 않고, 고객이 스스로 답을 얻도록 간접적으로 도와준다. 컨설팅은 해당 부분에 대한 전문 지식을 갖춘 컨설턴트가 문제를 제시하거나, 조언해 주거나 답을 찾도록 직접 도와준다.

박근수, 김주희(2011)는 평생교육 관점에서 코칭의 특성에 대해서 다음과 같은 특성을 갖고 있다고 했다.

첫째, 코칭은 안드라고지이론과 자기주도학습이론의 자기주도성과 일치하는 개념으로 볼 수 있다. 그 이유는 코칭은 가르치는 것이 목적이 아니라 스스로 학습하도록 돕는 하나의 과정으로 보고 있기 때문이고, 자기주도학습의 자율성과 자주성을 전제로 하는 학습형태라는 점에 일치하기 때문이다.

둘째, 코칭은 Knowles(1975)의 주장대로 학습자 스스로 자신의 학습요구를 진단하고 학습목표를 설정하고 이를 달성하기 위해 필요한 자원을 선정하여 학습하고 그 학습결과에 대하여 스스로 평가하고 일차적으로 책임지게 하는 역할과 개념상 거의 일치한다고 볼 수 있다.

셋째, 태어나고 자라면서 배우고 듣는 모든 것이 코칭이 할 수 있기 때문에 직장에서나 가정에서 어느 때 어느 곳이든 평생학습의 주제이며 대상임을 알 수 있다.

넷째, 코칭은 안드라고지의 기본원리 중 하나인 풍부한 학습자원의 지원과 같은 맥락으로 볼 수 있다.

다섯째, 코칭이 조직에서는 조직구성원이 받고 싶은 코칭의 목적과 방향, 신뢰, 윤리적 지침이나 원칙 등 높은 수준의 윤리와 엄격한 행동규범의 준수가 요구된다.

유동수 외(2008)는 코칭의 유형을 대상과 분야에 따라 비즈니스 코칭(business coaching)과 퍼스널 코칭(personal coaching) 두 가지 코칭으로 나누었다. 비즈니스 코칭은 직장이라는 조직에서 발생하는 크고 작은 다양한 비즈니스 이슈에 대해 임직원을 대상으로 다루게 된다. 조직문화, 리더십, 문제해결, 목표관리, 경력관리, 대인관계 등에 이르기까지 수없이 많은 이슈가 존재하게 된다. 외부의 전문코치들이 기업에 와서 코칭교육 및 서비스를 제공하는 교육이 많다. 때론 코칭기관에 가서 코칭을 직접 받기도 한다. 임원급 이상의 경영진을 코칭하는 경우 1:1 코칭을 하는 것을 계약하여 횟수를 정해서 진행하는 것을 볼 수 있고, 관리자급을 코칭할 때는 단체교육 혹은 소규모의 그룹 단위로 묶어서 전문코치와 정기적인 코칭을 실시하기도 한다. 비즈니스 코칭은 상사가 부하에게 동기부여, 능력개발, 생산성을 높임으로써 조직성과를 향상시킬 수 있도록 하고 특히 경영진은 경영자의 리더십 개발과 조직성과를 향상시키기 위해 코칭을 실시한다. 퍼스널 코칭은 개인의 다양한 관심사에 따른 서비스를 제공하는 것이라 할 수 있다. 인생 전반적인 은퇴, 노후, 결혼 등의 이슈를 다루는 라이프 코칭이 있다. 진학에 대해서 고민하는 청소년과 회사에 취업을 위해서 고민하는 대학생, 구직자 및 전직 희망자 등을 대상으로 하는 커리어 코칭이 있다. 올바른 자녀교육과 좋은 부모가 되기 위해 지원하는 부모 코칭 등이 있다.

코칭 프로세스를 잘 진행하기 위해서는 코칭기술이 필요하다(정진우, 2009). 코칭기술에는 고객과 신뢰할 수 있는 관계형성이 중요하다. 고객이 해결하고 싶은 주제가 무엇인지와 그것에 구체적인 목표가 무엇인지 목표를 발견하는 것이 필요하다. 다음으로는 고객의 현실상황을 확인하고 목표를 이루는 데 장애가 되는 것이 무엇인지 현실인식이 있어야 한다. 자신이 문제를 해결하는 데 도움이 될 수 있는 전략, 방법, 여러 가지 자원들을 알아내 해결자원을 파악해야 한다. 마지막으로는 고객이 구체적인 행동계획을 설계하도록 돕고 상호 책임을 합의하는 것이다.

③ 직무 내 직무현장교육

미국의 유명한 컨설팅 기업 보스턴 컨설팅 그룹 CEO인 Carl Stern의 인재육성 철학이 인적자원개발 90~99%는 일을 통해 일어난다고 하면서 직무 내 직무현장교육(OJT: On the Job Training)이 얼마나 중요한지를 말하고 있다. 모든 교육훈련이 업무현장과 떨어져서 이루어지는 것은 아니다. 사실 대부분의 학습은 교실이 아니라 업무현장에서 진행되는 교육훈련의 결과이다. 직무 내 직무현장교육은 업무수행과 관련하여 직무현장교육 형식의 교육훈련을 받은 경험이 대부분 있는 대표적인 훈련방법이다. 직무수행에 필요한 지식(knowledge), 기술(skill), 태도(attitude)의 능력을 갖출 수 있도록 개별지도 관계를 형성하여 계획적, 조직적, 지속적으로 가르치고 지도하는 부하육성이라고 할 수 있다(천영희, 2005). 직장 내 직무현장교육의 실시 방법은 일대일 개별지도여야 한다. 특히 직장 선임자에 의한 교육이기 때문에 교육부서가 주체가 되는 다른 교육과는 달리 직장 내 직무현장교육만은 현업의 모든 간부가 교육 주체가 된다(이관춘 · 김은경, 2012). 직장 내 직무현장교육의 기본 목적은 일의 성과를 높이는 일의 실천력을 지니는 부하를 육성하는 데 있고, 또 하나는 부하 한 사람 한 사람의 인간적인 성장을 지원하는 것이다.

직장 내 직무현장교육의 특성은 작업환경의 요구에 의해서 적합하게 실시될 수 있다. 이론 중심의 직무보다는 기술 중심적인 직무에 적합하다. 교육대상자의 특성에 따라 구조적으로 적합하게 운영할 수 있다. 근무 장소와 훈련 장소의 밀접한 배합을 통하여 훈련의 전이효과를 높일 수 있다. 참여한 조직의 열의와 후원에 따라 직무현장교육의 효율성이 좌우된다. 직장 내 직무현장교육의 장점은 교육의 효율성에 있다. 언제 어디서나 할 수 있는 것이다. 계속적이고 반복적으로 할 수 있다. 실제 업무현장에서 현재의 상황을 교재로 행하는 것이므로 구체적이고 실질적인 교육훈련을 할 수 있다. 결과에 대한 평가가 용이하다. 학습한 내용은 업무를 통해 연마하거나 확인할 수 있다. 관리자와 직장 내 직무현장교육 리더 및 학습자 간에 바람직한 인간관계를 형성할 수 있다. 직장 내 직무현장교육의 단점을 살펴보면 직무에 필요한 교육훈련이기에 시야가 지나치게 좁아지는 기법 중심으로 교육이 될 수 있다. 현장에 유능한 지도자가 부족할 수 있다. 교육훈련이 직무현장으로 끝나는 경향이 있다. 직장 내 직무현장교육 리더의 능력 이상의 부하 육성이 어렵다. 부문 간의 실시 정도가 불균등하게 된다.

김종표, 이복희(2010)는 직장 내 직무현장교육을 실천할 때 추친 프로세스에 대해서 일곱 단계의 과정이 있다고 제시하였다.

첫째, 부하의 담당 업무에 필요한 능력 요건을 면밀히 파악하는 것이 우선적으로 해야 할 것이다. 업무수행에 어떤 능력이 필요한가를 분명히 인식할 수 있도록 구체적으로 적는다.

둘째, 부하의 담당 업무에 대한 현재 보유능력을 면밀히 파악한다. 부하의 보유능력을 파악하기 위해서는 부하의 지식, 능력, 태도의 내용과 수준을 상세히 검토한다. 부하의 현재 상황, 적성, 성격, 흥미 등 폭넓게 이해하고 있으면 더욱 유리하다. 부하의 현재 보유 능력에 대한 장·단점을 나누어 기술하고, 관리자는 가능한 객관적인 형태로 파악하는 것이 중요하다.

셋째, 부하의 능력개발 필요점을 파악하는 것이다. 능력요건과 보유능력의 차이를 명확히 파악하는 것이다. 현재의 가장 적합한 능력육성 필요점을 찾기 위해 노력해야 한다.

넷째, 직장 내 직무현장교육의 목표설정 단계이다. 누구에게 어떤 능력을 언제까지 어느 수준까지 개발할 것인지를 분명히 목표로 제시해야 한다. 부하의 업무를 중요도, 긴급도, 효과성 등을 감안하여 중점적으로 목표를 선정하는 것이 중요하다. 무엇보다 직장 내 직무현장교육 목표를 설정할 때는 부하의 충분한 이해와 납득을 얻어야 한다. 목표설정에는 부하를 참여시키는 것이 필요하다.

다섯째, 관리자가 파악한 교육 필요점과 관리자와 부하 양자가 협의·설정한 직장 내 직무현장교육의 목표를 성취하기 위한 구체적인 지도계획을 작성하는 단계이다. 계획안을 수립할 때는 5W2H에 의해 어떤 방법이나 수단을 사용하여 가르치는지 또는 그 결과를 어떻게 평가할 것인가를 구체적으로 미리 결정하는 것이다.

여섯째, 계획이 아무리 훌륭해도 실제로 행하지 않으면 소용이 없듯이 직장 내 직무현장교육을 실시하는 것이다. 부하의 능력개발은 장시간 소요되고 귀찮을 뿐 아니라 매우 가변적이고 어려운 일이다. 하지만, 상사는 결코 포기할 수 없는 중요한 일이므로 끈기와 인내심을 갖고 꾸준하고 착실하게 계획을 추진해야 한다. 직장 내 직무현장교육을 실시할 때 교육담당자는 미리 현업에서 교육을 잘 할 수 있도록 지도교안과 실습일지를 작성하여 현업에서 잘 사용하여 쓸 수 있도록 지원해야 한다.

일곱째, 직장 내 직무현장교육을 실시하고 교육에 대한 효과 측정, 평가 및 피드백을 실시한다. 당초 제시한 목표에 대해서 성취한 부분과 그렇지 못한 부분에 대해서 어떤 문제를 가지고 있는지 다음에 어떻게 반영할 것인지를 충분히 검토할 시간을 갖는다. 직장 내 직무현장교육 지도 평가표를 교육담당자가 미리 만들어 활용할 수 있다. 직장 내 직무현장교육의 교육생끼리 모여서 서로 교육에 대한 교류의 장을 만드는 것도 필요하다.

(2) 집단중심 교수방법

① 강의법

강의법은 오랫동안 꾸준히 사용되어 온 교수방법의 하나이고, 가장 보편화되고 가장 오래 전에 발견된 방법이다. 평생교육에서도 강의법은 주된 교수방법으로 활용되고 있다. 강의법은 지식이나 기능을 교수자 중심의 설명을 통해서 학습자에게 전달하고 이해시키는 교수법이다(변영계 · 김영환, 1996). 교수자는 강의할 때 강의 내용을 다양한 방법을 통하여 정보를 제시하고 학습자는 이것을 능동적으로 받아들이게 된다. 강의법은 교수자 중심이기 때문에 학습자가 능동적으로 학습활동에 참여할 수 없고 학습자를 집중시키기 어렵다는 비판을 받고 있다. 하지만, 짧은 시간에 많은 학습자들에게 효과적으로 전달할 수 있는 방법이다. 비용 절감을 하고자 할 때, 교수자와 학습자 모두 익숙한 상황에서 강의하고자 할 때, 전반적인 내용을 평이하게 전달할 때 강의법이 효과적인 방법으로 아직도 널리 활용되고 있다는 교육방법이다.

강의법의 장점은 집단 40~50명 이상의 수업에서 언어정보와 인지적 지식 전달에 효과적으로 이용하므로 경제적이다. 장소에 구애받지 않고 다양한 장소에서 수업을 할 수 있다. 사실적 정보나 개념을 논리적이고 객관적으로 효과적으로 전달할 수 있다. 교수자와 학습자 모두에게 익숙한 방법이다. 강의법의 단점은 학습자가 수업에 능동적으로 참여할 수 없어 동기유발이 힘들다. 상호작용이 잘 일어나지 않아 수업태도가 수동적이다. 수업의 질이 수업자의 능력과 준비에 따라 많이 달라진다. 강의법으로 교수활동을 할 때 교수자는 성실하고 열의 있는 태도를 갖고 학습자들에게 참여를 유도하며 다양한 멀티미디어 매체자료를 활용하여

주의를 집중시키기 위한 자극의 다양화가 필요하다. 교수자는 강의를 위한 도입, 전개, 결말을 구성하여 학습 내용을 사전에 준비함으로써 효과를 증진토록 해야 한다. 이성호(1992)는 강의법이 효과적으로 가치를 발휘하려면 교수-학습의 목적, 교수-학습의 내용, 학습자의 특성 측면을 고려해야 한다고 하였다.

② 토의법

토의법은 학습자의 참여를 유도하고, 학습문제를 비판적으로 분석하며, 특정 문제 상황에 대한 해결책을 탐색하거나 태도변화를 유도하는 것이다(홍기칠, 2014). 임형택 외(2013)는 토의법을 공동학습의 형태로 학습자 상호간의 의사교환을 통해 각 개인이 해결할 수 없는 문제를 공동의 집단사고로 해결하려는 방법이라고 했다. 토의법은 참가자 개개인의 경험, 창의를 기초로 하여 서로 의견을 내놓음으로써 토의과정에서 상호 계발되는 학습이다. 토의는 학습자의 적극적인 참여와 역할이 강조되며, 이는 간단한 정보나 지식습득보다는 고차원적인 인지능력의 함양에 적합하다. 토의법은 인지적 측면에서 학습자들에게 타인으로부터 새로운 정보를 획득하고 배우는 기회를 제공하며 사고와 문제해결의 기능 및 태도를 배울 수 있다. 학습자들의 소속 집단 속에서 소속감 또는 유대의식 등을 느낌으로써 보다 적극적인 구성원의 의식과 집단에 대한 긍정적인 태도를 갖게 해 준다. 여러 사회적인 기능과 태도를 배양시켜 줄 수 있는 가치가 있다(이성호, 1999).

토의법을 활용하는 수업의 장점은 다음과 같다(김종표 · 이복희, 2010; 박숙희 · 임명숙, 2007; 변영계 외, 2007). 토의법은 개방적 의사소통과 협조적인 분위기 속에서 학습자가 적극적으로 참여하게 되어 학습동기와 흥미를 유발할 수 있다. 타인과 지속적인 상호작용으로 창조적인 사고능력 배양과 협동적 기술 및 태도가 함양된다. 집단 활동의 기술을 개발하고 집단의식과 공유능력을 향상시키면서 집단 시너지 효과를 얻을 수 있다. 학습자의 자율성을 향상시키고 집단에 대한 긍정적 태도를 갖게 된다. 토의법을 활용하는 수업의 단점은 적극적인 몇몇 학습자에 의해 주도되고 나머지는 무관심하기 쉽다. 질문이 너무 어려우면 원활한 토의가 이루어지지 않을 수 있다. 토의를 하는 동안에 리더가 미숙하면 효과적인 토론이 이루어질 수 없으므로 리더의 영향력도 크게 작용하며, 예상하지 못한 상황이 발생할 수 있다. 토의법 사용을 위해 토의준비, 계획단계, 진행과정에 많은 시간이 소요된다. 토의법의 일반적 절차는 토의문제 확인 및 동기유발, 토의문제 분석, 가설설정, 가설검증, 토의결과의 일반화, 토의결과 정리 및 평가의 순으로 하면 된다(변영계 외, 2007).

가. 버즈토의

버즈토의(buzz discussion)는 토의에 참석한 3~6명으로 편성된 소집단을 이루어 주어진 주제에 대하여 6분 정도 토의하는 6×6의 형태이다. 버즈는 토의하는 과정이 벌들이 벌집을 쑤셔 놓은 것처럼 윙윙거린다는 뜻이다. 처음에는 3명씩 짝을 지어서 토의를 한 다음, 어느 정도 토의가 진행되면 다른 3명의 집단을 만나 6명씩 토의하고, 또 얼마 지난 다음에는 다른 곳의 6명의 집단과 모여 12명의 집단 구성을 이루어 토의를 한다. 소집단 사람들에서부터 점차 그 집단의 크기를 확장해 가면서 아이디어나 의견에 대한 합의점을 찾아가는 토의법이다. 학습자들의 참여를 극대화시키고자 할 때, 참가자가 서로 친근감을 갖게 하고 자유로운 발언의 기회를 가지고자 할 때, 학습자들이 이질적인 특징을 표현하고 수용할 수 있는 기회를 주고자 할 때 사용한다. 토의를 실시할 때 주제 선정에 주의하고 참가자가 주제에 관한 어떤 경험이 있거나 관심이 있는 것이 좋고 되도록 구체적인 것이 좋다(기영화, 2004; 홍기칠, 2012).

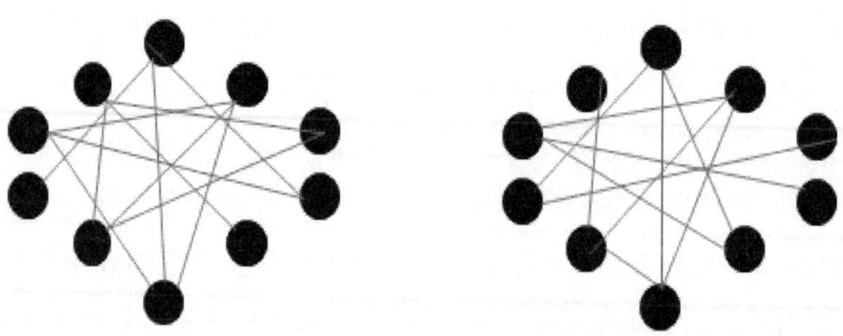

나. 패널토의

패널토의(panel discussion)는 오늘날 사회적으로 문제시되는 내용이나 관심 있는 분야의 주제에 대해 TV매체를 통해서 토의하는 모습을 많이 보고 있다. 토의할 주제에 대하여 의견을 달리하는 패널 4~6명 정도 선정해 다수의 청중 앞에서 사회자의 안내로 패널 멤버에 의한 토의를 하는 것이다. 패널 구성원 간에 대화는 사회자가 미리 준비된 질문에 따라 진행된다. 사회자가 청중을 논의에 참가시킬 필요가 있다고 느낄 때 청중들에게 질문과 발언의 기회를 주기도 한다. 패널토의에 참가자는 관련 토의에 관한 지식을 지니고 있어야 한다. 패널토의를 위해서 필요한 계획을 사전에 충분히 준비하고, 패널토의 시 일부 인이 독점적인 토의를 자제시켜야 한다(김남선, 2013; 임형택 외, 2013).

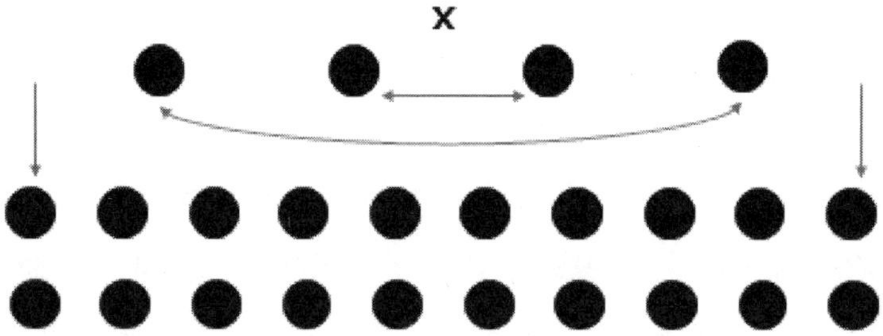

다. 원탁회의

원탁회의(round table discussion)는 토의의 가장 기본적인 형태로 참가인원은 5~10명 정도로 소규모 집단을 이룬다. 원탁형의 탁자에 둘러앉아 주어진 주제에 대하여 사회자의 진행에 따라 자유롭게 토의하는 양식을 의미한다. 소집단이라는 점과 모든 구성원이 상호 대등한 토론회 구성원의 자격으로 참여하여 원탁에서 직접 대면하여 정해진 주제에 대해 자유롭게 서로의 아이디어를 교환하는 것이다. 원탁회의는 참가자 모두가 발언할 수 있도록 적절히 기회를 제공해야 한다. 참가자 모두는 토의 구성과 과정에 직접 참여 후에 그 결과에 대한 책임 또한 균등하게 공유하는 토의이다. 원활한 토의를 위해서 참가인원의 충분한 협조와 개방적 자세, 그리고 공동체 의식이 형성되어야 한다(김남선, 2013; 홍기칠, 2012).

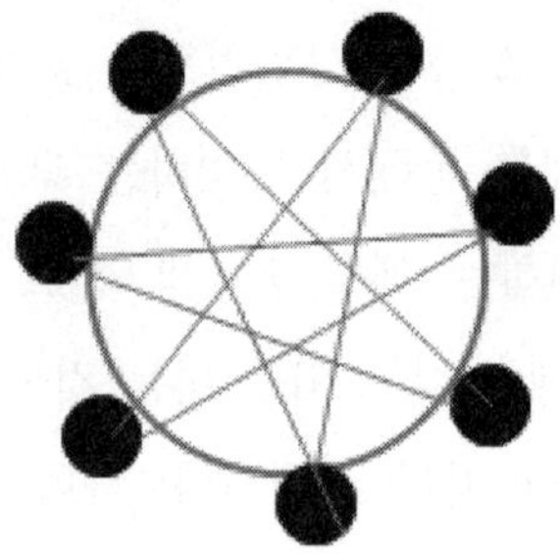

라. 심포지엄

심포지엄(symposium)은 특정한 주제나 혹은 관련된 주제에 대해 전문가 2~5명이 청중들에게 주제에 대하여 20~30분간 공식발표를 하는 것이다. 발표가 진행되는 동안에는 사회자와 전문 발표자만 말을 하므로 청중들과 의견교환이 이루어지지 않는다. 짧은 시간에 발표하고자 하는 주제에 대해 체계적으로 청중에게 전달할 수 있다. 일정 분야의 정보 및 지식을 조직적인 방법으로 제시하려 할 때, 논쟁적인 주제에 대해서 다각도의 설명이 필요할 때, 일정한 주제에 대해 많은 사람들에게 광범위하게 알려야 할 필요가 있을 때 유리하다. 발표시간이 짧아서 그 시간에 얼마나 심도 있게 전문적 논의가 가능하느냐 하는 문제도 제기될 수 있으나 그 주제에 대해 전문가의 경험과 지식으로 주어진 시간에 적절히 자신의 의견을 발표할 수 있을 것이다(김남선, 2013; 김종표 · 이복희, 2012; 임형택 외, 2013).

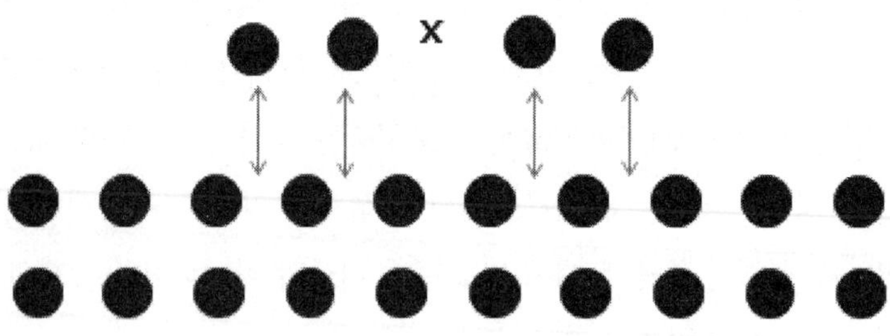

마. 포럼

포럼(forum)은 한 명 이상의 전문가들이 15~60분 동안 보통 25명 이상의 집단

구성원들에게 발표 후 공개적으로 토론하는 것을 의미한다. 포럼은 청중에게 질문의 기회를 부여하고 이에 논평을 할 수 있는 기회를 주는 것이다. 여기서 단순히 질문하고 대답하는 것이 아니라 청중이 논평하도록 자극하고, 논쟁점을 토론하고 정보를 제공하고 청중이 전문가와 질문과 대답을 통해서 토론이 진행된다. 사회자는 발표 및 질의 시간이나 발언 횟수를 제안해야 하며, 활발한 토론진행을 위해 청중에게 질의를 유발시켜야 한다. 포럼은 모든 참여자가 토론을 통해 학습 성과를 기대할 수 있고, 제기된 주제에 대한 포괄적인 정보를 획득하게 된다. 포럼은 참여자의 포괄적인 지혜를 제시 및 습득할 수 있고, 학습자의 욕구를 충족시킬 수 있으며 논리 정연한 주제토론이 가능하다(김남선, 2013; 김종표 · 이복희, 2012; 홍기칠, 2013).

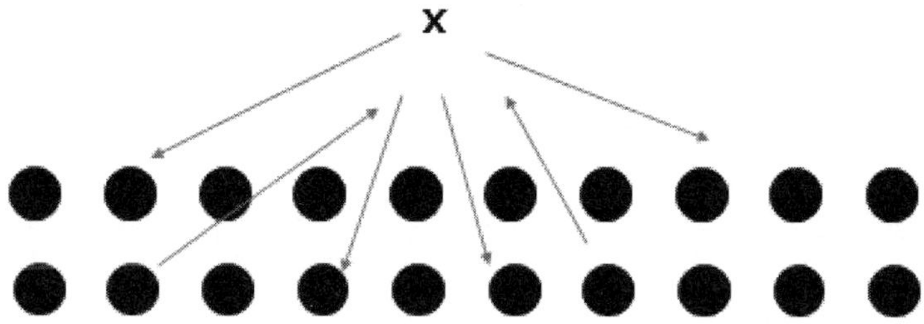

바. 콜로키움

콜로키움(colloquium)은 토론자로 보통 6~8명 정도의 인원으로 구성되며, 이 중 전문가나 자원인사에 3~4명, 학습자 대표에 3~4명이 한 명의 사회자가 대담토론 과정을 총괄하여 이끌어 나가는 것이다. 특정한 주제에 대해서 관심을 부각시키기 위하여 사용된다. 전문가 집단과 학습자 집단에 대해 토론시간을 동등하게 주어진다. 사회자의 진행에 의해 일반 청중이 직접 토의 과정에 참가할 수도 있다. 콜로키움을 통해서 학습자의 능동적인 참여를 유발시킬 수 있고 학습자 욕구를 최대한 충족시킬 수 있다. 또한, 학습자의 학습효과를 높일 수도 있고 모든 참여자들의 의견을 수렴할 수 있다. 사회자는 토론을 구성하고 적절한 토론 구성원을 선정하여야 하며, 이는 전문가나 자원인사 그리고 학습자 집단의 대표들로 골고루 구성한다(기영화, 2004; 임형택 외, 2013).

사. 세미나

세미나(seminar)는 대학이나 전문연구기관에서 가장 많이 사용되고 있는 것으로 주어진 제목에 관하여 한 명 이상의 학습자나 초청된 전문가가 발제한 내용에 기초하여 집단토의가 이루어지는 방법이다. 세미나는 토의주제에 대해 공식적인 발표와 더불어 참석 인원의 의견을 개진하거나 질의를 통한 공개토론의 형태로 진행된다. 세미나는 아이디어를 발표하고 그 아이디어에 대한 가치를 논의하고자 할 때 사용한다. 여러 사람이 토의하고 도전하고 논쟁하기 위하여 모인 학습자들은 50여 명 이하 또는 5~30명 정도의 소집단을 참여자로 구성한다. 참여자 전원이 해당 지식이나 정보를 체계적이고 깊이 있게 토의할 수 있는데, 이는 사전에 철저한 연구와 준비를 전제한다. 세미나는 전문적인 배경이 없으면 주제에 대한 내용을 거의 이해하기 어려우며 동일 분야가 아닌 다양한 전공분야 구성원들의 경우에도 세미나 방식으로는 학습효과를 기대하기 어렵다(기영화, 2004; 김남선, 2013; 박경실 외, 2011).

아. 워크숍

워크숍(workshop)은 참여자들이 지식의 함양보다는 참여자들 간의 아이디어와 경험을 교환하고 육성하는데 주로 사용되며 강의를 통한 문제해결 모색보다는 경험을 통한 참여자들의 단합에 중점을 둔다. 워크숍을 통해 참여자들은 함께 작업을 해 나가면서 공유된 경험과 정보로부터 도출된 문제점에 대한 개선방안을 마련하고 현장의 실무에 적용할 수 있다. 워크숍은 보통 한 사람이 프로그램을 계획하고 진행을 맡으며 그 프로그램이 끝날 때까지 이끄는 역할을 하게 된다. 워크숍 과정은 문제에 따라 다르지만 문제제기, 문제해결을 위한 조언, 문제해결법의 강구와 해결, 잠정적 결론의 형성 등으로 나뉜다. 워크숍은 참여하는 학습자의 수가 극히 제한되어 있고, 초청에 의해 참여가 이루어지기 때문 집중적인 학습이 가능하고 워크숍을 통해 참여자들의 자질과 문제해결 능력을 향상시키며, 개인의 업무 수행에 대한 동기를 유발할 수 있다(김남선, 2013; 박경실, 외 2011; 홍기칠, 2013).

2) 평생교육 방법

(1) 기업에서 사용하는 교수방법

① 감수성 훈련

20~30명의 소집단으로 상호작용하면서 인간관계에 대한 이해와 기술을 향상시키고자 하는 사회성 훈련이다. 훈련을 통해서 서로 감정을 소통시킬 수 있는 분위기를 조성해 주고 그 상황에서 어떻게 처신하고 행동하는지를 살피면서 자기 스스로 반성하고 객관적인 입장에서 자기를 평가하게 하여 무엇인가를 깨닫고 고치도록 결심케 하면서 생활에 적응하도록 훈련시킨다. 감수성 훈련을 통해 사람들은 자신을 알아차리고 타인을 받아들이며 남의 생각을 알아차릴 수 있고 더 나아가 전체를 받아들이는 여유를 갖게 된다(김남선, 2013; 김종표 · 이복희, 2010). 감수성 훈련은 T-Group(훈련집단)과 같은 의미로 사용되는데 집단 안에서 촉진자나 참가자들이 가능한 허용적이고 수용적인 분위기 안에서 경험하는 다양한 인간관계 등을 생겨나게 하여 각자의 감정, 반응, 지각, 행동을 솔직하게 개방하며 나누는 과정이다. 참가자들은 이러한 여러 가지 상황들을 경험해 봄으로써 감수성을 배양하고 이를 단체생활에 응용함으로써 조직 활성화를 이루려는 목적을 가지고 있다. 감수성 훈련은 지도자도 없고 토의 주제도 없어 비구조적이다. 훈련담당자가 있기는 하지만 참가자들 사이에 토의가 정상적으로 이루어지고 원활한 피드백이 진행되도록 도움의 역할, 촉진자의 역할을 담당한다. 대인관계 안에서 생겨나는 만남의 과정과 토의의 과정에서 참가자들은 서로 다른 사람이나 집단에게 질문 또는 행동을 함으로써 자신의 행동에 대한 민감성을 길러 나가게 된다(한알사람, 2004). 감수성 훈련은 대개 2~3주 가량 소요되며, 최소한 1주일 정도의 훈련기간이 필요하지만, 최근에는 보다 단기간으로 2박 3일, 1박 2일 하는 경우도 있다. 훈련 장소는 사회생활에 영향을 받지 않도록 지리적이나 심리적으로 차단된 장소

를 택한다. 그 이유는 인간은 심리적 · 사회적으로 고립될 때 비로소 가식 없는 본연의 모습으로 있는 그대로를 드러내기 때문이다.

감수성 훈련의 특징은 실험실 학습으로 우리가 살아가는 현실과 다른 조건의 실험실을 만들어 놓고, 체험을 통해서 그간 자신의 삶의 경험을 통해 구축해 놓은 사고의 체계, 정서의 체계, 행동의 체계 등을 다시 한 번 다른 관점에서 바라보는 것을 시도한다. 예를 들면 우리가 '시각장애인 게임'을 통해서 시각장애인의 상황을 이해하는 것이다. 또한, 전 참가자가 지금 여기서 느끼는 생생한 감정을 주고받는 체험식 학습인 것이다. 감수성 훈련의 진행을 위해 첫째, 소집단을 구성한다. 인원수를 적게 하면 모든 학습자들이 자유롭게 대화를 충분히 할 수 있다. 둘째, 소집단 구성원의 특성을 다양하게 이루도록 한다. 직업, 연령, 지위, 성별, 인종 등 모든 면에서 그 성질이 상이한 사람들이 모이는 것이 원칙이다. 셋째, 집단구성은 집단구성원들이 스스로 하게 하는 것이 좋다. 동질집단과 이질집단에 대하여 집단원 스스로가 집단을 구분하거나 나누게 하는 방법이 바람직하다. 넷째, 감수성 훈련의 지도자는 표면에 나타나지 않으며 또한 비회원이면 더욱 바람직하다. 다섯째, 감수성 훈련 집단은 화제가 정해져 있지 않다. 여섯째, 감수성 훈련은 일정하게 짜놓은 것이 아니다(김남선, 2013). 감수성 훈련을 할 때 유의사항은 철저한 예비 진단이 필요하고, 참여자는 자발적으로 참여를 해야 하고, 훈련의 목적, 내용 및 절차에 대한 자세한 설명을 들은 후 참여하고, 훈련의 진행은 숙련된 전문가가 담당한다(김종표 · 이복희, 2010).

② 액션러닝

액션러닝(action learning)은 많은 자료가 기업체에 초점을 두고 있다. 종종 액션러닝으로 수업하는 것을 Ice-breaking이나 SPOT을 많이 하는 수업, 포스트-잇을 활용하는 수업으로 잘못 받아들이는 경우가 많다. 액션러닝과 전통적인 교육방법을 비교하면 〈표 5-1〉과 같다.

표 5-1 액션러닝과 전통적 교육방법 비교

비교요인	액션러닝	전통적인 교육방법
패러다임	수요자 중심의 학습 (학습활동의 중요성)	공급자 중심의 교수 (강사의 상대적 우월성)
철학	문제 상황에 직면하고 있는 내부 구성원 모두가 전문가	문제 상황에 대한 전문적 지식을 가지고 있는 소수의 외부 전문가
이론과 실천관계	이론과 실천의 통합	이론과 실천의 분리
교수-학습전략	참여식	주입식
적합한 영역	일반적 경영관리 능력개발	전문적 지식 및 기술에 대한 집중적인 단기간 훈련
교육생의 역할	적극적 참여자	수동적 지식의 흡수자
강조점	현장 중시의 비구조적 문제 또는 기회의 해결 및 발견	현장과 관련이 적은 전통적인 내용 중시

출처: 유영만(1995). 지식경제시대의 학습조직. 서울: 고도컨설팅출판부.

액션러닝을 정의한 학자들을 살펴보면, Revans(1982)는 액션러닝이란 그 주체들이 실제적이고 복잡하고 스트레스가 많은 문제에 대하여 책임지고 연루함으로써 의도한 변화를 달성하고 현장의 문제에 대하여 가시적인 행동을 개선하도록 요구하는 지적, 감성적 또는 물리적 개발 수단이라 하였다. Marquardt(1999)는 액션러닝이란 소규모로 구성된 한 집단이 기업이 직면하고 있는 실질적인 문제를 해결하는 과정에서 학습이 이루어지며, 그 학습을 통해 각 그룹 구성원은 물론 조직 전체에 혜택이 돌아가도록 하는 일련의 과정이자 효과적인 프로그램이라고 했다. 봉현철(2006)은 액션러닝을 교육 참가자들이 학습팀을 구성하여 스폰서(sponsor) 또는 자기 자신이 꼭 해결하고자 하는 실존하는 과제를 팀 전체 또는 각자가 주체가 되어 러닝코치(learning coach)와 함께 정해진 시점까지 해결하거나 과제 해결 방안을 도출하는 동시에 그 과정에서 지식습득, 질문, 피드백(feedback), 그리고 성찰을 통하여 과제의 내용측면과 과제해결의 과정측면을 학습하는 프로세스라고 정의하였다. 결국 액션러닝은 과제해결을 위해 모인 학습 구성원들이 실제 과제를 해결하거나 문제해결을 위한 해결 방안을 도출하는 과정에서 질문과 성찰을 통해서 학습이 이루어지는 것이다.

가. 액션러닝의 구성요소

액션러닝의 구성요소는 서영태, 봉현철(2008)이 Marquardt 교수의 견해를 기초하여 제시한 6가지 구성요소를 기준으로 액션러닝의 핵심 구성요소를 과제, 학습팀, 실행의지, 과제의 내용과 과제해결에 대한 학습, 질문 · 피드백 · 성찰, 러닝코치로 하여 [그림 5-2]와 같이 제시하였다.

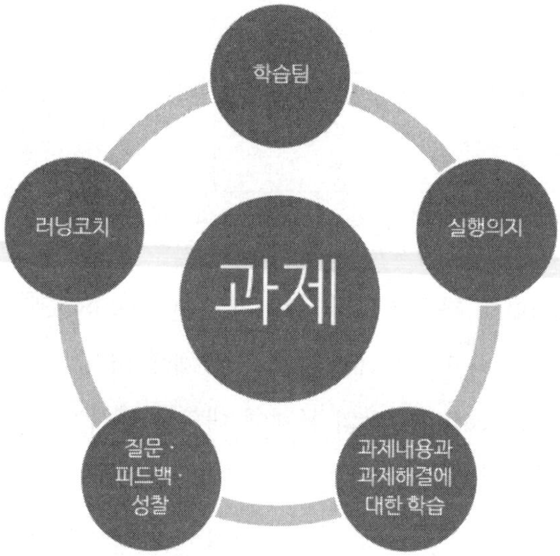

[그림 5-2] 액션러닝의 6가지 구성요소

과제는 교육 참가자들이 연습문제가 아닌 실패의 위험을 갖는 실제의 문제(real problem with real risk)를 다룬다는 점이다. 이는 기존교육이 가지고 있던 한계(교육과 현업의 분리)를 극복함과 동시에 참가자들이 진정으로 관심을 가지는 과제, 해결하였을 경우 변화를 가져올 수 있는 과제를 가지고 교육을 진행함으로써 교육대상자의 참여의지를 극대화할 수 있다는 점에서 액션러닝이 여타의 교육프로그램과 차별화되는 가장 큰 특징으로 볼 수 있다. 팀이 하나의 과제를 다루는 팀 과제 방식이 일반적이지만 구성원 각자가 과제를 가지고 와서 팀원들의 도움을 받으면서 해결하는 개인 과제 방식도 있다.

학습팀은 액션러닝에서 가장 바람직하다고 여겨지는 학습팀 구성원은 4~8명이다. 이는 구성원의 숫자가 4명 미만이 될 경우에는 그룹의 다양성이 떨어지고 창의성 발휘가 힘들어지며 팀원 상호간의 역학관계를 기대하기 어렵기 때문이다. 9명 이상일 경우에는 팀원 간의 상호작용이 너무 복잡해지고 체계적인 성찰을 위해 부여된 시간이 너무 적기 때문에 효과적인 학습활동을 기대할 수 없기 때문이다. 액션러닝 방식을 활용한 모든 교육프로그램의 성패가 학습팀 구성을 어떻게 하는지에 달려 있으므로 학습팀을 구성할 때에는 다양하고 창조적인 의견도출이 가능하도록 구성원의 다양성과 구성원 개개인이 보유한 능력을 고려해야 한다.

질문 · 피드백 · 성찰은 액션러닝에서는 학습의 주체가 교수자가 아닌 교육대상자이다. 즉 액션러닝에서는 교수자에 의해서 주도되는 학습이 아닌 교육대상자가 학습팀을 구성하여 스스로 문제를 해결하는 과정에서 질의 및 성찰을 하는 가운데 학습이 일어난다고 본다. 액션러닝에서는 학습을 L=P+Q+R[L: Learning(학습), P: Programmed Knowledge(정형화된 지식), Q: Questioning(질의), R: Reflection(성찰)]이라는 공식을 사용하여 규정한다(Marquardt, 2000). Marquardt(2000)는 현명한 질문과 성찰의 중요성을 강조하며 액션러닝의 성공열쇠가 얼마나 체계화된 성찰의 기회를 부여할 수 있는지의 여부로 결정된다고 보았다. 즉 현명한 질문과 성찰은 학습팀 구성원 개개인이 가지고 있던 정형화된 지식의 기본가정을 흔들어 놓음으로써 창의적 사고를 촉진하고, 통찰력을 얻을 수 있다고 여겼다.

실행의지는 액션러닝에서 실패의 위험을 갖는 실제의 문제를 해결하는 과정에서 문제해결에 대한 성찰을 통해 학습이 일어남을 강조한다. 액션러닝이 다른 교육과정과 다른 가장 큰 특징은 도출된 문제해결 방안의 실행여부이다. 즉 액션러닝의 궁극적 지향점이 현업과 유리되지 않는 교육이기 때문에 교육결과의 실행여부는 액션러닝 기법의 성공을 가늠할 수 있는 핵심이다. 과제를 해결하기 위해서는 실천이 필요하므로 실행의지가 액션러닝의 핵심 구성요소에 포함된다(장경원 · 고수일, 2013). 액션러닝의 학습에 대한 공식 L=P+Q+R을 L=P+Q+R+I[I: Implementation(실행)]로 확장하고 있다. 이는 액션러닝에서 학습이 일어났다는 것은 질문과 성찰을 통하여 얻어 낸 문제해결 결과를 실행에 옮겼을 때임을 나타낸다. 액션러닝은 학습팀이 과제에 대한 해결책을 도출하고, 관련 아이디어를 실행에 옮겼을 때에 비로소, 참가자들은 그들의 아이디어가 효과적이고 실용적이었는지, 어떤 이슈를 간과했었는지, 그래서 그 결과로 어떤 문제가 야기되었을지, 앞으로는 어떤 식으로 개선할 것인지, 아이디어가 조직의 다른 부문에, 또는 참가자들 각자의 인생의 다른 부문에 어떻게 적용될 수 있을지를 정확히 판단할 수 있다(Marquardt, 2000).

과제의 내용과 과제해결 과정에 대한 학습은 액션러닝이 기본적으로 교육대상자의 적극적 참여를 전제로 논의되어진다. 즉 학습의 주체, 교육의 주체가 되는 교육대상자가 적극적인 참여의지를 가지고 학습에 임할 때 교육효과는 극대화된다. 교육대상자는 과제 해결을 위해 과제의 내용을 학습하게 되고, 과제를 해결하는 과정에서 여러 가지 문제해결기법을 학습하게 된다.

러닝코치는 액션러닝의 특징 중 하나로 체계적인 성찰 활동을 지원해 주는 러닝코치가 존재한다는 점이다. 액션러닝에서 러닝코치는 과제와 관련된 내용전문가(SME: Subject Matter Expert)가 아니라 팀이 문제를 해결하는 과정에서 프로젝트 관리와 관련된 각종 도구를 지원하고 체계적인 성찰이 이루어지도록 함으로써 팀 활동을 촉진하는 역할을 한다.

나. 액션러닝 프로세스

봉현철(2006)은 액션러닝의 프로그램 운영단계를 도입, 진행, 종료단계의 3단계로 구분하는 모델을 제시했다. 도입단계에서 러닝코치의 워크숍과 오리엔테이션 워크숍 등이 이루어지며, 진행단계에서는 성찰미팅이 시작되어 과제를 명확히 하고 원인분석을 위한 현장실사 등이 이루어진다. 종료단계에서는 해결대안을 도출하며 연구결과를 보고하고 실행이 이루어지는 것으로 구분하였다. 장경원, 고수일(2013)은 과제해결 프로세스를 3가지로 구분하여 제시하였다. 어떤 문제를 해결하기 위한 문제해결형, 새로운 것을 창조하거나 발표하는 작품만들기형, 개별적으로 수행하는 개인과제형으로 구분하였다. 문제해결형 과제의 과제해결 프로세스는 현재의 중요한 문제로 지적할 수 있는 상태를 개선하여 바람직한 상태로 만드는 것에 초점을 맞추는 과제이다. 작품만들기형 과제의 과제해결 프로세스는 수업 주제와 어떤 결과물을 만들어 외부에 발표하는데 초점을 맞추는 과제이다. 개인과제형 과제의 과제해결 프로세스는 하나의 팀이 하나의 과제를 수행하는 것이 아니라, 팀원별로 각자의 과제를 수행하는 형태이다.

③ 사례연구법

실제의 구체적인 사례 해결에 참가하여 사례의 현상과 관련 원리를 이해하고 발견하고 판단력을 개발하려는 것이다. 기영화(2004)는 사례연구법이 특정 개체를 대상으로 하여, 그 대상의 특성이나 문제를 종합적이며 심층적으로 기술, 분석하는 연구라고 말하고 있다. 사례연구법은 분석력, 판단력, 협상력, 의사결정 능력 등의 문제해결 능력이나 직무수행 능력을 체험적으로 함양시키는 교육기법이다. 사례연구법은 실제적인 사례의 현상이나 그와 관련된 원리를 이해하고 발견하여 문제점을 도출하고 문제해결 방안을 찾아내어 이와 관련된 개선안을 제시하는데 효과적이다. 문제해결 방법을 터득하는 과정 중에 개인 간의 관점과 타인 간의 관점의 차이를 서로 교환하여 폭넓은 안목 배양의 기회를 제공한다. 사례에 실제 상황을 만들게 되는 사례로는 문서, 영화, 비디오 형태의 사례가 있다. 권대봉(2006)은 교수자가 사례연구법을 통해 교육을 할 때는 몇 가지 기본적인 조건이 요구된다고 했다. 첫째, 실제문제를 다루는 것이 학습자들의 학습동기를 효과적으로 유발시킬 수 있다고 판단한다. 둘째, 교육생이 사례 문제를 다룰 수 있는 분석능력, 토론능력, 평가능력 및 피드백 능력을 구비하고 있어야 한다. 셋째, 교육생이 수업 전에 사례를 읽거나 보고 충분히 이해가 되어야 한다. 넷째, 한 가지 사례에 대하여 다양한 해결방안이 논의될 수 있도록 충분한 시간이 있어야 한다.

사례연구법의 장점은 흥미가 있고 학습동기를 유발하고, 현실적인 문제의 학습이 가능하며, 생각하는 학습교류가 가능하다. 단점으로는 적절한 사례의 확보가 곤란하고, 원칙과 법칙의 체계적 습득이 어려우며, 학습의 진도를 측정하기 힘들다는 것이다(김종표 · 이복희, 2010). 교수자는 개별적인 학습목표에 부합되는 사례를 선정하거나 사례가 적절하지 않은 경우에는 사례를 직접 제작하는 것이 바람직하다. 사례 제작 시 사례를 묘사하고 학습자를 위해 분석과 조언을 할 수 있도록 이론과 실제가 연결이 되어야 한다. 사례가 현실감이 있는가를 분석해 보아야 한다는 것이다. 학습자들에게 우선 현장감을 느끼도록 어조나 등장인물에 대해 직접 이름이 주어진다. 단순한 언어사용, 직설법 작성, 풍부한 형용사 사용, 표준어 작성 등 구체적이며 현장에서 사용 중인 용어를 사용해야 한다. 사례의 내용은 발생한 사실과 관련 경위를 포함하고 있어야 한다. 사례는 간결하고, 논리 전개는 사건의 시간적 순서에 따른다. 사례의 묘사는 등장인물에게 대화체로 직접 말하게 한다. 사례제작 후 사례가 실제적인 해결방안이 나올 수 있을 정도의 충분한 자료가 사례 속에 수록되어 있는가를 검토한다. 제안된 시간 내에 마칠 수 있는 정도의 수준인가도 점검해야 한다. 이런 것들을 확인해 가며 사례를 제작하는 것은 쉬운 일이 아니다. 사례연구법에 대한 연구 방법은 사례의 종류에 따라 다르지만 기본적으로 문제해결의 방법을 토의하는 것이 적절하다. 다시 말해서 문제를 발견하고, 문제점을 명확히 하며, 문제해결의 계획을 세우고, 문제해결을 위한 계획을 검토하여 해결에 대한 의사결정을 하면 된다.

(2) 평생교육기관에서 사용하는 교수방법

① 질문법

평생교육기관에서 사용하는 교수방법 중에서 가장 많이 사용하는 교수방법 중의 하나가 질문법이다. 교수자가 학습자에게 질문을 던짐으로써 학습자들은 답변을 위해서 본인의 생각을 깊게 하고 이를 통해서 교육에 대한 참여를 유도하게 한다. 학습자는 다시 교수자에게 궁금한 부분이나 관심이 있는 것을 질문을 통해서 학습동기를 가능하게 하고 교수자와의 관계도 좋게 된다. 교수자는 학습자에게 질문을 할 때에는 간결하고 명료하게 하고, 또한 학습목표와 결부된 것으로 해야 하며 학습자의 지적 활동을 개발하여 사고를 자극하도록 해야 한다(기영화, 2004). 질문 시에는 학습자의 연령, 능력, 흥미도에 맞도록 해야 한다. 교수자가 학습자에게 던지는 질문을 통해서 학습자 개인별로 진단도 하고 학습자의 인식과 태도도 알아볼 수 있다. 질문 시 단순히 '네'나 '아니오'로 답하는 폐쇄형 질문은 피하고 내 생각을 이야기할 수 있는 열린형 질문을 한다. 질문을 사용할 때 학습자에게 창피를 주기 위해 아주 어려운 질문은 삼가야 한다. 질문을 통해 학습의 효과를 올리는 목적으로만 사용하는 것이 좋다.

② 게임

재미와 흥미로운 환경을 제공함으로써 학습내용을 습득하게 하는 것이다. 체험학습의 한 형태로 모의적인 상황을 만들어 놓고 그 상황을 체험함으로써 학습의 배가되는 것이다. 게임에는 정해진 규칙이 있고 이를 학습내용과 관련이 있어야 하고 학습자들이 노력을 통해서 목적을 달성하고 학습자간에 경쟁적이고 도전적인 요소를 첨가하여 학습에 대한 효과를 첨가함으로써 활용도를 높일 수 있다(기영화, 2004; 김종표 · 이복희, 2010). 게임을 통해서 공동의 목적을 달성하기 위하여 다른 사람과 상호작용하는 방법을 두려움 없이 배울 수 있도록 한다. 또한 게임을 통해서 참여자들이 지금까지 배운 것을 적용하고 시험해 보는 기회를 제공하고 다른 사람과 협력하는 법을 배울 수 있도록 한다. 게임은 단순히 여가 시간을 재미있게 보내기 위해 하는 놀이가 아니라 특정한 교육 목적을 가지고 계획된 것으로 게임 자체가 공정하고 재미있게 진행되어야 하는 것이 중요하고 게임을 통해서 달성하려고 계획한 교육목적이 달성되도록 철저한 준비를 하는 것도 소홀히 해서는 안 된다(유승우 외, 2010). 게임에서 배우는 것이 개인으로서 배우는 것뿐만 아니라 팀으로 활용하는 데 필요한 여러 가지 통찰력, 집단 의사결정에서 시너지 효과의 가치, 팀 리더의 역할, 협동과 경쟁의 효과 등에 대한 통찰력을 얻을 수 있는 기회가 되기도 한다.

교수자는 게임을 교육방법으로 사용할 때 교육에서 도입, 전개, 결말 중 어느 부분에 사용할 지에 대해서 게임의 사용 시기를 미리 결정해야 한다. 게임을 전 학습과정에 사용하기보다는 학습의 한 부분에 병행하여 사용하는 것이 효과적이다. 학습자가 게임을 하면서 학습목표 달성 시점에는 교수자가 즉각적인 피드백을 해 주고 게임 자체로 학습목표를 달성할 수 있도록 설계되어야 한다. 게임을 수업에서 활용하려면 사전에 확인해야 되는 것이 있다. 게임의 목적이나 내용, 게임의 구조는 학습자들의 수준이나 흥미에 부합되는지? 게임의 규칙이나 필요한 기술이 너무 복잡하거나 어렵지 않은지? 게임을 하는데 필요한 장비나 도구, 장소 등 물리적 환경의 측면에서 어려운 것이 없는지? 게임이 가치 있는 학습경험에 기여하는가? 등을 사전에 점검해 볼 필요가 있다. 이 모든 것을 점검한 후 게임에 참여하는 학습자의 수준이 적절하고 학습의 목적에 대한 기여하는 바가 비용-효과 면에서 충분한 가치가 있다고 판단되면 학습장면에서 게임을 활용하는 것이 바람직하다.

③ 역할연기

역할연기란 자기가 처한 장면에서 타인의 역할을 연기를 통해 경험해 봄으로써 자신과 타인을 이해하는데 도움을 주고자 하는 것으로, 학습자들에게 서로 다른 역할을 주고 어떤 가상적 상황에서 서로 협의하여 결정을 하게 함으로써 다른 역할을 맡은 사람들과 원만한 타협을 보게 하는 기법이다(권대봉, 2006). 역할연기를 통해 학습자들은 실제 상황을 위험 부담 없이 경험할 수 있는 것이다. 역할연기를 하는 당사자는 본인의 연기를 통해서 학습할 수 있고, 다른 학습자는 역할연기를 보고, 듣고, 느끼면서 학습하게 된다. 역할연기자의 참여는 물론, 참석자들도 피드백을 하여야 하므로 전원이 참여해야 하는 교육방법이다.

역할연기는 실제적인 상황에서 집단구성원의 역할대행을 효율화하기 위해 가상적인 상황을 설정해 놓고 짤막한 인간관계의 장면을 연출하는 기법으로서 연기자는 2명 이상으로 구성된다(기영화, 2004). 역할연기는 다른 교육기법보다 학습자의 적극적인 참여를 요구하고 집단구성원 간의 친밀감을 증대시킬 수 있다. 역할연기는 참신하고 집단의 활동을 흥미롭게 만들며, 집단의 구성원들로 하여금 기타의 교육적인 방법들보다 훨씬 더 적극적으로 참여하게 하는 기회를 제공한다. 개인은 역할연기를 통해서 인간관계에서의 문제를 처리하기 위한 새로운 기술을 개발할 수 있다. 역할연기는 자신의 감정과 타인의 감정을 간파하는 통찰력을 획득하는 데 도움이 된다. 그 이유는 모든 상황을 상대편에 있는 사람들의 입장에서 보는 방법으로 널리 인정되고 있다. 역할연기는 기본적으로 집단과정에 영향을 주면서도 평소에는 표현되지 않고 주관적으로 잔존해 있는 많은 태도들과 감정을 재고할 수 있도록 집단 앞에 제출시켜 준다는 것이다. 결국 역할연기의 중요한 가치는 집단구성원들이 실제와 유사한 상황에서 감정상의 상처 없이 자기들의 행동을 실험하고, 실수도 하며, 새로운 기술을 시도할 수 있다는 점이다. 이러한 인위적인 분위기에서 학습자는 비판자들이 아닌, 공동학습자들이 보는 앞에서 새로운 행동을 철저히 시험해 볼 수 있다(임형택 외, 2013). 역할연기는 인간관계, 문제해결, 지도력 그리고 집단의 기능을 연구하려는 목적으로 사용되며 상황을 미리 정해 놓고 상황에 맞는 능력을 사용하도록 훈련하는 데에도 효과적이다.

권대봉(2006)은 역할연기의 장점과 단점을 다음과 같이 제시했다. 장점으로 첫째, 심리적 억압에 대한 표출이 가능하다는 점이다. 둘째, 실제 상황과 가까워 현실감 있는 학습이 가능하다는 것이다. 셋째, 집단구성원 간의 친근감을 증대시킬 수 있다. 넷째, 실제 연기를 통하여 생각하는 것과 행동하는 것의 차이를 학습할 수 있다. 다섯째, 타인의 연기에 대한 관찰을 통해 기발한 아이디어나 영감을 얻을 수 있다. 단점으로 첫째, 준비하는 데 많은 시간이 소요된다. 둘째, 계획을 주의 깊게 하여야 하는데, 교수자가 가지고 있는 기술이 많은 영향을 미친다. 셋째, 역할연기가 서투르게 진행될 경우 효과를 거둘 수 없다. 넷째, 실제 상황이 아니기 때문에 학습자들이 장난스럽게 할 우려가 있다. 다섯째, 교육효과를 정확히 예측하고 평가하는데 어려움이 있다.

김종표, 이복희(2010)는 역할연기를 사용하는 목적에 따라 크게 3가지로 나누어 제시했다. 첫째, 원리, 원칙, 방법, 기능을 습득하기 위한 것이다. 대부분 현재 사용하고 있는 역할연기가 여기에 속한다. 둘째, 돌발적인 문제나 처리가 곤란한 문제의 처리를 연습하기 위한 것이다. 셋째, 심오한 심리적인 체험을 통해서 인간적인 통찰력, 감수성 등을 함양하여 바람직한 태도나 행동의 변화를 겨냥한 것이다.

역할연기의 종류에는 목표에 따라 선택적으로 활용할 수 있는 것으로 각본에 의해 역할연기를 하는 사전에 계획된 역할연기와 자신의 경험을 토대로 역할연기하는 자발적인 역할연기가 있다. 사전에 계획된 역할연기는 주어진 사례를 읽는 그대로 연기하는 것으로 연기자가 내용에 동의하지 않더라도 대본에 나와 있는 대로 연기를 하는 것이다. 자발적인 역할연기는 실제상황과 똑같이 연기를 하는 것으로 연기자가 실제로 그런 일을 당했을 때처럼 연기한다.

역할연기를 이용하여 수업을 할 경우에는 몇 가지 기본적인 조건들이 요구된다 (권대봉, 2006). 첫째, 교수자는 관찰능력, 평가능력, 토론능력, 피드백 능력 등을 갖추고 있어야 한다. 둘째, 관찰자들 역시 연기자들의 연기를 제대로 관찰하여 토론할 수 있어야 한다. 이때 비디오 녹화가 가능하다면 더욱 유용할 것이다. 셋째, 역할연기를 분석하고 토론할 수 있는 충분한 시간이 있어야 한다.

역할연기를 실제 수업에 활용하기 위한 절차를 살펴보면 다음과 같다.

우선적으로 학습자들에게 친숙한 경험이 상황의 주제로 선정되어 상황설정을 한다.

두 번째는 학습자들에게 상황에 대한 사전 이해로 흥미와 동기를 유발시키고, 동시에 실제로 역할연기를 할 수 있는 무대 등 물리적 여건의 사전 준비 및 참가자를 선정한다.

세 번째는 관찰자들에게 주의를 집중할 수 있도록 자세를 준비시킨다.

네 번째는 역할연기를 시행하는 데 자연스럽게 연기를 유도하고, 문제 상황에 초점을 둘 수 있도록 주의한다.

마지막으로는 역할연기 후 관찰자와의 토의를 통해 내용을 평가하고 새로운 아이디어를 얻어 재시행을 해 본다.

경우에 따라서는 역할 바꾸기를 통해 서로 다른 사람의 입장이 되게 하고 문제를 해결하고 갈등을 해소하기 위해서 주제를 향한 열린 마음이 얼마나 중요한지를 나타나게 한다. 역할연기가 활용되는 동안에 교수자는 연기내용에 대한 소개, 학습자들의 신뢰 분위기 조성, 연기자 및 관찰자의 역할과 관찰방법 확인, 역할연기 실시, 실시 후 연기자들의 소감 발표, 관찰자의 소감 발표, 질의응답, 학습결과 확인 등을 해야 한다.

3. 원격교육

1) 원격교육의 개념

교육이 실천될 수 있는 방법은 시간과 장소가 관계하고 있다. 전통적인 교육은 같은 시간에 같은 장소에서 이루어진다. 이것이 전형적인 교수자 중심의 정규수업을 의미한다. 권성호(2011)는 원격교육이란 교수자와 학습자가 공간적, 시간적 분리를 다양한 매체에 의존하는 것을 극복하면서 교수-학습목표를 성취하는 활동이라고 제시했다. 즉, 언제 어디서나 누구에게든지 교육의 기회를 제공하는 학습자 중심의 쌍방향 의사소통을 지향하는 교수-학습체제로 일정한 교육목표와 의도를 갖는 계획적인 활동이다.

원격교육이란 교수자와 학습자들이 지리적으로 떨어져 있지만 교수매체를 사용하여 전통적인 수업에서 제공하는 것과 같이 교수자와 학습자, 학습자와 학습자 간에 상호작용이 이루어지는 교수-학습형태를 의미한다고 제시했다. 교수자와 학습자와 시 · 공간적으로 분리되어 있으며, 학습자들은 대체로 이질적이고, 직업을 가진 성인인 경우가 많다. 학습자는 교수매체에 의존하여 학습을 하기 때문에 매체를 매개로 한 상호작용이 이루어진다(조은순 외, 2012).

원격교육은 기존 교육제도에서 교육의 기회를 갖지 못했던 사람들에게 다양한 교육 프로그램에 의해 접근할 수 있게 하고, 교육의 기회를 확대하였으며, 교육에 대한 학습자의 통제력 확대와 학습자의 지각양식의 변화에 영향을 준다는데 의의가 있다. 원격교육은 교수자와 학습자가 반영구적 분리, 학습지원 조직, 교수매체 활용, 쌍방향 의사소통, 개별적인 학습을 기본으로 한다. 원격교육은 다양한 매체와 통신기술의 발달에 영향을 받으면서 그 실현 방법적 측면에서 변화하여 왔으며, 이 과정에서 주요한 교육적 이념을 강조하여 왔다(정인성 · 나일주, 2004). 원격교육의 발달과정을 5세대의 구분으로 작성하였다(박숙희 · 염명숙, 2007; 변영계 외, 2007). 1세대는 우편제도와 인쇄매체를 이용한 원격교육으로 교육의 기회를 확대하였다.

2세대는 대중매체를 이용한 원격교육으로 원격교육의 대중화와 교육방법의 다양화를 가져왔다. 3세대는 컴퓨터 통신망(정보통신기술)을 이용한 원격교육으로 개별화된 원격교육으로 교수-학습활동의 질적 향상을 강조하였다. 4세대는 네트워크의 특성이 강화된 원격교육의 출현이라 주장하고 있다. 5세대는 인공지능을 특징으로 하는 원격교육 시스템을 강조하고 있다.

2) 원격교육의 특성 및 실제

백영균 외(2010)는 원격교육의 특성을 다음과 같이 제시했다.

첫째, 교수자와 학습자간의 물리적 격리는 원격교육의 주요 교수-학습활동 과정에서 교수자와 학습자가 공간적, 시간적으로 분리되어 있다.

둘째, 교수매체 활용은 원격교육이 분리되어 있는 교수자와 학습자의 교수-학습활동에 필요한 상호작용을 위해 교수-학습매체를 활용한다. 최근에는 인터넷 통신, 원격화상 시스템 등 첨단매체가 활용되고 있다.

셋째, 쌍방향 의사소통은 교수자와 학습자가 물리적으로 격리되어 있다고 해도 의사소통의 단절을 의미하지는 않는다. 원격교육의 질은 교수자와 학습자 간의 상호작용을 지원하는 지원체제의 질에 의해 좌우된다.

넷째, 다수 대상의 개별학습은 다수를 대상으로 하면서도 공학적 기재를 사용하여 사전에 계획, 준비, 조직된 교재로 개별학습이 이루어진다.

다섯째, 학습자의 책임감은 학습자는 언제, 어디서, 어떻게 학습을 할지 스스로 결정해야 하기 때문에 자신의 학습에 대해 책임감을 갖는다.

여섯째, 지원조직의 필요는 원격교육이 면대면 교수-학습활동과는 다른 형태의 인프라, 교수설계, 활동, 실행, 평가, 교재개발, 학생지원 서비스 등의 물리적 · 인적 지원조직과 전략을 필요로 한다.

전통적인 면대면 교육과 원격교육의 특성에 대해 〈표 5-2〉에서 비교하였다.

표 5-2 전통적인 면대면 교육과 원격교육의 특성

내용	전통적인 면대면 교육	원격교육
시·공간적 측면	교수자와 학습자가 시·공간적으로 함께 있음	교수자와 학습자가 시·공간적으로 분리되어 있음
학습자 특성	대체로 동질적 같은 지역에서 거주 대체로 학부모에 의존	대체로 이질적 분산된 지역에 거주 직장생활을 하거나 성인인 경우가 많음
교수방법	면대면 수업	교수매체를 통한 수업
상호작용	직접적인 상호작용	보고서, 매체를 매개로 한 상호작용 학습자 지원체제를 통한 상호작용
교수개발	개별 교수자에 의존	부분별 전문가에 의한 공동작업
수업형태	교수자에 의존한 집단교육	교수매체에 의존한 개별학습
행정조직	교수자들이 행정업무의 일부를 담당	학습자 지원, 코스개발 등 강력한 행정조직이 필요

출처: 조은순 외(2012). 원격교육론 재인용.

원격교육은 실시간 운영방식과 비실시간 운영방식으로 구분된다. 실시간 운영방식은 같은 시간대에 인터넷 접속한 상태에서 원격 시스템을 가동하는 방식이다. 실시간 채팅이나 동영상 서비스가 이에 해당된다. 반면에 비실시간 방식은 동일 시간에 접속하지 않더라도 이미 녹화해 놓은 자료를 보는 방식으로 운영되는 것이다(류지헌 외, 2013). 이러닝(e-learning)은 인터넷과 웹이 사회의 여러 분야에서 전자적 비즈니스 혁명을 주도하면서 교육에서도 전통적인 교실수업을 대신하는 대안적인 교육방법으로 인터넷을 활용하여 가상공간에서 이루어지는 온라인 교육을 지칭하는 용어로 상용되기 시작했다.

모바일 러닝을 의미하는 엠러닝(m-learning: mobile learning)은 이러닝에 포함되는 학습방법으로 모바일 무선 컴퓨팅 기술을 사용하여 학습자의 이동성을 원활하게 하거나 촉진하는 방식으로 이루어지는 학습이다. 모바일은 무선통신의 이동성을 의미하는 것으로 노트북, PDA, 태블릿 PC, 스마트폰 등의 휴대용 장비로 언제 어디서나 쉽고 저렴하게 무선으로 인터넷에 접속하여 다양한 형태의 정보를 획득하고 활용하여 학습하는 것을 모바일 러닝이라 한다. 유비쿼터스 컴퓨팅 기술과 네트워크 기술을 기반으로 한 환경에서 학습에서 이루지는 것을 말하는 유러닝(u-learning: ubiquitous learning)이 있다. 물리적 공간과 전자공간이 통합된 새로운 공간차원에서 설명될 수 있는 확장된 개념의 학습체제이다(홍기칠, 2012). 특히, 이러닝은 원격교육의 형태로 급속하게 확산되면서, 원격통신 매체의 발달은 계속될 것이며, 점차적으로 보다 상호작용적인 웹사이트가 출현할 것이다. 정보를 전송하는 능력인 대역폭(bandwidth)은 보다 강력해져서 인터넷상으로 복잡한 유형의 정보를 교환할 수 있다. 그러므로 원격교육은 거의 모든 분야에서 모든 교육적인 수준에서 사용되고, 세계의 모든 교육과 연결할 수 있게 되고 있다(박숙희 · 염명숙, 2007).

미래사회는 첨단 정보통신기술의 영향으로 테크놀러지의 변화, 매체의 융합, 이러닝과 원격교육의 확산, 인공지능과 가상현실, 엠러닝, 유러닝의 확산, 학교조직의 재구성이 될 것이다. 원격교육을 잘 활용하기 위해서는 미리 철저하게 준비하고, 우발적인 사고에 대비하는 계획을 세우고, 매체를 적극 사용하고, 활동과 접근을 다양하게 하고, 학습자들을 잘 안내하며 적절한 평가방법을 사용해야 한다.

참고 문헌

강이철(2009). 교육방법 및 공학의 이론과 적용. 서울: 학지사.

기영화(2004). 평생교육방법론. 서울: 학지사.

김남선(2013). 최신평생교육방법론. 서울: 두남.

김종표, 이복희(2010). 평생교육방법론(제3판). 경기: 양서원.

권대봉(2006). 성인교육방법론(2판). 서울: 학지사.

권성호(2011). 교육공학의 탐구(3판). 경기: 양서원.

류재석(2004). 멘토링 원리와 현장 적용방법. 경기: 한국학술정보(주).

류지헌, 김민정, 김소영, 김혜원, 손찬희, 이영민, 임걸(2013). 교육방법 및 교육공학 서울: 학지사.

박경실, 전기선, 진규동, 한우섭, 최영준, 김대식, 김주섭, 송민영, 신재홍, 최용범(2011). 평생교육론. 서울: 학지사.

박근수, 김주후(2011). 코칭의 평생학습적 의미와 코칭스킬 구성요인 탐색. 지방공무원 코칭사례를 중심으로. 23(4), 한국지방자치학회보, 231-255.

박봉수(2014). 조직활성화를 위한 코칭. 서울: ㈜한언.

봉현철(2006). 봉현철교수의 성공적 학습을 위한 Action Learning Workbook. 서울: 다산서고.

박성익, 왕경수, 임철일, 박인우, 이재경, 김미량, 임정훈, 정현미(2006). 교육공학 탐구의 새지평. 경기: 교육과학사.

박숙희, 염명숙(2007). 교수-학습과 교육공학(제2판). 서울: 학지사.

백영균, 박주성, 한승록, 김정겸, 최명숙, 변호승, 박정환, 강신천, 김보경(2010). (유비쿼터스 시대의) 교육방법 및 교육공학(3판). 서울: 학지사.

변영계, 김영환(1996). 교육방법 및 교육공학. 서울: 학지사.

변영계, 김영환, 손미(2007). 교육방법 및 교육공학. 서울: 학지사.

서영태, 봉현철(2008). 조직개발형 액션러닝 프로그램의 핵심성공요인 탐색: 현대오일뱅크와 대림산업의 사례연구. 경상논총, 26(4), 77-107.

임형택, 권재환, 권충훈, 김경열, 김두열, 김인숙, 박찬원, 박희석, 신준영, 오상봉, 오선아, 오정란, 유승우, 윤은종, 전희정, 정경희(2013). 평생교육방법론. 경기: 공동체.

유동수, 김현수, 한상진(2008). 한국형 코칭. 서울: 학지사.

유승우, 임형택, 권충훈, 이성주, 이순덕, 전희정(2010). 교육방법 및 교육공학. 경기: 양서원.

유영만(1995). 지식경제시대의 학습조직. 서울: 고도컨설팅출판부.

이관춘, 김은경(2012). 실무중심의 인적자원개발 기업교육론. 서울: 학지사.
이성호(1992). 교수방법의 탐구. 경기: 양서원.
이성호(1999). 교수방법론. 서울: 학지사.
장경원, 고수일(2013). 액션러닝으로 수업하기. 서울: 학지사.
정인성, 나일주(2004). 원격교육의 이해(2판). 경기: 교육과학사.
정진우(2009). 폴정의 코칭설명서. 서울: 아시아코치센터.
조은순, 염명숙, 김현진(2012). 원격교육론. 경기: 양서원.
천영희(2005). 기업교육의 실제. 경기: 교육과학사.
최병권(2004). 위대한 기업을 만드는 인재멘토링. 서울: 새로운 제안.
한알사람(2004). 감수성 훈련의 실제. 서울: 한알.
홍기칠(2012). 교육방법 및 교육공학. 경기: 공동체.

Dick, W., Car, L., & Carey, J.(2001). The systematic design of instruction(5th ed). NY: Longman.

Knowles, M, S.(1975). S*elf-Directed Learning: A guide for learners and teachers.* Chicago: The Publishing Company.

Marquardt, M. J.(1999). Action learning in action. Palo Alto, CA: Davies-Black.

Reigeluth, C. M.(1999). What is instructional design theory and how is it changing? In C. M. Reigeluth, C. M.(Ed.). *Instructional design theories and model: A new paradigm of instructional theory*(Volume Ⅱ, pp. 5-29). Mahwah, NJ: Lawrence Erlbaum.

Reigeluth, C. M., & Stein, F. S.(1983). The elaboration theory of instruction. In C. M. Reigeluth(Ed.). *Instructional design theories and models: An overview of their current states.* Hillsdale, NJ: Lawrence Erlbaum.

Revans, R. W.(1982). The origins and growth of action learning London: Chartwell-Bratt.

제6장

평생교육 프로그램의 이해 및 개발

1. 평생교육 프로그램의 특성
2. 평생교육 프로그램의 기획
3. 평생교육 프로그램 개발의 실제

1. 평생교육 프로그램의 특성

1) 평생교육 프로그램의 개념

평생교육은 정치, 경제, 사회의 변화와 환경의 요구에 따라 끊임없이 변화되는 속성을 갖고 있다. 또한 급변하는 현대사회에서 모든 연령의 자아실현과 교육적 역량을 강화시키고자 가정교육, 사회교육, 학교교육을 망라하는 교육의 개방성과 포괄성을 주요한 이념으로 두고 있다(박경실 외, 2012). 이에 평생교육 프로그램은 학자와 사용자에 따라 다양한 의미를 함축하고 있으며, 활용 목적과 대상에 따라 적절히 사용되어져야 한다. 김진화(2001)는 평생교육 프로그램을 학습목적과 목표, 대상, 학습활동과 과정, 학습방법, 시기, 장소, 학습 조직자와 학습매체 등 학습 요소들이 유기적인 네트워크를 형성하는 하나의 시스템이라고 하였다.

결국 평생교육 프로그램은 공통 관심분야에 대해 학습하게 될 수혜자들의 활용 목적과 대상 등 교육목적에 따라 달리 제공되는 교육시스템이다.

2) 평생교육 프로그램의 특성

평생교육 프로그램은 개인 학습자의 역량(지식, 기술, 태도, 가치관) 향상과 집단 또는 지역사회의 다양한 문제해결에 대한 기회를 제공하고자 하는 목적으로 교육 프로그램을 제공한다. 또한 주어진 환경이나 상황에 따라 평생교육 프로그램의 특성은 달라질 수밖에 없다. 본 교재에서는 평생교육기관의 특성, 프로그램의 유형, 학습자의 형태, 프로그램 개발자의 특성에 따라 프로그램의 특징을 설명한다(Boone, 1985; Rothwell & Sredl, 1992; 김진화, 2001). 결국 평생교육 프로그램 전문가(평생교육사)들은 이러한 특성이 반영된 평생교육 프로그램이 개발되어져야 함을 강조한다.

첫째, 평생교육기관의 특성을 들 수 있다. 평생교육 프로그램개발은 평생교육기관의 특성에 따라 다른 양상을 보인다. 여기에서 평생교육기관의 특성이란 그 기관의 이념과 교육목적, 조직, 인적자원, 시설, 환경 등을 의미한다(김진화, 2001). Boone(1985)은 프로그램개발자의 계획행동이 조직 및 집단의 구조와 목표, 운영 절차에 의해 결정된다고 하였다. 다시 말해 평생교육 프로그램 개발은 프로그램 개발자, 프로그램 운영자, 평생교육기관의 이념, 교육목적, 환경 등을 포함한 요인에 따라 프로그램 개발의 차이가 있다.

둘째, 평생교육 프로그램의 유형의 특성이다. 평생교육 유형에 따른 평생교육 프로그램 개발의 특성이란 개발절차 및 방법이 프로그램 유형에 따라 다르다는 것이다. Rothwell과 Sredl(1992)은 교육의 형태에 따라 개발절차, 모델, 전략을 다르게 제시하였다.

셋째, 평생교육 학습자의 형태에 따른 특성이다. 학습자 형태에 따른 평생교육 프로그램의 특성이란 프로그램 학습 대상이 개인학습자냐 집단이냐 지역사회냐를 고려해 프로그램 접근 방식을 달리 해야 한다는 것이다.

넷째, 평생교육 프로그램개발자에 따른 특성이다. 프로그램개발자에 따른 평생교육 프로그램 개발의 특성이란 프로그램 개발에 참여하는 관계자들의 개인적인 특성과 인지도, 사회적 배경의 차이에 따라 프로그램 개발이 달라질 수 있다는 것이다.

3) 평생교육 프로그램의 목적

평생교육 프로그램 목적과 학습 목표 설정은 프로그램 개발의 초점과 의도를 명확하게 전달할 수 있게 한다. 프로그램 목적 개념과 기술방법, 학습목표의 개념과 기술방법에 대한 구체적 내용은 다음과 같다(김진화, 2001).

첫째, 평생교육 프로그램 목적의 개념은 프로그램이 직접적이고 구체적인 의도가 무엇인지를 체계적으로 명시하는 것이라고 볼 수 있는데 개인, 조직, 지역사회 등 다양한 대상에 따라 다음과 같이 다양하게 규정지을 수 있다.

- 프로그램 참여자에게 어떠한 프로그램의 내용을 제공하여 개인의 지속적인 성장과 발전을 제공할 것인가?

- 프로그램 참여자에게 어떠한 내용과 방법을 동원하여 개인이 직면하고 있는 문제를 해결할 수 있도록 할 것인가?
- 프로그램 참여자에게 어떠한 기술을 연마시켜 새로운 직업기회를 확대시켜 줄 것인가?
- 프로그램에 참여한 조직구성원에게 어떠한 프로그램의 내용을 제공하여 새로운 조직 혁신과 재생을 지원할 것인가?
- 지역사회 주민들에게 지역사회의 문제해결과 삶의 질 향상의 기회를 제공할 것인가?

둘째, 평생교육 프로그램 목적을 기술할 때 상황, 대상, 내용, 의도 등의 요소가 포함되어야 한다.

'상황'은 학습자가 현재 처해 있는 상황이나 상태를 말하고, '대상'은 프로그램의 참여를 말하며, '내용'은 프로그램의 포괄적인 내용을 말하며, '의도'는 참여한 학습자가 프로그램 종료 후 변화될 궁극적인 기대효과를 명시해야 한다.

즉, '① 상황(어떠한 상황에 있는), ② 누구에게(대상), ③ (무슨 교육내용) 프로그램을 제공함으로써, ④ 무엇(직접적 결과)을 향상시켜, ⑤ 무엇(기대효과)을 하도록 하는데 프로그램의 목적이 있다'라고 기술해야 한다.

(예시) **팀장 역량개발 교육**

■ 프로그램 목적

① 공무원 승진제도의 변화와 국가 경쟁력 강화가 중요시되는 행정 변화에 발맞춰
② 지방공무원 팀장들에게
③ 평가센터기법을 활용한 역량개발 교육 프로그램을 제공함으로써
④ 리더십 역량(정책기획, 성과관리, 변화관리, 협의조정, 의사소통, 팀워크 조성)을 향상시켜
⑤ 역량평가에 대한 불안감을 해소하고 현업에서 발생하는 문제를 해결할 수 있도록 하는데 프로그램의 목적이 있다.

셋째, 학습목표란 프로그램에 참여한 학습자가 구체적으로 어떠한 행동변화를 가시적으로 일으켰는가에 초점을 두고 구체적으로 명시하는 것을 의미하며 다음

과 같이 다양하게 규정지을 수 있다.

- 학습자가 알아야 할 것이 구체적으로 무엇인가?
- 학습자가 의미 있게 체험한 내용이 무엇인가?
- 학습자들이 프로그램에 능동적으로 참여하여 직접 경험하고 체험함으로써 터득한 것이 무엇인가?
- 학습자가 의도된 학습결과에 도달하기 위해서는 프로그램에 참여하는 동안 마땅히 수행해야 할 과제가 무엇인가?

넷째, 학습목표 기술기법으로 학습자들이 지식을 확장하고, 사고능력을 키우고, 신체 · 운동적 기술을 개발하고, 태도와 가치, 정서적 변화를 경험하게 하는 명확한 학습목표 기술은 매우 중요하다(신용주, 2004). 학습목표를 기술할 때 고려해야 할 사항은 일반적으로 다음과 같은 원칙을 따른다(김진화, 2001).

- 관찰 가능한 행동동사를 사용해야 한다(예: 설명할 수 있다. 평가할 수 있다. 표현할 수 있다 등).
- 학습자의 입장에서 기술해야 한다.
- 다른 목표와 조화를 유지해야 한다.
- 학습과정이나 학습활동을 중심으로 진술하는 오류를 피한다.
- 학습이 끝났을 때 기대되는 행동으로 기술한다.

4) 평생교육 프로그램의 영향 요인

평생교육 프로그램 개발과정에서 프로그램 개발 전문가가 인식 또는 예측하지 못했던 많은 제한 요인들이 발생할 수 있다. 따라서 프로그램 개발과정에서 발생 가능한 다양한 요인들을 미리 확인하고 준비하여야 한다.

Kowalski(1988)는 프로그램 개발에 영향을 미치는 요인들을 환경적 요인, 기관 및 조직체적 요인, 개발 과정상의 요인으로 크게 세 가지로 설명하였다.

첫째, 환경적 요인은 평생교육 프로그램 개발에 환경적으로 제한을 준다는 의미로 평생교육기관이나 조직체의 내부가 아닌 외부에서 발생 가능한 요인을 뜻한다. 즉, 잠재적 학습자들의 평생교육에 대한 낮은 의식 수준, 잠재적으로 평생교육을 제공할 사람들의 네트워크 형성 부족, 잠재적 학습자들에게 평생교육 프로그램을 제공하는 기관이나 조직체들 간의 경쟁, 평생학습에 대한 잠재적 학습자들의 부정적인 태도 및 시각 등이 해당된다.

둘째, 평생교육 프로그램 개발에 평생교육기관 및 조직체적인 요인으로 제한을 준다는 의미는 기관의 철학, 이념, 목표, 상황 등의 요인에 따라 제한을 받게 된다는 의미이다. 즉, 평생교육기관 및 조직체의 속성, 조직원들의 인식부족, 재정 자원의 부족, 교육시설 부족, 평생교육 가치에 대한 협의적인 시각, 프로그램 제공의 이기적 동기 등이 해당된다.

셋째, 개발과정 요인으로 평생교육 프로그램 개발과정에 제한을 준다는 의미는 프로그램 개발자가 개발과정에서 겪게 되는 여러 가지 제한 요인들을 의미한다. 즉, 예산 부족, 개발자의 전문성 결여, 개발에 소요되는 시간 부족, 개발과정에 참여하는 사람들과의 갈등 등이 해당된다.

2. 평생교육 프로그램의 기획

평생교육 프로그램을 기획한다는 것은 무엇을 기획할 것인지, 왜 개발할 것인지, 결과물은 무엇인지, 어떻게 개발할 것인지, 그 방법은 무엇인지 등 교육 프로그램을 체계적인 논리성을 갖고 추진하는 과정을 말한다. 즉, 프로그램 개발의 추진 주체, 프로그램 개발의 상황 분석, 학습자 분석, 프로그램 개발의 기본방향 설정 등이 포함되는 과정을 말한다(김진화, 2001).

평생교육 프로그램 기획이 가지고 있는 특성은 미래지향적인 활동, 적극적이고 능동적인 행위(proactive behavior), 평생교육기관의 효율적 증대 기능, 연속적이며 단계적인 과정, 협동적 노력이 있다(Boone, 1985).

첫째, 평생교육기관이 교육프로그램을 미리 준비하는 과정으로 미래지향적인 활동(futuristic activity)으로 기획을 통해 기관의 설립이념과 목적을 실천하고 미래에 발생하게 될 불확실성에 대비할 수 있다.

둘째, 급속한 사회변화에 평생교육기관이 능동적으로 대처하고 발전하기 위해 적극적이고 능동적으로 프로그램을 개발하려고 기획한다.

셋째, 평생교육기관의 자원 배분과 운영의 합리화에 대한 모색을 통해 기관의 운영과 관리 면에서 효율성을 증대시킬 수 있다.

넷째, 프로그램 기획은 관련 정보의 수집과 분석을 하고 확인, 사정, 분석하는 연속적이며 단계적으로 많은 관련 정보와 학습자의 요구가 단계적으로 반영되는 과정을 거치는 특성을 가지고 있다.

다섯째, 프로그램 기획이 협동적인 특성을 가지고 있다는 것은 프로그램 기획에 영향을 끼치는 제반요소 뿐만 아니라 프로그램 개발과정과 관련된 많은 사람들이 함께 조화롭게 참여가 이루어지는 것이 바람직하다는 특성이 있다.

프로그램 개발의 상황분석은 프로그램 개발과 관련된 기본적인 요소 및 상황들로 인해 프로그램 개발에 영향을 받는 요소를 파악하는 것이다. 왜 프로그램 개발의 필요성이 제기되었는지, 프로그램 개발이 이루어지는 평생교육기관의 특성은 어떠한지를 분석해야 한다. 또한 프로그램 개발을 위한 인적 · 물적 자원은 충분한지, 프로그램이 요구되는 주변 상황과 사회적 맥락은 어떠한지도 분석해야 할 중요 요인이다.

마지막으로 프로그램 개발의 타당성 분석과 프로그램 학습자 분석을 통해 프로그램 개발 전 상황 분석을 해야 한다(김진화, 2001).

① 지역사회 분석이다. 프로그램 개발은 지역사회의 상황과 여건을 고려해야 한다. 프로그램에 참여가 예상되는 학습고객이 지역사회의 주민이고 프로그램을 운영하는 평생교육기관이 지역사회에 소속되어 있기 때문이다. 또한 지역사회의 다양한 여건을 수용하고 급속히 변화하는 상황에 적절히 대처해야 하기 때문에 프로그램 기획 단계에서 지역사회 분석은 중요한 과제이다.

② 기관 및 조직분석이다. 평생교육기관이 속해 있는 지역사회에 대한 분석을 실시한 후에 평생교육 기관과 조직체의 이념과 철학, 조직 구조, 가용자원에 대해 인식하는 과정을 거쳐야 한다. 프로그램 개발은 평생교육기관의 목적과 임무에

따라 프로그램의 성격이 다르게 나타나기 때문에 프로그램 개발자는 프로그램 개발의 주체 기관의 성격과 임무를 파악하고 제반 자원들을 분석해서 기관에 맞는 프로그램 개발의 범위와 방향이 설정된 교육프로그램을 제공해야 한다.

③ 사회적 맥락 분석이다. 사회적으로 이슈가 되는 문제와 현안을 분석하고 경영상의 요구가 무엇인지 파악하여 사회적 맥락과 흐름, 즉 사회적 변화의 요구가 반영된 평생교육 프로그램을 제공해야만 평생교육 프로그램의 효용가치를 높게 평가받게 된다.

④ 평생교육 프로그램 개발의 타당성 분석이다. 평생교육 현장에서 프로그램 개발자가 프로그램을 왜 개발해야 하며 프로그램 개발이 효과적으로 이루어져야 하는 필요성이나 요구에 대한 명확한 확인 과정에 대한 당위성 및 타당성을 분석하는 것으로 상황 분석의 최종단계이다.

⑤ 평생교육 프로그램 학습자 분석이다. 프로그램 학습자 분석에 포함되어야 할 내용은 잠재적으로 프로그램에 참여하게 될 학습자의 특성과 상황을 분석하는 것으로 참여가 예상되는 학습자 수, 참여 가능 시간, 거주 지역, 연령, 교육수준, 성별, 사회적 배경, 지식, 기술, 경험 정도, 선호하는 학습 스타일, 프로그램 비용, 참여 이유 등이다.

1) 평생교육 프로그램 요구분석

요구를 흔히 필요, 수요, 문제, 욕구, 흥미 등의 유사 용어들과 혼용하여 사용하고 있으나 요구란 일반적으로 현재 상태와 바람직한 상태간의 차이를 말한다(Rossett, 1987). 어떤 의미에서 요구는 '문제'와 비슷한 개념으로 사용되고 있다. 예를 들면, "교육프로그램 내용에 문제가 있어"라고 학습자가 얘기한다면 기대하고 있던 교육프로그램 내용이 있는데 현재 진행되고 있는 교육프로그램에 문제가 있다는 의미이다. 그러나 평생교육 프로그램 개발 영역에서의 교육적 의미로서 요구란 학습자(learner)가 직면하고 있는 현재 상태(as is)와 미래의 바람직한 상태(to be)의 차이(gap)를 의미한다(Knowles, 1970).

결국 요구분석이란 우선순위를 결정하고, 교육프로그램에 대한 의사결정을 하고, 자원을 배치하기 위한 체계적인 접근방법으로 평생교육에서의 요구분석이란 학습자의 현재 상황을 바람직한 상태로 변화시키기 위해 요구를 규명하고 측정하는 체계적으로 분석하는 방법을 뜻한다.

김진화(2001)는 프로그램 요구의 발현 주체와 근거를 다양하게 설명하였다. 학습주체 차원에서 볼 때, 개인의 경우에는 성장, 발달, 개발, 문제해결, 직업기회 등이며, 조직의 경우에는 삶의 질 향상, 발전, 문제해결 등으로 보았다. 또한 평생교육기관 차원에서 볼 때, 민간조직 및 단체의 경우에는 기관이념 실현과 직무향상 등이며, 공공기관의 경우에는 서비스 목표 달성과 직무향상 등이고, 기업체의 경우에는 공통문화 창출, 직무향상, 생산성 증대 등이며, 지역사회의 경우에는 공동체 형성, 지역사회 발전 등이고, 국가의 경우에는 인적자원개발과 학습사회 건설 등으로 보았다.

요구분석 상황에서의 각 실행 단계별 특성과 단계별 절차는 다음과 같다(최정임, 2002).

첫째, 요구분석 상황 분석이다. 요구분석을 수행하는 상황에 대해 Rossett(1987)는 업무수행상의 문제점을 해결하기 위한 방안이나, 그 동안 없었던 새로운 체제나 테크놀로지의 도입으로 교육의 필요성이 제기되었거나, 형식적으로 항상 습관적인 교육 관행의 유형이 있다고 보았다. 또한 상황 분석 단계에서 누가 문제해결에 관심이 있는지, 누구로부터 정보를 얻어 낼 수 있는지, 시간이나 자원의 제약은 어떠한지에 대한 정보도 함께 고려되어야 한다.

둘째, 요구분석의 목적을 결정하는 것이다. 요구분석의 목적을 결정하는 것은 요구분석을 통해 찾아내고자 하는 정보가 무엇인지 결정하는 것으로 Rossett(1991)는 다섯 가지 유형으로 설명하였다.

① 최적(Optimals)은 바람직한 상태에 대한 정확한 문제나 정보를 정확하게 진단하는 것이다. ② 실제(Actuals)는 현재 수행되어지고 있는 상태에 대한 정보를 말한다. ③ 느낌(Feelings)은 현재 작업상의 문제, 새로운 체제의 도입, 습관적 훈련에 대해 관계자들의 의견을 탐색하는 것이다. ④ 원인(Causes)은 진단된 최적과 실제의 차이에 대한 발생 원인을 의미한다. ⑤ 해결방안(Solutions)은 파악된 차이나

문제를 해결할 수 있는 방안 제시로 요구분석 단계에서 얻으려는 최종 정보를 의미한다.

셋째, 정보의 출처를 확인하는 것이다. 상황 분석과 목적이 결정된 후 누가 필요한 정보를 가지고 있는지에 대해 정보 출처에 대한 확인 절차가 필요하다. 즉, 누구를 통해 정보를 얻을 수 있는지, 어디에 그 정보가 있으며 누구의 협조를 받아 요구분석 과정을 알려야 하는지 확인하는 단계이다.

넷째, 요구분석 도구를 선정하는 것이다. 요구분석 목적을 최적의 상태로 달성하기 위해 어떤 방법을 사용할지 분석도구를 결정해야 하는 단계이며 일반적으로 현존자료 분석, 설문조사, 면담, 그룹회의, 관찰, 결정적 사태 분석 등이 있다.

다섯째, 요구분석을 계획하는 것이다. 요구분석 계획단계에서는 앞 단계에서 결정된 사항을 토대로 요구분석을 실행하기 전 계획하는 단계이다. 즉, 분석된 문제 상황과 요구분석의 목적, 정보에 대한 출처와 어떤 요구분석 도구를 활용하고, 어떤 절차에 따라 요구분석을 진행할지, 요구분석을 수행하게 될 인적자원과 그들의 역할, 요구분석 실행 단계에서의 세부 추진 일정들이 포함되어야 한다.

요구분석 계획서를 작성하게 될 때 요구의 근거(사회적 요구, 조직적 요구, 개인적 요구)를 구분하여 조사내용과 어떤 요구조사 기법을 활용할 것인지 포함되도록 하여야 한다.

여섯째, 요구분석을 실행하는 것이다. 요구분석 계획이 완료되면 추진일정과 단계별로 실행해 나가며 얻게 되는 자료와 정보를 축적해 가는 진행단계이다.

일곱째, 결과를 분석하고 보고하는 것이다. 요구분석 실행단계를 통해 수집된 자료를 최적, 실제, 느낌, 원인, 해결방안에 대한 자료를 정리하고 분석한다. 요구분석의 목적인 해결 방안이 즉각적으로 현장에서 실현될 수 있도록 최적의 대안을 제시하고 우선순위를 제시함으로써 의사결정에 도움이 될 수 있는 지침을 제공해야 하는 단계이다(최정임, 2002). 또한 보고는 서면자료인 보고서 형태나 구두 발표 형태인 프레젠테이션을 통해 할 수 있다.

요구분석기법 선택은 요구분석의 목적, 개발할 프로그램의 유형, 학습자의 속성, 프로그램 개발자가 이용할 수 있는 자원 등의 요인에 의해 영향을 받는다.

즉, 상황이나 목적에 따라 적절한 도구를 선택해야 하며 파악해야 할 세 가지 요소는 개인의 과제 수행능력(competency), 과제 수행능력과 역할과의 관련성(relevance), 개인의 교육 욕구(desire)이다(박성익 · 이선희, 2011). 요구분석의 대표적인 기법으로 면담, 설문조사, 현존자료 분석, 관찰, 그룹회의, 델파이, 결정적 사태분석 기법들의 특징은 다음과 같다(신용주, 2004).

첫째, 면담기법은 요구분석 도구 중에서 가장 널리 쓰이는 도구로 직접 접촉해서 정보를 얻게 되는 방법이다. 면담기법의 특징은 예측 불가능한 사실과 추가적인 질문이 발생할 수 있고 불필요한 질문은 삭제될 수 있는 등 분위기와 기분, 상황에 따라 융통성을 갖는 효과적인 도구이다. 또한 상호 동시적 의사소통으로 언어, 표정, 몸짓, 억양 등을 통해 보다 정확한 정보의 획득이 가능하다. 그리고 융통성을 갖는 특성 때문에 상황 예측이 어렵고 면담자의 불규칙한 상황을 대처하면서 정보를 얻으려면 치밀한 준비와 숙련된 의사소통 역량 등 숙련된 기술을 필요로 한다. 면담은 전화면담이나 대면면담으로 이루어지며 주위 환경과 상황에 대해 세심한 고려가 필요하다. 효과적인 면담을 위해 장소, 시간, 스케줄은 면담자가 교통이 편리하고 원하는 시간으로 맞추며 불편하지 않도록 배려하여야 한다.

면담의 과정은 면담을 위한 준비, 면담 시작, 면담 수행, 면담 마무리로 이루어진다. 면담을 위한 준비단계에서는 면담의 목적을 파악하고, 면담 내용과 질문을 작성한다. 또한 주제나 과제를 연구하고 스케줄을 작성해야 한다. 면담시작 단계에서는 래포를 형성하고 본인과 프로젝트를 소개하며 면담을 통해 알고자 하는 구체적인 면담목적에 대해 소개해야 한다. 면담수행의 성공여부는 질문, 경청, 기록을 얼마나 잘 수행했느냐에 따라 달라진다. 면담 내용과 목적에 따라 개방적 질문(무엇, 어떻게 중심 질문으로 답이 개방되어 있는 질문)과 폐쇄적 질문(예, 아니오 등 답 선택이 한정되어진 질문), 거울방식 질문(상대 아이디어를 재확인하고, 상대에게 내가 잘 듣고 있는지 확인시켜 주며, 상대가 잘 이해했는지 체크하면서 좋은 관계를 성립할 수 있는 질문) 중 유용한 답변을 얻기 위해 잘 선택하여 활용하여야 한다.

둘째, 설문조사 기법은 우편을 통한 설문조사, 직접 면담을 통한 설문조사, 전화 설문조사가 있다. 이 기법은 다수의 사람들에게 실제와 느낌, 원인에 대한 정보 등 다양한 정보를 얻기 위해 가장 많이 쓰인다. 즉, 요구를 충족시키는데 유용한 자원과 요구가 표출되는 조건과 상황, 학습자의 의견, 신념, 태도, 실행수준 지식, 수행 능력 등이 포함된다.

설문조사의 특징은 비용이 적게 들고, 출처의 무기명성을 보장할 수 있으며, 응답자가 답변에 대해 생각할 수 있는 시간을 가질 수 있다. 또한 이 과제에 참여하는 많은 사람들에게 홍보효과를 얻을 수 있으며, 많은 양의 양적 데이터로 구성되기 때문에 결과 분석이 용이하다. 설문조사 내용에 따라 교육효과 결과가 왜곡되거나 다르게 결정될 수 있기 때문에 설문지 작성을 위해 시간과 노력이 절대적으로 필요하다. 누구에게 어떤 정보를 필요로 하는지 결정하고 효과적인 문항을 개발하여 예비조사를 거쳐 수정 후 설문조사 결과가 실제 반영된다는 신뢰감을 얻도록 해야 한다.

셋째, 현존자료 분석이란 기록이나 파일, 업무자료 등을 통해 결과(outcome)나 성취(accomplishment)에 대한 자료를 통해 현재 상태파악이나 평가를 하는 초기 분석 활동이다. 현존자료를 분석하는 목적은 업무 담당자들의 행동을 이해하기 위해 결과를 살펴보거나, 결과의 경향을 통해서 진실을 알고, 결과를 이용해 앞으로 행할 요구분석의 방향을 구성한다. 또한 조직이 추구하고자 하는 목적과 비교할 수 있으며 문제에 대해 이해를 얻고 타당성을 검증하고 추가적으로 발생할 비용에 대한 절감 효과가 있다.

넷째, 관찰기법은 관찰자가 조사 대상의 개인과 사회집단, 지역사회의 행동이나 사회현상을 현상에서 직접 보거나 들어서 필요한 정보나 상황을 정확히 파악하기 위한 기법이다. 관찰기법의 특징은 실제 상황 속에서 어떻게 활동하는지에 대해 다양한 정보를 보고 배울 수 있는 기회가 제공되며 실제 상황을 이해할 수 있게 된다. 또한 말로 제시된 정보보다 객관적인 깊은 정보를 제공하며 최상의 바람직한 상태와 실제의 차이를 밝히는데 유용한 도구로 사용된다.

관찰기법의 단계로는 관찰을 준비하고, 관찰 환경에 본인을 소개하며, 관찰을 실시하고, 후속 조치를 취한다. 특히 관찰 준비단계에서 관찰을 통해 최적, 실제, 원인 중 어떤 정보를 얻으려 하는지 목적을 확인하고 공개적으로 관찰을 할 것인지, 은밀하게 관찰을 할 것인지 정한 후 관찰 가이드를 설계한다.

다섯째, 그룹회의 기법은 일반적인 회의나 설문조사의 한계점으로 드러난 일방적인 의사소통의 한계점을 보완하여 개방적인 분위기를 조성하고 질 높은 정보를 획득할 수 있다. 또한 업무 수행과 관련된 실제적인 요구를 정확하게 설명하고 묘사할 수 있다. 그룹회의 기법의 특징으로는 모든 요구분석 목적에 대한 의견을 수렴하고, 개인 면담보다 시간과 노력을 절약하는 동시에 많은 아이디어를 얻을 수 있다. 그룹회의는 대상 집단의 대표자들을 모아 의견을 수렴하는 초점 집단(focused group)과 문제를 확인하고, 해결 방법을 탐색하며 우선순위를 결정하는데 유용하게 사용되는 명목 집단(nominal group)의 형태가 있다.

그룹회의는 회의를 준비하고, 시작하며, 진행하고, 마무리하는 단계를 거친다. 특히 회의 준비단계에서는 왜 이 회의를 소집했고, 이미 아는 정보는 무엇이고, 회의를 통해 얻고자 하는 정보가 무엇인지 등 회의 목적을 명확히 준비해야 한다. 또한 회의 참가자 명단과 역할, 회의 목적과 내용, 회의결과, 진행규칙, 회의시간, 장소가 포함될 수 있도록 세부 안건 내용이 포함되어야 한다.

여섯째, 델파이기법은 1950년 미국 Rand연구소에서 개발한 방법으로 전문가들의 직관과 판단이 미래 사건 또는 그 사건의 발생 가능성들을 예견하는데 효과적이라는 인식에 기초한 것이다. 목적, 관점, 사항, 잠재적인 요구들의 일치점 등 교육적 요구를 얻기 위해 활용되는 방법으로 특히 다양한 집단의 많은 사람들의 폭넓은 분야에 걸쳐 심층적 의견을 수렴할 수 있는 큰 장점을 갖고 있다. 다만 조사대상자 선정의 대표성을 확보하지 못했거나 비전문가를 선정했을 때 발생되는 편파적인 의견 수렴 결과나, 대상자는 잘 선정했어도 비협조적이거나 우편 송부, 회송에 대한 번거로운 절차가 단점으로 지적되기도 한다.

일곱째, 결정적 사태분석은 업무 수행에 필수적인 지식, 기술, 태도 등을 추출하기 위한 기법으로 일반화된 의견이 아니라 관찰된 행동에 대한 사실을 진술하는 것이다. 어떤 결과를 성취하는 데 결정적으로 기여한 성공적 또는 실패적 사태나 사건과 관련된 이야기를 통해 수행과 관련된 지식, 기술, 태도를 구체적으로 도출할 수 있다.

결정적 사태분석은 면담이나 그룹회의 설문조사 등 다양한 방법에 적용될 수 있고 행동에 초점을 두게 하면서 보다 객관적 정보를 다루는 절차이다. 특히 최적과 실제에 관한 구체적인 사실들에 대한 정보를 얻어 낼 수 있는 방법으로 일반적인 질문 내용은 다음과 같다.

- 효과적인 업무 수행을 유도하기 위해 무엇이 행해졌는가?
- 비효과적인 업무 수행을 위해 효과적인 업무 수행을 방해하는 것으로 무엇이 행해졌는가?
- 만약 다르게 했다면, 무엇이 더 효과적이겠는가?
- 성공 또는 실패를 유도한 것 같은 지식, 기술, 태도, 가치는 무엇이었는가?

2) 평생교육 프로그램 설계

평생교육 프로그램 설계는 프로그램의 형태(교육체계, 교육내용, 교육방법, 교육매체)에 따라 접근방법이 다르고 교육요구와 필요를 바탕으로 평생교육기관의 여건을 고려한 교육내용을 선정하고 조직하고 구성하는 것을 말한다. 평생교육 프로그램 설계 단원에서는 설계의 기본원리, 프로그램 내용선정의 원리, 내용선정의 진행절차, 교육내용 설계, 교육운영 설계, 교육매체 설계로 나누어 설명하고자 한다(김진화, 2001; 이화정 외, 2003).

평생교육 프로그램 설계의 기본원리는 프로그램 실행을 위한 행동을 계획하고, 프로그램을 실행하는데 지침이 될 전략을 결정해야 한다. 효과적인 프로그램 설계의 기본원리는 다음과 같다(김진화, 2001).

첫째, 학습자의 학습을 촉진시키고 돕는 일을 목적으로 해야 한다.

둘째, 교수자가 교육활동에 착수하기 전에 학습지도안을 작성하는 단기적 국면과 이와 달리 다양하고 복잡한 장기적 국면이 있다.

셋째, 개인의 성장과 발달에 중요한 긍정적 영향을 끼칠 수 있어야 한다.

넷째, 프로그램을 구성하고 있는 다양한 요소들이 유기적으로 체제를 이룰 수 있도록 체제접근에 의하여 행해져야 한다.

다섯째, 학습자가 어떻게 학습해야 하며 학습 성과가 도출되기 위해 어떤 학습

조건이 준비되어야 하는지에 관심을 두어야 한다.

평생교육 프로그램 내용선정 원리는 목표를 구체화한 것으로 학습자의 선행경험과 교육수준이 고려되어야 한다(이화정 외, 2003). 또한 학습자의 능력수준과 흥미, 요구사항, 실현가능성 등의 내용이 포함된 프로그램 내용선정 원리가 있다(김진화, 2001, 재인용).

첫째, 합목적성과 목표와의 일관성이다. 교육목표에 반영된 개인적 · 사회적 요구 및 철학적 이념이 구현될 수 있는 것을 포함할 수 있어야 하며 프로그램 내용이 목표와 일관성이 있어야 한다.

둘째, 학습자의 능력수준과 흥미의 적합성, 다발성 유도이다. 다양한 학습자의 능력수준이나 흥미를 고려해야만 자발적인 참여를 얻을 수 있다.

셋째, 실용성과 다양성이다. 사회적 요구에 적합하여 단기간에 걸쳐 배운 것을 곧 적용할 수 있는 실용가능하고 다양한 프로그램 내용으로 구성되어야만 그 프로그램 내용이 선정되어진다.

넷째, 일목적 다경험 및 일경험 다목적의 능률성이다. 프로그램의 내용을 결정하는 데 있어서의 능률성 제고가 필요하다. 즉, 한 가지 목표를 위해 여러 가지 내용이 연관될 수 있고, 한 가지 내용은 두 가지 이상의 목표와 관련될 수 있다.

다섯째, 교수-학습지도 가능성과 자기 주도적 학습이다. 교수자의 입장에서 학습지도가 가능해야 그 프로그램 내용이 선정되고, 학습지도가 어려울 경우 자기 주도적 학습방법의 도입도 고려되어야 한다.

여섯째, 지역성, 유희 · 오락성이다. 환경의 교육적 효과를 높이기 위해 지역의 특성을 최대한 고려해야 하고 유희 · 오락성을 포함시켜 즐겁게 배우는 계기가 되도록 프로그램 내용이 포함되어야 한다.

평생교육 프로그램 내용선정 방법 중 가장 일반적으로 사용되는 목표 중심의 내용선정 방법은 다음과 같다(김진화, 2001).

① 프로그램 개발의 타당성 확인 자료를 검토한다(기관의 요구, 학습자의 요구, 시대적 · 사회적 요구).

② 요구분석 내용 중에서 스크린 과정을 거친 결과(내용)를 검토한다.

③ 프로그램의 목적과 목표를 진술한다.

④ 프로그램의 목적과 목표를 성취하기 위한 아이디어와 프로그램 내용을 나열한다.

교육매체를 결정하기 전 선행되어져야 할 것은 어떤 교육방법을 적용할 것인가에 대한 개략적인 계획이 수립되어야 한다. 내용분석과 목표 진술단계를 통해 어떤 내용이 어떤 학습영역으로 분류되는지를 알아야 한다. 교수자의 역할과 학습자에 따라 교육방법과 교육매체 선정도 중요하다.

표 6-1 목표영역별 가용한 교육방법

지식/이해	응용	분석	종합	운동기술	태도변화
· 제시 · 설명 · 추론 · 알고리즘	· 실습 · 시뮬레이션 토의 · 역할연기 · 사례연구 · 모델링 · 게임	· 토의 · 문제해결 · 발견법 · 연역적 방법 · 실습	· 브레인스토밍 · 코칭 · 귀납적 방법 · 질문법 · 문제해결법	· 설명 · 실습 · 시범	· 집단활동 · 모델링 · 시뮬레이션 · Fish-Bowl · 인터뷰

표 6-2 교수자의 역할과 학습자 단위에 따른 교육방법

학습자 단위	교수자 역할		
	대	중	소
개인	· 교재 · 참고자료 · 읽기 · 보고서 · 소논문	· 워크북 · 매뉴얼 · 실습	· 프로그램학습 · 컴퓨터 보조학습 · 개인교수 · Job aids · 소집단 활동
집단	· 강의 · 문단 · 대화 · 시범	· 토의 · 역할연기 · 논쟁 · 공개토의	· 브레인스토밍 · 버즈 집단토의 · guided design · 시뮬레이션

출처: 김진화(2001). 평생교육 프로그램 개발론.

3) 평생교육 프로그램 마케팅

(1) 프로그램 마케팅 개념

평생교육에서 프로그램 마케팅이라는 개념은 사회적 마케팅(social marketing)이라는 용어를 Kotler와 Zaltman(1971)에 의해 제기되다가 평생교육 프로그램 개발에 마케팅 원칙이 적용되기 시작한 것은 1980년대 초반부터 두드러지게 나타났다(Simerly & Associates, 1987). 그러나 마케팅의 중요성이 평생교육기관에서 흔히 평가절하되거나 경시되는 경우가 있고(전기선, 2006), 한정된 자원 범위에서 학습자인 고객의 요구를 이해하고 반영하여 만족하도록 평생교육기관이 노력하는 조직으로 변화해야 한다고 밝히고 있다(Kotler & Kotler, 1998). 결국 평생교육 프로그램 마케팅이란 평생교육 프로그램을 잠재적 학습자들에게 알리고 참여를 유도 또는 촉진시키는 방법을 의미한다.

(2) 프로그램 마케팅 구성요소

마케팅 구성요소(4P)는 산출물(Product), 촉진(Promotion), 장소(Place), 가격(Price)으로 구분되며 이러한 요소들이 상관성을 갖고 작용 조합한다고 하여 마케팅 믹스라고 한다(Long, 1983; Boone, 1985).

산출물(Product)은 평생교육기관에서 산출된 교육프로그램이나 서비스를 의미하며 촉진(Promotion)은 잠재적 학습자에게 알리거나 다양한 커뮤니케이션 기법을 사용하는 것을 말한다. 즉 TV, 신문, SNS, 현수막, 게시판, 홍보물, 전화 등이 해당된다. 장소(Place)는 잠재적 학습자들이 교육프로그램을 경험하게 되는 장소를 말하고, 가격(Price)은 평생교육기관의 교육프로그램의 수강료를 의미한다.

평생교육기관들은 교육프로그램 마케팅 요소들을 적절하게 잘 활용하여 잠재적 학습자들이 적극적 참여할 수 있도록 주의해야 한다.

3. 평생교육 프로그램 개발의 실제

1) 평생교육 프로그램 개발의 개념

본 장에서는 평생교육 관점에서 프로그램 개발의 개념을 명확히 이해할 수 있도록 하기 위해 일상적인 용어로 사용되는 팸플릿이나 교육적 의미인 커리큘럼과 차별화하여 설명하고자 한다. 평생교육 프로그램은 내용, 형식, 활동 등 다양하고 폭넓은 학습자를 대상으로 하고 있어 단순한 활동 또는 행사의 진행과정인 팸플릿이나 전통적 학교교육의 교육내용이 담긴 교과과정인 커리큘럼과는 개념적 차이가 있기 때문이다.

평생교육 프로그램 개발의 개념을 구체적으로 이해하기 위해 김진화(2001)는 네 가지 측면인 구조적 측면, 절차적 측면, 행위적 측면, 현상적 측면으로 분류하였다.

(1) 구조적 측면

구조적 측면에서 프로그램 개발의 개념을 광의적으로 살펴보면 프로그램 기획(program planning), 프로그램 설계(program design), 프로그램 마케팅(program marketing), 프로그램 실행(program implementation), 프로그램 평가(program evaluation)를 포함하는 개념이다.

(2) 절차적 측면

절차적 측면에서 프로그램 개발(program development)이란 프로그램개발자가 평생교육 프로그램을 효과적으로 개발하기 위해 프로그램을 기획, 시행, 평가를 수행하는 모든 활동의 순서나 차례로 규정되는 일련의 과정이라 할 수 있다.

(3) 행위적 측면

행위적 측면에서 프로그램 개발이란 프로그램 개발자의 역할과 행위에 초점을 맞추어 그들이 실질적으로 직면하는 문제를 해결해 나가는 일련의 과정을 말한다. 즉 프로그램 개발과정에서 프로그램개발자가 취하는 실제 행동을 권력, 관심사, 협상, 책임성이 고려된 개념이다.

(4) 현상적 측면

현상적 측면에서 프로그램 개발이란 학습자와 교수자 사이의 상호작용의 내용을 창출, 선정, 조직, 개발하는 행위를 말하며 문제해결에 실질적으로 도움이 되는 유용한 지식과 정보를 말한다.

평생교육 프로그램 개발의 개념에 대해 세분화하여 설명하였으나 사실 평생교육 프로그램 개발은 어떠한 하나의 측면이 아닌 다양하고도 종합적인 측면이 골고루 반영되도록 하여 개발해야 하는 것을 기본원칙으로 해야 한다.

2) 평생교육 프로그램 개발의 목적과 목표

프로그램 개발을 하는 목적은 학습자들이 개발된 교육 프로그램에 참여하게 되는 궁극적인 이유를 밝히는데 있으며 학습자의 개인적 차원, 조직 및 기관적 차원, 지역사회적 차원으로 구분되어진다(김용현, 2009).

(1) 개인적 측면

개인적인 차원에서 접근할 때, 학습자들이 프로그램에 참여하는 이유는 새로운 지식과 기술을 습득하여 보다 나은 직업과 생활환경을 구축하는 데 있다. 또한 학습활동을 통하여 개인의 삶의 질을 향상시키고 자기 만족감을 높일 수 있기 때문이다. 따라서 개인적 차원에서 프로그램 개발 목적은 개인 학습자의 성장과 발달을 통한 변화를 촉진시키는 것이다. 아울러 실제적인 생활문제나 당면과제를 해결하도록 보조하며 현재와 미래의 직업 기회를 준비하도록 도와주는 데 초점을 두어야 한다. 예를 들면, 대학평생교육원의 교양 프로그램, 컴퓨터 활용교육 프로그램, 퇴직자를 위한 재취업 프로그램 등이 여기에 해당된다.

(2) 조직 및 기관 차원

조직 및 기관 차원에서 접근할 때, 프로그램 개발의 목적은 조직 및 기관의 목표, 성취, 당면한 문제의 해결, 조직이나 기관의 변화에 대한 적응 등에 초점이 맞추어진다. 조직이나 기관에 있어서 프로그램 개발은 변화하는 사회에 대한 적극적인 적응기제인 동시에 변화 창출의 전략으로서 중요한 의미를 갖는다. 예를 들면 초일류기업 목표를 달성하기 위한 경영혁신 프로그램, 조직의 목표관리제 도입을 위한 관리자 프로그램이나 구조조정을 위한 관리자 프로그램 등이 여기에 해당된다.

(3) 지역사회적 차원

지역사회적 차원에서 접근할 때, 프로그램 개발의 목적은 지역사회 공동체의 형성, 지역의 다양한 사회 문제해결, 지역 개발이나 지역주민의 삶의 질 개선 등에 초점이 맞추어진다. 평생교육 프로그램을 통해서 지역사회의 변화를 유도하기 위해서는 지역 주민들의 공동체 의식 형성과 지역사회가 당면한 문제를 해결하기 위한 다양한 프로젝트의 추진에 역점을 두어야 한다. 예를 들면 소비자 보호 프로그램이나 환경교육 지도자 양성 프로그램, 지역사회 자원봉사자 교육 프로그램 등이 여기에 해당된다.

한편, 실제로 운영되는 평생교육 프로그램은 단 하나의 목적으로 개발되기보다는 다양한 목적을 추구하는 경우가 많다. 따라서 하나의 프로그램이 개인 학습자의 변화뿐만 아니라 학습자가 속해 있는 조직이나 기관의 변화, 더 나아가서는 지역사회 전체의 변화를 목적으로 개발될 수 있다는 점을 유념할 필요가 있다.

3) 평생교육 프로그램 내용과 절차

평생교육사들은 평생교육 프로그램이 왜 필요하고 어떤 목적과 특징, 누구에게 어떤 형태로 접근하는 것인지를 알아야 한다. 또한 교육내용이 무엇이고, 무엇을 가르치고 배울 것인가에 따라 일정한 원리와 프로세스에 따라 평생교육 프로그램 개발 전문가들은 개발할 수 있어야 한다.

교육목표가 설정되면 이를 달성하기 위한 내용과 활동을 선정하고 조직해야 하는데 교육내용 선정에서는 그 기준이 중요하다.

교육내용의 일관성과 통일성을 위해 교육내용 조직기준에는 수평적 측면에서 범위와 통합성, 수직적 측면에서는 계속성과 계열성, 그리고 전체적 측면에서는 연계성, 균형성, 통일성이 필요하다(성태제 외, 2014).

프로그램 개발의 일반적 절차는 분석, 설계, 개발, 실행, 평가단계로 구분된다. 여기서 Plan에 해당되는 부분이 분석단계, 설계단계, 개발단계이며, Do는 실행단계, See는 평가단계를 의미한다. 교수설계의 일반적 절차는 교수설계모형의 가장 일반화된 모형이다(홍기칠, 2012).

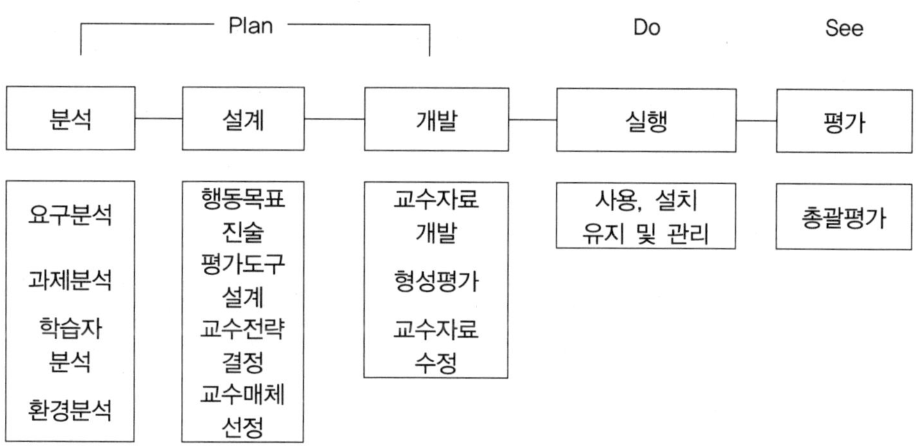

[그림 6-1] 평생교육 프로그램 개발 절차

(1) 분석단계

분석단계는 초기단계로 학습과 관련된 요인들을 분석하는 단계로 기초자료를 분석하는 것을 목적으로 한다.

① 요구분석

현재의 상태에서 바람직한 상태나 기대하는 상태에 간의 격차를 요구(needs)라 할 때, 요구분석을 통해서 학습자들이 현재 어떤 수준에 있는지, 관심사가 무엇인지를 교수에 적극 반영하고자 하는 것이다. 누구에게 요구분석을 수행할지, 어떤 도구로 요구분석을 할지, 어떤 순서를 밟아서 할 것인지를 결정한다.

② 과제분석

학습과제의 특성과 학습과제를 구성하고 있는 하위 구성요소들 간의 관계를 분석한다. 수업목표를 달성하기 위해 필요한 지식, 기술, 태도가 무엇인지를 파악하고 이들 간의 관계와 계열성을 규명하는 것이다. 적절한 과제분석이 이루어지지 않으면 학습자에게 무엇을 가르쳐야 할 것인지를 정확하게 파악할 수 없다.

③ 학습자 분석

학습자의 일반적 특성인 성별, 교육 정도, 연령, 일반적 학습심리에 대한 정보, 근속연수, 경험 등과 구체적인 선수학습 능력, 학습동기, 태도 등을 파악함으로써 교수자는 교수설계의 기초자료로 활용된다.

④ 환경분석

학습이나 교수에 영향을 미칠 것 같은 환경에 대해 분석하는 것을 의미한다. 교수할 예정의 장소에 대해 위치, 강의실 상황, 설비 및 비품분석을 한다. 교수매체, 시설, 학습 공간 등을 분석한다.

(2) 설계단계

설계단계는 분석과정에서 나온 것을 종합적으로 행동목표 진술, 평가도구 설계,

교수전략 결정, 교수매체 선정을 위해 교육의 구체적인 내용을 적는 것이다.

① **행동목표 진술**

일정 단위의 학습이 끝난 뒤 학습자들에게서 성취되어 나타나기를 기대하는 행동상의 변화를 진술한 것이다. 행동목표 진술 방식에서 Tyler는 내용과 행동의 양식을 취하고, Mager는 행동, 행동이 일어나는 상황 및 조건, 행동 준거를 명시한다.

② **평가도구 설계**

행동목표에 나타나 있는 목표의 달성여부를 평가하기 위해서는 평가도구 설계를 해야 한다. 평가도구는 사전검사, 사후검사, 학습증진도 검사 등이 있다.

③ **교수전략 결정**

수업목표를 효과적·효율적으로 달성하기 위한 구체적인 교수-학습의 운영방법을 결정하는 것이다.

④ **교수매체 선정**

수업목표와 학습내용을 전달하기 위해 적절한 교수매체의 선정이 효과적인 수업을 위해서 필수적인 활동이다. 절대적으로 완벽한 매체가 존재하는 것은 아니기 때문에 수업방식이나 수업내용에 따라 어떠한 매체를 사용할 것인지를 결정하는 것이 중요하다. 교수매체 선정을 위해 학습자의 특성, 수업상황, 수업장소의 시설, 수업목표와 내용, 매체 실용성 등에 대해 고려해 보아야 한다(박성익·이선희, 2011).

(3) 개발단계

개발단계는 교수자료의 초안을 개발하여 교과 전문가와 학습자를 대상으로 형성평가를 실시하여 평가한 후 고쳐야 할 부분을 찾아 수정하여 수업현장에서 활용할 최종적인 산출물을 개발하는 과정이다.

① 교수자료 개발

수업에서 효과적· 효율적· 매력적으로 사용될 수 있는 다양한 교수자료를 개발한다.

② 형성평가

교수-학습이 진행되는 과정에서 학습자에게 피드백을 주고 교과과정과 수업방법을 개선시키기 위해 실시하는 평가이다. Pilot Test라고도 한다. 일련의 목표달성을 위한 수행과정에서 그 활동의 부분적인 수정, 보완, 개선에 필요한 정보를 획득하기 위해 실시하는 평가 활동이다.

③ 교수자료 수정

형성평가 결과를 바탕으로 교수자료를 수정한다.

(4) 실행단계

실행단계는 완성된 최종산물의 교수자료를 실제현장에서 적용하는 것이다. 이 단계에서 계발된 것들이 교육과정 속에 설치, 사용, 유지 및 관리 등의 활동이 포함된다. 또한 원활한 실행이 될 수 있도록 시설, 기자재, 예산, 인적자원 등 필요한 지원체제도 포함된다.

(5) 평가단계

평가단계는 실제 교육현장에 투입하고 실행된 성과에 대해서 평가하는 것이다.

참고 문헌

김진화(2001). 평생교육 프로그램개발론. 경기: 교육과학사.

김용현(2009). 평생교육개론. 경기: 양서원.

박경실, 전기선, 진규동, 한우섭, 최영준, 김대식, 김주섭, 송민열, 신재홍, 최용범(2012). 평생교육론. 서울: 학지사.

박성익, 이선희(2011). 웹기반 학습 환경에서 '학습에의 자기주도성'의 다차원적, 위계적 요인 모형에 대한 실증적 탐색. 교육공학연구, 27(2), 317-340.

성태제, 강대중, 강이철, 곽덕주, 김계현, 김천기, 김혜숙, 봉미미, 유재봉, 이윤미, 이윤식, 임웅, 홍후조(2014). 최신교육학개론. 서울: 학지사.

신용주(2004). 평생교육의 이론과 방법. 서울: 형설출판사.

이화정, 양병찬, 변종임(2003). 평생교육 프로그램 개발의 실제. 서울: 학지사.

최정임(2002). 인적자원 개발을 위한 요구분석 실천 가이드. 서울: 학지사.

홍기칠(2012). 교육방법 및 교육공학. 경기: 공동체.

Boone. E. J.(1985). *Developing Programs in Adult Education.* Englewood Cliffs. N.J.: Prentice-Hall, Inc.

Simerly & Associates(1987). S*trategic Planning and Ledership in continuing Education: Enbancing Organizational Vitality, Responsiveness, and Identity.* San Francisco: Jossey-Bass.

Long, H. B.(1983). *Adult Learning; Research and Practice.* Cambridge: The Adult Education Company.

Simerly, R. G.(1987). Why continuing education leaders must plan strategically. *RG Simerly and Associates, Strategic Planning and Leadership in Continuing Education.* San Francisco: Jossey-Bass.

Rothwell, W. J., & Sredl, H. J.(2000). *The ASTD reference guide to workplace learning and performance: Present and future roles and competencies* (Vol. 1). Human Resource Development Press.

Rossett, A.(1987). Training needs assessment. Educational Technology.

Knowles, M. S.(1970). The modern practice of adult education (Vol. 41). New York: New York Association Press.

Rossett, A.(1987). Training needs assessment. Educational Technology.
Kotler, P., & Zaltman, G.(1971). Social marketing: an approach to planned social change. The Journal of Marketing, 3-12.
Kotler, N., & Kotler, P.(1998). Museum strategy and marketing. San Francisco.

제7장

평생교육과 인적자원개발

1. 평생교육과 인적자원개발
2. 인적자원개발의 관점
3. 인적자원개발의 이론
4. 인적자원개발의 구성요소
5. 인적자원개발의 프로그램 평가

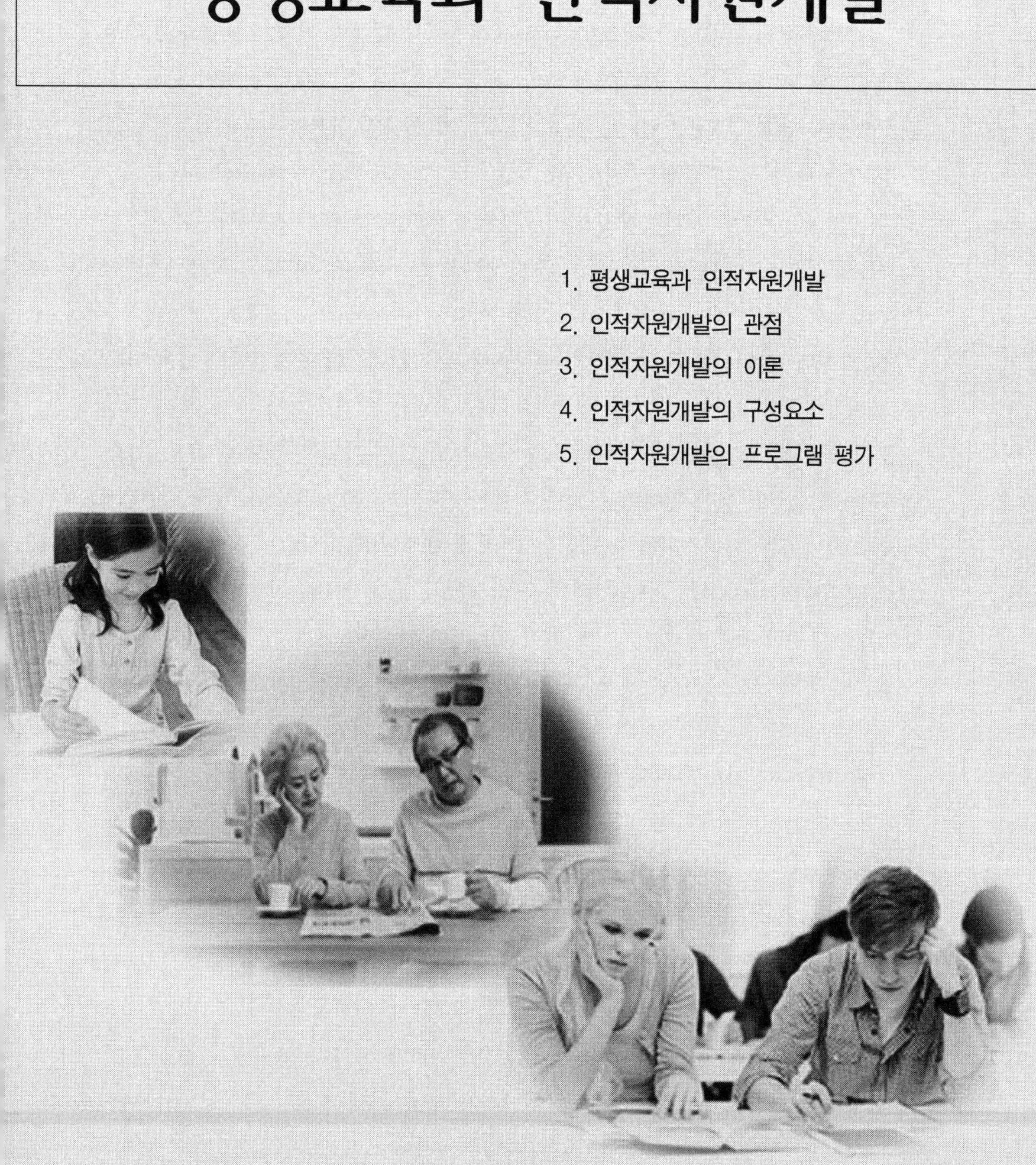

1. 평생교육과 인적자원개발

평생교육(Life-long Education) 분야는 교육현장에서 개념의 이해가 모호하고, 용어의 사용마저 평생교육, 사회교육, 성인교육, 산업교육 등으로 혼용되거나 유사한 의미로 사용되어 혼란스럽기도 하고, 그 학문적 연구와 실천분야로서 역사도 오래되지 못한 실정이다. 반면 인적자원개발(HRD: Human Resource Development) 분야는 그 학문적 역사는 오래지 않지만 상대적으로 실천분야에서는 길고 탄탄한 배경을 지니고 있다. 이 배경의 뒤에는 과거 산업화 시대를 거치면서 인적자원개발을 기업교육 또는 산업교육이라는 특정한 분야에서 독자적으로 시행착오를 거치면서 발전해 온 역사를 지니고 있기 때문이다. 여기서 인적자원개발이라 함은 '인적자원'과 '개발'이라는 단어의 합성어로 인적자원은 인간유기체 자체 혹은 단순 노동력만을 말하는 것이 아니다. 즉 사람이 가지는 자원적 측면인 지식, 기술, 태도, 핵심역량 등을 말하는 것으로 사람이 단지 조직을 위한 수단이나 도구로서 간주되어지는 비인격화를 배제하는 의미가 내포되어 있다.

현대사회는 지식을 기반으로 한 무한 경쟁구도의 경제화가 계속 진행 중에 있다. 그러나 급격한 기술 발전, 가치관의 다양성, 환경의 변화, 고용의 불안정, 복지수준의 향상, 글로벌 경쟁구도의 경제화 등 우리 사회 전반적인 현상의 문제들은 과거의 기술이나 교육시스템 체제의 방법들로서는 쉽게 해결하기 어려운 것들이다. 이런 어려움들은 개인이 속한 직장이나 조직에 대해 새로운 도전과제를 던져 주고 있다. 예를 들면, 지속된 새로운 기술 및 지식 습득을 요구받는 개인, 생산성 향상을 끊임없이 요구받는 조직, 일터에 새롭게 진입 혹은 복귀시켜야 하는 학교 혹은 교육 · 훈련기관, 이 모든 문제들을 조정하여 국가적 차원의 경쟁력으로 집약해야 하는 정부 등의 현안 과제인 것이다.

따라서 지금의 사회는 변화와 혁신이 요구되고 있는데 특별한 부존자원이 없는 우리나라의 경우 개인과 조직은 물론 지역사회와 국가적 차원에서 현 시대가 요구하는 혁신적이고 창의적인 인재양성을 필요로 한다. 즉, 영원히 고갈되지 않는 인적자원개발에 중점을 두어야 한다는 뜻이다. 그 방법으로 평생교육적 관점에서 인적자원개발을 접근하되, 과거 산업화시대의 단순노동력 확보차원과 같아서는 안 되며, 국가적인 차원에서 기업은 물론 전 국민을 대상으로 인적자원개발을 평생학습 차원에서 실시할 필요가 있다. 따라서 본서에서는 평생교육과 인적자원개발의 개념 이해, 인적자원개발의 관점, 인적자원개발이론, 인적자원개발의 구성요소, 인적자원개발 프로그램 평가 등을 통해 평생교육 차원에서 인적자원개발을 개괄한다.

1) 인적자원개발의 개념

사람은 삶을 영위하기 위해 지속적인 경제활동을 하게 되고, 대부분의 경제활동은 개인이나 조직에서 재화를 서로 교환함으로써 가능해진다. 따라서 경제적 재화를 획득하기 위해서는 어떤 대가를 치러야 하는 기본적 투입분이 필요하게 되는데 그것은 유무형의 자원으로 이루어진다. 유형자원의 형태는 현금, 유가증권, 채권, 운영자금 등의 재정적 자원과 현물, 기계, 구축물, 원재료 등의 물적 자원으로 구분된다. 무형자원의 형태는 영업권, 용역서비스 등 부가가치적 자원과 조직에 고용되거나 소속된 사람에게 체화된 지식, 기술, 능력, 태도, 창의성 등으로 구분할 수 있다.

재정적, 물적, 부가가치적 세 가지 자원은 조직의 안정성과 견실성 그리고 경쟁력을 나타내는 중요한 요소로 과거 산업사회에 이르기까지는 개인이나 조직에 있어 가장 큰 경쟁력이기도 했다. 그러나 사회 발전의 패러다임이 변하고, 가치관이 변하는 정보화 사회, 지식기반 사회는 과거의 경쟁력만으로는 더 이상 경쟁이 될 수 없기 때문에 새로운 경쟁력을 갖추기 위해서 다양한 관점에서 차별화를 위한 전략을 필요로 한다.

다양한 관점의 생각은 그에 맞는 다양한 욕구와 가치관을 만들어 내었고, 급변하는 기술 향상은 소량 다빈도의 생산을 가능하게 하여 사람들의 소비 사이클을 단축시켜 놓았다. 이러한 변화의 현대사회는 더 이상 과거의 경쟁력만이 유효하지 않음을 알 수 있다.

잘 교육되고 훈련되어진 인적자원으로서의 사람은 재정적, 물적 자원을 효율 효과적으로 활용하여 창의적인 산출물을 생산해 낼 수 있다. 현대사회의 새로운 조직 경쟁력으로서 인적자원을 가치창출의 핵심요소라고 할 때 인적자원개발의 필요성은 당연한 요구일 것이다. 이런 측면에서 인적자원개발의 개념은 국가적 차원에서 공적, 사적 조직 및 개인에 이르기까지 그 구성원 혹은 개인이 처한 환경에서 성장과 발달을 위해 노력하고 돕는 모든 활동이 되어야 할 것이다.

2) 인적자원개발의 정의와 목적

현재까지 각 학자들에 의한 인적자원개발의 다양한 정의들을 살펴보면 대략 〈표 7-1〉과 같은데 주장의 다양함에도 불구하고, 공통적으로 언급되고 있는 요소와 범위 그리고 영역이 있음을 알 수 있다.

표 7-1 인적자원개발의 정의

학자	정의	주된 구성요소	배경 이론
Harbison & Myers(1964)	인적자원개발은 사회 모든 구성원의 지식, 기술, 능력을 향상시키는 과정이다(p. 2).	고급인력과 그들의 활용	개발경제학
Nadler(1970)	인적자원개발은 행동변화를 위해 설계되고 특정시간 동안에 실시되는 조직화된 일련의 활동이다(p. 3).	행동변화/성인학습	심리학
McLagan (1989a)	인적자원개발은 개인과 조직의 효과증진을 위해 훈련 및 개발, 경력개발, 조직개발의 통합적 활용이다(p. 7).	훈련 및 개발 경력개발 조직개발	심리학 시스템이론 경제학
Nadler & Nadler(1989)	인적자원개발은 성과 향상 및 개인의 성장 가능성을 실현하도록 특정기간 동안 조직구성원들에게 제공되는 조직화된 학습경험이다(p. 6).	학습 및 성과 향상	성과 향상 심리학

Smith(1990)	인적자원개발은 조직과 개인의 목적을 상호 성취할 수 있도록 훈련, 교육, 개발, 리더십을 통해 조직의 인적자원을 개발하는 최적의 방법을 결정하는 과정이다. 그리고 조직구성원의 성과와 생산성을 체계적으로 증진시키는 가장 적합한 방법을 결정하는 과정이다(p. 16).	성과 향상	성과 향상 시스템이론 심리학 경제학
Chalofsky (1992)	인적자원개발은 인간과 조직의 성장 및 효과성의 최적화를 목적으로 학습중심 개입활동을 개발하고 적용해 개인과 집단의 학습능력을 증대시키는 이론과 실천이다(p. 179).	학습 능력 성과 향상	시스템이론 심리학
Marsick & Watkins(1994)	인적자원개발은 훈련, 경력개발, 조직개발의 조합이며 학습조직의 구상에 필요한 이론적 통합을 제공한다. 이러한 인적자원개발은 조직의 어느 곳에서나 전략적으로 수행될 수 있어야 한다(p. 355).	훈련 및 개발 경력개발 조직개발 학습조직	성과/조직성과 시스템이론 경제학 심리학
McLean & McLean(2001)	인적자원개발은 단기적 또는 장기적으로 성인의 일 관련 지식, 전문성, 생산성, 만족도를 향상시키는 잠재력을 지닌 과정 및 활동을 의미한다. 인적자원개발의 목적은 개인, 집단 및 팀의 이익 또는 조직, 지역사회, 국가, 인류 전체의 이익이 될 수 있다(p. 313).	지역 인적자원 개발 국가 인적자원 개발 국제 인적자원 개발	개발경제학 심리학
Swanson (2009)	인적자원개발은 조직 시스템, 업무 프로세스, 팀 및 개인의 성과를 증진시키기 위해 전문성을 개발하고, 발현하는 과정이다. 인적자원개발은 거의 훈련 및 개발, 조직개발, 성과 향상, 조직학습, 경력관리, 리더십 개발과 같은 다양한 이름으로 수행된다.	전문성 개발 전문성 발현 성과 향상	시스템이론 경제학 심리학

출처: Weinberger, 1998; Swanson, R, A., & Holton, Ⅲ., E. F., 2001.

〈표 7-1〉의 다양한 정의들의 공통점을 분석해 보면, 인적자원개발을 개인, 조직, 지역사회, 국가, 지구촌 모든 사람을 대상으로 일과 관련한 성과를 향상시키기 위해 전문성을 개발하고 발현하게 하는 일련의 과정으로서 정의할 수 있다. 그리

고 인적자원개발의 구성요소는 개인개발, 경력개발, 조직개발, 수행관리 등 네 가지로 정리할 수 있다.

이와 같은 인적자원개발의 정의와 구성요소들을 토대로 인적자원개발의 미시적 목적은 학습 촉진을 통한 성과 향상, 개선 등으로 개인과 조직의 핵심역량 및 경쟁력을 향상시키기 위해 지속적인 변화를 추진하는데 있다. 그러나 인간을 자원화한다는 부정적 비판을 불식시키기 위해서 인적자원개발의 거시적 목적은 개인 삶의 대부분을 차지하는 일 혹은 일터에서의 성공적인 적응이 곧 그가 속한 사회에 기여하는 것이 되어야 하고, 궁극적으로 자신의 삶을 완성해 나가는 자기 실현의 과정이 되어야 할 것이다.

(1) 인적자원개발의 정의

인적자원개발은 일과 관련한 성과(개인, 집단, 조직 시스템 수준, 프로세스) 개선 및 향상을 목적으로 각 영역별 전문성을 개발하고 발현하는 과정이다.

(2) 인적자원개발의 주요 구성요소

- 훈련과 개발은 성과 향상을 목적으로 전문성을 개발한다.
- 조직개발은 성과 향상을 목적으로 전문성을 발현한다.

(3) 인적자원개발의 적용과 맥락

인적자원개발 과정은 다양한 조직, 국가, 국제 상황을 이끌고 보완하며, 그러한 상황 속에 내재되어 있다.

[그림 7-1]은 인적자원개발의 정의와 범위를 보여주고 있다.

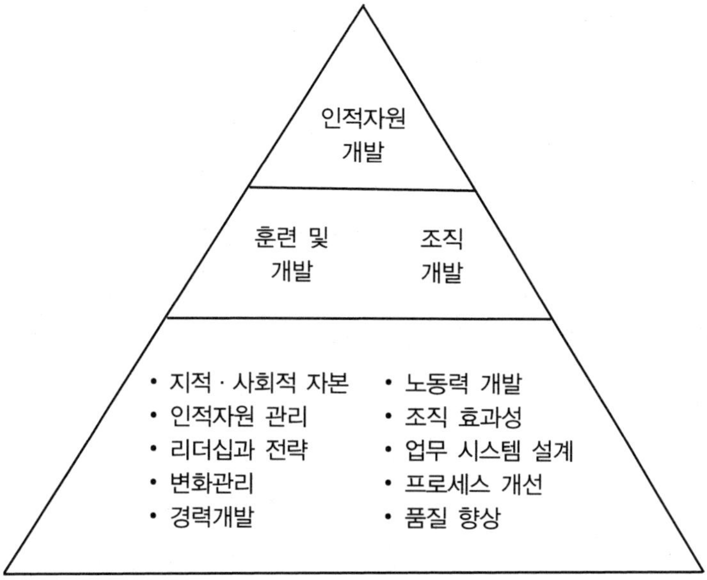

[그림 7-1] 인적자원개발의 정의, 주요 구성요소, 적용과 맥락
출처: Swanson(2008)

2. 인적자원개발의 관점

1) 평생교육적 관점

앞에서 인적자원개발의 미시적 목적은 개인과 조직의 지속적인 변화를 추진하는데 있고, 거시적이고 궁극적인 목적은 개인이 속한 사회에 기여함과 동시에 자신의 삶을 완성해 나가는 자기실현의 과정이 되어야 한다고 언급하였다. 같은 맥락에서 현대사회는 교육의 패러다임이 한 개인의 전 생애를 통한 평생교육으로 확장되고 있고, '인적자원개발' 부분의 유용한 방법 중의 하나가 교육과 학습이라고 보면 이 또한 평생을 통하여 이루어져야 한다는 차원에서 공통점이 있다. 따라서 평생교육 시대에 학습자의 관점에서 평생학습을 이해할 필요가 있다. 왜냐하면

평생학습이 곧 인적자원개발의 목표이자 개인 삶의 궁극적 목적을 이룰 수 있는 수단이며 과정이기 때문이다.

현대사회는 급격하고 지속적인 변화로 사람들의 가치관, 문화, 과학기술, 생애주기, 평균수명, 도시화, 핵가족화 등의 급속한 사회변화 현상을 동반하고 있다. 이러한 변화의 시대를 살아가기 위해서 사회구성원들은 혁신적 · 창조적인 자세로 삶의 질적 향상을 도모하여 자유로운 사회공동체의 일원으로서 성장할 수 있어야 할 것이다. 그러하기 위해서 공동체는 구성원의 전 생애를 통한 지속적인 교육이 이루어질 수 있도록 평생교육 시스템을 제공하여야 하고, 개인은 이를 활용한 평생학습으로 사물과 현상에 대한 예민함과 가치감각을 기를 수 있어야 한다. 여기서 평생교육(Lifelong Education)이 교육의 공급 측면에서 이루어지는 모든 형태의 조직적 교육활동이라면, 평생학습(Lifelong Learning)은 교육의 수요 측면에서, 즉 피교육자인 학습자 중심에서 평생 동안의 지속적 배움을 의미하는데 이는 학문적 · 전문적이거나 법률적 개념보다는 학습패러다임의 개념이 더 짙은 용어이다.

평생학습은 인간을 다른 영장류의 동물과 특징짓게 하는 호모 사피엔스(Homo Sapiens: 생각하는 인간)와 호모 파베르(Homo Faber: 도구적 인간) 그리고, 호모 에루디티오(Homo Eruditio: 배우는 인간; 혹은 Homo Kungfus: 공부하는 인간)의 공통적인 학습본능을 실현시킬 수 있다. 이렇게 실현되는 학습은 궁극적으로 Johan Huizinga가 명명한 호모 루덴스(Homo Ludens: 유희적 인간; 김윤수 역, 1981) 인간이 일상에서 '학습의 즐김'을 가능하게 하여, 자존감 및 자기효능감으로 개인의 행복감과 평생을 통한 지속적이고 무한한 성숙을 가능하게 한다. 연장선상에서 평생학습은 인간의 창의성과 존엄성을 나타나게 하여 '자기실현'의 경지에 이르게 할 수 있으며, 인간 삶의 질적 향상이라는 평생교육의 이념과도 그 맥을 같이 한다.

2) 자기실현적 관점

'자기실현'이라 함은 Jung에 의하면 인간의 인격 성숙의 목표가 타인이나 외부로부터 요구되어지는 의식 세계에서 보이는 '나', 즉 자아가 아닌, 자기 내부로부터의 소리에 정관(靜觀: 고요하게 마음을 가라앉혀 사물 혹은 현상을 있는 그대로 세밀하게 관찰하여 본다)하여 의식 세계와 무의식 세계가 통합된 전체정신, 즉 '진정한 자기'가 되는 것이라고 하면서 이것을 곧 개성화(Individuation)를 통한 '자기발견'이라고 하였다(이부영, 2006).

개성화(Individuation)는 Jung 분석심리학의 핵심적 개념으로 개인이 전체정신을 실현하여 창조적이고 진정한 자기발견을 통한 평범한 행복을 구현하는 과정을 의미한다. 따라서 평생교육은 성인학습자들의 '진정한 자기발견'을 위해서 학습본능을 방해하는 개인의 외적 환경과 내적 갈등의 장애요소 원인을 알아내어 통합하고 조정하는 것을 도와주는 역할이 되어야 한다.

Jung 분석심리학의 '자기실현(Self-Actualization)'과 Maslow의 동기이론에서 인간 욕구 5단계인 '자아실현 욕구(Self-Actualization Need)'의 개념이 혼용되거나 유사한 개념으로 사용되는 오해의 소지가 있다. 그러나 '자기실현'과 '자아실현'은 차원이 다른 개념으로 Jung의 분석심리학에서는 엄격히 구분된다. 자아는 보통 영문으로 'Ego'라고 표기하는데 그럼에도 불구하고, 우리나라에서 Maslow의 'Self-Actualization Need'를 자아실현 욕구라고 번역하는 것은 자아가 인간의 정신활동을 통하여 인지할 수 있는 의식세계의 중심이기 때문일 것이다. 따라서 Maslow의 Self는 엄격하게 말하면 Ego로 표기되어져야 더 정확한 표현이 될 것이다.

반면, Jung 분석심리학의 자기(Self)는 인지영역(의식세계: 자아) 외 모든 미지의 정신세계인 무의식의 중심이다. 따라서 자기실현(Self-Actualization)은 아직 자아와 연결되지 않은 내적 세계에서 들려오는 무의식을 의식화하는 것으로 의식세계와 무의식세계 두 영역의 통합에 의한 창조적 전인격을 의미한다(이부영, 2006). 다시 말하자면 자기실현의 과정은 [그림 7-2]에서 볼 수 있는 것처럼 원구의 제일 겉 표면인 의식세계의 자아가 무의식의 의식화를 통해 의식을 확대해 나아가는 과정에서 원구의 제일 깊은 곳 핵심에 있는 자기를 만나 통합함으로써 전체로서 자기실현이 이루어질 수 있다.

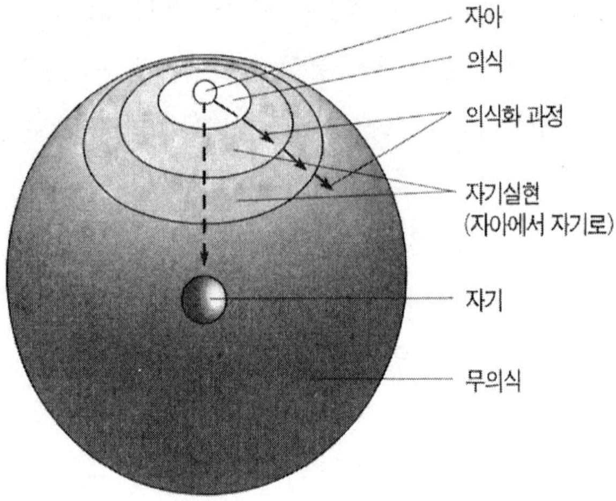

[그림 7-2] 자기실현의 과정
출처: 이부영(2000). p. 123.

자기실현이 전인격적 절대가치라면 자아실현은 한 개인이 내면의 욕구충동을 의식세계인 사회에서 성공적 성취에 의해 다른 사람들에게 보여지는 상대 가치적 개인의 모습일 뿐이다. 이와 같이 인간이 의식 세계에 국한하여 자아실현에만 궁극적 삶의 의미를 둔다면, 일시적인 성공과 행복감은 주어지겠지만 자아정체성이 너무 강한 나머지 고착화되어 자기중심이 되고, 각 개인 간의 자아와 자아가 충돌하여 끝없는 경쟁과 투쟁을 낳을 수 있다. 그리고 계속되는 자아성취 욕구는 욕구충동의 내성(耐性)을 만들게 되고, 이로 인한 성취중독은 종국에 참기 힘든 공허함으로 개인을 일상의 권태로움과 무력감에 빠져들게 하기도 한다.

예를 들면, 가끔 각종 메스미디어를 통해 우리를 경악하게 하는 소위 사회적으로 성공한 유명 인사(일부의 법조인, 정치인, 기업인, 교육자, 성직자 등)들의 부적절한 행위(성관련 문제, 부정축재, 뇌물상납 등)를 심심치 않게 볼 수 있다. 이는 의식세계에서 보여지는 나(자아)에게만 충실한 나머지 자신의 무의식 메시지를 의식화하지 못한 까닭에서 빚어진 행위들이라고 할 수 있을 것이다. 우리는 유명 인사들의 이러한 모습을 보며 지탄하거나 비아냥할 수는 있다. 그러나 그들이 보통 사람들보다 비교적 더 성공적인 사람들로 모범을 보여야 할 위치에 있기 때문에 세상의 주목을 받았을 뿐 우리 모두에게도 부적절한 행위에서 자유로울 수만은 없는 인간본연의 문제이기도 하다.

결론적으로 인간이 다른 영장류와의 진정으로 특징지어지는 것은 자기실현의 과정을 통해 전체정신을 통합하는 전인격적 인간이 되는 것이다. Jung은 자기실현의 과정을 한 인간이 진정한 개성을 실현하는 것이라고 하였는데 여기서 개성화는 외부로부터의 기대나 요구에서가 아닌 개인 스스로 내면의 무의식을 의식화하여 창조적인 성숙을 지속하는 과정이다. 이를 평생교육 차원에서 설명하자면, 광의적 개념에서 평생교육의 궁극적 목적은 평생학습의 주체인 성인학습자의 특성을 살려 자기주도적 학습 및 자기성찰(무의식의 의식화 작업)을 통해 잠재력을 계발하고, 성숙해 나가는 과정, 즉 자기실현을 돕는 매개체 역할이 되어야 함을 시사한다.

3. 인적자원개발의 이론

1) 이론적 배경의 필요성

인적자원개발이 현대사회의 특성에 따라 사회적 수요가 크게 늘어나면서 양적인 발전이 있어 왔다. 그러나 그에 따른 질적인 부분에서는 그렇지 못하다. 왜냐하면, 기업 현장이나 조직이 당장에 적용해서 성과를 보려는 조급한 인적자원개발의 요구는, 학문적 배경이 미흡한 상태에서 상업적인 수단으로 분별없이 유행을 쫓은 프로그램 양산의 문제가 될 수 있기 때문이다. 이것은 인적자원개발이 하나의 학문으로 자리매김하기에는 아직 그 학문적 배경인 이론이 탄탄하지 못하다는 의미가 된다.

현재는 인적자원개발 분야가 조직의 복잡한 구조와 급격하게 변하는 당면한 상황에 대처하기에 바쁜 만큼 이론의 정체성이 분명하기보다는 다양하고 광범위한 각 분야의 이론들을 특정한 체계로 통합한 결과를 보여주고 있다. 따라서 인적자원개발이 실천현장에서 실제적이고 전문적이 되기 위해서는 양적인 발전과 함께 질적인 측면의 탄탄한 학문적 이론을 구축해야 할 필요성이 있는 것이다.

2) 인적자원개발의 기여 이론 및 이론요소

인적자원개발을 지지해 줄 학문적 배경이 아직은 미흡하지만 한편에서는 경영학의 조직이론 중 하나인 시스템 이론을 인적자원개발의 통합 이론으로 볼 수 있다. 왜냐하면 이는 인적자원개발을 유용한 다른 이론들과도 연결하기에 용이한 점이 있기 때문이다(Gradous, 1989; Jacobs, 1989; McLagan, 1989b). Passmore(1997)는 인적자원개발의 학문, 정의, 모형을 논리적으로 설명하는데 핵심적으로 기여한 세 가지 이론으로 경제학 이론, 시스템 이론, 심리학 이론 등을 제시하였는데 다음에서 구체적으로 설명한다.

첫째, 경제학 이론은 인적자원개발이 조직의 생존전략 차원에서 운영되고 있음을 객관적으로 보여줄 수 있는 경제적인 성과에 대해 정보를 제공한다. 즉, 인적자원개발을 위한 총 투자대비 조직의 생존과 이윤에 실제 얼마나 기여했는가를 보고 지속적인 투자를 할 것인지 혹은 투자를 줄여 나갈 것이지를 판단하게 한다.

인적자원개발의 경제학 이론 요소에는 인적자원개발이 한정되어 있는 자원을 이용해 최대의 효과를 얻기 위해 올바를 선택을 해야 한다고 설명하는 '희소자원 이론'과 인적자원개발을 지속 가능한 장기적인 경제적 성과를 위해 부가가치를 창출해야 하는 것으로 보는 '지속자원 이론' 그리고 인적자원개발은 개인과 조직의 지식과 전문적 역량을 향상시키기 위해 투자를 통하여 장 · 단기적 부가가치를 창출해야 한다는 '인적자본 이론' 등의 경제학 이론 원리가 있다.

둘째, 인적자원개발의 실제를 위한 시스템 이론 원리는 서로 밀접한 관련성을 지닌다. 시스템을 구성하는 각 하위요소, 각 요소들의 배열, 그리고 그들 간의 상호의존성 등은 특성상 매우 복잡한 현상으로 연구에서 반드시 직면해야 할 요소인 주 시스템과 하위 시스템의 역동관계와 전체 시스템을 극대화시키거나 혹은 용도 폐기할 수 있는 목적, 부분을 인식해야 한다. 시스템 이론 원리의 실제는 심층적 사고, 탄탄한 이론개발 연구, 완전한 실천을 위한 새로운 도구 활용 등을 필요로 한다(Swanson, 2009).

인적자원개발의 시스템 이론 요소에는 인적자원개발이 다른 하위 시스템과 해당 조직에 어떻게 연결되고, 단절되는지를 설명하는 '일반 시스템 이론'과 인적자원개발을 해당 조직의 직면에 카오스, 즉 혼돈으로부터 목적과 효과성을 유지하는데 도움이 될 수 있어야 한다고 보는 '카오스 이론' 그리고 인적자원개발은 조직의 미래에 대안적으로 접근할 수 있도록 조력하여야 함에 초점을 두는 '미래 이론' 등의 시스템 이론 원리가 있다.

셋째, 인적자원개발 분야에서 유용할 수 있는 심리학 이론은 문화적, 행동적 맥락에서 새로운 원동력을 생성시켜 생산성 효율 향상을 가져올 수 있는 요소로서 인간을 바라보게 한다. 여기에는 매우 광범위한 심리학 이론들이 적용되는데 예를 들면 학습심리 이론, 동기 이론, 정보처리 이론, 조직역학 이론과 조직에서 발생하는 상호 역동관계 및 의사결정이 일어나는 과정에 개입하는 심리학 이론 등이 있다. 그러나 실제 인적자원개발 현장에서는 이러한 이론은 제대로 활용되지 않고, 대부분의 실무자는 거의 행동주의 이론에만 의지하거나 비교적 관련이 없는 심리학 이론들을 나열하여 과장되거나 심지어 왜곡된 방법으로 적용하기도 한다. 예컨대, 조직에서 심리학적 접근방법으로 훈련 또는 교육을 계획할 때 거의 개인이나 개인의 인식에만 초점을 두어 시스템 이론과 경제학 이론의 관점에서 접근해야 하는 부분이 사실상 차단될 수 있다. 이러한 제한점은 기업입장에서는 실효를 기대할 수 없음에도 불구하고, 인적자원개발을 실제행동과 학습을 위해 유관하고 핵심적인 이해에 집중하는 것이 현실적으로 더 적절하다고 본다(Swanson, 2009).

인적자원개발의 심리학 이론 요소에는 인적자원개발이 개인, 업무진행 담당자, 조직 리더를 대상으로 목표를 명확하게 해야 함을 설명하는 '게슈탈트 심리학'과 그들의 지식과 전문성을 개발해야 한다고 보는 '행동주의 심리학' 그리고 목표와 행동간 조화를 이루도록 하는데 의미가 있음을 시사하는 '인지주의 심리학' 등의 심리학적 이론 원리가 있다.

이 세 가지의 이론은 [그림 7-3]처럼 각기 독립적이면서도 상호보완적으로 인적

자원개발의 학문적 기초가 되는 기여 이론을 인적자원개발의 핵심적인 이론과 실제를 위한 모형으로 통합할 필요가 있다.

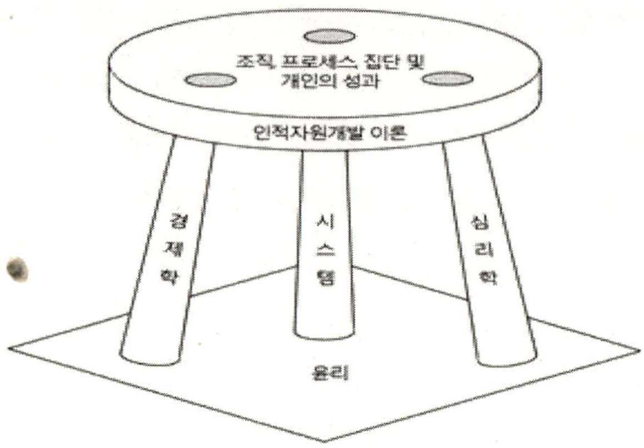

[그림 7-3] 인적자원개발의 기초

출처: Swanson(2001), p. 306.

4. 인적자원개발의 구성요소

지금까지는 인적자원개발의 구성요소로 훈련 및 개발 혹은 개인개발(ID: Individual Development), 경력개발(CD: Career Development), 조직개발(OD: Organizational Development)을 전통적 구성요소로 강조해 왔다. 최근에 와서 업무수행 저해요소를 찾아내어 제거하는 해결책들을 실행하고, 그 최종 수행결과를 조직차원에서 측정하는 체계적 접근법으로 수행관리(PM: Performance Management)를 인정하고 있다. 여기서는 이 네 가지 구성요소들에 대하여 간략하게 살펴보기로 한다.

1) 개인개발

(1) 개념

개인개발은 인적자원개발의 부문에서 가장 기초적인 활동으로 실제 기업현장에서 다양한 접근방법으로 운영되고 있다. 개인개발은 인적자원개발의 초기에 '훈련 및 개발(Training & Development)'의 개념으로 시작하였는데 그 내용이나 목적이 구성원 개인의 능력을 향상시키는데 공통점이 있어 혼용해서 사용하기도 한다.

조직에서 '훈련'의 목표는 조직구성원 각자가 맡은 바 자신의 업무를 수행하는데 있어 효율적인 방법의 체계를 익히고 그 결과가 효과적 산출이 될 수 있도록 하는데 있다. 이를 위해 현재 직무 혹은 새로운 직무에 관련되는 기술개발, 정보제공, 직무수행에 대한 바람직한 태도 등이 숙련되게 조력하는 과정으로 개발에 비해 비교적 단기간에 이루어질 수 있다.

반면 '개발'의 목표는 현재의 직무수행을 하는데 필요한 요건보다는 개인과 조직의 미래를 대비하는 차원에서 조직구성원 각자의 잠재되어 있는 역량을 이끌어 내는데 있다. 따라서 미래에 예상되는 직무관련 지식과 전문성을 향상시켜 나가는 과정으로 장기적이고, 체계적인 노력이 필요하다. 이러한 훈련 및 개발은 궁극적으로 조직의 목표를 효율적이고 효과적으로 달성하게 한다. 따라서 개인개발의 개념은 조직의 한 개인이 현재 직무와 관련하여 수행 향상과 개선을 염두에 두고, 새로운 지식, 기술, 향상된 행동 및 태도 등의 개발과정이라고 할 수 있다.

(2) 특징

개인개발의 방법은 인적자원개발 분야에서 훈련과 개발의 개념으로 오래전부터 계속되어 왔다. 지금까지 조직에서 행하여지는 일반적인 개인개발 활동은 강의식, 역할연기식, 사례연구, 질문답변식, 토의식 등 집합교육 형태와 현직교육 형태의 OJT(On the Job Training)가 있다. 대개의 기업조직에서는 구성원들의 직무수행 능력 향상을 위해 일정한 시간 동안 특정 장소에서 이루어지는 집합교육 형태로 교육을 실시하는 경우가 많다. 이는 실무 공백 기간을 최소화하고, 비용적인 측면을 고려해야 하는 기업의 생리상 어쩔 수 없는 선택일 것이다. 이에 비해 직무현장에서 실무를 경험하면서 상사나 숙련된 선배나 동료들에 의해 직무와 관련한 필요지식 혹은 기술과 업무에 임하는 태도 등을 배울 수 있는 현장교육, 즉 현직교육 형태가 수행의 실제에 더 많은 도움이 될 수 있다.

(3) 기대효과

조직차원에서는 개인들이 현재의 직무 혹은 미래에 다가올 수 있는 새로운 직무 수행을 위해 필요한 역량(competency) 발휘를 기대한다. 그 방법으로 계획된 학습활동을 통해 핵심 업무 수행능력의 개발을 확인하고, 평가하고, 조력함으로써 직무에 잘 적응할 수 있도록 하는데 있다.

2) 경력개발

(1) 개념

경력이란 한 개인이 평생을 통하여 일 혹은 직업과 관련하여 얻게 되는 모든 경험을 말한다. 이러한 경험을 통해 자신의 직무와 관련한 능력이나 태도 그리고 성과를 향상시켜 나가는 과정을 경력개발이라고 한다. 이러한 활동은 개인차원에서는 조직 내에서 경력개발의 기회를 찾고 자기성장과 지속적 고용가능성을 확보하려는 욕구에서 시작된다.

반면에 조직차원에서는 다가올 미래에 조직이 직면하게 될 전략적 이슈 및 도전들에 대처하기 위해, 구성원들의 역량을 향상시켜 지식, 기술, 경험수준을 미리 확보해 두는 조직성과 향상의 목표가 있음을 알 수 있다. 예컨대 조직의 한 개인이 신입사원에서부터 퇴직하기까지 경력경로(career path)를 계획단계에서부터 조직과 개인이 함께 계획하고 수행 및 관리하여 조직목표를 달성해 가는 가운데 개인의 욕구도 반영되는 총체적 과정이라고 할 수 있다.

경력개발의 개념은 개인적 관점과 조직적 관점의 두 가지 관점에서 설명할 수 있다. 여기서 개인적 관점은 다시 과정중심 이론과 내용중심 이론으로 구분할 수 있는데 과정중심 이론이란 발달과정에 따른 개인의 경력개발 단계를 적용하고 구분하는 이론으로 생애단계 이론, 경력단계 이론, 경력의사결정 단계 이론, 경험학습 이론 등이 있다. 다음 내용중심 이론은 개인들의 경력 내용에 초점을 두는 이론들로 개인특성 이론, 직무적응 이론, 직업선택 이론 등이 있다. 〈표 7-2〉는 학문 분야별로 경력의 개념을 정리해 놓은 것이다.

표 7-2 학문 분야별 경력의 개념

학문 분야	경력의 개념	의미
심리학	· 직업 · 자아실현의 수단 · 개인생애 구조의 한 요소	· 직업의 특성과 개인의 특성이 서로 일치되는 경우가 최적의 직업을 선택한 경우이고, 이러한 경우에 경력은 조직과 개인의 최적 선택이 된다. · 경력을 자아실현 수단으로 보는 관점은 경력을 개인 성장과 완성을 위한 도구로 생각하는 인간주의적 관점에서 출발한다. · 경력을 개인의 생애구조의 한 요소로 파악하는 관점은 인간의 지속적이고, 계속적인 발달과정에 초점을 두는 관점이다.
사회 심리학	· 직무환경의 역할 메시지에 대한 개인의 반응	· 경력은 외부환경이 제공하는 자극에 대한 반응으로 특히 외부환경이 제공하는 역할 메시지에 대한 반응이 경력이다.
사회학	· 사회적 역할수행	· 사회의 존재를 위해서 필요한 기능을 수행하는 것이 경력이다. · 개인의 다양한 특성을 보여주는 중요한 지표로서 그 사람의 재정적 능력, 학력, 사회적 지위, 성격까지도 파악할 수 있는 정보를 주는 것이 경력이다.
인류학	· 통과 지위	· 의식이나 시험을 통과하여 특정 지위를 획득하는 것이 경력. 특히 사회적 유지와 통합을 위해서 필수적인 통과의례를 강조한다.
경제학	· 시장원리에 따른 개인의 능력 축적과 발휘	· 시장의 힘에 의해서 개인들은 자신의 직업을 선정하고 이러한 직업의 축적이 경력이다.
정치학	· 자기이해의 실현	· 경력은 개인들이 자신들의 이익을 추구하는 행위들이 결합되어 나타나는 결과물이다.

역사학	· 역사적 사건의 연계	· 개인의 경력은 다양한 역사적 사건의 결과로 개인사적 측면에서는 개인사의 매우 복잡한 사건들과의 관계에 의해서 결정되는 역사적 사건의 경력이다.
지리학	· 지리적 환경에 대한 대응	· 경력을 지리적 환경에 대한 반응으로 정의한다.

출처: 성낙돈 외(2011). p. 372.

[그림 7-4]처럼 효과적인 경력개발이 이루어지기 위해서는 그 대상인 조직구성원들의 경력계획의 노력과 조직 관리자의 경력관리 노력이 동시에 충족되어야 할 것이다.

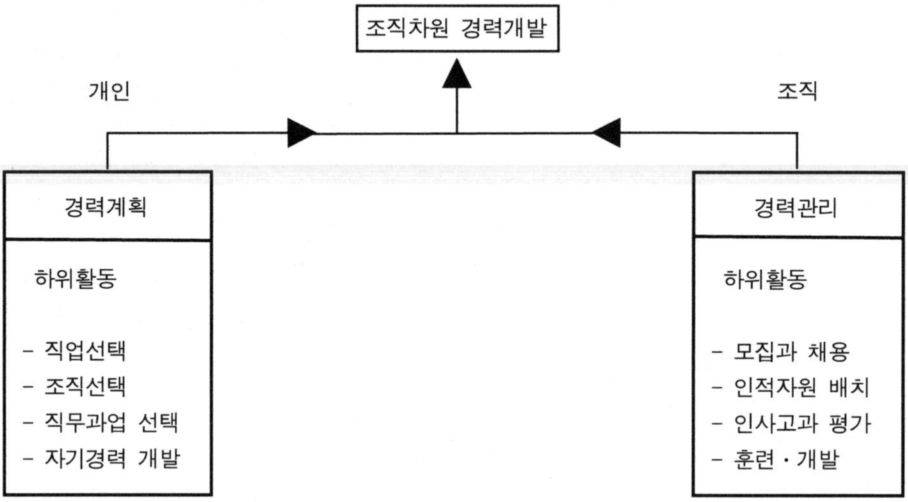

[그림 7-4] 조직차원의 경력개발 실행모형

출처: Gilley(2001). p. 60.

(2) 특징

경력개발은 조직의 기대와 개인의 목표를 함께 달성할 수 있는 방법으로 개인의 능력을 최대한 향상시켜 이를 조직에 적용시킴으로써 개인에게는 성취감과 자기성장을 가져올 수 있도록 한다. 그리고 조직에게는 개인을 적재적소에 배치하여 그의 능력을 최대한 활용함으로써 현재 직무에 숙련과 미래에 다가올 변화에 적응할 수 있도록 하여 기업경쟁력을 확보하는 순기능을 한다. 그러나 개인과 조직 상호간 기대하는 바가 달라서 만족도가 현저히 떨어질 경우 개인은 계속 고용유지 가능성에 대한 불안감과 조직은 기회 손실을 가져올 수 있는 역기능으로 작용하게 된다. 경력개발의 순기능과 역기능을 정리하면 다음과 같다.

① 경력계발의 순기능

- 조직의 기대와 개인의 목표를 함께 달성할 수 있는 방법이다.
- 조직과 개인의 장기적인 접근으로 경력경로 설계와 경쟁력 확보이다.
- 개인의 주관적 판단, 태도, 관점을 중시한다.
- 조직성과 뿐만 아니라 개인의 삶을 배경으로 한다.
- 다양한 심리학과 행동과학 이론에 기반을 둔다.

② 경력개발의 역기능적 요소

- 개인은 자신의 역량이나 적성 등에 관계없이 주관적인 욕구에 의해 자기 성장에 높은 목표를 하게 되는데 이때 조직의 목표와 일치하지 않는 개인의 욕구는 조직에서 수용되기 어려움으로 갈등에 빠지게 된다.
- 승진과 자기개발 개념간의 혼돈이 올 수 있다.
- 개인과 조직이 경력개발의 실패에 대한 책임을 서로에게 전가할 수 있다.

(3) 기대효과

구성원들이 자기성장을 위해 자기개발에 스스로 책임을 지고 지속적으로 자기 가치를 향상시킬 수 있도록 동기화시키는 조직의 조력이 필요하다. 이는 일과 관련한 개인의 욕구를 충족시켜 주는 결과로 결국, 경험 많은 숙련된 직원들의 이직률 감소의 결과로 나타난다. 이러한 과정에서 개인은 자신과 조직이 공동운명체임을 인식하게 되고 계속된 고용보장의 가능성과 조직의 발전을 위해서 최신 기술 습득 및 지속적인 학습의 필요성에 대해 이해하게 된다.

조직은 경험 많고 숙련된 구성원들을 확보하고 있음으로써 미래를 위한 준비의 일환으로 후임자 양성계획을 수립할 수 있다. 이 경우 관리자들은 직원들의 경력개발에 대한 중요성에 대해서 인식이 확산될 수 있다. 경력개발 수행의 결과 중 조직차원에서 가장 의미 있는 효과는 생산성 있고 동기화된 직원들이 이미 숙련되어 있는 기존의 기술과 행동에만 집착하지 않는 유연성을 갖추어 구성원들을 통한 경쟁력 있는 조직이 되는데 있을 것이다.

3) 조직개발

(1) 개념

조직이란 공동의 목표를 달성하기 위해서 구성원간 상호작용을 통해 의존하거나 지지하는 사람의 집단을 말한다. 조직은 공식적 조직(formal organization)과 비공식적 조직(informal organization)으로 구분할 수 있는데, 일반적으로 집단을 조직이라고 하면서 몇 가지 기준을 제시한다. 예컨대 Etzioni(1964)는 특정 목적을 위해 의도적으로 조직 혹은 재조직된 사회적 단위라고 하기도 하고, Scot(1964)은 어느 정도 지속적인 기반을 갖추고 특정 목적을 추구하기 위해서 만들어진 집단이라고도 한다. Udy(1972)는 분명하게 조정된 노력을 통해 명시된 목적을 추구하는 사회집단의 의미로 설명한다. 이런 다양한 주장들을 종합해 보면, 조직의 개념은 구성원들이 추구하는 공동의 목적을 가지고, 의도된 계획 아래 만들어진 권위체계 및 질서와 욕구의 조정 등을 통해 운영되는 집단이라는 것으로 정의할 수 있다.

이러한 집단은 구성원 각자의 능력과 그들의 응집력 수준으로 외부환경에 적절하게 적응 또는 대응할 수 있는 경쟁력이 결정되어진다. 같은 맥락에서 조직개발은 집단으로도 명명되는 조직이 외부환경에 적절하게 적응 또는 대응하기 위해 현재 및 미래에 다가올 변화가 조직 환경 내 · 외부에 어떤 의미와 시사점을 주고 있는지를 파악하여야 한다. 그리고 조직문화의 효과적이고 협력적인 진단과 관리를 통해서 문제를 발견하고, 의도적으로 조직의 신념, 태도, 가치관, 조직구조 등을 변화시켜 조직전체의 효과성과 조직 건강을 제고시키는 일련의 체계적 과정이다. 다시 말해서 인적자원개발의 의미는 조직의 공동된 목표와 성과 달성을 지원하는 의도적, 계획적이며, 거시적이고 장기적인 변화를 추진하는 체계적 지원과정의 개념이 된다.

(2) 특징

조직개발의 일반적 특징으로 첫째, 최고경영진의 전폭적인 지원 없이는 조직개발이 성공적으로 수행될 수 없는 특징을 지닌다. 왜냐하면 조직개발은 집단 전체의 체제와 관련되어 있기 때문이다. 둘째, 조직은 사람들로 구성된 집합체로서 그것 역시 살아있는 유기체의 성격을 가지고 있다. 따라서 복잡한 조직의 구조는 독립된 개체로서의 접근보다 전체적인 관점에서 체제적 접근을 해야 하는 특징이 있다. 셋째, 조직의 문제는 내부의 구성원이 잘알 수도 있지만 문제의 해결이나 변화에 대응하려는 관점에서는 별개이다. 즉 조직의 역동에서 발생하는 이해관계나 개인 혹은 소집단의 수행의지를 향상시키는 문제에 있어서는 그 변화의 촉진자가 제 3자일 때 한층 더 객관적 · 합리적으로 변화의 목표를 둘 수 있는 특징이 있다. 넷째, 조직개발은 실제수행의 과정으로 실천연구, 경험학습 및 행동과학 기법을 지속적으로 활용해야 하는 장기적 노력이 필요한 특징이 있다. 다섯째, 조직개발은 조직의 효율적이고 효과적인 수행능력과 건강한 조직을 목적으로 하는 특징이 있다. 여섯째, 조직개발은 전략적이고 혁신적인 목표설정과 성공적 실천을 위해 실행계획 수립의 중요성을 강조하는 특징이 있다. 일곱째, 조직개발은 조직구성원 전체가 전사적으로 참여하지 않으면 그 효과를 장담할 수 없는 특징이 있다. 여덟째, 조직개발은 장기적 관점에서 내다보아야 한다. 왜냐하면, 서로 다른 입장에 있는 조직구성원들이 기업의 미래에 대해 일치된 공통의 관점을 개발하도록 하여야 하는 특징이 있기 때문이다. 아홉째, 조직개발은 조직과 팀 지향적 활동의 특징이 있다.

(3) 기대효과

조직개발의 주요한 기대효과는 조직의 효과성과 수행능력을 향상시켜서 조직 공동의 궁극적 목표를 달성하는데 기여하게 하는 것이다. 이를 수행하는 과정에서 얻을 수 있는 효과로는 조직을 협력체제로 만들 수 있고, 그로 인한 조직의 목적에 대한 이해와 참여를 촉진할 수 있다는 것이다.

4) 수행관리

(1) 개념

조직에서 수행관리(Performance Management)는 문제가 되는 개인의 행동 원인이 개인이기보다는 조직의 역동에서 만들어지는 환경에 있다고 본다. 따라서 행동을 관리하면 성과는 따라온다는 것이다. 수행관리는 인적수행(Human Performance)에 공학(Technology)의 개념을 조직에 도입하여 문제를 검토하면서 인적수행공학(HPT: Human Performance Technology)으로 대변되고 있다. 이런 인적수행공학(HPT)은 조직 전체의 주요한 수행 차이들을 밝혀 내어 분석하고, 향후 수행개선 계획을 수립하며, 수행 간극을 좁힐 수 있는 비용 효과적, 윤리적 방법들을 개발 · 실행하여 그 결과를 양적 및 질적으로 평가하는 체계적이고, 총체적인 과정으로 정의할 수 있다.

(2) 특징

첫째, 수행공학은 체계적인(Systematic) 특징을 가진다. 구체적으로 조직의 문제를 현재 상황에 비해 기대되는 바람직한 수행간의 차이를 수행문제와 수행기회의 관점에서 본다. 그리고 그 원인을 규명, 분석하여 이러한 격차를 줄이고자 적절한 해결책을 선정하고, 개선 프로그램을 개발하여 실행하는 절차 측면에서 조직적이고 체계적이라는 것이다.

둘째, 수행공학은 체제적 접근(Systemic Approach) 방법의 특징이 있다. 이는 인적수행 시스템을 공통된 목적달성을 위해 서로 관련성 있는 요소들의 집합체로 보고, 전체 조직시스템의 구성요소와 상호 관련된 요소가 있음을 뜻한다. 따라서 수행공학은 수행상의 문제해결을 위해 유효한 해결책을 검토하기 전에 다양한 관점에서 문제를 구성하고 있는 요소들은 물론 그것에 영향을 미치는 변수들에 대한 분석을 필요하게 된다.

셋째, 수행공학은 과학적 연구와 이론에 근거하는 특징이 있다. 예를 들어 수행공학은 교육훈련 외에도 업무수행 개선을 위해 객관적이고 합리적인 효과가 유효하다고 입증되면 이를 수용할 수 있다.

넷째, 수행공학은 조직구성원의 목표성취와 시스템 가치를 지향하는 특징이 있다. 다시 말해서, 수행공학에서는 개인의 욕구인 구성원의 수행목표 달성과 조직의 기대차원에서 경영성과 달성을 함께 지향한다는 것이다.

(3) 기대효과

성공적인 수행관리의 결과는 조직의 핵심역량 업무에 적합한 사람을 선발하고, 구성원이 담당하는 업무를 효율 · 효과적으로 수행할 수 있게 하고, 핵심역량(지식, 기술, 동기 등)을 향상시킬 수 있도록 환경적 지원을 목적으로 한다. 따라서 가치 있는 성과를 달성하는 성공적인 조직을 만들기 위해, 사업상의 문제와 기회를 규명하며, 최적의 업무수행을 저해하는 요소들을 발견하여 조직전체의 관점에서 체제를 개선하는데 그 효과가 있다.

5. 인적자원개발의 프로그램 평가

1) 프로그램 평가의 이해

평가는 인적자원개발의 한 과정으로서 어떤 평가받는 실체(예: 프로그램, 제품, 성과관리 체제, 교육대상자 등)에 대하여 가치를 파악해야 하는 시점인 사전, 중간 혹은 사후 가치를 파악하며, 그 가치와 연관된 일련의 의사결정(예: 승진, 정책, 제도, 절차, 향상된 프로그램 개발 등)을 위해 정보를 수집하는 것이다. 실제 인적자원개발의 교육훈련 프로그램 평가활동은 많은 목적과 기능을 가지고 있어 다면적인 활동이 이루어진다.

구체적 활동은 인적자원개발 프로그램을 개발하고, 시행함에 있어서 교육받는 대상자에 대한 가치를 평가하기도 하고, 그 가치에 따라 여러 가지 의사결정을 할 수도 있으며, 교육프로그램 자체가 잘 진행되어지고 있는지를 평가하는 것이 될 수 있다. 이러한 활동은 더 나은 프로그램을 만드는데 활용되어진다. 따라서 인적자원개발 프로그램 평가는 총체적으로 교육훈련 활동의 가치를 판단하는 과정인 평가를 통해 조직의 의사결정, 학습, 행위 등을 개선하고자 하는 일종의 탐구활동으로 교육훈련 프로그램 개선을 위해 다음과 같은 정보를 제공할 수 있다.

- 교육훈련 과정에 대한 정보
- 교육훈련에 대한 피교육자의 반응
- 실제로 일어난 학습의 양과 질
- 교육훈련으로부터 야기된 직무행동의 변화
- 교육훈련으로부터 기인되는 조직성과
- 금전적 효과와 프로그램 비용 측정
- 프로그램 마케팅을 위한 정보수집

2) 프로그램 평가의 유형

평가의 유형에는 여러 가지가 있는데 평가분석의 단위에 따라 학습자 평가, 그룹평가, 프로그램 평가, 조직평가 등으로 구분하기도 하고, 평가의 실시 주체에 따라 내부평가, 외부평가로 구분짓기도 하며, 〈표 7-3〉과 같이 평가의 목적과 시기에 따라 진단평가, 형성평가, 총괄평가로 나누기도 한다. 여기서 소개하는 교육훈련 평가의 두 모형은 교육의 전 과정을 평가하는 CIPP(Content evaluation; Input evaluation; Process evaluation; Product evaluation) 모형과 교육의 결과를 평가하는 Kirkpatrick 모형으로 실제 기업현장에서 많이 활용되고 있는 인적자원개발 프로그램의 평가 모델이다.

표 7-3 평가 목적과 시기에 따른 교육훈련 평가 유형

구분	진단평가	형성평가	총괄평가
목 적	- 학습과 관련된 내용과 수준 결정	- 훈련과정 향상 - 프로그램 발전을 위한 정보제공	- 학습자의 변화 측정
내 용	- 학습자의 선수지식 조사 - 학습자의 일반적 배경 조사	- 훈련과정의 조직과 운영 - 학습자의 학습 및 만족도 - 훈련자료 평가	- 습득한 지식, 기술, 태도, 행동 등의 훈련 목적에의 부합 정도 - 훈련 투자 회수효과 측정
정 보	- 프로그램 구조화를 위한 질적, 양적 정보	- 프로그램 효과에 대한 질적 정보	- 프로그램 효과에 대한 양적 정보
대 상	- 잠재적 학습자	- 잠재적 학습자 - 관리자	- 학습자
방 법	- 설문지, 인터뷰	- 설문지, 인터뷰	- 시험, 행동평가, - 판매량 증가 측정 등

(1) CIPP 모형

CIPP 평가모형은 네 단계의 평가단계가 있는데 각 단계는 ① 환경평가(Context Evaluation), ② 투입평가(Input Evaluation), ③ 과정평가(Process Evaluation), ④ 성과평가(Product Evaluation)이다. 이 모형은 의사결정자를 위해 유용한 정보를 생산해 내는 것을 평가의 목적으로 보고 있다. 즉, 프로그램 전체를 하나의 시스템으로 보고, 그 시스템의 네 가지 요소(환경, 투입, 과정, 산출)를 사용해 프로그램의 전체 과정 중에서 시행하게 되는 의사결정에 필요한 정보를 제공하는 평가 모형이다.

CIPP 평가모형의 유의점으로는 실제 평가를 실시하기에 너무 광범위하여 비용의 과다 지출이 예상되고, 수많은 항목에 대한 정보를 수집해야 하는 복잡성과 평가자의 역할이 정보제공의 역할에만 그친다는 점에서 그 한계점이 있다. 그럼에도 불구하고 기업현장에서는 전반적인 교육프로그램의 개선보다는 효과적인 교육프로그램의 결과를 위해 CIPP 모형을 선호하는 경향이 있다.

(2) Kirkpatrick 모형

Kirkpatrick의 모형은 교육의 성과를 측정하는데 초점을 둔다. 교육프로그램의 성과를 [그림 7-5]와 같이 네 가지 위계의 준거를 통해 측정하게 되는데, 1수준-학습자의 반응, 2수준-실제 이루어진 학습, 3수준-학습의 결과인 직무행동, 4수준-조직성과 등으로 이루어진다. 〈표 7-4〉에서 그 내용을 요약 · 정리하였다.

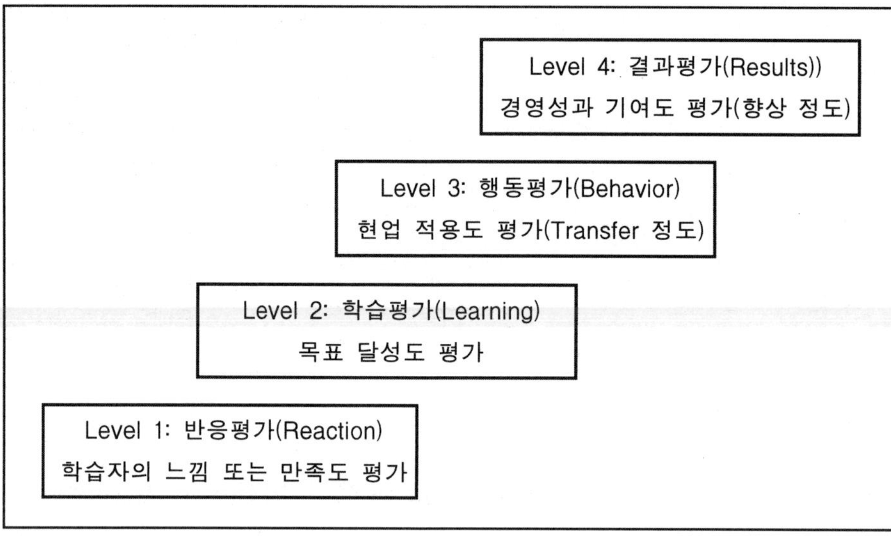

[그림 7-5] Kirkpatrick 4수준 평가모형

표 7-4 Kirkpatrick 4수준 평가내용

구분	1수준-반응	2수준-학습	3수준-행동	4수준-결과
평가 목적	- 반응평가 - 프로그램 개선	- 목표달성도 - 효과성 판단	- 현업 적용도 - 학습 전이도 및 근무조건 판단	- 경영성과 기여 - 교육투자 가치 확보
평가 시기	- 교육 중간 - 교육 직후	- 교육 전 - 교육 중간 - 교육 직후	- 교육 종료 후	- 교육 종료 후

평가 대상	- 학습자 - 강사 - 진행자 - 교육프로그램	- 학습자의 지식, 기능, 태도 등 습득 정도	- 근무조건 - 적용된 지식, 기능, 기능, 태도	-경영성과 중교육이 기여한 부분
평가 방법	- 설문지 - 면접 - 관찰	- 설문지 - 필기시험 - 사례연구 - 역할연기	- 설문지 - 관찰 - 인터뷰	- 투자 회수율 - 설문지 - 재무지표 - 인사기록

출처: Kirkpatrick, 1998.

Kirkpatrick 평가모형의 유의점으로는 각 수준이 올라갈수록 평가가 어려워지는데, 이는 학습의 결과가 장기간 후에 나타날 수도 있으며, 그 기간 동안 다양한 변인이 영향 요인으로 작용할 수 있기도 하고, 또한 양적으로 수치화할 수 없는 교육결과도 있기 때문이다. 따라서 행동평가, 결과평가의 경우는 평가를 어느 시점에서 어떠한 방법으로 할지를 결정하는 것이 중요하게 된다.

3) 프로그램 평가기법

인적자원개발 프로그램 평가는 학자들마다 다른 기법을 주장하기 때문에 사실상 절대적으로 정해져 있는 기법은 없다고 볼 수 있다. 따라서 각 기업이나 조직은 각기 그들의 상황에 적합한 평가모형을 개발 혹은 수정, 보완하여 활용하고 있다. 여기에서는 HRD담당자가 일반적으로 활용할 수 있는 평가단계별 과정을 설명한다.

(1) 평가계획

평가를 위해 고려되어야 할 사항들은 〈표 7-5〉와 같다.

표 7-5 평가계획 내용

핵심문제	세부 고려사항
결정사항	- 왜 프로그램을 평가하여야 하는가? - 어떤 결정을 필요로 하는가? - 얼마나 중요한 결정인가? - 평가가 얼마나 큰 역할을 할 것인가? - 결정이 얼마나 빨리 내려져야 할 것인가? - 프로그램의 어떤 요소를 평가할 필요가 있는가? - 부수적인 문제들은 어떤 것들인가? - 합의된 의견이 있는가?
자원	- 시간, 재정, 직원, 전문가 등의 자원들이 평가에서 사용 가능한가?
우선순위	- 평가와 다른 핵심문제와 관련하여 어떤 순위인가? - 평가의 신뢰도가 얼마나 되어야 하는가?

(2) 평가실행

평가를 실행하기 위해서는 구체적인 측정도구의 개발, 평가에 필요한 인적, 물적 자원 확인과 이의 실행, 측정도구의 실행과정을 거치게 된다. 이는 이전의 평가 계획시 고려되었던 여러 요소들을 차질 없이 수행하는 것을 의미한다.

구체적인 측정도구는 질문지, 필기시험, 모의실험, 관찰 등 다양할 수 있다. 일반적으로 간편한 질문지나 필기시험 등을 측정도구로 하는 경우가 많은데 이러한 질문지나 필기시험 문항을 제작할 때에는 충분한 시간을 두고 타당도와 신뢰도를 감안하여 세심하게 설계하여야 한다. 또한 실제 실행에 있어서도 학습자들이 압박감을 느끼지 않도록 하는 시행 분위기를 연출하는 것도 중요하다.

(3) 평가결과에 대한 의사결정

평가를 위해서는 처음에 계획한 것과 그 실행과정이 끝난 후 관련된 수집 자료들을 분석하여 해당 프로그램 운영에 대하여 필요한 결정을 내려야 한다. 그리고 투명한 평가과정 및 의사결정의 결과 등을 기록으로 남기고 평가상에 미흡한 부분이나 재평가를 해야 할 필요가 있을 때는 그에 합당한 계획을 다시 세워야 한다. 평가결과를 내리게 되는 의사결정의 예는 다음과 같다.

- 프로그램을 변경 없이 그대로 유지한다.
- 더 향상된 효과를 위해 수정한다.
- 미흡한 부분을 추가 혹은 범위를 확대한다.
- 비효과적인 프로그램은 폐기한다.
- 프로그램의 유형을 바꾸거나 참여 대상자를 조정한다.
- 유사한 목표의 중복된 프로그램들 중 가장 효과적인 것을 선택한다.
- 비용투자 대비 효과 측면에서 볼 때 외부 프로그램으로 할지 내부 프로그램으로 할지를 선택한다.

4) 프로그램 평가의 쟁점

조직의 최고 경영진 혹은 최고경영자가 평가결과를 프로그램의 원래 목적과는 다르게 활용하여 구조조정 차원의 인원 삭감을 고려할 수도 있다. 그럼에도 불구하고, HRD 평가자가 프로그램의 교육적 효과에만 의미를 둘 경우 그 평가결과 또한 제대로 사용되어진다고 볼 수도 없다. 교육훈련 평가 본연의 목적에 맞게 수반되는 여러 가지 정치적, 윤리적, 대인적 문제를 반드시 함께 고려할 필요가 있다.

평가 주체가 누구이며, 어떤 관점과 방식으로 하느냐에 따라 교육훈련에 대한 평가결과는 확연하게 달라질 수 있다. 따라서 각 조직에서는 그들만의 여러 정황과 맥락을 고려할 필요가 있고, 특히 평가목적을 분명히 하여 전문성을 가지고 상황에 맞는 평가를 계획하여 실시하여야 한다.

평가가 조직 내에서 전략적이고 지속적으로 이루어질 때 인적자원개발의 한 과정으로서 정착될 수 있다. 이는 프로그램 평가의 과정에서 적절한 정보를 체계적으로 수집하고, 이 결과가 구성원들에게 공유될 수 있도록 활용하여, 조직구성원들의 학습과정이 촉진되어지고, 업무 수행능력이 향상되는 것을 의미한다. 프로그램 평가에 대해서 지금까지 살펴본 것을 정리하자면, 교육훈련 평가는 조직의 특성과 상황에 맞는 적합한 프로그램 개발 및 효율, 효과적인 기존 프로그램의 유지 등을 위해서 인적자원개발의 전체적이고, 종합적인 방향을 설정하는데 중요한 과정임을 알 수 있다.

참고 문헌

성낙돈, 가영희, 안병환, 임성우(2011). 평생교육학개론. 서울: 청목출판사.

이부영(2000). 분석심리학. 서울: 일조각.

이부영(2006). 자기와 자기실현. 서울: 한길사.

Chalofsky, N. E.(1992). A Unifying Definition for the Human Resource Development Profession. *Human Resource Development Quarterly, 3*(2). pp. 175-182.

Etzioni, A.(1964). *Modern organizations.* Englewood Cliffs, NJ: Prentice-Hall.

Gilley, J. W., Eggland, S. A., & Gilley, A. M.(2001). *Principles of Human Resource Development.* Cambridge: Perseus Pub. p. 60.

Gradous, D. B.(ed.)(1989). *System Theory Applied to Human Resource Development.* Alexandria, VA: ASTD Press.

Harbison, F., & Myers, C. A.(1964). *Education, Manpower and Economic Development: Strategies of Resource Development.* New York: McGraw-Hill.

Jacobs, R. L.(1989). System Theory applied to HRD. In D. B. Gradous(ed.). *System Theory Applied to Human Resource Development*(27-60). Alexandria, VA: ASTD Press.

Johan, Huizinga(1971). Homo Ludens. 김윤수 역(1981). 호모루덴스. 서울: 까치.

Kirkpatrick, D. L.(1998). *Evaluating training programs: The four levels.*

Marsick, V. J., & Watkins, K. E.(1994). The learning organization: An integrative vision for HRD. *Human Resource Development Quarterly, 5*(4), 353-360.

McLagan, P. A.(1989a). *The Models. A volume in Moders for HRD Practice.* Alexandria, VA: American Society for Training and Development.

McLagan, P. A.(1989b). System Model 2000: Matching System Theory to Future HRD Issues. In D. B.Gradous(ed.). *System Theory Applied to Human Resource Development (61-82).* Alexandria, VA: ASTD Press.

Mclean, G. N., & Mclean, L. D.(2001). If we can't define HRD in one country, how can we define it in an international context? *Human Resource Deveiopment International, 4*(3), 313-326.

Nadler, L.(1970). *Developing Human Resources.* Reading, MA: Addison-Wesley Publishing Co.

Nadler, L., & Nadler, Z.(1989). *Developing Human Resources*. San Francisco: Jossey Bass.

Passmore, D. L.(1997). Ways of seeing: Disciplinary bases of research in HRD. In R. Swanson & E. Holton(eds.). *Human Resource Development Research Handbook: Linking Research and practice*(199-214). San Francisco: Berrett- Koehler.

Scott, W. R.(1964). Theory of organizations, In Faris, R.(Ed.), *Handbook of modern society*. Chicago, IL: Rand McNally.

Smith, R.(1990). *The Dictionary for Human resource Development* . Alexandria, VA: ASTD Press.

Swanson, R. A.(2001). Human Resource Development and its underlying theory. *Human Resource Development International, 4*(3), 299-312.

Swanson, R. A.(2008). *Brief on the Foundations of Human Resource Development*. Tyler, TX: University of Texas at Tyler School of Human Resource Development and Technology.

Swanson, R. A.(2009). Human resource development quarterly: In the beginning. *Human Resource Development Quarterly, 20*(1), 3-5.

Swanson, R. A., & Holton Ⅲ., E. F.(2001). *Foundations of human resource development*. San Francisco, CA: Berrett-Koehler Publishers.

Udy, S.(1972). 'Bureaucracy' and 'Rationality' in Weber's organization theory: An empirical study. In Hall, R.(Ed.). *The formal organization*. New York: Basic Books.

Weinberger, L. A.(1998). Commonly held theories of human resource development. *Human Resource Development International, 1,* 75-93.

제8장

성인학습 상담과 자기성장 창의성 프로그램

1. 성인학습 상담의 이해
2. 성인학습 상담이론
3. 자기성장 창의성 프로그램의 이해
4. 창의적 사고기법과 자기성장 창의성 프로그램

1. 성인학습 상담의 이해

상담의 사전적 의미는 "어떤 일을 서로 의논하거나 그 방면의 전문가에게 의뢰하는 것"이다. 이 의미는 곧 사람들이 활동하는 모든 영역에서 상담이 이루어질 수 있음을 말한다. 예를 들면 법률 · 취업 · 결혼 · 경제 · 행정 · 교육 · 종교 · 삶 등의 영역에서 상담이 이루어질 수 있다는 것이다. 그럼에도 불구하고 일반사람들은 '상담'이라고 하면 우선 정신증, 신경증, 정서적 문제를 치료적 차원에서 다루는 심리상담 혹은 심리치료를 연상하고, 상담 자체를 부정적으로 생각하는 경우가 있다. 이러한 경우는 성인학습 현장에서 '상담'이라는 용어가 사용될 때도 논란의 여지가 있음을 예측케 한다. 따라서 본서에서는 여러 영역의 상담 중에서 특히 성인의 교육 또는 학습과 관련한 상담을 중점으로 살펴보고자 한다.

1) 성인학습 상담의 기본개념

(1) 성인학습 상담의 필요성

현대사회의 개인은 급격한 기술의 변화, 산업화, 광역도시화, 핵가족화, 개인화가 진행됨에 따라 사회가 복잡해지면서 다양한 문제에 적응해야 하는 스트레스에 노출되어 있다. 지속되는 과중한 스트레스는 개인적인 문제를 유발하여 개인은 물론 사회와 조직의 생산성을 저하시킴으로써 모두에게 부담으로 작용한다. 상담의 필요성은 이러한 개인의 문제를 예방하거나 문제해결에 도움을 필요로 하는 개인을 스스로 잘 기능하도록 하여 자신의 문제를 창의적으로 해결할 수 있는 사람이 될 수 있도록 하는데 있다.

(2) 성인학습 상담의 정의

지시적 상담의 창시자인 Williamson(1950)은 전문적으로 훈련된 상담자가 도움을 필요한 내담자의 교육적, 직업적 적응행동을 도와주는 과정을 상담이라고 보았다. Miller(1967)는 상담이란 내담자를 가정 · 학교 · 사회에 최대한 적응할 수 있도록 하기 위해 자기이해와 자기수용을 돕는 과정이라고 했다. 이외에도 상담은 치료, 학습, 교육, 행동변화, 신앙과정, 의식화, 진리안내 등의 다양한 관점에서 정의될 수 있다.

평생교육 관점에서 성인학습 상담은 성인의 학습, 교육, 상담에 대한 전문적인 지식으로 훈련된 상담자가 성인학습자의 학습과 일상에서 직면하는 다양한 문제(성인의 발달단계 문제, 사회 · 심리적 문제, 교육적 문제, 인성적 문제 등)들을 해결하는데 도움을 줌으로써 평생학습을 촉진시킬 수 있다. 따라서 본 장에서 성인학습 상담의 정의는 성인학습자가 일상에서 처할 수 있는 다양한 삶의 역할에 잘 적응할 수 있도록 하고, 궁극적으로 인간의 학습본능을 실현 가능케 하여 자기이해와 통찰을 통한 자기실현을 돕는 과정이라고 한다.

(3) 성인학습 상담의 역할 및 활동

성인학습 상담의 역할은 성인의 신체적, 인지적, 사회적 특성 변수들을 고려하여 성인학습자의 평생학습을 안내하거나 지원, 촉진하기 위한 방법으로서 성인학습 활동의 지속과 탈락을 결정짓는 매개체 역할을 한다. 활동으로서의 성인학습 상담은 학습과정에서의 문제를 내담자의 요구수준, 학력수준, 경험수준에 따라 스스로 해결할 수 있게 하여 평생학습 환경에 적응하도록 다양하게 이루어져야 한다.

(4) 성인학습 상담의 기능

성인학습 상담의 기능은 목표에 따라 크게 네 가지로 나누어 볼 수 있는데 그것은 교육적 기능, 진단 · 예방적 기능, 교정적 기능, 치료적 기능 등으로 구체적인 내용은 다음과 같다.

첫째, 교육적 기능으로서 성인학습 상담은 위축되어 있는 내담자의 행동 또는 움츠려 있는 사고 등을 바람직한 방향으로 변화시키는 것이다. 여기에 상담자의 전문적인 조력과정이 필요하게 되는데 이 과정에서 교육, 학습, 재교육, 사회화 등의 일련의 과정이 일어난다고 본다.

둘째, 진단 · 예방적 기능으로서의 성인학습 상담은 내담자의 학습에 대한 부적응적인 행동 원인을 분석, 진단을 통해 성공적인 학습적응에 방해가 되는 요소들을 제거하기 위하여 적절한 상담기법을 적용하는 것이다.

셋째, 교정적 기능으로서의 성인학습 상담은 자기성장을 목표로 '생각 바꾸기', '마음 고쳐 먹기'와 같은 합리적 사고로 교정하는 기능을 하게 된다. 예컨대 많은 경우의 내담자들은 "나는 아무것도 할 수 없다"라는 무력감과 그릇된 자아의식인 비합리적인 사고를 가짐으로써 자기성장이 지체되기도 하기 때문이다.

넷째, 치료적 기능으로서의 성인학습 상담은 가장 기본적인 기능으로 내담자의 전인격적인 발달을 위한 학습을 성취할 수 있도록 내담자를 도와주는 것이다. 즉 평생교육을 통해 인간성장을 방해하는 장애요소들을 제거 및 극복할 수 있게 하여 내담자의 최적발달이 이루어질 수 있도록 도와주는 기능을 한다.

2) 성인학습 상담의 목표

(1) 성인학습자의 행동변화의 촉진

성인학습자는 학습과정에서 여러 가지 문제들로 인하여 학습에 장애를 유발할 수 있는데 이는 목표한 학습을 성공적으로 성취하는데 문제를 일으키거나 중도탈락의 결과를 가져올 수 있다. 이때 성인학습 상담전문가는 상담을 통하여 접근할 필요가 있다. 전문적인 상담을 통해서 성인학습자 스스로 자신의 잠재적인 능력을 발견하여 잘 기능할 수 있도록 하고, 당면한 문제에 합리적, 실용적, 대안을 찾기 위해 다양한 관점에서 긍정적 사고를 할 수 있도록 안내하고 지원하여야 한다. 성인학습자들이 당면할 수 있는 문제들은 구체적으로 인간관계, 직업적응, 학업문제, 생활습관, 환경적 문제, 건강이상, 경제적 문제 외에도 다양한 일상의 개인적 문제가 있을 수 있는데 이런 여러 가지 영역과 관련된 행동변화가 촉진될 수 있도록 성인교육 전문가는 전문적인 상담으로 조력하여야 한다.

(2) 문제해결 및 잠재력 개발 지원

성인학습자가 학습활동을 저해하거나 방해하는 사건들을 직면하게 되는 경우, 주어진 상황을 인지하고 판단하여 행동하기 위한 방향을 선택하는 과정에서 만나는 난관이 성인학습자의 문제가 된다. 여기서 문제는 성인학습자가 난관을 극복하려고 하는 가운데 불가항력적이거나 자연발생적이기보다는 주어진 상황과 대처하는 성인학습자와의 관계에서 빚어지는 사건들이다. 그러나 인간의 삶은 문제가 발생할 수 있는 여건이나 상황이 연속적으로 주어질 수 있기 때문에 무엇을 정말 문제로 볼 것인가와 또 그것을 어떻게 인지하고 해석하는가의 개인적 차이로 문제의 양상은 달라질 수 있다.

이런 경우 직접적인 문제해결을 중심으로 상담을 하게 되면, 상담은 일생 동안 계속되어야 한다. 따라서 상담자가 성인학습자의 모든 문제를 직접 해결할 수는 없다. 그 보다는 당면한 문제로 받고 있는 고통이나 해결을 원하는 문제를 집중적으로 다루면서 성인학습자가 자신의 숨어 있는 긍정적 잠재력을 발견하게 하고, 그것을 바탕으로 스스로 문제를 다룰 수 있도록 발달적, 심리적, 사회적 개인의 특성을 고려한 정보제공 등으로 지원하며 도와야 한다.

(3) 인간관계 및 적응능력 개선

인간은 많은 시간들을 다른 사람들과의 관계 속에서 상호작용을 하거나 새로운 환경에 적응해야 하는 상황에 놓이게 된다. 부적응은 개인과 개인 간의 외적 욕구가 서로 다름으로 인해 관계에 문제가 생기거나 또 개인의 욕구와 모순되는 환경 간의 불균형으로 갈등이 생기는 것을 말한다. 또한 인간 내적 욕구는 다양한 본능적 욕구충동과 현실세계에서의 자아와 충돌하게 되어 갈등을 고조시키고, 심한 스트레스로 인한 삶 자체의 위기를 맞이할 수 있게 한다.

성인학습자가 이러한 경우에 처하게 될 때 초긴장 상태에서 나타날 수 있는 신경증적 · 정신증적 증상과 부적응 행동을 보임으로써 학습활동에 무기력해짐을 호소하거나 중도탈락의 가능성이 짙다. 상담은 이러한 개인의 다양한 본능적 욕구와 현실적 욕구간의 충돌을 조화롭게 통합하여 자기성찰을 가능하게 하고, 증상을 제거하여 현실에 적응할 수 있도록 한다. 이는 한 개인의 성공적인 인간관계와 환경에 적응하는 개인의 능력을 개선하는 학습활동으로 궁극적인 자기실현을 돕는다.

(4) 의사결정 과정의 향상

인간의 삶은 연속된 선택의 과정으로 이루어진다고 해도 과언이 아닐 정도로 우리는 매순간 최선의 선택을 위해 의사결정을 하기 원한다. 의사결정에는 습관처럼 반복되는 일상적인 의사결정도 있지만, 인간발달단계 혹은 인생의 전환기의 과제에 따라 특별한 경우에 내려야 하는 의사결정 혹은 일생일대에 단 한번 뿐인 중대한 의사결정도 있다. 이러한 선택과 결정이 현실적, 합리적으로 이루어지지 못하면 상당한 고통과 후회로 개인의 삶이 피폐해지기 마련이다.

성인학습자는 교육 참여 의사결정에서부터 학습활동 과정 중에도 크고 작은 의사결정을 해야 하는 경우가 많은데 이것은 비단 학습에만 국한되는 것이 아닌 성인학습자의 일상과 결부된 문제들에 대한 의사결정을 포함한다. 상담은 성인학습자가 어떤 의사결정을 선택하도록 하거나 직접 지시하는 것이 아닌 성인학습자 스스로 비판적인 사고와 합리적인 대안으로 자기결정을 할 수 있도록 필요한 정보를 제공하고, 개인의 심리적 특성을 고려하여 의사결정에 개입하는 정서적 문제를 극복하도록 지원하는 역할을 하여야 한다.

(5) 정신건강 증진

현대사회의 복잡다단함과 무한경쟁, 급격한 가치관의 변화, 핵가족화 등의 사회현상은 개인 혼자 힘만으로는 감당하기 어려운 정서적, 심리적인 문제를 동반한다. 이는 곧 신체적인 질병이나 정신적 질환을 초래하기도 하는데 그 근본적인 요인은 마음의 상처에 기인한다. 마음의 상처는 개인과 개인 간 또는 개인과 환경 간의 관계에서 욕구의 충돌이나 부적응의 문제로 빚어지는 강력한 스트레스가 누적되어 마음에 흔적을 남기는 것이다. 결국 마음의 상처는 개인의 심리적 평형을 깨트려서 우울, 분노, 불신, 집착, 불안, 좌절, 망상 등 부정적 정서를 만들게 한다.

따라서 성인학습자의 학습활동 과정 중에 나타날 수 있는 다양한 스트레스는 신체적, 신경증적, 정신증적 문제를 야기하여 학습활동의 지속을 방해하거나 중도 포기까지 하게 한다. 이러한 경우 상담은 직접 신체적, 정신적 질환을 임상적으로 치료하는 것은 아니다. 그러나 성인학습자의 학습활동과 관련한 장애가 정서적 또는 심리적 요인을 동반하게 될 경우, 학습과정과 일상에 이르기까지 문제가 발생하게 되므로 단지 학습상담 차원에서 뿐만이 아닌 정신건강 증진과 문제해결을 돕는 상담차원에서 마음의 상처를 치료하는 것이 목표 중의 하나가 된다.

3) 성인학습 상담의 원리

성인학습 상담을 하는 과정에서도 일정한 상담의 기본원리가 적용되어야 효과적인 진행이 될 수 있다. 상담의 기본원리는 전문가들마다 다양한 주장이 있으나 여기에서는 가장 일반적으로 사용되는 Biestek의 상담의 기본원리 7대 원칙과 성인학습 상담의 특성을 고려한 성인학습 상담 원리 네 가지를 포함하여 모두 열한 가지의 상담 원리를 설명하고자 한다.

(1) 개별화의 원리

모든 개인은 저마다 타고난 특성이 각기 다르다. 그러므로 상담자는 내담자의 각기 다른 개성을 존중하고 차이를 인정하는 범위 내에서 상담을 전개하여야 한다. 따라서 상담자는 내담자의 독특한 성격을 이해하고, 내담자의 호소에 대해 편견이나 선입관을 배제한 경청과 감정변화에 주의를 기울이고, 그에 따른 상이한 원리나 방법을 활용하여야 한다. 따라서 이 원리가 제대로 지켜지기 위해서는 상담자는 다음과 같은 노력이 필요하다.

① 상담자는 편견이나 선입관을 배제하여야 한다.
② 인간행동의 형태별 원리에 관한 전문적 이해의 노력이 필요하다.
③ 내담자의 말을 경청하고 세밀히 관찰하여야 한다.
④ 내담자의 반응 혹은 상황에 맞추어 적절한 대응을 할 수 있어야 한다.
⑤ 인간의 감정변화에 민감성이 있어야 한다.
⑥ 내담자와 견해차가 있을 때 통찰력으로 적절한 선택을 하여야 한다.

(2) 의도적 감정표현의 원리

상담자는 상담과정을 통하여 내담자의 억압되어 있는 감정표현 욕구에 대한 인식이 필요하다. 그리고 내담자가 어떤 종류의 감정이든 잘 표현할 수 있도록 분위기를 조성하여 줄 필요가 있다. 따라서 상담자는 인내심을 가지고 경청하고, 내담자를 긴장과 억압에서 완화시켜 그의 감정, 특히 부정적인 감정을 자유롭게 표현할 수 있도록 하되 그의 감정표현이 비난받거나 좌절되지 않도록 심리사회적인 지지와 함께 내담자의 내면을 읽을 수 있어야 한다. 이러한 경우 내담자에게 주어지는 기대효과는 다음과 같다.

① 압력이나 긴장으로부터 완화된다.
② 내담자 스스로 자신의 문제점을 이해하게 된다.
③ 내담자는 자신의 감정표현을 적극적으로 하게 된다.

(3) 통제된 정서관여의 원리

상담자는 내담자의 감정표현에 적절한 반응을 보여야 한다. 이는 상담자가 내담자의 감정표현에 휩쓸려 격한 감정표현의 반응으로 내담자를 당황하게 하거나 또는 소극적인 반응으로 내담자의 감정표현을 위축시켜 상담의 방향을 잃지 않도록 하여야 한다는 것이다. 이를 위하여 상담자는 내담자의 정서변화에 민감하게 반응함으로써 적절한 대응책을 마련할 수 있어야 한다.

(4) 수용의 원리

상담자는 상담과정 중 내담자를 한 사람의 주체적인 인격체로 존중하여 내담자의 장단점을 있는 그대로 이해하고 수용하여야 한다. 그리고 말이나 행동 또는 비언어적 단서인 얼굴표정, 몸짓, 목소리 등을 따듯하고 친절하게 표현함으로써 내담자 스스로를 잘 드러나게 하여야 한다. 그러나 이것이 곧 상담자가 내담자의 의견에 모두 동조해야 한다는 것은 아니다. 만약 상담자가 내담자의 의견에 동의하지 않을 경우 동의하지 않는다는 것을 내담자에게 분명히 인식시키되 그 방법은 온화하고 부드러운 표현이 되어야 할 것이다.

(5) 비심판적 태도의 원리

내담자들은 보통 죄책감과 열등감, 소외감, 불안감 등을 가지고 상담에 임하게 되기 때문에 타인의 비판에 예민하게 되어 자신을 방어하는 수단으로 심리적 안전을 추구하려 한다. 따라서 상담자는 자기 가치관과 판단 기준에 의한 선입견을 배제하고, 내담자가 자신의 잘못이나 문제에 대해 추궁당하는 느낌이 들지 않도록 내담자의 문제에 대해 유·무죄 혹은 책임추궁 성격의 단정적인 언어나 행동을 삼가야 하는데 그 내용은 다음과 같다.

① 상담자는 내담자에 대해 선입관 또는 주관적 가치판단을 삼간다.
② 상담자는 내담자의 문제에 대한 예단을 하거나 유도하지 않는다.
③ 내담자를 어떤 식으로든 비교하거나 고정 틀에 의한 분류를 삼간다.
④ 상담의 과정에서 내담자가 상담자에게 투사 혹은 저항 등 부정적인 감정을 가질 수도 있다. 따라서 상담자는 그 자체도 문제해결을 위해 탐색할 수 있는 여유와 객관적 태도를 유지하여야 한다.

(6) 자기결정의 원리

상담관계에서는 전문가인 상담자와 내담자 사이에 암묵적 권위가 형성될 수 있다. 이는 도움을 줄 수 있는 상담자와 도움을 필요로 하는 내담자 사이에서 자연스럽게 형성될 수 있는데 이 때 상담자의 권위로서가 아닌 내담자의 자기결정의 능력을 키워야 한다. 이를 위해 상담자는 내담자가 스스로를 수용할 수 있도록 하고, 자신의 잠재능력을 발견하여 활용할 수 있도록 하며 다음과 같은 구체적인 방법으로 인격적 발달을 도와야 한다.

① 내담자가 자기 수용을 할 수 있도록 지지하고 조력하여야 한다.

② 내담자의 잠재능력을 발견하고 활용함으로써 자기성장을 자극한다.

③ 내담자에게 자기선택, 자기결정의 참고가 되는 법률, 제도, 사회시설 등 다양한 사회적 자원과 관련한 정보를 알 수 있도록 한다.

④ 상담자는 수용적 태도 혹은 심리적 지지로 내담자가 자기결정을 할 수 있도록 분위기 조성을 해 주어야 한다.

⑤ 내담자를 조종하거나 권위적 자세를 보이지 않도록 한다.

⑥ 내담자를 강제적으로 설득하거나 이해시키려 해서는 안 된다.

(7) 비밀보장의 원리

비밀보장의 원리는 상담윤리의 문제로 상담자가 가장 중요하게 명심하여야 할 전문가적 의무라고 할 수 있다. 상담은 내담자가 상담자를 전적으로 신뢰하고 친밀감을 느끼는 가운데 이루어진다. 그러므로 어떠한 경우에도 내담자의 동의 없이 내담자의 문제나 상담 사실 관계를 외부로 노출하여 개인의 명예훼손이나 수치심을 가지게 하여서는 안 된다. 단, 내담자 자신의 신변에 심각한 위험(자살, 타인의 생명위해 등)이 있거나 그런 가능성이 있을 경우 혹은 제3자가 내담자의 문제로 인하여 같은 상황에 놓일 경우 관련되는 전문가 혹은 기관과 긴밀한 협조체제를 심각하게 고려하여야 한다.

(8) 정보제공의 원리

성인학습 상담에서는 성인의 신체적, 인지적, 사회적 특성 변수들을 고려하여 성인학습자의 평생학습을 안내하거나 지원, 촉진하기 위한 방법으로서 적절한 정보를 제공해 주어야 한다. 그 내용은 주로 성인학습 활동과정에서 학습촉진 및 진로개발 또는 지속적 학습을 방해하는 장애요인 제거에 대한 것으로 내담자의 요구수준, 학력수준, 경험수준에 따라 스스로 해결할 수 있게 하는데 적합한 정보가 되어야 한다.

(9) 동기유발의 원리

상담은 상담자와 내담자간의 정서적 교류에 의한 상호관계 속에서 이루어지는 것으로 상담자의 전문적인 노력도 중요하지만 내담자가 상담에 어떠한 자세로 임하는가는 더욱 중요한 문제다. 특히 성인학습 상담의 경우 내담자의 다양한 교육 참여 동기와 의사결정을 하게 되는 요소들을 분석하는 것이 전제되어야 한다. 그 다음 내담자가 학습활동에 어떠한 가치를 두고 있으며 그것을 이루기 위한 내 · 외재적인 동기가 얼마나 있느냐에 따라서 학습활동을 방해하는 장애요소를 제거하거나 학습활동에 관련된 정보제공 등으로 학습을 촉진시켜야 한다.

따라서 상담자는 상담 초기에 내담자의 동기유발을 유도하고 상담과정 동안 계속 유지될 수 있도록 지지하여야 한다. 그 방법으로 상담을 통하여 변하고자 하는 내담자의 생각을 파악하고, 성취 가능한 수준의 목표를 분명히 하여 내담자가 좌절하지 않도록 도전 의욕을 자극하는 것이 필요하다.

(10) 융통성의 원리

한 개인의 발달적 관점에서 성인 중기 및 노년기의 발달 특징 중 하나는 나이가 들면서 인간은 일반적으로 고집 혹은 편집에 가까운 완고함이 증가한다고 본다(Kukel, 1939). 따라서 이 시기의 성인학습자를 평생교육에서 가장 중요하게 다루어야 할 대상 영역이라고 할 수 있다.

다른 한편 상담자가 상담의 과정에서 자신이 선호하는 한 가지 이론이나 기법에 의존하지 말고, 내담자의 특성과 문제에 맞는 접근방법으로 융통성을 가질 필요도 있다.

(11) 자아실현과 자기실현의 원리

성인학습 상담은 한 개인의 자아발달 단계에 따른 성인 발달단계 문제, 사회 · 심리적 문제, 교육적 문제, 인성적 문제를 학습으로 해결함으로써 성인학습자의 일상에서 처할 수 있는 다양한 삶의 역할에 잘 적응할 수 있도록 조력하며, 성인학습자가 평생교육을 통해 잠재적 능력을 발휘할 수 있도록 하여 현실세계의 자아실현을 도와야 한다.

자아실현은 현실세계의 성공적 적응을 기반으로 자신의 내면에서 들을 수 있는 무의식의 소리를 성찰할 수 있도록 돕는다. 따라서 성인학습 상담은 무의식의 욕구를 현실세계에서 수용할 수 있는 수준으로 의식화하는 작업을 통해 의식세계의 자아와 무의식 세계의 자기를 통합할 수 있도록 하는데 조력하여야 한다. 이는 평생교육이 심리적 안녕감을 지닌 전인격체로서의 자기실현을 이루려는 성인학습자를 조력하는 매개수단으로 의미를 지니고 있으며, 성인학습 상담이 성인학습자의 지속적인 학습활동을 할 수 있도록 하는데 중점을 두어야 함을 강조한다.

2. 성인학습 상담이론

성인학습이라는 특정한 영역에서 이루어지는 상담은 일반 심리 상담과 공통된 영역 안에 있다. 그러나 성인학습자를 대상으로 교육현장에서 주로 학습과 관련한 상담이 이루어지는 성인학습 상담은 그 전문성에 있어서는 차별화가 되어야 한다. 이를테면 성인학습 상담의 이론적 배경을 기존의 전통적 상담이론에 바탕을 두고,

효율적이면서 효과적인 자기주도 학습전략과 전인적 자기실현을 촉진할 수 있도록 하는 상담기법이 필요하다. 여기에서는 다양한 전통적 상담이론을 소개하기보다는 실제적으로 성인학습 상담에 유용하게 적용될 수 있는 Williamson의 지시적 상담이론과 일반상담 이론의 기저핵심을 이루는 Rogers의 인간중심 비지시적 상담 그리고 Cormier와 Hackney의 상담모형을 중점적으로 살펴보고자 한다.

1) Williamson의 특성요인적 상담이론

미네소타 대학의 Williamson과 그의 동료들의 40여 년간 연구가 중심이 된 특성요인적 상담이론은 지시적 상담이론으로 의사결정적 접근, 지시적 접근, 상담자중심 접근, 임상적 상담(의학적 모형) 등으로 불리면서 직업문제와 관련한 진로지도에서부터 시작되었다.

(1) 개요

Williamson은 내담자 자신이 목표를 찾아 그것을 성취할 수 있도록 효율적이고, 효과적인 방법을 찾는데 상담자가 조력하는 것이 상담의 기능이라고 보았다. 이러한 맥락에서 특성요인적 상담이론은 개인의 심리적 특성과 적응문제의 성공적 행동의 요인을 가능한 한 과학적 방법으로 객관적인 자료의 수집과 분석을 한다. 그리고 종합 진단과 정보의 제공, 제언, 설득, 암시 등의 기술을 통하여 개인이 장래 계획을 세울 때 현명한 결정을 내릴 수 있도록, 조력하는데 중점을 둔다.

이런 측면에서 특성요인적 상담 혹은 지시적 상담이론을 학교 혹은 성인학습 상담의 현장에서 코칭, 멘토링, 컨설팅 등의 기술과 함께 적용한다면, 이론의 성격상 생활지도, 학습, 진로선택, 진로전환, 경력계발, 건강관리, 자기계발 등의 문제를 다루는데 효율, 효과적인 상담기법이 될 수 있다.

(2) 주요 개념 및 이론

① 인간관

인간은 선함과 악함 모두의 잠재성을 동시에 지니고 있기 때문에 전문가 혹은 타인의 바람직하고 효과적인 조력을 받게 되면, 그 다음부터는 스스로의 노력으로 선한 생활을 지향할 수 있다고 보았다. 인간 본성에 대한 기본 가정(Patterson)을 살펴보면 다음과 같다.

- 선과 악의 잠재적인 양면성을 지니고 있는 존재가 인간이다.
- 인간이 선을 실현하는 과정에서 유능한 타인의 도움을 필요로 한다.
- 인간의 선한 생활을 결정하게 하는 것은 자기 자신 스스로이다.
- 선의 본질은 완전하게 자아를 실현하는 것이다.
- 개인적인 세계관은 매우 주관적인 것으로 누구나 그 자신만의 독특한 세계관을 형성한다.

② 기본 철학

- 능동적 상담자는 내담자에게 바람직한 영향을 주는 존재다.
- 인간은 자신만의 고유한 심리적 특성이 있는데 그러한 심리적 특성은 객관적이고 과학적인 검사를 통해 측정하고 분석할 수 있다.
- 인간은 자신이 당면한 어떤 일에 대한 계획과 의사결정을 하는 과정에서 자기 자신의 이성을 활용할 수 있는 이성적 존재다.
- 최선의 의사결정을 위해 인간은 유능한 타인의 도움을 필요로 한다. 가장 유용한 도움은 교육을 통해 가능해지고, 여기서 교육은 상담의 교육적 기능을 수행하게 한다.

③ 주요 이론

- 사람은 타고난 잠재적 능력과 성격에 의해 그 사람을 특징짓는 유형이 형성되는데 이러한 잠재적 능력과 가능성의 항상성이 가장 높은 시기인 청소년 후기에 과학적이고 객관적인 검사를 통해 정보를 제공함으로써 청소년기의

발달과제인 자아정체성을 이루는데 효과적일 수 있다.

- 특정한 성격과 흥미는 그에 맞는 직업 활동과의 상관관계에 있다. 따라서 개인의 특성 확인은 성공적인 진로탐색 및 선택을 위한 효과적인 정보가 된다.
- 학교현장에서는 개인의 특정한 잠재능력을 개발하기 위해서 획일적인 교육이 아닌 개인의 특성에 맞는 차별화된 교육과정이 필요하다. 왜냐하면, 개인의 특별한 적성이 교육과정과 일치할 때 효과적인 학습이 일어나기 때문이다.
- 개인의 잠재능력을 객관적으로 확인하는 것은 그 개인을 어떤 교육과정이나 일자리에 배치하느냐를 결정하기에 앞서서 이루어져야 한다.
- 사람은 자신의 잠재능력을 알고자 하는 열망을 가지고 있다. 또한 개인은 그의 삶을 규제하고 유지하려 하며, 만족스러운 직장과 가정생활을 유지하기 위해 그들의 능력을 사용하려 한다.
- 특성요인적 상담은 문제해결력을 기르고 자기 성장을 조력하고, 내담자가 자신의 가능성을 최대한 실현시킬 수 있도록, 교사 역할의 상담자와 학생역할의 내담자 간의 개별화된 교수-학습 과정이라고 볼 수 있다. 그러나 내담자를 억압하거나 내담자가 가진 자기결정의 권리를 부정하지 않고, 자신의 가치체계를 발전시켜 올바를 선택과 의사결정을 할 수 있도록 도와야 한다. 즉, 상담자와 내담자의 관계는 인격적인 관계에서 내담자의 전체적 발달을 다루어야 한다는 것이다.

(3) 상담의 목표

- 유능감이나 탁월함으로 궁극적으로는 선한 생활이 가능하도록 한다.
- 내담자의 자기통제가 가능한 이성적인 생활이 될 수 있도록 한다.
- 내담자 자신의 가능성을 확인하고 실제로 활용할 수 있도록 한다.
- 특성과 요인을 이해하고 수용할 수 있도록 필요한 정보수집, 분석, 종합을 한다.
- 수집정보의 검토를 통한 만족스러운 결정을 할 수 있도록 한다.

• 내담자의 문제를 스스로 해결 가능하도록 한다.

(4) 상담 과정

① Williamson과 Darleyd의 특성요인적 상담 과정 6단계

가. 1단계(분석)

내담자를 이해하기 위한 정보와 자료들을 모으는 단계이다. 측정도구(검사)를 선택하여 내담자의 흥미, 적성, 동기, 신체건강, 정서적 안정성, 자기 통제력, 적응 등의 자료를 수집한다. 분석을 위해 누가기록, 면접, 시간표, 자서전, 일화기록, 심리검사 등을 이용할 수 있다.

나. 2단계(종합)

수집된 자료를 체계적으로 정리하고 구조화하여, 내담자의 문제를 전체적으로 정리하는 단계이다. 즉, 내담자의 적응, 부적응, 장단점 등을 종합적으로 분석하기 위해 자료를 체계적으로 요약 · 정리하는 것이다.

다. 3단계(진단)

문제 확인 및 원인에 대한 결론을 추론하는 단계이다. 내담자의 반응과 논리적 결과를 검토하여 자료에 기초한 행동 프로그램을 제안한다. 진단할 때 주의할 점은 사람의 행동은 다양성과 복잡성을 지니기 때문에 성급한 결론을 주의하고, 잠정적으로 추론하여야 한다.

라. 4단계(예후)

가능한 선택들을 기초로 하여 당면한 문제행동이 앞으로 어떻게 전개되어 나갈지를 일종의 예측을 시도하는 단계이다. 상담자는 진단 후 충분한 시간을 가지고, 관련문헌이나 관련사례를 참고한다.

마. 5단계(상담)

문제해결을 위해 상담자가 일반화된 방식으로 내담자를 조력하는 단계이다. 내담자가 상담자의 다양한 기법에 의한 조력을 통해 상담에서 배운 학습된 내용을 모든 문제 상황에 성공적으로 적용할 수 있도록 하는 재교육 과정이다.

바. 6단계(추수지도)

상담에서 학습했던 것을 실제생활에 적용할 때 이루어지는 발전에 대해 격려하고 재평가하며 점검하는 단계이다. 상담효과를 평가하고자 할 경우나 상담 종료 후 일정한 시기가 지난 후에라도 유지되고 있는가를 확인하거나 내담자의 문제가 재발하였을 경우에 실시된다.

② 상담 기술

효과적인 상담을 위하여 다섯 가지의 상담 기술을 적용하는데 첫째, 동조를 구하기, 둘째, 환경을 변화시키기, 셋째, 적절한 환경을 선택하기, 넷째, 필요한 기술을 습득시키기, 다섯째, 태도 바꾸기 등이 있다.

2) Rogers의 인간중심적 상담이론

(1) 개요

인간중심 상담(Person Centered Counseling)이론은 무의식의 분석으로 문제의 원인을 찾아 치료하였던 정신분석학적 접근과 자극과 반응으로 인간의 모든 행동을 설명하려든 행동주의에 반동으로 발달되었다. 초기(1940~1950)에는 치료자 중심의 지시적이고 명령적인 상담에 대응한 '비지시적 상담'이라고 하였고, 이후(1950~1957) "심리적 도움을 원하는 사람들은 자신의 삶을 지시할 수 있는 책임감이 있다"고 보는 '내담자중심 상담'으로 명명하였다. 이론의 적용단계(1957~1975)를 거쳐 최근(1975~)에는 상담관계에서 공감적 과정을 바탕으로 하는 과정을 가장 중시하는 '인간중심 상담'으로 불리고 있다. 인간중심 상담이론에 기여한 주요인물로는 창시자인 Carl Rogers와 인간욕구 5단계설을 주장한 미국의 심리학자인 Abraham Maslow가 있다.

(2) 주요 개념 및 이론

① 인간관

인간을 기본적으로 합리적이고 건설적이며, 합목적적인 존재로 보고, 또 사회적, 미래지향적 존재로 자기실현의 의지와 선한 마음을 가지고 태어난다고 보았다. 즉, 인간은 자신의 삶을 자유로운 자기의사에 따라 창조해 나가는 존재로 그 본질은 선한 존재라는 인간본능에 대한 무한 신뢰가 바탕이 된다.

② 기본 철학

인간은 어떻게든 자신의 자유로운 의지에 따라 행복하고 가치 있는 삶을 선택하여 살 수 있는 가능성을 가지고 있으며, 그것을 통해 누구나 충분한 기능을 다하려는 성향이 있다고 보는 긍정적인 인간관에서 출발한다. 따라서 인본주의를 사상적 배경으로 하는 인간중심 상담은 상담 혹은 심리치료를 인간본질 속에 이미 내재하고 있는 잠재능력을 억압되고 왜곡된 현상으로부터 자유롭게 해방시켜 줌으로써 성숙한 한 개인으로의 성장을 도와주는 것에 초점을 맞춘다.

③ 주요 이론

- 내담자는 심리적 부적응 문제를 인식할 수 있고, 그 요소들을 스스로 자각할 수 있는 잠재력과 그것을 해결할 수 있는 상태로 향할 능력과 경향성이 있다고 본다. 정신건강은 이상적 자아와 현실적 자아가 일치를 이룰 경우 적응적 건강한 상태를 말하며, 부적응은 자기가 되고자 하는 자아와 현재의 자아 사이의 불일치의 결과이다.
- 인간중심 상담에서 상담자가 갖추어야 할 태도는 진실성 혹은 일치성, 내담자에 대한 무조건적 긍정적 존중, 공감적 이해이며 현재 순간과 감정의 표현 그리고 경험에 초점을 둔다.

- Rogers는 점차 '자기완성'을 지향하여 성장해 나가는 인격의 특성을 다음 네 가지로 설명하고 있다. 첫째, 내담자가 현실을 왜곡시키지 않고 객관적으로 실재 그대로의 현실을 인식할 수 있도록 하여 자신의 체험에 개방적인 자세가 되도록 한다. 둘째, 내담자가 자신의 독특하고 잠재되어 있는 능력을 인식하여 스스로 신뢰감을 가질 수 있도록 한다. 셋째, 내담자가 존재하는 자신의 문제들을 자신의 내면에서 찾아낼 수 있도록 촉진하여 타인의 관점에서 평가가 아닌 자신의 독특성에 근거하여 자기 평가를 할 수 있도록 한다. 넷째, 내담자의 자기성장은 성취의 의미보다 내면에서 끊임없는 성장의 과정이 촉진될 수 있도록 자신에게 헌신할 것을 격려한다.

(3) 상담의 목표

인간중심 상담의 궁극적 목표는 내담자 중심의 관점에서 내담자가 완전히 기능하는 인간(fully functioning person: 최적의 심리적 적응, 최적의 심리적 성숙, 완전한 일치, 경험에 완전히 개방되어 있는 사람)이 되도록 조건을 조성하는데 있다. 그 방법으로 내담자가 자신의 환경에 지금까지 부정적으로 왜곡된 지각을 수정하고, 자아성장을 방해하는 장애물을 인식할 수 있게 한다. 그리고 내담자에게 현실적 경험과 자아개념간의 조화를 이루며, 능력과 개성을 최대한 발휘할 수 있는 안전한 환경을 제공하여 자기성장을 지향하는 인격체를 만드는데 있다.

(4) 상담의 과정

- **1단계**: 내담자가 상담자에게 도움을 요청한다.
- **2단계**: 상담자와 내담자 사이의 상담 관계, 절차 등에 대한 정의를 한다.
- **3단계**: 내담자가 자신의 문제에 관련된 자기감정을 언어나 동작으로 점점 자유스럽게 표현하도록 지지한다.
- **4단계**: 내담자가 표출하는 부정적 감정이 내담자의 경험과 자이개념 사이의 모순임을 알게 하여 그 자체를 수용, 인정, 명료화한다.

- **5단계**: 내담자는 상담자의 무조건적, 긍정적 존중 때문에 점차 긍정적 감정을 수용, 인정, 명료화한다.
- **6단계**: 내담자는 과거에 자각하지 못했던 왜곡된 부정적 감정과 긍정적 감정을 완전히 자각하는 경험을 통해 자기이해와 자기수용의 통찰이 이루어진다.
- **7단계**: 내담자는 자신의 문제행동에 관한 다양한 대안을 탐색한다.
- **8단계**: 내담자는 점차 자아체계의 재조직이 일어남으로 바람직하고 긍정적인 사고와 행동을 하기 시작한다.
- **9단계**: 내담자는 위협을 느끼지 않고 생활 장면에 대해 더욱 정확하고 완전한 분별을 하게 된다.
- **10단계**: 내담자는 계속되는 무조건 긍정적 자기존중감을 느끼며 깊은 성찰을 통해 긍정적 사고와 행동을 더 많이 하게 된다.
- **11단계**: 내담자는 문제의 증상이 감소함을 느끼고 덜 불편해진다.
- **12단계**: 내담자의 행동은 한층 창의적이고 고유하며, 자기 자신의 목적과 가치를 깨닮음으로써 도움을 더 이상 필요로 하지 않는 지각된 자아와 이상적 자아간의 불일치를 해소한다.

3) Cormier와 Hackney의 상담모형

전환기 성인을 대상으로 한 상담에 유용하게 적용될 수 있는 Cormier와 Hackney의 상담모형은 상담관계가 근원적으로 발달적이라는 가정을 전제로 다섯 단계의 상담과정을 제시한다. 그 내용은 관계형성, 측정, 목표설정, 교육, 종결과 추후지도이다. 구체적인 내용은 다음과 같다.

(1) 관계형성

관계형성은 거의 대부분의 상담현장에서 통용되는 친밀감 형성으로 내담자와 상담자 간의 긍정적인 관계를 형성하는 것이다. 이 과정에서는 상담자의 감정이입, 진실성, 그리고 긍정적 관심 혹은 존경의 자세가 강조된다. 왜냐하면 긍정적인 관계형성이 성공적인 상담의 바로미터(barometer)가 되기 때문이다.

(2) 측정

측정은 문제를 해결하기 위한 정보를 수집하기 위하여 개방형이나 폐쇄형의 질문기법을 상황에 맞게 적절히 사용하여 문제의 범위, 현재의 생활상태, 가족력, 개인력(병력, 교육, 군대, 직업, 성, 결혼) 등 필요한 정보를 수집하는 단계이다. 여기에는 구체적으로 인지, 행동, 대인관계 문제의 구성요소, 영향을 주는 사건의 패턴, 문제의 심화, 그리고 내담자의 대처기술, 장점 등이 포함된다.

(3) 목표설정

목표설정은 상담이 어디로 가고 있는지를 명확하게 하는데 필요하다. 그리고 목표설정은 성취하고자 하는 동기를 부여하고, 효과적 목표달성을 위한 바람직한 방법을 습득하게 하는 측면에서 교육적이며, 과정과 결과를 평가하여 수정하거나 재도전하게 하는 기능을 하게 한다. 따라서 상담자는 내담자에게 문제에 대한 직면, 성공적인 상상과 가시화, 역할연기 등의 기술을 전개하여 내담자가 스스로 동의한 목표설정을 할 수 있도록 하여야 한다.

(4) 교육

상담과정에서 핵심이 되는 부분으로 적절한 교육을 선택하는 것은 상담자의 이론적 성향을 반영하는 것이 된다. 교육을 선택할 때는 상담자 자신의 선호도뿐만 아니라 내담자의 요구를 고려할 수 있는 융통성이 필요하다. 대부분의 상담자들이 선호도에 따라 선택할 수 있는 교육적 이론배경으로 다음 네 가지를 들 수 있으나 문제 및 내담자의 특성에 따라 고정되지 않고 상황에 맞는 교육적 이론배경을 선택할 수 있는 유연성이 필요하다.

① 내담자가 감정에 초점을 맞추도록 하는 정서적 교육

② 내담자가 그들의 신념체계를 변화시키도록 하는 인지적 교육

③ 내담자 자신의 부적응적 행동을 좀 더 바람직한 것으로 대치하는 것을 돕는 행동적 교육

④ 내담자 자신을 발견하는 체계를 변화시킬 수 있도록 체계적 교육

(5) 종결과 추후지도

상담자나 내담자가 상담관계가 곧 끝날 것이라는 것을 결정하는 단계이다. 이때 종결의 이유를 막론하고, 상담의 성과를 내담자의 생활전체에 주는 영향까지 내담자와 상담자가 측정할 수 있어야 한다. 추후지도를 계획하여야 할 필요가 있고, 그 때의 상황에 따라서 필요하다면 다른 상담자에게 의뢰하는 것도 고려해야 한다.

다른 종결전략 중 하나는 정기적인 점검 형태의 치과모형을 사용하는 것이다. 치과모형은 환자가 정기적으로 치과에 들러 치아관리를 받아 건강한 치아 상태를 유지하듯 상담에 있어서도 정기적인 점검으로 상담자와 내담자 간의 정서를 가깝게 유지해 줌으로써 상담 후에 내담자의 일상에 어떠한 진전이 있었는지 알 수 있게 하여 추후지도를 가능하게 해 준다.

3. 자기성장 창의성 프로그램의 이해

1) 자기성장 창의성 프로그램의 필요성

현대사회를 지식기반 경제사회, 정보화 사회 또는 글로벌 사회라고 부르는 것은 경제의 글로벌화, 테크놀로지의 빠른 변화라는 현대사회의 특성이 있기 때문이다. 현대사회의 특성은 IT산업 발전에 따른 급격한 지식확장, 의학발전에 따른 고령화 사회, 글로벌화에 따른 다양한 문화유입 등으로 지식과 기술의 수명을 끊임없이

단축시키고 있다. 사회현상의 급속한 변화는 이제까지와는 다른 삶의 양식, 사회구조, 교육문제 등의 변화와 그리고 사회 구성원들의 가치관에도 새로운 변화를 일으키게 되었고, 국가 및 사회는 물론이고 개개인에 이르기까지 새로운 사회적 적응을 요구하고 있다.

급속한 변화의 사회에서 적응하고 살아남을 수 있기 위한 조건으로 새로운 지식과 기술의 끊임없는 습득, 그리고 수많은 정보 가공능력을 요구하고 있고, 다양한 관점에서의 생각과 독창적 아이디어를 가지고 새롭게 변화하는 시대에 효율적으로 대처하기를 기대하고 있다. 이와 더불어 미래를 통찰할 수 있는 감각을 지니고 자기관리를 할 뿐만 아니라 타인 및 공동체를 배려하며 집단 구성원들을 이끌어 나갈 수 있는 창의적 인재 또는 창의적 리더십(creative leadership)을 갖춘 개인을 요구하고 있다.

이러한 시대적 요구에 대한 대안으로 평생교육의 필요성이 강조되고 있음은 이미 알고 있는 사실일 것이다. 평생교육 시대의 성인학습자로서 성인들은 개인의 차별화된 경쟁력으로 시대에 적응하고, 궁극적으로 자기계발 혹은 자기성장을 위한 노력을 할 필요가 있다. 따라서 성인학습자들에게 다양한 관점의 창의적 사고와 미래를 통찰할 수 있는 감각, 그리고 타인 배려와 공동체를 이끌어 나갈 수 있는 창의적 리더십 개발을 위해 '자기성장 창의성 프로그램'을 제안하고자 한다.

2) 창의성의 개념과 구성요인

(1) 창의성의 개념

Guilford(1959)는 창의력이란 새롭고 신기한 것을 낳는 힘으로 설명하면서, 확산적 사고를 창의력의 핵심으로 강조하였는데, 그 하위 요소에는 문제에 대한 민감성, 사고의 유창성, 사고의 융통성, 사고의 독창성 및 정교성, 재구성 능력, 분석력, 종합력, 통찰력 등으로 제시하였다. 또한 Torrance(1966)는 창의성을 새롭고 독특한 아이디어와 완전히 다른 관점에서 새로운 시각으로 보는 능력이라고 정의하였고,

Stermberg(1985)는 창의성에 대하여 무엇인가 새롭고, 문제 상황에 적절한 것을 만들어 낼 수 있는 능력이라고 설명을 한 바 있다. Taylor(1988)는 창의성을 언급하면서 특정한 목적을 가진 집단에 의하여 지속적으로 유용하고, 만족할 만한 것으로 여기어지는 신기한 그 무엇을 만들어 내는 과정이라고 하였으며, Hennessey와 Amabile(1988) 그리고 Ochse(1990)는 창의력을 새롭고, 적절한 것을 만들어 내는 개인의 능력이라고 하였다.

이와 같이 창의성에 대해 말하는 학자들의 수가 많아 그 정의에 대해서 한마디로 설명하기 어렵지만, 현재 국내외의 창의성 연구자들의 연구에서 보면 적어도 개념적 수준에서의 창의성은 새롭고(또는 독창적) 유용한(또는 적절한) 유 · 무형의 산출물을 만들어 내는 능력이라는 데는 동의하고 있으며(이경화, 2011), 창의성은 개인의 정의적 성향과 인지적 능력, 환경(상황) 및 과제와 상호작용을 해서 결정되는 것으로 보고 있다(김혜숙, 1999; 송인섭 · 김혜숙, 1999; 이경화, 2002a, 2002b, 2011; 전경원, 2002; Sternberg & Lubart, 1999).

본서에서 창의성의 개념은 시대적 상황에 비추어 새롭고, 독특하며, 적합한 산출물을 생성해 낼 수 있는 개인의 능력과 성격이 통합된 구성요인으로 사회문화적 환경과 상호작용한다는 통합적 관점(이경화, 2002a)의 의미를 가지고 있다.

(2) 창의성의 구성요인

창의성의 개념에서 창의성을 이루고 있는 여러 요소들을 다양한 연구자들의 관점대로 알아보았다. 여기에서는 이경화(2011)가 제안한 창의성의 개념을 기초로 창의성의 세 가지 요소인 인지적 요소, 성향적 요소, 동기적 요소를 창의적 능력과 창의적 성향으로 나누어 설명한다. 창의적 능력의 구성요인으로 유창성, 융통성, 독창성, 상상력, 민감성(수렴적), 정교성 등 여섯 가지와 창의적 성향의 구성요인으로 호기심, 민감성(성향적), 과제 집착력, 유머, 독립심(모험심), 문제해결적 리더십 등 여섯 가지를 더 하여 모두 열두 가지의 창의성 구성요인을 다시 인지적 요소, 성향적 요소, 동기적 요소로 구분하여 다음에서 설명한다.

첫째, 창의성의 인지적 요소로는 아이디어를 분화시키며, 어떤 대상이나 문제에 대한 생각을 다양하게 하는 능력인 확산적 사고로 유창성(많은 아이디어 산출), 융통성(다양한 범주의 아이디어 산출), 독창성(독특한 아이디어를 산출)과 상상력 · 시각화 능력(마음의 눈으로 사물을 그릴 수 있는 능력) 그리고 유추 · 은유적 사고(둘 이상의 사물이나 현상들에서 내적 관련성을 알아내는 능력) 등으로 사고의 확장을 가능케 하는 요소들이 있다. 또한 창의적 문제를 해결하기 위해서 얻어진 아이디어들을 분석하고, 비판적인 관점에서 문제를 다시 보게 하는 능력의 수렴적 사고는 합리적인 결론을 끌어 내는 능력인 정교성(논리 · 분석적 사고)과 객관적이고 타당한 근거에 입각한 비판적 사고, 그리고 실제 문제를 해결해 나가는 과정에서의 응용할 수 있는 능력인 문제해결력(민감성) 등으로 이루어져 있다.

둘째, 창의성의 성향적 요소에는 창의적 사고능력 못지않게 중요한 개인의 성격, 태도, 정서가 창의적인 사람으로 만드는 요인으로 작용하며, 이런 다양한 성향적인 요인들 중에는 독립성과 개방성을 들 수 있다. 여기서 말하는 독립성은 모험심이나 개척자 정신인 용기와 자신만의 원칙에 따라 자기 주도적이며, 자신을 통제하는 자율성, 유연한 생각과 재치가 넘쳐나고, 독특한 사고를 할 수 있는 독창성이 포함되어 있다. 개방성에는 모든 가능성에 대하여 항상 열려 있는 자세와 어떤 상황이나 대상에 대한 관찰 혹은 관심의 정도를 나타내는 예민성, 다양한 관점의 아이디어를 수용하는 다양성, 패러디한 생각을 하며 그 모순 속에서 새로운 아이디어를 산출할 수 있는 복합성, 마지막으로 정서적으로 안정되어 있고, 타인과의 관계에서 공감할 줄 알며 이를 통하여 새로운 영역을 탐색할 수 있는 감수성 등이 있다.

셋째, 동기적 요소에는 창의적인 활동에 몰입하기 위해서 필요한 내재적 성취동기를 갖는 것으로 항상 생동감 있게 주변의 사물이나 문제에 대하여 끊임없는 의문을 제기하고 스스로 답을 찾아가는 호기심, 어떤 어려운 일이라 할지라도 어려움을 파헤쳐 가는 과정 자체에 집중하기 위하여 분명한 목표의식과 도전과 기술의 조화, 즉각적인 피드백이 있을 때 일어나는 과제집착력(몰입) 등이 있다.

3) 창의적 리더십의 개념과 구성요인

(1) 창의적 리더십의 개념

현대사회에서 요구되는 리더의 특성을 살펴보면, 리더는 인지적 능력을 갖추고, 창의적으로 아이디어를 창출해 내며, 다각적으로 복잡한 문제를 해결하고 제시할 수 있으며, 새로운 가치를 다른 사람에게 설득시키는 의사소통 능력을 갖추어야 한다. 이러한 리더가 인지적 능력과 창의적 잠재력을 가지고 있으며, 조직구성원들 또는 팀장들의 창의적 잠재력을 자극할 수 있는 창의적 리더라고 할 수 있다(오승미, 2010; 이경화 외, 2009).

Makri와 Scandura(2010)의 연구와 조직창의성연구회(2007)는 창의적 리더를 설명하면서 창의적 리더는 창의적 잠재력을 가지고, 조직구성원들의 잠재되어 있는 창의성을 자극할 수 있는 능력을 가진 리더라고 하였다. Nanus(1990)는 복잡하고 급변하는 시대에 바람직한 지도자가 갖추어야 할 자질로 미래를 예견할 줄 아는 직관력과 창의성을 가지고 창의적 리더십을 발휘하는 사람을 꼽았다. 이경화(2009)는 현대사회에서 필요로 하는 리더의 특성으로 인지적 능력을 갖추고 창의적으로 아이디어를 창출해 내며, 새로운 가치를 다른 사람에게 설득시키는 의사소통 능력을 주장하였다.

본서에서 창의적 리더십이라 함은 창의적인 아이디어를 창출할 수 있는 인지적 능력과, 다른 사람들에게 새로운 가치를 설득시키는 의사소통 능력, 그리고 다양한 문제를 창의적으로 해결하여 집단을 성공적으로 이끌 수 있는 능력을 말한다.

(2) 창의적 리더십의 구성요인

창의적 리더십은 창의적인 능력과 함께 창의적인 태도 혹은 창의적 성향이 사회 환경과 상호작용하여 창의적인 사람이 어떻게 자신과 조직 혹은 사회에 공헌할 수 있는지를 보여줄 수 있는 도구라고 할 수 있다. 이러한 도구가 어떠한 재질과 부품들로 이루어져 있는지를 알아보고 그 사용법에 익숙해져야 할 것이다.

창의적 리더십의 구성요인을 몇몇 연구들을 통하여 정리하면 다음과 같다.

Sisk(1993)는 상호작용적, 창의적 리더십 모형(Interactive Creative Leadership Model)을 설명하면서 미래에 대한 비전, 위험을 감수하려는 용기, 창의적 행위에 대한 몰두, 창의적 리더가 되기 위한 자신의 능력에 대한 인식과 평가가 포함된 재능 인정 등으로 구성되어 있다고 하였다. 오종철과 양태식(2010, 재인용)의 연구에 의하면, 리더십과 창의성의 정도에 따라 네 가지 형태의 리더십 역할을 구분하였는데 그 내용은 리더십과 창의성 모두 정도가 높은 리더를 창의적 리더, 리더십의 정도는 높지만 창의성이 낮은 리더를 효율적인 리더, 리더십의 정도는 낮고 창의성의 정도는 높은 리더를 몽상가형 리더, 마지막 하나는 리더십과 창의성이 모두 낮은 리더를 소질이 없는 리더라고 정의하였다. 그들은 또 창의성 발현의 중요한 새로움에 대한 개인의 내재적 동기와 창의적 사고 기술이 개인적인 측면과 관계측면의 특성으로 상호작용하게 되면, 네 가지의 리더 역할이 구성된다고 하였다. 그 네 가지의 창의적 리더의 역할은 [그림 8-1]과 같이 도전가, 아이디어 생성자, 후원자, 촉매자 등으로 나타냈다.

	개인	관계
내적동기	도전가 (Challenger)	후원자 (Sponsor)
창조적 사고기술	아이디어 생성자 (Idea Generator)	촉매자 (Catalyst)

[그림 8-1] 창의적 리더의 네 가지 역할

* 출처: 오종철 · 양태식(2010), p. 133.

또 다른 연구에서 이경화 외(2009)는 창의적 리더십이란 지배적이거나 권위적인 리더십과는 다르게 급변하고 사회적 가치가 다양한 지식기반 사회에서 요구하는 리더십으로 같은 집단의 정서와 다양한 관계를 이해하고, 자생적 사고에 의한 창의적 의사결정 활동을 주도적으로 수행하는 능력이라고 주장하였다.

그리고 창의적 리더십의 구성요소로 개인적 리더십, 사회적 리더십, 문제해결 리더십을 제시하였는데 첫째, 개인적 리더십은 자신만의 원칙에 따라 자기 주도적이며, 자신을 통제하는 초인지(meta cognition) 차원에서 설명될 수 있다.

둘째, 사회적 리더십은 타인의 말을 끝까지 경청하고, 공감, 지지를 통해 유용한 커뮤니케이션의 능력과, 인간 자체를 이해하며, 구성원들이 함께 성장할 수 있도록 도와주고 공유하는 것으로, 공동체의 목표를 향해 구성원들을 격려하고 이끄는 것을 의미한다.

셋째, 문제해결 리더십은 창의적 결과물을 산출하는 필요 요소로서 주변에 대한 지속적인 민감성과 호기심을 가지고, 문제의 목표를 명확하게 하고, 창의적인 사고, 배경지식, 과거의 경험 등을 활용하여, 해결방안과 실행하는 능력이라고 할 수 있다(김미희, 2010).

이상의 연구들과 이론을 토대로 창의적 리더십의 구성요인을 이경화, 유경훈(2010a)의 창의적인 리더십 구성요소인 개인적 리더십, 사회적 리더십, 문제해결 리더십에 기초한다. 이들 요소들을 다시 구체적으로 세분화하면 개인적 리더십 요인으로 자기관리, 건설적 사고, 사회적 리더십 요인으로 타인존중, 공동체 배려, 그리고 문제해결 리더십 요인으로 창의적 태도, 인지적 능력, 의사 결정력 등으로 구분할 수 있다. 그리고 그 하위 요인에는 비전과 추진, 자기연습, 자기통제, 자기기대, 유머감각, 배려하기, 존중하기, 도와주기, 협력하기, 창의적 능력, 창의적 성향, 인지적 기술, 과제 책임감, 의사표현, 문제해결력 등 구성요인이 있다.

4. 창의적 사고기법과 자기성장 창의성 프로그램

1) 창의적 사고기법의 개념

현대사회가 창의성의 중요성이 부각되면서 창의성 혹은 창의적 능력 계발을 위한 다양한 창의적 사고기법들이 출현하기 시작하였고, 창의적 사고와 관련하여 많은 연구들도 발표되고 있다. 창의적 사고와 관련된 문헌과 연구로 김경자(1997), 이경화, 유경훈(2010b), 이경화, 유승희(2010), 이경화, 한남주, 임경희(2011), 임귀자(2011), Guilford(1967), Torrance(1963), Urban(1995), Williams(1980) 등의 연구들을 들 수 있다. 이 외에도 창의성 연구 분야 중 창의적 사고 혹은 창의적 사고기법은 가장 많이 연구되고 있는 주제 중의 하나이다.

연구의 공통된 사항을 정리해 보면, 창의적 사고는 주로 인지적, 정의적, 환경적 요인들과 관계되어 있다. 그 하위 요소로 첫째, 유창성, 융통성, 민감성, 신기성, 독창성, 상상력, 정교성 통합성, 분석력, 복잡성 등의 인지적 요인과 둘째, 사고와 판단에서의 자율성, 호기심, 몰입, 용기, 직관적 태도, 모험심, 애매모호함에 대한 인내, 끈기와 집착력, 개방성, 내적 동기, 위험감수의 모험심 등 정의적 요인이 있다. 셋째, 환경적 요인으로 창의적인 연구 활동을 지원하는 물리적 · 심리적 환경과 허용적이고 개방적인 학습 분위기가 있다.

최근에 들어 일상에서의 창의성을 통합적인 관점으로 언급하고 있는데 이는 개인의 창의적 사고와 특성이 환경과 상호작용하여 각 과제 영역별로 창의적 산출이 가능하다고 보는 것이다. 이런 통합적 관점은 개인이나 집단에서 창의성의 요소들을 효과적으로 이끌어 내기 위하여, 다양한 창의적 기법들을 계발하거나 연구하는데 동기부여가 되고 있다. 학교 또는 기업교육 현장에서 실제 널리 알려진 창의적 사고 기법 몇 가지를 소개하면, 첫째, 자유연상적 접근 방법으로 브레인스토밍, 마인드 맵, 희망열거법, 연꽃기법, 스캠퍼 등이 있다. 둘째, 강제결합(강제연상)적 접근 방법으로 강제결합법, 속성열거법, TRIZ, 매트릭스법, 형태분석법 등이 있다. 셋째, 유추발상적 접근방법으로 시네틱스, 개인 · 환상 · 상징 유추법, 고든법, 육색사고 모자, 두 줄 생각 등이 있다. 넷째, 통합적 사고 접근방법으로는 SWOT, PMI, CPS, Six sigma, 창의적인 칼럼쓰기 등이 있다. 다섯째, 창의적 태도(성향)의 접근방법으로 거꾸로 생각하기, 창의연극, 납작한 나의 여행, Black breaker, Role play 등을 들 수 있다.

2) 자기성장 창의성 프로그램의 개념

인간의 성장은 과거의 부정적인 갈등으로 생겨난 심적 상처를 치료함으로써 자신의 잠재력을 드러내고 과거나 현재보다 더 나은 자기완성을 해 나감으로써 변화하는 것을 의미한다. 자기성장 프로그램은 특정한 대상이나 특정한 문제를 대상으로 한 비구조화 상담 프로그램과는 구분되며, 자기이해, 자기수용, 자기개방이라는 세 단계의 순환적 과정을 경험시킴으로써 생산적인 인간관계로 발전시킬 수 있다(이형득, 1998).

Conger(1992)는 자기성장 프로그램을 개인성장에 중점을 둔 리더십 프로그램이라고 하였고, Darkenwald와 Merriam(1982)은 자기성장 프로그램을 개인의 자기실현을 위한 성인교육 프로그램이라 하였다. 이는 자기성장 프로그램이 아동이나 청소년들 뿐만 아니라 성인을 대상으로 평생교육 차원에서도 학습될 수 있음을 의미한다.

자기성장 전문가들은 자기성장 과정에 공통으로 제안하는 조력과정에서 자기성장의 구성요소로 자기탐색, 자기이해, 자기수용, 자기개방의 순으로 말한다(윤홍섭 · 이형득, 1982; Carkhuff, 1970; Gazda, 1973; Shostrom, 1979; Wiber, 1975). 이러한 구성요소들을 고려하여 전문적인 자기성장 프로그램의 구성요소에는 개인이 자기성장에 필요한 구성요소를 반영해야 하는데 자기성장의 구성요소를 어떤 한 가지의 단일요소로 볼 수 있는 것은 아니다. 왜냐하면 자기는 몸과 마음 그리고 자기개념(금지와 허용), 감각한 것(마음과 몸의 상호작용), 사회관계(타인들과의 상호작용)와 같이 여러 부분과 생태체제 속의 여러 다른 요소들과도 복합적이고 유기적인 상호작용의 과정에서 형성되는 것이기 때문이다.

따라서 '자기성장 창의성 프로그램'은 자기주도적 학습을 하는 성인의 특성을 살려, 일상과 직업의 세계에서 독창적인 아이디어를 산출하는 창의적 사고와 창의적 리더십을 개발하는 교육프로그램을 말한다.

3) 자기성장 창의성 프로그램의 실제

'자기성장 창의성 프로그램'의 구성은 이경화(2011)가 개발한 창의적 사고기법을 성인용으로 재구성한 응용모델과 기존의 자기성장 프로그램(윤홍섭 · 이형득, 1982)의 자기이해, 자기수용, 자기개방의 순환적 경험의 틀을 응용하였다. 그리고 전문적 원예치료(손기철 외, 2006)기법, Jung의 분석심리학에 기초한 미술치료(Riedel, 2008, 정여주 역)기법 및 콜라주 미술치료(이근매 · 아오키 도모코. 공저, 2012)기법, MBTI 성장 프로그램(김정택 · 심혜숙, 1998) 등을 기반으로 하였다. 여기에다 저자가 개발한 자기변화의 모험이라는 중재기법을 정의적 요소로 더하여 성인학습자를 대상으로 프로그램을 개발하였다.

프로그램 운영의 실제는 열여섯 개의 창의적 사고활동(연꽃기법, 스캠퍼, 희망열거법, 속성열거법, 색다른 용도법, 강제결합법, 시네틱스, 육색사고모자기법, 브레인스토밍: 창의적 분임토의, SWOT분석, PMI분석, 두뇌활용법, 창작연극: 역할연기, 자기분석, 원예치료기법, 미술치료기법 등)으로 이루어진다. 다음에서 프로그램 실행 교안 내용을 일부 소개한다.

매회기 프로그램 시작 도입부 워밍업(동영상시청, 유머, 게임, 저널소개 등)과 회기별 프로그램 개념 익히기를 강의식 진행으로 창의성과 자기성장에 대한 개념적 이해를 돕는다. 그리고 창의적인 사고기법을 익히기 위해서는 성인들의 일상에서의 현실적인 문제를 주제로 개인, 가족, 직장, 또는 사회적 이슈, 그리고 생활의 지혜 등을 다루기 위해 창의적 사고기법으로 실습한다. 회기의 종결부에서는 활동소감을 자기반성적 일기 형태로 작성하도록 하고, 끝으로 창의성과 관련한 정보, 유머, 수수께끼, 퀴즈 등을 차기 도입부에서 소개할 수 있도록 미션을 예고한다. 이와 같이 자기성장 창의성 프로그램의 구성은 도입, 강의(이론적 관점의 접근), 활동(학습자의 참여: 창의적 기법), 반성적 저널, 추수지도(경과조치: 프로그램 평가 및 교육효과에 따른 인터뷰) 등 모두 10회기로 구성되어 있다(황성용, 2014).

기존의 '자기성장 프로그램'과 '자기성장 창의성 프로그램'의 다른 점은 창의적 사고 요소가 자기성장 프로그램 전 과정의 진행내용에 적용되어 있다는 점이다. '〈표 8-1〉 프로그램 전체'와 '〈표 8-2〉 9회기'에서 '자기성장 창의성 프로그램' 사례를 볼 수 있다.

표 8-1 자기성장 창의성 프로그램(전체)

회기	도입	이론수업	학습활동 및 창의성 활동	활동목표
1	전체 프로그램 진행개요 설명	■검사 오리엔테이션 ■창의성 교육프로그램 소개 ■평생교육 시대와 창의성	* MBTI 성격유형검사 * 통합창의성 검사 * 창의적 리더십 검사	오리엔테이션 사전검사 창의성의 이해(1)
2	창의적 인물소개	■성인기에 왜 창의성인가? ■평생직업 만들기(탐색) ■창의적 사고의 함양	*직업흥미검사 (STRONG)	창의성의 이해(2~3)
3	유머(1)	■창의성과 윤리 ■직업흥미와 창의성 ■연꽃기법, 스캠퍼의 개념	* MBTI 검사결과 프로파일 해석 ◆ 연꽃기법 ◆ 스캠퍼	성격유형이론 개괄적 이해 창의성의 이해(4) 자유연상 접근
4	착시그림 분석	■브레인스토밍의 개념	◆ 브레인스토밍 – 창의적 분임토의 – Post it – Fist to five – Gallery walk – Dotting	자유연상 접근
5	수수께끼 패러독스 이해	■희망열거, 속성열거의 개념 ■결점열거, 속성전이의 개념 ■시네틱스의 개념 ■SWOT, PMI의 개념	◆ 희망열거법 ◆ 속성열거법 ◆ 시네틱스 ◆ SWOT분석 ◆ PMI분석	자유연상 접근 유추발상 접근 통합사고 접근
6	단어연상	■육색사고 모자기법 개념 ■강제결합법, 색다른 용도 개념	◆ 육색사고 모자 ◆ 강제결합법 ◇ 색다른 용도법	통합사고 접근 강제연상 접근
7	유머(2)	■원예치료의 개념	◈ 원예활동과 창의성 – 토피어리 – 테라리움	통합사고 접근 심리적 안녕감 집중력, 자존감 향상
8	유머(3)	■미술치료의 개념	◈ 미술치료와 창의성 – 꼴라주(강제결합)	강제결합 응용 접근 인간관계 덕목 창의성의 응용
9	동영상 시청 문장완성	■MBTI에 대한 이해 – 자기 탐색적 이해와 다름의	◈성격유형의 이해 – 성격유형과 창의성	정의적 특성 접근 대인관계 개선

		이해 및 타인이해 – 자기와 다른 모든 것에 대한 수용 – 자기 변화의 계획	– 4가지 선호척도 – 심리적 기능이해 – 성격유형과 창의적 리더십 ◆ 창작연극(역할연기)	자기통찰 창의적 리더십 이해
10	T자 퍼즐	▪두뇌 활용의 개념 ▪창의성을 통한 자기성찰 – 역할연기 개념 ▪창의성의 함양(응용)	◇ 두뇌활용법 * 통합창의성 검사 * 창의적 리더십 검사	창의적 자기 통찰 사후검사 프로그램 마무리와 총평

주: ◆ 창의적 사고기법, ◇ 창의적 사고 응용기법, ◈ 창의적 성향 관련 기법.

표 8-2 창의성의 정의적 특성 접근(인간관계 기술/창의성 응용편)

교육목표	
교육목표	• 성격유형의 이해를 통하여 대인관계에서 자신과 타인의 서로 다름을 수용(긍정심리)하고, 자기성장을 위해 심리적 기능의 활용과 개발을 할 수 있다(자기통찰). • 자신의 심리적 유형기능에 따른 창의적 리더십과 창의성 이해함. • 창의적인 방법으로 대인관계, 부부관계 개선 및 노후계획 수립함. ※ 창의성 요인: 통합적 사고/분석적 사고/유창성/융통성/개방성/상상력 민감성/정교성/독창성/자발성

교육주제	교육내용	교육 방법	교육 시간	준비 사항
1일차			**총 180분**	
이론적 개념 (1)	*MBTI 성격유형에 대한 이해 – MBTI 소개 및 유형 지표 설명 – 성격유형 이론 개괄 *성격유형과 창의성	강의	80분	Hand-out
휴식			10분	
MBTI Dynamic(1)	* 4가지 선호척도별 그룹작업 – 속성열거: 자기유형 특성 탐색 – 거꾸로 생각하기: 양극의 척도 특성이해와 나의 열등기능 이해 – 시네틱스: 10대 자녀의 임신 – 연꽃기법: 여행계획 세우기	그룹 활동	90분	모조전지 마카펜 수성펜 활동지 투사기
2일차			**총 600분**	
이론적 개념 (2)	*심리적 기능 이해 – 성격기능(주/부/3차/열등기능) – 성격유형과 열등기능	강의 그룹 활동	180분 휴식포함	Hand-out

	- 성격유형과 리더십 - RC(River Crossing) Game			
중식	12:00~13:00		(60분)	
MBTI Dynamic(2)	*성격유형과 창의적 리더십 - 기능별 그룹작업: 주기능, 열등 기능의 강제연합으로 최적기능화 - 희망열거(1): 창의적 대인관계는?	그룹 활동	110분	모조전지 마카펜 수성펜 활동지 투사기
휴식			10분	
MBTI Dynamic(3)	- 희망열거(2): 이런 배우자였으면! - 강제결합: 노후계획(인생 2모작) - SOWT: 창의적 리더의 안전 성장, 위험지대 분석	그룹 활동	110분	〃
휴식			10분	
MBTI Dynamic(4)	· 창작연극(역할연기): 자기변화 의식(4가지 기질별 연출) - 참석자 전원이 역할 참여하는 프로그램 마무리 의식 퍼포먼스	그룹 활동	180분 휴식포함	참석자 준비
3일차			**총 180분**	
워밍업	*T자 퍼즐		10분	
창의적 사고 기법적용(8)	*두뇌활용의 개념 -좌뇌와 우뇌 활용에 대한 개념 *두뇌활용의 진단 - 두뇌활용 스타일 진단 - 장난감 제조회사의 R&D 계획 - 서로 다른 사고유형의 영향 - 자신과 타인의 사고방법 장단점 비교	창의성 활동	80분	진단지 해설서 지시문 모조전지 필기도구 마카펜
휴식			10분	
사후검사	- 검사 주의사항 - 통합창의성 검사 - 창의적 리더십검사	설명 검사 실시	50분	검사도구
마무리하기	- 자기성장 창의성 프로그램에 대한 주관적 평가 및 프로그램 총평 - 자기변화의 다짐 저널 작성	토의	30분	수료증

참고 문헌

김경자(1997). Cort I 프로그램 훈련이 창의성에 미치는 영향. 경성대학교 교육대학원 석사학위 논문.

김미희(2010). 성인의 창의적 리더십 검사 개발을 위한 탐색적 연구. 숭실대학교 대학원, 석사학위 논문.

김정택, 심혜숙(1998). MBTI 성장 프로그램 지도자 안내서 Ⅰ-Ⅱ. 서울: 한국심리검사연구소.

김혜숙(1999). 창의성 진단 측정도구의 개발 및 타당화. 교육심리연구, 14(4), 269-303.

손기철, 조문경, 송종은, 김수연, 이손선(2006). 전문적 원예치료의 실제. 서울: 쿠북.

송인섭, 김혜숙(1999), 창의성 개념정립을 위한 탐색적 연구-암시적 창의성 이론을 중심으로- 교육심리연구, 13(3), 93-117.

오승미(2010). 아동의 창의적 리더십과 자아개념간의 관계. 숭실대학교 교육대학원 석사학위 논문.

오종철, 양태식(2010). 창의적 리더십이 심리적 임파워먼트와 직무만족 및 구성원의 혁신행동에 미치는 영향. 한국기업경영학회, 17(4), 131-148.

윤호섭, 이형득(1982). 자기성장을 위한 학습 프로그램. 지도상담(계명대학교). 5, 1-46.

이경화(2002a). 4, 5세 유아의 창의적 능력과 창의적 성격. 교육심리연구. 16(3), 147-160.

이경화(2002b). 대학생의 창의적 능력과 창의적 성격탐색을 위한 기초 연구. 영재와 영재교육, 1(2), 47-68.

이경화(2009). 인지 · 창의 · 리더십 계발을 위한 글로벌리더 모형. 영재와 영재교육, 8(3), 23-41.

이경화(2011). 범교과에서의 창의 · 인성 수업모델 및 교원연수 프로그램개발. 한국과학창의재단.

이경화, 김윤경, 박춘성(2009). 교사용 유아 리더십 측정도구 개발을 위한 1차 타당화 연구. 창의력교육연구, 9(2), 18-46.

이경화, 유경훈(2010a). 유아 창의적 리더십 측정도구 개발. 교육방법연구, 22(2), 135-161.

이경화, 유경훈(2010b). "창의성과 문제해결" 수업이 대학생의 창의적 능력 향상에 미치는 효과. 영재와 영재교육, 9(3), pp. 5-20.

이경화, 유승희(2010). 글로벙 리더 프로그램이 유아의 인지 · 창의 · 리더십 향상에 미치는 효과. 교육심리연구. 24(3), 507-523.

이경화, 한남주, 임경희(2011). CPS적용 과학프로그램이 유아의 창의성과 과학적 지식 향상에 미치는 효과. 창의력교육연구, 11(1), 51-68.

이근매, 아오키 도모코 공저(2012). 상담자, 리치료사, 사회복지사, 교사를 위한 콜라주 미술치료(2판). 서울: 학지사.

이형득(1998). 자기성장 집단상담의 단계별 발달과정. 집단상담연구, 창간호, 35-62.

임귀자(2011). 창의성기법을 활용한 유아과학교육 프로그램 개발 및 효과. 박사학위 논문, 전남대학교.

전경원(2002). 창의성 개발프로그램. 서울: 학지사.

정여주 역(2008). 상상과 그림에 대한 대화: 융의 분석심리학에 기초한 미술치료(6판). 서울: 학지사(원전은 1992년 출판).

조직창의성연구회(2007). 창조적 리더. 서울: 파인트리.

황성용(2014). 자기성장 창의성 프로그램이 성인학습자의 창의성과 창의적 리더십에 미치는 효과. 창의력교육연구, 14(1), 71-93.

Carkhuff, R. R.(1970). *Helping and human relations: A primer for lay and professional helper*. Vol. I : Selection and training, New york: Holt, Rinehart & Winston.

Conger, J. A.(1992). *Learning to lead: The art of transforming manager into leader*. San Francisco: Jossey-Bass Publisher.

Darkenwald, G. G. & Merriam, S. B.(1982). Adult education: Foundations of practice. New York: Harper & Row Publisher.

Gazda, F. M.(1973). *Human relations development: A manual for education*. Boston: Allyn and Bacon, Inc.

Guilford, J. P.(1959). Traits of creativity, *in Creativity and its Cultivation*(ed.). H. H. Anderson, pp. 142-161, Harper, New York.

Guilford, J. P.(1967). *The Nature of Human Intelligence*, NY: Mcgraw-Hill.

Hennessey, B, A, & Amabile, T. M.(1988). The conditions of creativity. In Sternberg, R, J.(Ed.), *The nature of creativity: Contemporary psychological perspectives*(pp. 11-38). New York: Cambridge University Press,

Kukel, Hans(1939). *Die Lebensalter*. Anbieter: Leonardu.

Makri, M. Scandura, T.(2010). “Exploring the Effects of Creative CEO Leadership on Innovation in High-Technology Firms.” *The Leadership Quarterly*, *2*(1), 75-88.

Miller, H. L.(1967). *Participation of adults in education: A force field analysis*. Boston: Center for the study of liberal education for adults, Boston University.

Nanus, B.(1990). “Futures-Creative Leadership,” *Futurist*. May-June, 13-17.

Ochse, R.(1990). *Before the gates of excellence: The determinants of creative genius*.

New York: Cambridge University Press.

Shostrom, E. L.(1979). Actualizing therapy: Foundations for a scientific ethic. San Diego, CA.: EDITS.

Sisk, D. A.(1993). Leadership education for the gifted. In K. A. Heller, F. J. Monks, & A. H. Passow(Ed.), *International handbook of research and development of gifted and talent.* Oxford: Pergamon Press Ltd.

Sternberg, R. J.(1985), *Teaching Critical Thinking, part I* : Are we Making Critical Mistakes.

Sternberg, R. J. & Lubart, T. I.(1999). The concept of creativity: Prospects and paradigms. In R. J. Stemberg(Ed.), *Handbook of creativity*(pp. 3-15), NY: Cambridge University Press.

Taylor, C. W.(1988). Various approached and definitions of creativity. In R. J. Sternberg (Ed.), *The nature of creativity*(pp. 99-121). NW: Cambridge University Press.

Torrnace, E. P.(1963). Guiding Creative Talent. Englewood Cliffs, NJ: Prentice-Hall.

Torrence, E. P.(1966). *The Torrence Tests of Creative Thinking-Norms-Technical Manual Research Edition-verbal Tests, Forms A and B-Figural Tests, Forms A and B.* Princeton, NJ: Personnel Press.

Urban, K. K.(1995). *Test for creative thinking-drawing production.* Lisse, The Netherlands, Swet & Zeitlinger.

Wilber, K.(1975). Psycholigia perennis: The spectrum of consciousness. *The Journal of Transpersonal Psychology. 7*(2), 105-132.

Williams, P. E.(1980). *Creativity assessment packet.* NY: DOK.

Williamson, E. G.(1950). *Counseling Adolescents.* New York: McGraw-Hill Book Company.

제9장

평생교육 경영

1. 평생교육 경영의 이해
2. 평생교육 경영의 과정
3. 평생교육 경영의 관리

1. 평생교육 경영의 이해

일선현장에서의 평생교육기관 대다수는 민간차원에서 출발하여 국가적 지원을 받고 있는 학교교육기관과는 다르게 스스로 생존전략을 수립해야 하는 것이 현실이다. 또한 평생교육기관의 주체가 공적 혹은 사적임을 불문하고 교육활동을 하기 위해서는 필수적으로 인적·물적 자원을 다루게 된다. 따라서 평생교육기관이 교육 수요자로서 성인학습자를 대상으로 하는 한 한정된 자원을 효율적으로 활용하여 효과적인 교육성과를 낼 수 있어야 그 존립 자체가 보장된다. 이러한 점으로 미루어 보아 평생교육기관에서도 기관의 의도와는 관계없이 이미 어떤 식으로든 경영활동이 발생하고 있음을 말하는 것이다.

교육기관을 경영차원에서 본다는 것은 전통적 학교교육만이 교육의 전부로 인식되어 온 과거의 관점으로 볼 때, 생소하거나 교육이념에 반하는 바람직하지 못하다는 일부의 비판이 뒤따를 수 있다. 그럼에도 불구하고, 평생교육기관의 거시적, 미시적 목적을 구현하기 위해서 어떻게 생존할 것인가가 관심의 대상이 되는 것이 추세이기 때문에 평생교육기관의 윤리와 도덕을 전제로 경영적인 차원의 책무도 간과할 수 없다 하겠다.

이런 맥락에서 이 장에서는 첫째, '평생교육 경영의 이해'로 평생교육 경영의 기초를, 둘째, '평생교육 경영의 과정'에서 조직의 목적을 달성하기 위한 전략과 '평생교육 경영의 관리'에서 관리, 운영활동에 관하여 개략적으로 살펴보고자 한다.

1) 평생교육기관 경영의 개념

앞에서 언급한 것처럼 최근 들어 평생교육기관과 경영의 관계가 점차 밀접해지고 있다. '경영'이라는 용어는 주주들과 몇몇 소수의 극대이윤만을 추구하는 기업과 같은 사적 영리조직에만 적용되는 것이 아닌 국가나 정부, 행정조직, 병원, 학교 등 같은 공적 비영리조직에서도 적용되어 사용되어지기 때문에 다양한 함의를 가진다. 따라서 평생교육에서의 경영을 올바르게 이해하고 적용하기 위해서는 먼저 '평생교육'과 '경영'의 관계에 대한 명확한 개념 정립이 전제되어야 할 것이다.

(1) 평생교육과 경영의 개념

'평생교육 경영'의 개념을 이해하기 위해서는 복합적인 두 단어를 분리하여 '평생교육'과 '경영'이 각기 지닌 고유한 개념으로 살펴보는 것이 적절할 것이다.

첫째, '평생교육(lifelong education)'에 대한 개념은 1장에서 여러 학자들의 다양한 정의를 소개한 바 있지만, 필자의 개인적 견해로 정의해 보면, 평생교육이란 한 개인이 전 생애를 통하여 성숙한 인간으로 발달하는 과정에서 필요로 한 개인의 학습경험의 총 집합체이다. 구체적으로 가정, 학교, 사회 등 개인 삶의 전 영역에서 발생할 수 있는 모든 가르침과 배움으로 한 개인이 전인격적 자아실현의 욕구를 해결해 가는 과정으로 평생교육의 광의적 개념을 지지한다. 여기에는 전통적 학교교육도 포함되지만 현실적으로 우리나라는 '평생교육법'으로 평생교육에서 학교교육을 제외시키고 있다.

교육이라는 본질에서 보면 '평생교육'과 '교육'은 동일한 개념이거나 연속선상에 있는 것임에 다름이 없는데 우리나라는 사실상 교육을 '학교교육'과 학교 외에서의 교육으로 '평생교육' 혹은 '사회교육'이라는 용어로 분리하여 교육의 개념을 굳이 이원화해 놓고 있다. 이는 아직도 교육은 학교에서만 이루어지는 것이라는 과거의 강한 인식이 잔재하고 있음이라 생각된다. 이러한 관점은 주지적이고 미래지향적이기만 하거나 실제 생활과는 거리가 먼 평가위주의 학교교육과, 학습자의 지속적인 성숙을 위해서 일상에서 필요한 내용으로 학습자의 참여와 학습자 중심의 교육을 표방하는 평생교육간의 차이를 고착화하는 결과로 이어질 수 있다. 학교교육이 평생교육의 관점과 영역에 들어올 때 비로소 지금의 학교교육의 부작용으로 나타나는 입시위주의 지식전달, 끊임없는 경쟁구도에서 인성교육의 부재 등의 문제가 해결되는 계기가 될 것으로 기대된다.

둘째, '경영(management)'이라는 개념은 공동의 목적을 가진 조직이 투입물(인적, 물적, 금전적 자원)을 효율적으로 배분하여 산출물(단기적 목표, 궁극적 목적)을 효과적으로 만들어 내는 프로세스의 순환을 말한다.

조직이 경영활동을 통해 궁극적으로 추구코자 하는 것은 조직 수행성과의 효과성(effectiveness)과 수행과정의 효율성(efficiency)을 통해 극대이윤을 창출하고자 하는 것이라고 할 수 있다. 구체적으로 효과성이란 조직이 목표로 하는 산출물을 계획대비 얼마나 달성했는가를 의미하며, 효율성이란 한정된 자원 혹은 희소성의 자원을 어느 정도의 투입으로 얼마큼의 목표를 달성하였는가를 의미한다.

영리조직, 비영리조직을 불구하고 조직이 공동으로 추구하는 목표달성을 위해 노력하는 것은 조직의 존재의 이유로 가장 기본적인 과제라고 볼 수 있다. 이와 같이 그 조직의 목표 및 목적을 이루기 위해 효과성과 효율성을 동시에 추구하기 위한 활동이 곧 경영활동이라고 할 수 있다.

(2) 평생교육 경영 개념의 두 가지 관점

'평생교육 경영'이라는 말의 진정한 의미는 첫째, 거시적 관점에서 단순히 평생교육기관을 유지 혹은 운영하는 개념을 넘어서 정책적 또는 행정적 수준에서의 경영관점으로 볼 필요가 있다. 다시 말해서 평생교육의 목적을 구현하는 차원에서 공적영역에서 제도적이고 정책적으로 행정지원과 재정적으로 지원하는 활동이 필요하다는 것이다.

둘째, 미시적 관점에서는 각 평생교육전문기관 수준에서의 경영관점으로 볼 필요가 있다. 즉 좀 더 실무적으로 들어가서 지역사회 내 다양한 형태의 평생교육기관들이 평생교육의 기회와 활동을 효율 · 효과적으로 제공하거나 전수하여 궁극적으로 지역사회의 성인학습자 혹은 불특정 다수의 사회구성원들이 평생학습 요구를 충족할 수 있도록 촉진해 나가는 활동을 말한다.

이처럼 평생교육 경영을 어떤 관점에서 보느냐에 따라 개념과 원리가 달라질 수 있으므로 개론서에서 이 모두를 논하기에는 그 범위와 양적인 부분에서 적절치 못할 뿐 아니라 평생교육의 현장의 실무와도 실질적인 유용성 또한 많지 않다. 그러므로 이 장에서는 미시적 관점에서의 평생교육 경영, 즉 각 단위 평생교육전문기관 수준에서의 경영 관점만을 제한적으로 설명하고자 한다.

2) 평생교육 경영의 필요성

현재 우리나라의 평생교육기관들은 다양한 요인들에 의해 변화를 추구할 수밖에 없다. 그 요인들을 구체적으로 열거하면 다음과 같다.

첫째, 과거 어느 때보다도 평생교육 수요자들이 빠르게 늘어나면서 양적, 질적 요구가 증대되는 것에 비해 평생교육기관의 대응은 그에 미치지 못하고 있는 실정으로 경영혁신이 필요한 시점이다.

둘째, 수요와 공급의 시장논리에 따라 평생교육 수요자가 양적으로 늘어나면서 공적, 사적 평생교육기관들도 양적으로 증대되면서 차별화된 경쟁력 없이 무분별한 공급을 하고 있는 실정이다. 따라서 평생교육기관 간에 학습자 유치를 위한 경쟁이 가시화되어 효과적인 마케팅 및 홍보가 요구되는 실정이다.

셋째, 기관의 규모가 큰 국가 및 지방자치단체의 평생교육기관 또는 대학부설 평생교육기관 등은 종전의 교육기관으로서 전통적인 이념과 원리 가운데에서도 경쟁력 있는 조직, 재정확보와 체계적 관리로 재정자립도 향상, 프로그램의 홍보 및 마케팅, 신속한 의사결정 시스템 등 차별화된 운영을 통해 평생교육기관의 선도적 모델이 되어야 하기 때문이다.

3) 평생교육 경영의 실천원리 및 특성

평생교육기관의 운영에 경영기법을 적용하는 이유는 학교교육과는 다르게 다양한 관점에서 실용적 교육프로그램으로 평생교육의 이념을 실천할 수 있는 장(場)으로서 차별화된 경쟁력을 갖추기 위함이다. 반면, 평생교육기관은 공적기관, 사적기관을 불문하고 교육기관이라는 공공성을 간과해서는 안 된다. 교육프로그램을 너무 상업화하는 것에만 집중하여, 이윤추구에만 힘쓴다면 교육수요자(학습자) 중심보다는 기관의 존립만을 생각하는 기관중심으로 운영될 수 있어 평생교육기관으로서의 기능을 상실하는 것이 되기 때문이다. 따라서 평생교육의 특성을 고려한 독특하고, 다양한 관점의 교육 가치를 살린 효율·효과적 경영기법을 적용하는 것이 필요하므로 다음에서 평생교육 이념 중 실천과 관련한 부분을 정리해 보도록 한다.

지금까지 평생교육의 실천원리는 여러 연구자들에 의해 다양하게 주장되어 왔다. 평생교육 실천과 관련한 Dave의 주장은 첫째, 엘리트주의적 학교교육과는 다르게 평생교육은 교육의 보편화를 추구함으로써 교육의 민주화를 표방한다고 하였다. 둘째, 평생교육은 학습내용, 학습도구 및 기법, 학습시간 등에 있어 융통성과 다양성을 보인다고 하였으며, 셋째, 평생교육은 학습자 스스로의 선택에 의해 그 유형이나 형태가 정해진다는 것과 넷째, 평생교육을 통해 개인이나 사회의 적응 및 혁신적 기능을 향상시킬 수 있기 때문에 평생교육의 궁극적 목적인 인간의 삶의 질을 향상시킬 수 있다고 하였다. 다섯째, 이러한 평생교육의 특성은 교육기회, 동기유발, 교육가능성 등 세 가지 중요한 전제조건이 필요함을 주장하였다.

성인학습이론 정립에 기여한 성인교육의 아버지라고 불리는 Knowles는 초기에는 아동들이 학습하는 것을 돕기 위한 기술과 과학을 뜻하는 '페다고지(pedagogy)'와 대비하여 성인학습에 대한 새로운 명칭과 기술을 제안하는 과정에서 '안드라고지(andragogy)' 원리를 주장하였다. 그러나 현재는 안드라고지가 성인학습에만 해당된다는 추론에 많은 비판들이 제기됨에 따라 안드라고지의 가정들과 그 가정들이 성인교육 안팎에서 성인교육자들이 현장 실천에 미치는 영향을 세밀하게 살펴보게 되었다.

그 결과 안드라고지가 성인학습만을 뜻한다는 원래의 주장에서 후퇴하여 1980년부터는 페다고지와 안드라고지가 교사주도 교육에서부터 학생주도 교육에 걸친 연속성의 모습을 나타내며, 두 가지 접근방법이 모두 상황에 따라서 아동과 성인에 적절할 수 있다고 수정함으로써 페다고지에 대한 반대개념이 아닌 대체개념으로 확장하였다. 그럼에도 불구하고 평생교육에서 안드라고지를 말할 때는 성인학습자의 특성을 고려한 학습 원리로서 가장 적합하게 설명되어지는데 그 내용은 다음과 같다.

• 학습에 적합한 물리적 · 심리적 분위기를 만들어야 한다.

- 교육방법과 교육과정을 수립하는데 학습자도 참여하여야 한다.
- 학습자들 스스로 자신의 학습요구들을 진단하는데 참여하도록 한다.
- 학습자들 스스로 자신의 학습목표를 형성하도록 격려한다.
- 학습자들 스스로 자신의 목표수립을 위한 자원 확인과 활용전략을 구사할 수 있도록 격려한다.
- 학습자들이 자신이 수립한 학습계획을 수행할 수 있도록 조언한다.
- 학습자들이 그들의 학습평가를 하는데 주도적 참여를 하도록 한다.

다른 한편, 대표적 진보주의 평생교육자였던 Freire는 문맹퇴치 교육을 통해 전 세계의 피억압 민중 스스로가 사회적 · 정치적 자각을 얻을 수 있도록 학습자의 세력화와 자기주도성을 중시하였다. 이 외에도 많은 학자들 혹은 현장에서 평생교육을 실천하는 실천가들이 다양한 관점에서 평생교육의 원리를 제시하였다. 그럼에도 불구하고 이들의 주장 가운데 공통적인 것은 학습자에 대한 주체성을 존중하고, 학습자간의 활발한 상호작용과 교육기회의 민주화, 바람직한 공동체 사회의 구현 등을 지향하고 있음을 알 수 있다. 이러한 평생교육의 특성과 공통점은 평생교육기관의 경영차원에서 실천적이면서 구체적으로 적용되어져야 하는데 지금까지 평생교육 현장에서 중시되어 왔던 주요 경영원리들로는 평생교육기관의 공공성, 학습자 인격존중, 서비스 지향성 등으로 요약될 수 있다.

2. 평생교육 경영의 과정

평생교육기관은 그 추구하는 역할과 사명을 지속적으로 수행, 달성함으로써 기관이 발전할 수 있도록 목적과 목표를 명확하게 하여야 한다. 그리고 기관의 다양한 관점과 여건을 고려하여 평생교육 이념과 가치를 구현할 수 있고, 사회구성원들의 평생학습 요구에 부응할 수 있는 효율, 효과적 경쟁력을 갖춘 교육프로그램을 개발 · 운영할 수 있어야 한다. 이러하기 위해서 각 평생교육기관은 저마다의 특성을 살린 경영활동의 과정과 경영관리 이론을 적용할 필요가 있다.

1) 평생교육 경영의 과정

평생교육 경영의 원리는 기본적으로 '경영과정론'의 관점에서 살펴볼 필요가 있다. 경영과정론에서는 경영을 공동의 이익을 추구하는 어떤 조직에 의해서 요구되는 주요한 활동의 과정으로 목적수립, 달성계획, 수행(혹은 실행), 수행평가 등의 일련의 순환적 과정을 말한다. 이러한 관점을 평생교육기관에 적용하면, 평생교육기관 경영에 있어 요구되는 사업운영 전체를 총괄하는 차원에서 주요한 활동의 단계를 뜻하는데, 구체적으로 목적사업의 설정, 사업의 계획, 조직구성, 자원의 투입, 지휘 및 명령체계 설계, 수행, 조정 및 통제, 평가 등의 활동들로 이루어지는 연속적 · 순환적 과정이 된다.

(1) 평생교육기관의 경영목적

모든 조직에는 달성해야 할 궁극적 목적과 당면한 목표가 있다. 다시 말해서 평생교육기관은 물론 모든 조직은 목적지향성을 가지고 존재한다는 것이다. 이는 조직의 태생 자체가 지향하는 공통의 목적을 달성하기 위해 구성된 집합체이기 때문이다. 같은 맥락에서 평생교육기관은 평생교육의 실시를 핵심 목적으로 두고, 그것을 실현하기 위한 공공성을 내포한 기관(공공기관이든 사적기관이든 불문하고…)으로 교육적 가치를 창출하는 주요한 기관이라고 할 수 있다.

평생교육기관은 지금까지 그 특성상 기관경영자, 학습참여자, 사회적 후원자 등의 다양한 요구들을 수렴하고, 각자 이해관계의 상호작용 결과를 바탕으로 활동이 결정되어 왔다. 이러한 맥락에서 평생교육기관의 경영목적은 이들 이해관계자와의 상호작용 결과를 중심으로 설정될 수 있음을 알 수 있다.

평생교육기관은 사회구성원들이 일상과 삶에서 필요한 실용적 지식과 지혜를 쌓을 수 있는 교육기회를 제공함으로써 교육적 가치를 창출하는 기관으로서 존재의 가치가 있다. 따라서 평생교육기관의 궁극적 목적은 일반 산업조직 혹은 기업체의 경영목적과는 다른 교육기관으로서의 분명하고 차별화된 것이어야 하는데 다음과 같은 기관의 목적달성을 위한 수행목표가 필요하다.

첫째, 기관의 존속과 성장을 위한 수익성 고려차원의 성과목표

둘째, 급속한 변화에 대응할 수 있는 위기 관리 혹은 혁신의 목표

셋째, 경영합리화를 통한 효율적 관리, 효과적 전략, 체계적 경영의 목표

넷째, 기관 내의 구성원 복지 및 기관 외 사회적 요구에 부응하는 목표

(2) 평생교육기관의 경영기획 및 전략

경영에서 기획은 절대적인 중요성을 가지고 있다. 성공적인 경영활동에는 전략적인 기획이 전제되어야 할 정도로 기업이나 공공기관에서 그 중요성이 증대되고 있다. 여기서 기획이란 사전적 의미로 '일을 계획함'이다. 이를 경영에 적용하면 조직이나 기업이 처한 경영상의 문제를 해결하기 위한 목표달성을 위해 사전에 예측 가능한 문제들의 수행과정과 전개방향을 통제 및 조정하기 위한 의도적 행위라고 할 수 있다.

이러한 의도적 행위는 사업철학에 근거한 미래예측, 추구해야 할 가치의 선택, 심층적 고찰, 객관적이고 과학적인 분석, 효율 · 효과적 수행방법 등을 통해 실현 가능한 구체적 방안을 마련하는 과정, 즉 경영기획을 뜻하게 된다. 이를 다시 평생교육기관에 적용하게 되면 평생교육기관의 경영기획이 되는 것이다.

평생교육기관의 경영기획이라고 해서 특별히 다를 것은 없다. 기본적으로는 일반 기업경영에서 경영기획의 개념 및 절차와 유사하다. 그럼에도 불구하고 평생교육기관이 이를 적용할 때는 일반경영과 유의미한 상관관계가 있는 부분만을 선별하여 경영기획의 근거로 삼아야 한다. 여기서 기관의 목표달성을 위한 연구와 결정을 통한 의도적 행위가 곧 경영기획이 되는데 기관의 경영목표는 경영기획에 상당한 변수로서 작용하게 된다.

따라서 평생교육기관의 경영기획은 기관이 추구코자 하는 궁극적 목적 실현의 일환으로 목표달성 계획을 수립하는 과정이라고 볼 수 있는데 다만, 평생교육경영의 목표와 일반경영 논리 목표의 우선순위가 서로 대치(對峙)될 경우 경영기획의

목표, 내용, 방법 등을 조정할 필요가 있다.

일반기업의 경영기획 수립이 수행목표 달성에 중점을 두는 반면, 평생교육기관의 경영기획 수립은 기관의 수행목표 달성에 중점을 둠과 동시에 평생교육의 이념에 부합하는 목표에도 중심을 둔 기획이 되어야 할 것이다. 다시 말해서 평생교육기관의 경영기획은 영리적으로 일반경영 논리의 '이윤추구'를 위해 효율 · 효과적 활동으로 생산성을 제고하는 정량적 측면과 비영리적으로는 금전적으로 환산할 수는 없지만 교육기관으로서 가치 추구를 위하여 이념실현의 정성적 측면을 동시에 고려하여야 한다는 것이다.

평생교육기관이 현실적으로 경영성과를 내기 위해서는 차별화된 교육프로그램의 개발로서 이루어질 수 있다. 이를 위해서 평생교육기관 경영에서는 '교육의 기획', 즉 프로그램의 기획력은 기관의 경쟁력이기도 하다. 왜냐하면 일반 기업경영에서는 제품 혹은 상품과 같은 유형의 산출물과 서비스 용역 또는 생산성 효율이 경영성과를 결정한다면, 평생교육기관 경영에서는 교육 · 학습 프로그램이 곧 상품이고, 교육서비스이며, 얼마나 양질의 프로그램을 기획하는가가 생산성 효율을 결정하기 때문이다.

기관의 경영기획이 수립되고 나면, 이를 실천하기 위한 경영전략이 필요하게 되는데, 경영전략은 경영기획을 통해 수립된 목표달성의 기본적인 방법론으로 기관을 둘러싼 외적 환경 변화에 전체적 · 계획적 · 능동적으로 대처하여 기업의 존속과 성장을 가능하게 하는 것이 되어야 한다. 구체적으로 경영전략이란 첫째, 기관이 나아가야 할 미래를 예측하여 기관의 비전(vision)과 사명을 제시하고, 둘째, 이를 실현할 수 있는 목적 혹은 장 · 단기적 목표설정을 명확하게 하며, 셋째, 조직의 일치된 결속을 위해 공동의 목표추구와 정책실현을 위한 행동체계와 방향을 선택하게 한다. 넷째, 이상의 모든 상황을 지원하는 적합한 자원을 효율적으로 할당하여 기관의 사명을 완수하게 하는 계획 또는 실천방안이다.

2) 평생교육기관의 경영자와 리더십

평생교육기관 자체는 비인격체로 기관 스스로가 경영활동을 할 수는 없다. 누군가 인격체로서의 주체가 있어야 기관이 살아있는 유기체와 같이 활동을 할 수 있는데 여기에는 기관의 방향과 사명을 부여하고, 사명을 실현하기 위한 인적 · 물적 자원 투입, 조직구축, 업무수행, 관리 · 통제 등 경영활동을 직접 수행하는 인격체의 주체집단이 있기 마련이다.

이러한 주체집단에는 최고 경영자(CEO: chief executive officer), 중간관리자(middle management), 일선 책임자(supervisory management) 등의 수직계층 구조의 경영자 계층이 있고, 각 업무운영 기능별(인사, 영업, 생산, 재무 등) 수평적 연계구조의 전문분야별 경영자 유형도 있다.

일반적으로 경영자라고 하면 조직의 최고 의사결정권자인 대표 혹은 CEO, 소규모 조직의 오너(owner)만을 연상할 수 있으나 [그림 9-1]과 같이 조직에서의 경영활동은 모든 계층에서 이루어지므로 그 위치와 역할에 따라 비중이 다른 경영자 집단이 존재한다. 이는 영리기관이든 비영리기관이든 관계없이 유사하게 적용된다. 따라서 평생교육기관 조직에서도 적용되고 있다. 다만 평생교육기관의 현장에서 경영자는 역할과 수준에 따른 책임정도와 상황에 따라 다소 차이가 있지만 기본적으로 교육전문가, 관리자, 대외협력자의 역할을 수행하게 된다.

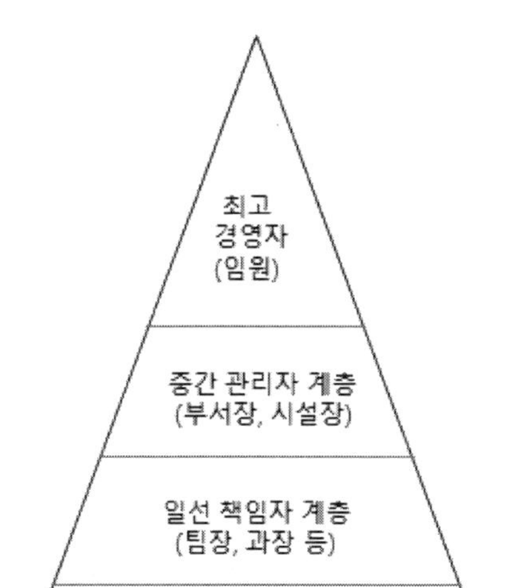

[그림 9-1] 평생교육기관 조직

따라서 평생교육기관 경영자가 갖추어야 할 대표적 능력으로 의사결정 능력, 인간관계 능력, 기술적 능력을 〈표 9-1〉에서 정리하였고, 아울러 그들이 평생교육기관 경영에 있어서 효율적으로 조직을 이끄는 리더로서 요구되는 리더십을 〈표 9-2〉에서 요약하였다.

표 9-1 평생교육기관 경영자의 기본자질

구 분	내 용
의사결정 능력	기관을 중심으로 외부환경의 변화와 기관 내부의 자원을 종합적으로 파악하여 평생교육기관을 가장 바람직한 방향으로 이끌어 나가기 위해 중요한 결정을 내리는 판단능력. 여기에는 평생교육기관의 설립목적 및 운영 방향에 대해 결정하기, 핵심 프로그램 및 학습대상자의 종류 결정하기, 직원채용 및 배치 결정하기 등이 포함됨
인간관계 능력	평생교육기관과 관련된 여러 분야의 사람들과 효과적으로 일을 할 수 있는 능력으로서 이를 위해서는 타인을 배려하고 권익을 존중하는 마음이 필요. 여기에는 평생교육 직원과의 접촉, 강사 관리, 학습자 관리, 후원자 관리, 지역사회 관계자 접촉하기, 정부 관계자와 만나기 등이 포함됨
기술적 능력	평생교육을 실시하기 위해 필요한 구체적인 방법이나 기법 등을 활용할 수 있는 능력으로서 숙련도와 관련. 여기에는 프로그램 개발 기법, 홍보 기법, 마케팅 기법, 교수매체 활용기법 등이 포함됨

출처: 오혁진(2010, p. 50)에서 발췌, 표편집.

표 9-2 평생교육 리더십의 유형

리더십의 유형	내 용
프로그램 리더십	프로그램의 검토 및 분석의 수준을 넘어서서 프로그램의 질이 지니고 있는 중요성을 이해하고, 경쟁적 전략 또는 프로그램에 대한 포트폴리오 등에 관한 조직체의 현장 지식을 갖추어야 한다.
정책 리더십	기관의 경영계획과 정책개발을 위한 출발점으로 현재의 정책을 제대로 파악해야 하며, 이를 바탕으로 새로운 계획과 정책을 개발해 나가야 한다.

정치 리더십	기관 내부 환경에 대한 조직관리, 갈등관리, 재무관리 등에 있어서 정치적 역량을 발휘하여 구성원들로 하여금 조직의 목표를 효과적으로 달성할 수 있게 하고, 외부환경에 대한 대외적 관계에 있어서도 역량을 집중하여야 한다.
대인적 리더십	일이 시작되고 마무리되는 단계에서 조정자로서의 피드백을 줄 수 있어야 한다. 이러한 과정에서 조직 내외의 인간관계에서 배려와 평등주의적 관점에서 팀워크를 조성할 수 있어야 한다.
전문적 조직 리더십	구성원들에게 평생교육기관의 운영, 프로그램개발, 조직구성원의 역할강화 등과 같은 영역에서 부딪치는 여러 문제, 도전, 그리고 이슈에 관한 관심을 유도할 수 있어야 한다.

출처: 오혁진(2010, p. 50)에서 발췌, 표편집.

3. 평생교육 경영의 관리

평생교육경영에서 관리란 기관의 평생교육 사명과 교육의 궁극적 목적 실현을 위해 경영 전반의 기획을 근거로 하는 경영활동이다. 다시 말해서 평생교육 전문 조직체를 만들고, 조직구성원들의 수행활동을 가장 효과적인 방법으로 수행할 수 있도록 계획, 조직, 조정, 통제, 평가하는 등 일련의 수행활동을 말한다. 따라서 다음에서 평생교육기관 경영의 핵심 관리부분인 인사관리, 조직관리, 재무관리, 품질관리, 홍보 및 마케팅관리에 대한 개념들을 살펴보기로 한다.

1) 평생교육기관의 인사관리

(1) 평생교육기관의 인사관리의 개념

① 평생교육기관 인사관리의 의미

평생교육기관은 다른 어떤 조직보다도 더 전문적인 인적자원들로서 운영되는 조직이라고 할 수 있다. 따라서 평생교육기관의 경영자는 인적자원을 잘 관리하는 것에 중점을 두어야 한다. 최근 평생교육의 요구가 늘어나면서 평생교육기관도 그에 부응하기 위해 기관의 규모가 커지고 그 기능도 복잡 다양해져 가고 있다. 이러한 맥락에서 평생교육기관에서의 인사관리 또한 체계적인 시스템으로 접근할 필요가 있을 것이다.

지식기반사회가 되면서 일반 기업에서는 경영활동의 여러 영역 중에서 특히 중요한 활동으로 인사관리(Human Resource Management) 및 인적자원개발(Human Resource Development)에 중점을 두고 있다. 이는 과거 사람을 단순히 노동력으로만 보든 관점에서부터 창의적인 인재가 기업의 미래라는 개념으로 변화되고 있는 것이다. 이러한 맥락에서 일반 기업조직에서의 인사관리 활동은 인적자원의 확보 · 개발 · 보상 · 유지 등을 위해 기획, 조직, 지휘, 조정, 통제하는 활동으로 이루어지고 있다.

평생교육기관 역시 인사관리는 평생교육기관에서 필요로 하는 인적자원을 계획 · 확보 · 개발 · 활용 · 보상 · 유지하는 활동들로 평생교육기관 경영의 핵심적인 전략 중에 하나로 이해할 수 있다.

평생교육기관에서의 인사관리 대상은 프로그램 개발자, 프로그램 운영자, 일반 직원 등 내부적 인적자원과 외부강사, 자원봉사자, 기관의 이해관계자 등 외부적 인적자원으로 근무의 형태와 관계없이 모두를 포함한다.

② 인사관리의 목적

평생교육기관의 인사관리 목적은 차별화된 경쟁력을 갖춘 교육전문 공동체를 조직하여 기관의 생산성 제고와 조직구성원의 성장을 도모하는데 있다. 다시 말해서 기관의 인사관리 활동은 사업과 관련한 조직의 공동목적을 효과적으로 달성할 수 있도록 인적자원을 효율적으로 활용하는 것과 조직구성원들의 안녕, 직무 몰입에 의한 보람, 일에 대한 자긍심 등으로 구성원들이 공동체 안에서 인간적 유대감을 형성하면서 성장하도록 돕는 것이라고 할 수 있다.

인사관리의 목적을 이루기 위해서는 인사관리의 객관적 가치로 평생교육기관의 사명과 목적을 효율·효과적으로 추구함과 동시에 인사관리의 주관적 가치인 평생교육기관 구성원들 사이에 유대감을 돈독히 하고, 구성원 각자의 자기성장 및 자아실현을 추구하도록 돕는 활동이 되어야 할 것이다.

③ 평생교육 실무자의 직무 및 업무실제

평생교육기관의 실무자는 평생교육 각 영역에 전문성을 갖춘 전문가로서 원칙적으로 평생교육사 자격을 갖춘 프로그램 개발자, 프로그램 운영자, 내부강사 등과 행정사무 및 기능직원 등을 말한다. 이들의 대표적인 직무역할 및 인사관리의 실제는 다음과 같다.

첫째, 일반 실무자의 직무는 평생교육사로서 평생교육 프로그램의 기획입안과 프로그램을 개발하는 프로그래머, 계획된 교육과정을 효율적으로 수행하는 운영자, 학습자들의 학습과 관련한 정보제공 및 학습을 저해하는 방해요소를 제거할 수 있도록 조력하거나 학습자의 진로개발을 지원하는 상담자, 교육내용을 직접 학습자에게 전수(傳授)하고자 강의하는 교수자, 전체 교육과정의 효과를 분석하고 평가하는 평가자 등의 다양한 역할을 수행하게 된다.

둘째, 실무자의 인사관리 실제는 기관의 특성 및 유형에 따라 다양하게 나타날 수 있지만, 공통적으로 다음과 같은 기본 요소들로 이루어진다.

- 인력수급 및 배치
- 기관 내 인적자원의 개발
- 직원들의 업무수행 평가
- 보상관리
- 인사이동
- 외부강사 관리
- 자원봉사자 관리 및 훈련

(2) 평생교육기관의 조직특성 이해

평생교육기관 경영조직은 공교육 체계의 교육조직이나 영리를 목적으로 하는 일반 기업의 경영조직과는 다르게 독자적인 성격이 있기 때문에 같은 이론으로 그 특성을 설명하기에는 부족하다. 또한 평생교육기관은 그 유형이 다양하기 때문에 이러한 다양성이 그대로 경영조직의 다양성이나 특성에 반영될 수 있다. 구체적으로 설명하자면 다음과 같다.

첫째, 평생교육기관의 지향하는 가치와 목표 설정에서의 특성을 들 수 있다. 평생교육기관은 평생교육의 이념을 실현해야 하는 사명이 있으므로 교육기회 균등의 실현 또는 교육복지의 구현이라는 관점에서 볼 때 이윤추구만을 지향하기보다는 교육기관으로서의 고유한 교육적 가치를 지향하는 특성이 있다.

둘째, 평생교육기관은 운영 측면에서 관계하는 이해관계 집단의 인적 구성이 다양하다. 이는 기관운영 전반에 미쳐지는 영향 또한 다양함을 말한다. 그 예로 사회적 배경, 학력수준, 다양한 연령층 등 이질적인 요소의 집단인 학습자 집단에 대한 관리 및 서비스를 제공하는 것과 이들을 가르치는 대다수 외래 교수자 집단의 인적자원 확보와 질 관리의 어려움, 그리고 기관 운영 전반에 걸쳐 교육과정을 지원하는 일반직원 집단의 요구 등이 공존하는 특성을 가지고 있다.

셋째, 교육 프로그램 및 운영의 특성으로 평생교육기관은 항상 학습자의 수요와 요구, 사회 환경과 직업세계의 변화에 대응하기 위해서 운영 프로그램을 수시로 개발해야 하는 특성이 있다. 따라서 경영조직의 유연성과 다양성의 특징이 있다. 〈표 9-3〉은 다양한 평생교육기관 유형을 교육핵심성에 따라 분류한 것이다.

표 9-3 평생교육기관의 설립주체 및 교육의 핵심성에 따른 분류

설립주체 / 핵심성	영리형 민간기관	비영리형 민간기관	공공기관
일차적	• 학원 • 민간 연수기관	• 가나안농군학교 • 한국지역사회교육 협의회 • 대학 부설 평생교육 기관	• 여성인력개발 센터 • 공공직업훈련원

이차적	• 백화점/언론기관 문화 센터 • 기업 부설 연수원	• 시민단체 부설 • 종교기관 부설 • 병원 부설	• 공공도서관 • 공공박물관 • 주민자치센터 • 종합사회복지관

출처: 오혁진(2003). p. 24.

2) 평생교육기관의 재무관리

(1) 평생교육기관 재무관리의 개념과 원리

평생교육기관 재무관리의 기본적 구성요소는 두 가지 차원에서 접근할 수 있는데 그 중 하나는 자금조달 관리부분으로 기관의 수입(income)에 해당하고, 나머지 하나는 자금운용 관리부분으로 이는 기관의 지출(expense)에 해당한다. 이러한 수입과 지출을 기관 전체 또는 각 부서단위 혹은 사업장 단위별로 일정한 기간의 경영계획에 따라 재정적인 계획을 세우고, 예산집행의 근거를 기록 · 보관하여 평가하는 활동을 예산관리라고 한다. 여기에서 수입으로 표현되어지는 자금조달 관리는 평생교육기관의 경영계획에 따라 수행활동 자금이 얼마나 필요한지를 파악하고 이를 위해 기관의 내 · 외부로부터 자본과 부채 성격의 재화를 효율(자금조달 비용의 최소화) · 효과적으로(자금 필요 시점) 조달하는 활동을 말한다. 같은 맥락에서 지출로 표현되어지는 자금운용 관리는 평생교육기관의 경영계획에 따라 수행활동에 필요한 비용을 조달하기 위해 확보된 자금을 효율적(최소비용으로 적기, 적소에 투입)으로 활용하고, 통제하는 활동을 말하는 것이다.

(2) 평생교육기관에서 재무관리의 구성요소

평생교육기관은 다양한 유형에 따라 수입으로 간주되는 자금조달의 재원도 각기 다르다. 예를 들면, 백화점 문화센터, 사설학원, 언론기관 부설 문화센터 등의 수입원은 주로 학습자의 수강료에 의지하게 되고, 영리목적의 기업체 혹은 비영리 사회복지재단 및 종교기관 등에서 운영하는 기업체 연수원, 노인대학, 주부교실 등은 학습자의 수강료 외에 관련기관으로부터 지원금이 상당 부분을 차지하는 실정이다. 반면, 공공 평생교육기관은 정부 또는 지자체의 예산지원이 절대적인 원천이 되며, 비영리성 민간 평생교육기관들은 프로그램 응모 등을 통해 공적자금 지원을 일부 받거나 외부의 관심 있는 기업이나 독지가의 후원금이 중요한 수입의 원천이 된다.

지출은 평생교육기관의 운영경비로 고정경비에 해당하는 직원의 임금과 강사의 강의수당 등의 인건비와 각종 제세공과금 및 보험료 그리고 변동경비에 해당하는 일반관리비(교육시설 및 설비관리비, 교육자료 구입 및 관리비, 프로그램 홍보비, 마케팅 관리비) 등으로 구성된다.

3) 평생교육기관의 서비스 질 관리

(1) 교육 프로그램 서비스의 개념 및 특징

서비스란 제품과 함께 소비자에게 제공되는 제품지원 서비스로서 확장된 제품의 개념이다(김기홍 · 조인환, 2012. p. 255). 일반적으로 평생교육기관을 포함한 교육기관은 하나의 서비스기관으로 볼 수 있는데 여기서는 유형적 제품을 판매하는 것이 아니라 무형적 서비스를 제공하고, 그에 따른 대가를 보상받는 조직이다. 교육서비스의 제공 형태는 주로 사람에 의해 결정되는 것으로, 무형성, 비분리성, 이질성, 소멸성의 네 가지 특성을 갖는다(홍금순, 2005). 〈표 9-4〉에서 네 가지 특징을 정리하였다.

표 9-4 교육서비스의 특성

구 분	내 용
무형성	실제 교육을 받기 전에는 그 어떤 것인지 상상하기 어렵다.
비분리성	교수자가 강의하는 것과 학습자가 학습에 참여하는 것은 동시에 이루어진다.
이질성	동일한 프로그램이더라도 기간에 따라 다른 내용이 전개될 수도 있으며, 학습자의 수준에 따라 효과가 달라질 수 있다.
소멸성	직접 참석하지 못하면 다시 동일한 조건의 학습을 들을 수 없다.

출처: 권두승 · 최운실(2012). p. 352~353에서 발췌, 표편집.

평생교육기관의 교육서비스는 공급자(교·강사, 일반직원)인 평생교육기관측이 교육수요자(학습자)의 학습목적을 달성할 수 있도록 학습과 관련된 유·무형의 교육서비스를 제공함으로써 학습자에게 물질적, 정신적 만족을 실현시켜주는 일련의 활동으로 표현되어진다.

(2) 서비스 품질평가의 구성요소

서비스 품질이란 고객의 기대에 부응하는 인적, 물적, 시스템적 서비스의 전체적 특성이며, 이를 표준화하여 제어해 나가는 것이 서비스 품질관리이다. 품질관리는 시대의 변천에 따라 통계적 품질관리(SPC: Statistical Process Control), 총체적 품질관리(TQC: Total Quality Control), 총체적 품질경영(TQM: Total Quality Management) 순으로 발전해 왔다. 평생교육기관의 서비스 품질평가 구성요소는 다음과 같다.

첫째, 신뢰성(reliability)으로 약속한 서비스(수강료 정책, 교육서비스 내용 등)가 정확히 제공되었는가에 대한 평가로 신용성이라고도 한다.

둘째, 응답성(responsiveness)은 반응성이라고도 하는데 학습자의 요구, 질문 등에 신속한 서비스를 제공하고자 하는 의지의 표현으로 처리 속도, 신속성 등을 평가하게 된다.

셋째, 확신성(assurance)은 평생교육기관과 조직의 구성원들이 가지고 있는 역량을 통하여 학습자가 기관을 믿음직하게 느끼게 하여 확신을 가지도록 하는 능력에 대한 평가로 보장성이라고도 한다.

넷째, 공감성(empathy)은 학습자들의 개별적인 욕구와 기호를 파악하여 관심과 주의를 기울여 응대하는 서비스 능력평가를 말한다.

다섯째, 유형성(tangibles)은 평생교육기관이 가지고 있는 물리적 시설(건물, 인테리어, 비품, 교육장비 등)과 조직구성원들의 태도, 외모 등 가시적인 것들로 처음 참여하는 학습자들에게는 기관의 이미지, 서비스 수준 역량 등을 가늠할 수 있는 평가를 말한다.

여섯째, 결과의 질(quality of consequence) 평가는 프로그램과정 수료 후 학습욕구에 대한 개인의 만족도와 진로설계, 취업 등으로 평가하는 것을 말한다.

(3) 고객만족 경영관리

고객은 기관을 중심으로 외부고객인 학습참여자, 관련업체의 관계자 외 기관을 방문하는 불특정 다수의 개인과 내부고객으로 상사, 동료, 부하직원 등을 포함하는 광의적인 개념의 용어로서 이해할 수 있다.

평생교육기관의 고객만족 경영(CS: Customer Satisfaction)은 기관의 내외고객 모두의 요구와 기대에 대응한 결과 학습자가 기관의 다른 프로그램에 참여함으로써 교육서비스의 반복 구매가 이루어지고, 아울러 기관의 내외부 고객이 기관의 이미지를 긍정적으로 인식하여 신뢰감이 지속되도록 기획, 관리하는 상태를 말한다. 여기에는 지켜야 할 고객만족 3대 요소가 있는데 양질의 교육프로그램, 교육서비스 만족률 향상, 기관의 이미지 제고 등이 그것이다.

4) 평생교육기관의 홍보 및 마케팅

(1) 평생교육기관의 홍보

① 평생교육기관 홍보의 의미

현재의 평생교육기관은 지식정보시대를 맞이하여 경쟁이 심화되고 있는 환경에 노출되고 있다. 따라서 기관의 존립을 위해서라도 차별화된 경쟁력을 갖출 수밖에 없다. 그러나 이러한 경쟁력을 갖추었다 하더라도 잠재적 학습자 집단들에게 존재를 잘 알리지 못하고 있거나 왜곡된 이미지를 형성하고 있을 수 있다. 이런 경우에 기관은 어떻게 하면 해당기관에 대한 긍정적인 이미지와 양질의 프로그램을 알려서 잠재적인 평생교육 수요자 집단에서 실제 학습자를 유치할 수 있을까를 연구하여야 한다.

위와 같은 상황에서 평생교육기관이 선택할 수 있는 한 가지의 방법은 효과적인 홍보 전략으로 접근할 필요가 있다. 따라서 평생교육기관에서의 홍보 전략은 평생교육기관의 이미지 제고와 개발한 양질의 프로그램을 공신력과 신뢰성을 갖춘 각종 매체를 통해 잠재적 학습자 집단에게 효과적으로 알릴 필요가 있다. 그 결과 잠재적 평생교육 학습자 집단에게 학습동기를 고취시켜 실제적인 학습자가 되도록 하는데 그 의미가 있다.

② 평생교육기관 홍보의 목적과 원칙

평생교육기관 홍보의 목적은 기관에 대한 긍정적인 이미지 제고와 비전과 사명을 명확히 하고, 기관에서 개발한 양질의 다양한 평생교육 프로그램을 잠재적인 학습자 집단에 널리 알려 그들에게 학습동기를 고취시키는데 있다. 이 밖에도 평생교육기관의 홍보 목적을 정리하면 다음과 같다.

첫째, 잠재학습자의 유인 및 확보, 둘째, 평생교육기관의 사명과 이념에 관심있는 정신적, 재정적 후원자 영입, 셋째, 자원봉사자의 유치와 그들 상호간의 이해를 증진, 넷째, 대내적으로 조직구성원들의 자긍심 고취와 기관에 대한 지지로 공감대를 형성할 수 있도록 하여, 참여자들의 기관에 대한 일체감 형성 등이 평생교육기관 홍보의 또 다른 목적이 될 수 있다.

위에서 언급한 목적이 성공적으로 달성되기 위해서는 지켜야 할 원칙이 있다. 만약에 과장된 정보나 신뢰를 주지 못하는 방식으로 홍보를 할 경우 부정적인 이미지만 전달할 수 있다. 따라서 평생교육기관의 홍보는 다음의 몇 가지 원칙을 준수하여 기관의 긍정적인 이미지와 개발된 프로그램에 관해서 기대심리를 가질 수 있도록 진실하게 전달할 수 있어야 한다.

첫째, 진실성의 원칙으로 아무리 평생교육기관이 심화된 열악한 경쟁구도에 처해 있다 하더라도 과대광고나 학습자 집단을 기만하는 술책으로 기관의 이윤에만 집중하는 모습을 보여서는 안 된다는 것이다. 평생교육기관 경영자는 스스로가 교육전문가임을 자처하고, 누가 뭐라고 하더라도 교육기관으로서의 사명감과 본분을 잃지 말아야 한다.

둘째, 상호작용의 원칙은 잠재적 학습자 집단으로부터 평생교육기관이 추구하는 교육적 이념에 공감하고, 자신들의 교육요구에 부합하는 프로그램이라는 것을 알 수 있게 상호작용의 관점에서 홍보 메시지를 전달할 때 비로소 잠재적인 학습자는 학습에 대한 동기가 강화되고 실제 기관의 프로그램을 수강하게 될 것이다. 따라서 상호작용의 원칙은 기관의 입장에서 일방적인 정보를 전달하는 것에 그치지 말고 교육수요자로서의 잠재적 학습자 집단의 요구조사 등이 필요함을 뜻한다.

셋째, 공공이익 합치의 원칙은 단순히 기관의 프로그램을 알리는 것뿐만 아니라 대중이 평생교육기관의 홍보를 통해 평생교육에 대한 필요성이나 새로운 인식과 생각을 가지도록 하여 현재에 잘 적응하고, 변화무쌍한 미래를 준비할 수 있도록 하는 사회 계몽적 성격을 말한다.

넷째, 인간적 접촉의 원칙은 발달된 기술에 의해 너무 디지털 홍보만을 선호하게 되면 효율적이기는 하겠지만, 비인간화를 초래하는 홍보의 역효과를 초래할 수도 있으므로 인간적 배려가 묻어나는 다양한 홍보 전략이 필요하다는 것을 말해 준다.

③ 평생교육기관 홍보의 과정

홍보는 평생교육기관의 프로그램에 관한 정보를 효과적으로 대중들에게 전달하여 잠재적 학습자집단에서 실제 평생교육에 참여하려는 학습자를 유인하는 목적으로 실행하게 된다. 따라서 평생교육기관의 홍보의 실제 활동에서는 기관의 유형과 특성에 따라 다양하게 전개되겠지만, 평생교육기관의 공통의 특성을 고려한 홍보과정을 김진화(2001. p. 355)는 다음과 같이 5단계로 구분하여 적용하였다.

1단계는 해당 프로그램에 참가할 수 있는 잠재적 학습자가 누구인가를 파악하는 것이다. 이들을 대상으로 그들의 학습참여 특성과 라이프스타일 등에 관한 정보를 수집하고 분석한다.

2단계는 잠재적 학습집단이 평생교육기관 및 프로그램에 대해 어떤 이미지와 태도를 형성하고 있는지 평가한다. 학습집단의 기관 및 프로그램에 대한 이미지와 태도는 향후 그들의 수강결정에 결정적인 영향을 미치게 된다.

3단계는 표적시장 또는 집단을 대상으로 기관이나 프로그램에 대해 그들에게 기대하는 이미지나 태도가 무엇인지를 수립해야 한다. 그래야만 홍보전략을 어떻게 개발할 것인지가 구상될 수 있다.

4단계는 효과적인 홍보전략을 개발한다. 1단계에서 3단계 과정에서 수집된 정보나 자료를 근거로 효과적인 홍보전략이 무엇인지를 고민하고 결정한다.

5단계는 홍보계획의 실행 및 결과에 대한 평가이다. 개발된 홍보전략에 따라 홍보를 실시한다. 그리고 나서 홍보가 계획한 만큼 효과를 거두었는지를 평가해야 한다. 홍보의 성과에 대한 평가 또는 피드백은 다음의 홍보에 중요한 정보나 자료를 제공하게 된다.

(2) 평생교육기관의 마케팅 개념

평생교육기관의 마케팅은 잠재적인 평생교육 수요자들의 요구조사를 통하여 상응하는 교육 프로그램을 개발하고, 제공함으로써 학습자의 가치를 높여줌과 동시에 기관의 장기간 이익을 실현할 수 있는 토대를 만들어 궁극적으로 평생교육기관의 목표를 달성할 수 있게 하는 활동이다.

이러한 평생교육기관의 마케팅활동은 다음과 같은 몇 가지의 관점에서 실시되어야 할 것이다.

첫째, 평생교육기관의 마케팅은 학습자 중심의 체제를 만들고 유지해야 한다. 그 이유는 평생교육기관의 이념과도 관련한 것으로 평생교육은 기존의 학교교육처럼 일방적이 아닌 상호작용에 의하여 학습효과가 극대화되며, 자기주도적 학습성향의 평생교육 학습자들을 대상으로 하기 때문이다. 따라서 기관으로서의 사명을 수행하기 위해서라도 학습자 지향적인 마케팅체제가 필요하다.

둘째, 평생교육기관은 학습자들을 세분화하고, 이들을 목표 집단으로 하는 카페테리아식의 다양한 교육프로그램 및 서비스를 제공해야 한다. 평생교육기관의 프로그램은 대상과 기관의 유형에 따라 주된 학습 집단이 있어야 한다는 것이다. 따라서 이들을 대상으로 하는 차별화된 프로그램 교육서비스를 제공해야 한다.

셋째, 평생교육기관은 기관의 역량에 대해 정확하게 분석하고 있어야 한다. 구체적으로 기관이 평생교육 현장에서 어느 정도의 시장 점유율과 영향력을 행사하고 있는지 그리고 차별화된 경쟁력의 원천이 있는지와 기관을 둘러싸고 있는 대내외적 환경에서 기회의 요소와 위험요소, 기관의 강점과 약점을 분석하여 핵심역량을 전략적으로 강화시켜야 한다.

넷째, 일반 경영에서 마케팅 관리 전략으로 마케팅 믹스(Marketing mix)는 4P, 즉 제품(product)기획 및 관리, 가격(price)기획 및 관리, 유통(place)기획 및 관리, 촉진(promotion)기획 및 관리 그리고 서비스기획 및 관리 등의 수단들을 최적으로 조합해서 마케팅 목표를 달성하려는 접근방법을 말한다. 이러한 전략을 평생교육기관에 적용할 경우에 있어서 고려할 수 있는 마케팅 믹스의 4P 조합전략으로 경쟁상대보다 비교 우위에 있을 수 있어야 한다. 〈표 9-5〉는 평생교육기관에서 고려해 볼 수 있는 4P전략의 예를 들어 놓은 것이다.

표 9-5 평생교육기관에서 고려할 수 있는 마케팅믹스 4P

구 분	내 용	비 고
제품전략 (product strategy)	• 차별화된 프로그램 • 학습자 중심 프로그램 • 학습배달제 프로그램	• 평생교육이념과 사명을 실현할 수 있는 창의적인 프로그램 개발
가격전략 (price strategy)	• 수강료 책정 • 선착순 등록 할인 • 수강료 지원	• 수강료 지원: 공적 지원 자금을 유치해서 낮은 수강료 책정
유통경로 혹은 장소적 전략 (place strategy)	• 교육기관 네트워킹 • 학습자간 네트워킹 • 강사 data base 공유 • 온-오프 교육장소 개발	• 지식 및 교육서비스 전달시스템(체계) 효율화
촉진전략 (promotion strategy)	• 기관홍보 • 광고 및 판매 촉진 • 인적 판매	• 판매촉진 수단: 샘플강의, 쿠폰, 마일리지, 전시회, 평생교육 축제 참여

다섯째, 마케팅 전략 수행성과의 지속적인 모니터링에 의해 기관 경영전략 수정 혹은 관리로 경영활동을 개선할 수 있어야 한다.

참고 문헌

김기홍, 조인환(2012). 경영학개론. 서울: 한올출판사.

김진화(2001). 평생교육프로그램개발론. 경기: 교육과학사.

권두승, 최운실(2012). 평생교육경영론. 서울: 교육과학사.

오혁진(2003). 평생교육경영학. 서울: 학지사.

오혁진(2010). 평생교육경영학. 서울: 학지사.

홍금순(2005). 교육서비스 품질의 각 차원이 고객만족과 고객충성도에 미치는 영향에 관한 연구: 대학 교육서비스 품질을 중심으로. 명지대학교 대학원 박사학위논문.

제10장

지역사회와 평생교육

1. 지역사회 평생교육의 의의
2. 지역사회 평생교육의 목적과 내용
3. 지역사회 교육의 대상
4. 지역사회 평생교육의 실제

1. 지역사회 평생교육의 의의

지금의 사회를 지식기반사회라고 부르는데, 지식기반사회는 정보와 지식이 개인 · 기업 · 국가의 경쟁력을 좌우하는 핵심요소이자 가치창출의 원천이 되는 사회를 의미한다. 노동 · 자원 · 자본이 주된 생산요소였던 산업사회를 넘어, 지식과 정보가 가치창출의 핵심요소로 자리잡아 인식 · 가치관 · 문화가 사회를 지배하고 있다. 따라서 언제, 어디서나 필요한 지식과 정보를 습득하여야 한다는 필요에 따라 평생학습에 대한 요구는 더 높아질 수 밖에 없다. 따라서 평생교육은 각 지역사회에서도 필요에 따라 다양화하여 진행하도록 요구되어진다.

지금까지는 기관이나 조직을 중심으로 평생교육이 진행되어 왔던 경향이 있었으나, 이제는 지역사회 주민의 학습에 대한 요구나 지역발전에 기여하는 방향으로 평생교육이 역할을 해야 한다는 점에 초점을 두게 되었다.

1) 지역사회 평생교육의 개념

평생교육이란 누구에게나 어느 때에나 그리고 어느 장소에서나 학습할 수 있는 기회와 장이 제공됨으로써 교육을 통하여 '인간의 삶과 성장'을 영위할 수 있다는 개념을 총칭한다. 따라서 평생교육은 개인의 잠재능력의 최대한 신장과 사회발전에 참여하는 능력의 개발을 목적으로 하며, 더 나아가 사회적 발전과 국가발전을 도모하게 하는 원동력이 될 수 있다.

과거 평생교육은 학교교육과는 별개의 교육이라고 보았으나, 이제는 학교와 지역사회의 파트너십 형성이 강조되면서, 학교에 관심을 가지고 있는 사람에게는 학교가 갖고 있는 인적 자원과 물적 자원을 개방하여 활용할 수 있도록 하였다. 학교가 지역사회와 연계한 평생교육의 장이 되도록 하는 것이 지역사회 학교 기능의 중추적인 핵심 과제가 된 것이다.

평생교육 분야도 지역사회라는 공간을 포함하여 새로운 패러다임으로 발전해 나가야 할 것이다. 각 지역사회는 지리적, 전통적 특성을 갖추고 일정한 사회문화적 환경을 형성하면서 발전해 온 공간이다. 따라서 이들 지역의 특성을 고려하여 지역주민들에게 생활 속에서의 무의도적 · 무형식의 학습을 가능할 수 있도록 해야 하며, 의도적 훈련으로서의 평생교육을 제공하는 장으로서의 역할을 수행해야 할 것이다(박경실 외, 2012). 최근의 평생교육은 지역사회를 기반으로 하여 더 이상 계획하는 공간이 아닌 학습공간으로 이해되고 있다.

지역사회 교육은 그 지역사회의 발전을 위하여 지역사회 수준에서 학교의 정규과정 이외에 전체 주민을 대상으로 하여 조직적으로 교육활동을 진행하는 것을 의미한다. 지역은 구성원들의 모든 삶, 즉 정치, 사회, 경제, 문화, 학문, 교육, 종교, 예술 등의 다양한 부분들에 개입되어, 서로 맞물려 돌아가는 하나의 체제로 이루어져 있으므로 지역주민의 삶의 질과 행복지수를 높이는 중요한 수단이 되고 있다. 따라서 지역은 다양한 측면을 고려하여 총체적으로 균형 있는 발전이 이루어져야 한다. 그렇지 않으면 오히려 전체 발전에 지체되는 결과를 초래하고 만다.

김남선(2013)은 지역사회 성립조건을 첫째, 지리적 영역의 공유로서 일방적 커뮤니케이션이 아닌 상호 커뮤니케이션이 이루어지는 공동생활 환경, 둘째, 사회적 상호작용으로서 지리적 영역 내에 있는 지역주민들 간의 상호교류, 셋째, 공동유대감으로써 출생부터 혈연, 또는 지연 등으로부터 시작되는 원초적인 공동의식보다 그 지역사회 주민들의 사회생활로 인한 상호교류를 통해 나타난 획득적 의식을 든다. 또한 주성민(2002)은 지역사회 교육은 일정한 한 공동체의 지역주민을 대상으로 하여 지역사회의 자원과 역량을 동원한 평생교육의 실시로 자기성장의 계발과 기회, 지역사회의 문제를 공동의 힘을 해결하고 충족시키는 과정이라고 하였다.

Jarvis(2006)는 지역사회 교육의 개념을 ① 지역사회의 실천 및 지역사회 발전을 위한 교육, ② 지역사회 내에서의 교육, ③ 학교와 같은 교육기관 밖의 성인교육의 세 가지로 구분하였다. 그 중에 지역사회 내에서의 교육과 학교 밖 성인교육을 지역사회 교육의 범주가 아닌 평생교육의 범주로 해석하였다.

김한별(2011)은 지역사회 평생교육은 지역의 여건에 기반을 두고 지역의 물리적 · 문화적 환경을 개선하려는 의도를 내포하고 있는 교육 실천이며, 지역주민의 상호 연대와 참여를 바탕으로 이루어지는 교육활동인 동시에 상명하달식과 같은 수직적 교육 운영체제가 아닌 지역주민의 자발적 자기 결정권을 근간으로 하고 있다고 한다. 이렇게 볼 때, 지역사회 교육이란 일정한 지역의 주민을 대상으로 공동체를 형성하여 지역사회의 모든 교육적 자원과 역량을 총 동원한 평생교육을 통하여 자기 계발과 성장의 기회를 제공하며, 지역사회의 현안 문제를 공동의 노력으로 찾아내어, 그 문제를 지역사회가 통합적 노력으로 해결하고 충족시키는 과정이라고 할 수 있겠다(김종서 · 주성민, 1990).

결국 지역사회 평생교육은 지역 공동체의 교육적 요구에 대비함으로써 전체 지역사회에 봉사하는 지역성, 공동체성과 함께 개인, 조직, 지역사회가 함께 성장함으로 삶의 질을 향상시키는 활동이라고 개념화할 수 있다. 여기에는 지역사회의 공동체적 성격(문화), 지역사회의 자원과 역량 활용, 평생학습, 지역사회의 발전과 성장이라는 요소가 포함된다. 그러므로 지역사회 평생교육 개념은 지리적으로 사람들이 거주하는 공간으로서의 지역과, 지역 공통의 관심과 활동을 함께 하는 사람들에게 적용되는 영역으로서, 다양한 부분들의 총합적인 활동이라고 할 수 있다.

2) 지역사회 평생교육의 중요성

인간은 평생을 통해 교육을 받으면서 살아가는 존재이며, 알게 모르게 형식적 · 무형식적 교육을 체득한다. 따라서 교육은 인간 삶의 한 측면이며, 가치 있는 미래에 대한 삶의 질을 결정하게 되는 척도가 된다. 그래서 지역사회 교육은 교육을 통해 지역주민들의 역량을 증대시키는데 목적을 두고 있는 것이다. 또한 인간의 삶 속에 전개되는 정치, 경제, 사회, 문화, 학문, 교육, 종교, 예술 등 다양한 부분들은 인간들의 생존적 필요를 충족시켜 주는 것과, 인간의 실존적 필요를 충족시켜 주는 것도 있다.

생존적 필요는 인간이 인간으로서의 삶을 유지하는데 관련된 것이며, 실존적 필요는 인간이 인간으로서의 삶을 가치 있는 방향으로 발전시켜 나가는데 필요한 것이다. 이 두 가지가 인간의 삶에 균형적으로 발전해 나갈 때, 삶의 질의 높아졌다고 할 수 있다. 이처럼 인간의 생존적 필요와 실존적 필요를 총합적으로 충족시켜 주는 교육이 지역사회 교육의 중요한 목적이라고 볼 때, 지역사회 교육을 통한 평생교육은 학교교육의 한계를 보완해 주며, 지역사회에 대한 현장 경험과 지식을 통해서 문제해결의 능력을 길러 주고, 실제적인 필요를 충족시켜 주면서, 교육자와 피교육자 간의 상호보완적(수평적) 관계를 형성하여 지역주민들로 하여금 급변하는 주변상황에 대하여 주도적으로 적응할 수 있게 하는데 있다.

따라서 지역사회는 평생교육의 토대이며 지역주민들에게 의미 있는 장으로서의 기능이 있고, 지역주민들은 그 터전 위에서 삶을 영위해 나가고 있다. 지역에는 다양한 계층이 맞물려 있다. 이 층들이 서로 협력적 관계를 유지할 때 그 지역이 발전할 뿐만 아니라 다른 지역까지도 선도해 나갈 수 있다. 평생교육은 이런 관계를 통하여 순화되는 역할도 할 수 있다.

오늘날을 지식사회라고 한다. Powell과 Snellman은 지식사회란 지식 집약적인 활동에 기초한 생산과 서비스를 주축으로 하는 사회, 즉 지식의 창조, 곧 혁신능력이 경쟁우위의 주요 원천이 되는 사회를 의미한다고 하였다(정현주 · 김은홍, 2013 재인용).

지식의 창조는 사회적 상호교류의 결과물이라고 볼 수 있다. 혁신을 만들어 내기 위해서는 가장 중요 요소인 지식을 개인의 전유물이 아니라 사회 구성원들 간의 지속적 상호 교류를 바탕으로 공유함으로써 기존의 한정된 의미를 뛰어넘어 새로운 의미를 발견하는 과정이 필요하다고 본다.

세계화와 지식 경쟁시대의 도래와 더불어 지역의 중요성이 더 높아지고 있다. 세계화 시대에 오히려 지역의 중요성이 높아지는 이유를 살펴보면, 오늘날 지식과 과학기술이 빠르게 변화하고 세계화가 급속히 일어나게 되므로 개별 기업 단위에서의 전략 또는 경영 노력만으로 지식경제시대에서 경쟁력을 담보하기가 어렵다. 그러므로 오히려 각 지역이 활용할 수 있는 개별 기업 또는 기업군의 하부 구조와 투입 요소, 특히 암묵지를 공유할 수 있는 기회를 제공하는 것이 하나의 경제 단위로 인정받을 수 있는 기회가 될 수 있다는 것이다. 따라서 지역이 새로운 시대에 경쟁에 있어서 핵심요소로 작용하는 지식과 기술을 효과적으로 산출하기 위해서는 지식의 창조와 지속적 학습이라는 두 가지 기능을 수행할 수 있는 학습 지역으로 거듭나야 한다.

배석영 외(2009)는 지역사회 교육이야말로 평생교육의 거시적인 측면에서 드러나는 구조적인 결핍의 문제점을 지역의 네트워크나 협력적인 방안과 결정을 통하여 해결할 수 있으며, 지역사회의 특정한 학습요구를 미시적으로 충당해 줄 수 있기 때문에 평생교육의 해결책으로 지역사회 교육이 인지되고 있다. 한편 지역사회가 스스로 주체가 되어 만들어 내는 학습네트워크는 현대화과정과 혁신적인 변화에서 소외되었던 개인과 지역의 문제를 해결하는 효과적인 방법으로 제시되고 있다고 한다.

지역사회가 가지고 있는 순기능적인 측면에 대해 이해되면서 각 지역사회의 평생학습기관들이 학습공동망을 구축하게 되었고, 이를 통하여 지역주민의 삶의 질 향상은 물론, 평생학습에서 구조적으로 소외되어 온 학습 소외자에 대한 문제를 지역사회에서 실행하는 학습을 통하여 해결해 나감으로써 지역주민들에게 큰 호응과 만족감을 주고 있다.

최근 '학습도시'의 역할이 강조됨에 따라, 개인은 지역사회 교육에 참여함으로써 자신의 능력을 계발하고 평생학습의 주체가 되고 있다. 학습도시의 목적은 학습을 통하여 지역사회 주민 자신의 자아실현을 이루는 것은 물론 이것이 지역의 통합으로 이어져, 지역사회의 발전에 기여하는 것이다. 학습의 결과는 개인의 인적 · 물적 자원을 개발하여 개인의 행복을 추구하며 자신의 역량을 개발하여 지역사회의 발전으로 연결되고 있다.

결국 지역사회 교육에 있어서의 관건은 지역주민의 필요를 충족시켜 주고, 주민 개인과 지역 간의 갈등을 해소시켜 주며, 행복한 개인과 지역사회의 발전으로 이어져 나가도록 하는 것에 있다.

2. 지역사회 평생교육의 목적과 내용

인간은 지역에서 출생하여 지역을 삶의 거주지로 하여 그 속에서 살아간다. 인간은 자기가 거주하고 있는 지역사회에서 체계적이며 발전적인 안목을 가지고, 인간발달에 맞는 삶을 유지하며 미래를 향한 삶의 질 향상을 위하여 지역사회를 변화시키고자 의도적으로 노력하고 있다.

인간의 유기체적 본성으로 인하여 학습을 통하여 개인이 성장하고, 나아가 지역사회에 봉사하는 사이클이 생활 속에서 전개되는데(이희수, 2002), 인간의 지역사회 활동은 하나의 학습이며, 지역사회는 개인의 학습욕구를 일으키는 장이다.

그런데 지역사회의 범주에는 인터넷 카페와 같이 물리적 경계를 뛰어넘는 가상공간에서의 공동체는 제외된다. 그 이유는 지역의 의미가 일정한 물리적 공간을 전제로 하므로 지역사회는 물리적 공간을 중심으로 형성되는 공동체이기 때문이다. 지역사회의 실체는 각 개인이 함께 모임으로 잘 드러나지만, 모임의 구조와 성격에 따라 난순한 군집과 사람들의 집합과 구별된다. 지역사회는 서로 상호작용함으로써 고유의 문화적 양식과 생활원리를 창출하는 역동적인 성격을 갖는다. 그리고 충분히 구성원들의 도덕적 자유가 인정되고 사적인 관심이 표출되는 집단으로, 개인의 자율적 판단 및 행동의 가능성이 열린 상태에서 시도되는 공동체적인 성격을 지닌다. 또 공동선을 지향하기 위하여 형식적인 인간관계와 원칙과 제도화된 규율에 기초하여 구성원들에게 책임과 역할을 규정하지 않는다.

1) 지역사회 평생교육의 목적

오혁진(2006)은 평생교육의 목적으로, 첫째, 모든 주민의 학습요구 충족, 둘째, 지역 공동체성의 회복, 셋째, 지역문화 및 환경의 보호와 발전, 넷째, 주체적 주민자치 능력의 강화를 들고 있다. 박경실(2012)은 지식기반사회로의 전환이 급격히 이루어지는 가운데 지역사회 평생교육은 지역주민의 학습요구를 충족하고, 삶의 질을 향상시키며, 지역의 경쟁력 강화 측면에서 지역사회의 발전을 도모하고, 그 핵심 가치로서 사회적 정의와 경제적 활동, 참여민주주의에 대한 책임이라는 사회적 목적을 달성하고자 하는데 궁극적인 목적을 두어야 한다고 보았다.

여러 전문가들의 입장을 정리해 본다면, 지역사회 평생교육의 목적은 세계화로 인한 급속한 지역사회의 과학기술의 변화에 대한 대처와 지역사회의 발전 도모, 지역사회 문화구조의 변화에 대한 적용(지역주민의 가치관과 역할 변화, 지역의 조직과 지역사회의 변화에 적용)과, 지역사회 학교교육의 보완, 지역주민들의 기초 생활과 전문 소양의 함양과 삶의 질적 도모, 그리고 교육을 통한 지역주민 간의 소통 및 갈등해소를 제공하는 것이라고 할 수 있다.

2) 지역사회 평생교육의 내용

지역사회 평생교육의 대상은 요람에서 무덤까지에 해당하는 지역에 거주하는 전체 주민들이 대상이 되기 때문에 교육의 목적과 내용은 매우 복잡하고 다양할 수밖에 없다. 지역사회 교육은 지역사회 주민의 발달단계와 여건이나, 연령, 성별 및 직업 등 복잡한 요인 때문에 그 내용을 일정하게 규정짓기는 어렵다. 지역사회 교육에서 적용해야 할 내용에 대하여 김남선(2013)은 크게 ① 언어교육, ② 기초 산술교육, ③ 일반교육, ④ 직업교육, ⑤ 청소년생활지도, ⑥ 성인생활지도, ⑦ 보건위생교육, ⑧ 레크리에이션 지도, ⑨ 소비자교육, ⑩ 종교교육 등으로 분류하였다.

이와 같은 분류를 기반으로 하여 지역사회 교육의 내용을 선정한다면, 첫째로 가정경제, 영양 및 요리, 육아법, 가정윤리 등은 가정생활과 관련된 내용이다. 둘째로 인간다운 생활, 새로운 지식, 노동윤리 등은 교양과 관련된 내용이 될 수 있다. 셋째로 기술보급이 필요하다면 피교육자가 처한 지역사회 환경에 필요한 제반기술의 정보제공과 현장 경험을 가지게 하면 될 것이다.

3. 지역사회 교육의 대상

1) 지역사회 청소년교육

지역사회에서는 청소년교육에 대하여 소홀하다. 청소년교육은 정규 학교교육이 담당하고 있다고 여기므로 간과되기 쉽다. 그러나 청소년들은 학교 밖 교육을 통해 필요한 정보와 지식을 획득하게 되고, 자신의 정체성을 확립하고 진로를 설정하는데 도움을 받기도 한다. 따라서 청소년 시기는 인생에 있어서 가장 중요한 시기이며, 청소년들이 지역사회의 미래를 보장해 줄 수 있는 존재라는 측면에서 더욱 이들의 학습요구를 반영할 필요가 있다.

청소년 시기에는 이 시기에 반드시 이루어야 할 발달과업이 있다. 첫째, 성별 특성에 따른 역할을 잘 감당해야 할 시기이다. 신체적으로 남녀 간에 다른 성징이 나타나기 때문에 신체적 특징에 따른 교육이 필요하다. 특히 성정체성(gender identity)이 확립되지 않으면 개인이 겪게 되는 어려움은 물론이고 사회적인 문제로 발전할 수 있다. 또 이 시기에는 이성에 대한 관심이 증가하므로, 이 시기를 성공적으로 지낼 수 있어야 사회적 성숙을 달성할 수 있게 된다. 둘째, 정서적 · 경제적 독립의 시기이다. 부모로부터 벗어나고, 경제적으로 독립을 원하는 시기이므로 정서적 안정을 찾도록 하며, 진로 및 직업교육과 실습을 통하여 자기계발을 할 수 있도록 도움을 주어 자립의 의지를 갖도록 해야 한다. 셋째, 직업을 선택하고 사회생활을 시작하는 시기이다. 따라서 자신의 적성에 맞는 직장을 선택하여 자아실현을 이룰 수 있도록 이 시기에 직업준비를 할 수 있도록 하고 인생에 대한 안목을 길러 주어야 한다. 그리고 직업과 인생의 가치를 제대로 인식하도록 도와주어야 한다. 넷째, 결혼생활을 준비하는 시기이다. 육체적 · 정신적 성숙이 이루어지면 가정을 꾸밀 수 있는 결혼준비를 위한 성교육과 부모교육에 대한 강좌를 두어 체험하도록 한다. 다섯째, 시민적 자질함양의 시기이다. 개인주의가 팽배하기 때문에 이 때는 현실에 맞는 법률, 정치, 경제, 사회, 문화, 인간성,

사회제도 등에 대하여 시민적 자질과 책임감을 갖도록 교육하여, 공동체 안에서의 상호존중의 삶을 살도록 하는 가치관 교육이 필요하다.

따라서 지역사회 청소년교육에서는 사회화 교육, 가치관 교육, 국가관 교육, 도덕성 교육, 진로 및 직업교육, 보건 및 성교육, 부모교육, 리더십 교육, 여가교육, 지역사회봉사 교육, 그리고 국제교류 및 세계관 교육 등이 필요하다.

2) 지역사회 여성교육

평생학습사회의 새로운 지평을 확대하는 과정에 있어 가장 기초적인 논의 과제로 관심이 집중되는 것은 모든 이를 위한 학습의 기회 확대이다. 그러나 평생학습사회를 위해 범국가적인 차원에서 교육체제를 마련하고 지원하는 과정에 있어 교육의 주체인 여성은 남성에 비해 평생교육의 대상으로서 소외되어 온 측면이 많았음은 부인할 수 없다. 우선 학문의 주체인 지식의 생산자로서 학문의 대열에서 소외되었고, 학문 연구의 대상으로서 각종 조직에 대한 연구에서 여성은 소외되었다(김재인 외, 2001).

지역사회 여성교육이란 지역의 여성을 대상으로 이루어지는 정규 학교교육 이외의 각종 교육을 의미한다. 여기에는 다양한 형태로 여성을 대상으로 사회단체, 문화센터, 박물관, 도서관, 여성회관, 대학의 평생교육 등에서 이루어지는 모든 교육 활동을 총칭한다. 여성교육은 여성에 대한 차별로 인해 발생된 교육기회의 제한, 여성 인구의 비율 증가, 여성의 사회진출 증대, 여성 역할의 변화 등으로 인해 요구가 높아지고 있다. 그러나 여성평생교육은 여성평생교육기관의 전문성 부족, 교육 접근성에 있어서의 지역 편차, 사회적 인식 부족 등의 문제가 있었다. 따라서 관련 기관의 협력이 요구되며, 시간이나 가족의 이해 부족으로 접근하기 어려운 여성들을 위한 프로그램의 구축과 평생교육에 대한 인식도를 높여 적극 참여할 수 있도록 해야 하며, 재정적, 기타 환경적 어려움으로 접근하기 힘든 여성들을 적극 지원하여 참여할 수 있도록 해야 한다.

여성평생교육은 여성 프로그램에 대한 요구분석과 전문가들을 활용하여 여성교육을 강화하여 교양교육 차원에서 벗어나서 총체적 의식함양형 여성사회교육

프로그램이 필요하다. 그것은 시민의식 함양, 경제의식 함양, 소비의식 함양, 여성의식 함양, 환경문제에 대한 사회적 의식함양 등이다.

따라서 지역사회 여성평생교육의 중요한 목적은 여성의 의식고양, 사회적 활동의 적응 및 참여를 통한 여성 자신의 자질향상, 자기충족과 자기계발, 복지향상, 여성전문 인력확보, 사회 정의구현 등을 이룩함과 동시에 국가 및 사회 발전을 이룩하고자 하는데 있다.

3) 지역사회 노인교육

지역사회 노인교육은 급변하는 현대사회에 잘 적응할 능력을 키우는 지식을 습득하도록 하며, 고독감, 소외감 등을 없애 주어 보람 있는 노후생활을 하도록 하는 것이다.

노인교육의 목적은 무엇보다도 노년기 삶의 질을 적극적으로 향상시키는데 있으며, 연령에 따른 노소의 가치와 문화적 갈등을 좁히는데 있다. 그리고 노인은 급속한 사회변동에 안정적으로 적응하기 어려우므로, 변화되는 변화에 적응할 수 있도록 돕고, 계속적인 자기 개발과 원만한 사회 적응 및 다른 연령 집단과의 연대감을 통해 안정되고 평안한 노후를 보낼 수 있도록 도움을 주는 활용을 지원하는 것이다.

노인 평생교육의 내용으로는 주로 노인복지, 노인 건강관리, 취미학습, 생활상식/지식, 직업역량 개발 등이 있다(나항진 외, 2011). 이런 내용들을 노인 평생교육기관에서는 양질의 프로그램이 제공되도록 감독기관의 역할은 물론, 재정적인 지원과 노인 평생교육에 대한 정부와 지방자치단체의 올바른 이해와 수용이 필요하다. 따라서 지역사회의 노인교육은 노인의 능력수준과 흥미 또는 필요에 맞추어, 노인들의 현재 생활과 직결된 내용을 반영하고, 적절한 반복교육을 통해 누적적인 효과를 나타내도록 점차 깊이와 넓이를 더해 가도록 하며, 노인들의 경험 속에 통합되도록 하고, 하나의 교육이 동시에 여러 교육목표와 상호연관되도록 조직한다.

따라서 지역사회 노인교육은 노인들이 평생교육 프로그램에 참여하고자 하는 다양한 동기와 결과가 나타나는 것을 볼 때, 단순히 여가선용, 레크리에이션이나 취미활동 혹은 단순 복지 욕구 차원을 능가하여 다양한 양질의 교육을 제공하여야 한다. 이를 통하여 노인의 자아실현의 욕구와 사회참여, 세대 간의 화합의 요구까지 포함하는 풍성한 삶의 질을 보장할 수 있도록 하는 교육이 이루어져야 한다.

4. 지역사회 평생교육의 실제

현대사회에서 학습공동체는 학습동아리, 학습조직, 평생학습도시의 형태로 다차원적으로 발전하고 있으며, 각 차원의 학습공동체는 근본적으로 집단적인 학습을 통한 구성원의 성장과 공동체적 유대를 강화하기 위한 목적을 추구하고 있음과 동시에 학습공동체를 사적인 이익을 추구하기 위한 수단으로 전용하려는 권력에 의해 왜곡된다. 지역사회 평생교육은 지역 학습공동체를 형성함으로써 가능하기 때문에 지역사회 평생학습을 위하여 학습공동체를 이해하는 일이 반드시 필요하다. Longworth(1999)는 학습공동체의 의미를 학습을 통한 번영, 지속 가능성, 통합성을 목적으로 하는 네트워킹 학습사회라고 하였다.

특히 학습공동체 중에서 학습동아리는 지역사회 평생교육에서 몇 가지 중요한 의의를 지니므로 주목받고 있다. 첫째로 학습동아리는 학습자 중심의 학습이 일어나며, 거기에서 학습자가 갖는 자발성과 자기주도적 학습이 이루어진다. 둘째로 공동의 학습이기 때문에 학습자 상호작용에 의하여 자신의 학습 경험을 타인과 공유하게 됨으로 학습의 시너지 효과를 얻는다. 셋째로 타인과 협력하고 연대하는 것을 배우며 리더십이 함양될 수 있다. 따라서 지역사회 평생교육에서의 학습동아리는 단순히 학습을 한다는 차원이 아님을 알 수 있다.

여기서는 지역사회 학습동아리와 평생학습도시에 대한 내용만을 살펴보기로 한다.

1) 지역사회 학습동아리

학습동아리는 학습자의 자발성에 의하여 구성되고, 개인의 상실된 자아 또는 체제에 의해 침해받는 주체성을 회복하기 위한 조직 형태이다. 따라서 학습동아리는 개인이 자신의 경험을 계속적으로 재구성해 나가고, 이를 기초로 타인의 민주적 교류를 통해서 집단적 학습을 이룬다는 점에서 협력적 학습 집단의 특성을 가진다.

학습동아리는 학습자에게 새로운 학습기회를 제공하고 학습자를 학습의 주체로 세우는 역할을 수행하고 있다. 그러나 조직수준에서 보면 학습동아리 구성원의 학습활동이나 지식공유 활동은 보다 다양한 모습을 보이고 있다. 이 중 지역사회 학습동아리란 한 지역사회에 거주하는 5~15명 내외의 주민들이 서로 협력하여 학습조직을 구성하여 지역사회의 교육적 수준에서 다양한 학습활동을 진행하는 것을 의미한다. 그리고 이를 통해 동아리 구성원들의 삶의 질을 높이고 지역사회 발전에 기여하고, 상호교류를 통하여 자아실현에 기여하고 있다.

학습자들이 자발적으로 학습을 위하여 결성한 집단 혹은 모임으로, 학습을 하고자 하는 주제가 동일한 사람들이 모여 학습 조직을 운영하는 모임이다.

평생학습에 대한 사회적 인식수준이 높아지면서 지역사회 차원에서 평생학습 분위기 조성을 위한 다양한 노력을 하고 있다. 학습동아리는 구성원들의 자발적 참여와 능동적 활동을 통해서 새로운 학습과 지역사회봉사를 추구하는 학습단위로서 중요성이 부각되고 있다. 동아리 활동에 참여하는 구성원들은 원활한 학습동아리 운영이 이루어지기 위해서는 다섯 가지 사항에 대해서 주목하고 있음을 확인할 수 있었다. 현재 학습동아리를 활동하는 구성원들의 관점에서 볼 때, 동아리 구성원들의 소속감과 연대감 증진, 리더의 전문성과 구성원 개인의 역량 개발, 동아리 활동에 대한 충분한 예산 지원, 동아리 상호간의 교류와 피드백의 기회 마련, 동아리 활동을 통한 지역사회의 변화 등이 효과적인 학습동아리 운영원리로서 중요하다는 점이 부각되었다(김한별 · 김영옥, 2012).

최근에는 지역사회 학습동아리에 인간관계와 신뢰, 규범을 더 중시하는 사회적 자본에 대한 관심이 깊어지면서, '지역'과 '공동체'가 '학습'을 매개로 하여 하나로 묶이는 양상을 보이고 있다. 지역사회에서 평생학습과 인적자원개발은 동전의 양면 같은 관계로서, OECD국가에서 주창하는 학습지역(learning region) 개념은 지역사회 학습동아리를 지향한다. OECD가 지역사회 학습동아리의 중요성을 강조하게 된 배경에는 세계화와 지역화의 연대라는 움직임 속에서 사회, 도시의 발전이 국가주도적 개발에서 지역주도적 개발로 진행되었고, 지역만이 지역실정에 맞는 경제정책을 수립하여 고용과 고용가능성을 증대시킬 수 있다는 점과 지역의 공통성과 공동체 특성을 살려서 지역단위 주도적으로 지역개발을 이룰 수 있다고 본 것이다. 이와 같은 지역개발 프로그램을 상징하는 것이 학습도기, 학습지역 만들기 사업이다. 이는 Longworth(1999)가 '지역사회 학습동아리는 학습을 통한 번영, 지속가능성, 통합성을 목적으로 하는 Net-Working 학습사회'를 의미한다고 본 관점과 통하는 주장이다.

지역사회 학습동아리를 통해 지역사회 주민의 요구를 조사하여, 이를 만족시킬 수 있도록 하고, 제도적 관계와 사회적 관계의 강점을 활용하여 학습의 가치에 대한 문화적 변화를 가져올 수 있도록 하며, 지역사회의 많은 부분을 포괄하고 활용하는 사회적 결속, 재생, 경제적 발전을 증진시킬 수 있다고 본다(이희수 외, 2001).

근래 평생학습 분야의 논의 중에는 논의의 맥락이 조금씩 다르긴 하지만 학습공동체에 대한 관심인데, 대체로 두 가지 기대를 배경으로 하고 있다.

첫 번째 배경은 학습공동체의 '이념'에 주목한 평생학습 이념 구현의 장으로 보는 입장이다. 학습주체의 삶 속에서의 학습과 더 나아가 생활세계의 복원에 관심을 둔다. 이 때의 학습공동체는 학습자의 자발적이고 주체적인 의지에 입각하여 구성되며 상실된 개인의 자아와 체계의 논리에 침륜된 주체성의 복원을 목적으로 하는 조직의 형태이다(정민승, 1997). 이 입장은 자유롭고 민주적인 학습공동체라는 공간 안에서 주체적 행위자인 학습자들은 학습의 자유, 의사소통의 자유, 그리고 행위자로서의 주체성을 회복할 수 있다는 기대와 소망을 갖고 있다.

두 번째 배경은 학습공동체의 '지역성'에 주목하여, 지역을 기반하는 학습의 그물망으로서, 학습공동체 활동을 기반으로 하는 사회적 참여와 연대, 그리고 통합의 기능에 일차적인 관심을 두는 입장이다(한준상, 2001; 김민호, 2001; 고재방, 2001). 학습공동체가 학습동아리나 기타 상호신뢰와 연대에 바탕한 지역평생학습 문화를 진작시킬 것이며, 이는 곧 바로 사회적 자본을 강화하는 결과를 낳을 것으로 기대한다. 사회적 자본이란 개인 간의 관계, 사회적 Net-Work, 그리고 이로부터 발생하는 상호성과 신뢰의 규범을 말하는 것으로서, 지역주민의 다양한 집단 참여활동이 필수적이다(김민호, 2001). 이것은 최근 세계화 및 정보화 시대의 발전방향으로 글로컬라이제이션(glocalization)이 제기되면서, 사회발전의 가장 기초 단위로 '지역사회'가 부각되고 있는 것과 관련이 있다. 이것은 지역 전체를 하나의 학습공동체로 보고, 평생교육의 지역화를 꾀하는 평생학습에 대한 참여 확대 지원과 평생학습을 이용한 경제적 재생과 사회적 재생 증진에 목적을 두는 입장과 같은 맥락이다(이희수, 2001).

이 두 가지의 배경을 통한 논의에서 학습공동체는 교육과 계몽의 대상이었던 학습의 주체들이 공동학습의 과정을 통해서 자신의 생활세계 안에서 자유롭게 발언하고 행위할 수 있도록 돕는 기제와, 지식기반사회의 기초 단위로써 지역사회 발전의 동력 역할을 동시에 맡고 있기 때문에, 반드시 어느 하나를 선택할 수 있거나, 조화를 이룰 수 있어야 한다는 것은 아니다(이지혜, 2011).

(1) 스웨덴의 학습동아리

스웨덴의 학습동아리는 미국의 셔터쿼(Chautauqua)라는 문학 · 과학 동아리(Literary and Scientific Circle)에서 아이디어를 얻어 Olssen이 1902년에 학습동아리를 조직하고 발전시켰다. 그는 학습동아리를 민중 성인교육의 수단으로 발전시켰는데, 19세기 후반에 스웨덴은 사회적 · 경제적 불평등, 사회적 불안정, 농촌의 빈곤, 처참한 생활 조건, 그리고 높은 문맹률 등으로 경제적으로나 사회적으로 매우 어려운 환경에 있었다는 것이 계기가 되었다.

이와 같은 사회적 상황에서 학습동아리를 통해 자연스러운 민중운동이 가능하게 되어, 형식교육의 혜택을 못 본 성인들에게 교육의 기회를 주고, 조직 구성원들에게 조직에 대하여 가르치는 매개로 학습동아리가 주요 역할을 하게 되었다.

결과적으로 학습동아리가 정치 사안에 대하여 적극적이게 되고, 이후 공공의 이슈를 다루는 일까지 정부에서 추진하게 되었다.

스웨덴에서 학습동아리는 2차 세계대전까지 가장 중요한 성인 시민교육의 수단으로 발전하게 되었으며, 그 이후에는 민중운동, 정당, YMCA, YWCA, 종교단체, 대학확장 프로그램, 공공기관의 다양한 프로그램으로 확장되었다. 1947년에는 학습동아리의 조직과 실천을 인정하고 정부 기금으로 학습동아리의 운영을 지원함으로써 공식화하였다. 1980년 이후에는 학습동아리에서 IT의 사회적 영향, 핵무기 문제, 환경오염 등과 같은 이슈에 관심을 가지게 되면서 공공의 문제에까지 접근하게 되었다.

(2) 캐나다의 안티고니쉬 운동

캐나다의 안티고니쉬 운동은 캐나다 동북부인 Nova Scotia 지방의 한 대학을 중심으로 전개된 지역협동조합운동이다. 1919년 대공황 이후에 농업과 어업에 종사하던 이 지역은 경제적인 빈곤으로 주민들은 새로운 일자리를 찾아 도시로 떠나갔고, 지역사회는 점차 더 낙후되어 갔다. 이에 세인트 프란스시 세비어 대학(St. Francis Xavier University)을 중심으로 이 문제를 경제사회 구조의 모순과 주민들의 자립에 대한 능력 부족으로 보고 새로운 협동조합을 일으켰는데, 이 대학의 Tompkins 박사는 대학을 중심으로 한 주민조직과 주민교육을 통해 주민들의 문제를 해결할 수 있다는 신념을 가지고 1921년 민중학교를 개설하게 되었고, 교육을 통해 청년 협동조합운동가들을 체계적으로 훈련시켰고, 지역금융, 교육, 생산을 동시에 하는 협동조합을 탄생시켰다. 이와 같이 1920년대부터 진행된 안티고니쉬 운동(The Antigonish Movement)은 지역사회를 기반으로 하는 공동체 교육의 대표적인 예이다.

이 운동은 성인교육과 공동체 조직을 통하여 민주적 과정을 통한 의사결정을 중시하며, 합리적이고 합법적으로 그들의 사회, 경제 조건을 개선하도록 도와주는 것으로 지금까지 성과를 거두면서 이어지고 있다.

(3) 남미의 기독교 기초공동체 운동

해방신학은 1960년대를 전후한 남미의 국내외적 상황과 신학적 논리가 결합되어 해방신학이론이 형성되었는데, 이 이론이 남미의 일부 국민들과 성직자 및 학자들로부터 공감대를 형성할 수 있었던 것은 인간다운 삶의 영위를 위한 기독교의 역할을 강조하고 당시 제3세계 국가들의 공통적 현안이었던 정치적 억압과 경제적 종속, 사회적 소외 등 제반문제를 해결해 줄 수 있는 대안으로 인식되었기 때문이다. 이와 같은 상황에서 남미에서는 기독교 기초공동체가 주로 농민, 농촌 임금노동자, 도시빈민들을 중심으로 구성되어 확산되기 시작하였다. 기독교 기초공동체에서는 일상생활 속에서 성경 읽기와 토론, 기도 및 기타 협력활동 등을 하였다. 한 동네에서 주민 10～30명 정도가 참여하는 소규모 집단들로 1～2주에 한번 정도 모여 성경을 읽고 대화한다. 공동체는 주민들에게 재화와 서비스를 매개하고 동시에 교제와 상호지원의 장을 마련한다(한숭희, 2001). 이들에게 있어서 교회란 곧 신앙공동체이며, 공동체 학습은 남미의 민중 신앙적 특성을 만드는 원인의 토대가 되었다.

(4) 미국의 북그룹

미국의 북그룹이 학습공동체와 공통점이 있는 것은 운영 형식과 최종적인 목적이 학습자들의 관심에 의하여 형성되었다는 점이다. 구성원들은 다양성과 유사성 사이에서 균형을 이루어 나가기 위해 대화의 방법을 사용하며, 텍스트에 대한 지식은 물론 자아와 타인에 대한 지식과 독서방법에 대한 지식까지 학습한다. 또한 공통 관심사나 목적에서 일치하는 그룹과 네트워크를 형성함으로 학습의 성과를 공유하기도 하며 다양한 정보나 기술을 교환하여 새로운 지식을 창출해 내기도 한다(이지혜, 2011).

(5) 독일의 학습동아리

독일의 연방교육부(BMBF: Bundsministerium für Bildung und Forschung)는 2001년 이

후 "모두를 위한 삶의 동반자로서의 학습(Lebensbegleitendes Lernen für Alle)"이라는 모토로 미래의 '학습사회'를 구성하기 위한 세부 규정과 프로그램들을 개발하여 시행하고 있다. 이와 관련된 정책은 독일의 16개 주정부와 연결되고, 성인계속교육과 관련된 프로그램들은 시민대학에서 개설하여 운영한다.

독일의 대표적인 평생교육 시설로는 독일 시민대학과 문해교육기관이다. 시민대학은 주마다 설립되어 있으며, 전 연령의 시민을 위한 다채로운 형태의 교육을 책임지고 있다. 그리고 독일 베를린과 브란덴 부룩(Berlin-Brandenburg)주의 학습동아리와 보덴제(Bodensee) 학습동아리는 지역사회 발전에 크게 기여하였는데, 학습동아리는 평생학습을 위한 학습상담을 활성화하고, 학습자 중심의 활동을 전개하면서 지역사회 단체와 주민 간의 파트너십을 형성하였다. 또한 학습동아리 활동을 위한 홍보와 마케팅, 학습영역의 투명성과 누구나 학습할 수 있는 있는 기회보장, 시범사업의 실시, 학습동아리의 합리적 경영, 평생학습의 품질 보장, 평생학습을 위한 학습 환경 및 학습 장소에 대한 발전, 학습코치로서의 네트워크 역할을 하였던 것이 독일 학습동아리가 성공한 이유라고 볼 수 있다.

(6) 일본의 학습동아리

일본에서는 사회교육과 평생교육을 혼용하여 사용하는데, 1949년에 제정된 「사회교육법」과 1990년에 제정된 「평생학습 진흥 정비법」이 공존하고 있다. 「사회교육법」이 사회교육의 정의와 시설에 대한 규정을 담고 있는 사회교육에 관한 기본 법적 성격을 갖는다면 「평생교육 진흥 정비법」은 평생학습의 진흥에 이바지하기 위한 도·도·부·현(都·道·府·縣)의 사업에 관해 추진 체제의 정비와 그 외에 필요한 사항을 정하는 법인만큼 평생학습의 정의와 시설에 관한 내용은 없다(윤여각 외, 2014).

시설 면에서는 「사회교육법」의 공민관과 「평생교육 진흥 정비법」상의 평생학습추진센터가 공존한다. 일본은 평생학습 추진 체제가 수직적·수평적 연계를 실현하고 있다. 일본이 평생학습 연구에서 평생학습 시설 간 연계에 대한 연구가 활발한 이유도 이런 연계 체제에서 찾아볼 수 있다.

일본에서 가케가와시는 최초로 도시의 평생학습화를 선언한 평생학습도시의 모델이다. 신무라 준이치 시장이 평생학습의 개념을 시정(市政)의 우선 과제로 삼아 평생학습 운동을 전개하여 일본의 평생교육 정책에 아이디어를 제공하였다.

공민관은 일본의 대표적인 사회교육, 평생교육 시설로 인정받고 있다. 공민관은 지역의 사회교육을 수행하는 핵심적인 기관이며 지역주민 전체의 학습의 장으로써 시(市)·정(町)·촌(村)의 전 구역에 설치되어 있다. 설립 목적은 교육·학술·문화적인 사업을 통해 주민의 생활에 도움이 되는 활동, 교양 향상, 건강 증진, 정서 함양 도모이며, 이를 위해 정기 강좌, 강연회, 토론회, 전시회, 체육, 레크리에이션 등을 실시한다. 또한 공민관은 일본의 가정과 학교 밖에서 아동에서부터 청년, 성인, 고령자에 이르기까지 모든 사람들이 학습, 연수, 스포츠와 취미를 즐길 수 있는 평생학습을 위한 사회교육 시설이 존재한다. 그리고 집에서 걸어갈 수 있는 거리의 지역에 배치되어 있다. 공민관은 어떤 사회교육 강좌를 실시하면 참가하였던 시민들의 자발적인 구성으로 연구회를 결성하고, 그곳을 거점으로 교양, 취미, 동호인 활동을 계속한다.

공민관 운영에는 세 가지 원칙이 있다. 첫째, 지역성이다. 지역주민의 요구를 파악하여 지역이 안고 있는 교육 과제에 대하여 주도적으로 학습 기회를 기획하여 스스로 제공할 수 있는 지역의 학습 거점이다. 둘째, 교육 전문성이다. 모든 활동에 대해 사회교육적인 관점을 기초로 하는 전문적인 배려가 있어야 한다. 셋째, 연령, 성별, 직업 등에 관계없이 모든 사람들에게 열린 장소로 운영되고 있다.

공민관에는 관장과 사회교육의 전문 직원(공민관 주사)이 배치되어 주민과 함께하는 또는 주민의 의향을 파악해 사업이나 활동을 조직적·체계적으로 전개한다. 그리고 공민관은 사회교육 시설이자 평생학습의 거점 시설로서 그 사업과 학습 내용은 매우 다양하며, 배움을 통해 풍요로운 삶을 살도록 하고 있다. 이에 따라 각 지역사회에 위치한 공민관 등의 성인교육기관에서는 '자주학습집단'과 같은 학습공동체 운동이 생겨났다. 이 학습공동체는 주 1~2회 정도의 모임을 가지며 취미, 교양, 예능활동 등을 자주적으로 운영하였다. 공민관을 중심으로 자주적 학습집단이 발전되었는데, 이 학습동아리가 다시 공민관의 사회교육 활동을 지탱

하고 저변확대를 하는데 이바지하고 있다.

공민관과는 달리 1990년대 이후 평생학습 정책이 전개됨에 따라 '평생학습추진센터', '평생학습센터'가 설치되기 시작했다. 평생학습추진센터의 기능은 ① 평생학습 정보의 제공 및 학습 상담 체제의 정비 충실에 관한 사항, ② 학습 수요의 파악 및 학습 프로그램의 연구 · 기회에 관한 사항, ③ 관계 기관과의 연계 · 협력 및 사업의 위탁에 관한 사항, ④ 평생학습을 위한 지도자 · 조언자의 양성 · 연수에 관한 사항, ⑤ 평생학습 성과 평가에 관한 사항, ⑥ 지역의 실정에 따라 필요한 강좌 등을 주최하는 사항, ⑦ 방송대학과의 연계 · 협력을 실시하는 사항 등이다.

(7) 한국의 학습동아리

우리나라 학습동아리의 역사는 계와 두레에서 유래되었다고 할 수 있다. 계는 촌락사회의 공동조직으로서 삼한시대 변한에서 시작되어 공동적 목적을 실현하기 위하여 금곡(金穀, 돈과 곡식) 등 계재(契財)를 모아 식리(殖利: 재물을 불리어 이익을 늘림) 활동을 하는 조직체이다. 즉 계는 항상 어려운 어떤 목표를 달성하기 위해 의도적으로 결성하는 결사체적인 조직이다.

주요 기능으로는 공동가치의 실현(학문의 수련, 조상 및 스승에 대한 추모, 삼림의 보호, 혈족관념의 선양, 유교적 가치의 구현 등), 공동사업의 수행(학교의 경영, 공공시설의 마련, 기금을 조성하여 길흉사 대비 등), 집단결속과 지위(知委) · 통합, 사회통제 또는 계급적 지배, 친목, 유희, 정서적 이완, 사회보장 또는 공제(共濟), 의례 그리고 이데올로기적 순응, 영리의 추구 등이다.

두레는 신라시대에 주로 농촌에서 농사일을 서로 돕기 위해 부락 또는 리 단위로 조직된 협동운동의 직업공동체이다. 즉 농민협동체의 하나로 자연발생적으로 생긴 촌락공동체의 내부 질서, 즉 공동노동, 상호부조, 공동방위, 공동예배, 공동유흥 등을 원리로 한 협동조직체이다.

이처럼 우리나라의 학습동아리의 시작은 주로 교육 프로그램을 이수한 후에 추가적인 학습의 필요성을 느껴서 심층적인 보완을 하기 위한 것이거나 전문적인 소양을 갖추기 위한 것이 아니라, 생활 속에서 접하게 되는 문제를 공동의 힘으로 해결하기 위한 모임으로 볼 수 있다. 또 대단한 지식을 공유하기 위한 것이 아니라 집단의 결속과 친목, 그리고 협동심의 발휘라고 볼 수 있을 것이다. 현대에 와서는 국가나 시·도 위주의 움직임이 활발하게 일어나 여러 시민단체와 지역 기반 사회단체를 중심으로 개인의 교양과 취미를 넘어서서 교육과 학습을 통한 자기만족은 물론 지역사회의 발전과 자생력을 기르고 지역 간의 소통 운동으로 번져 나가고 있다.

2) 평생학습도시

평생학습도시란 언제, 어디서, 모든 사람이 원하는 학습을 배우고 즐기는 학습사회를 만들어 개인의 자아실현과 계발을 도모하고 삶의 질을 높여 도시의 경쟁력을 향상시키고 도시와 시민이 함께 발전해 나가는 도시를 말한다. 즉 평생학습체제 구축으로 전 생애에 걸친 시민의 삶의 질 향상과 행복 증진을 위한 평생학습 프로그램을 운영하여 시민의 평생학습 기회확대, 학습공동체 형성 및 학습형 일자리 창출을 지향하는 도시를 말한다.

평생학습도시의 원형은 고대 그리스의 도시국가인 아테네에서 찾아볼 수 있다. 아테네의 아고라를 중심으로 형성된 광장 문화는 학습이 활성화될 수 있는 토양이 되었다. 아고라는 열린 학습의 중요한 상징으로서, 누구에게나 공개된 장소에서 공개적으로 의사를 표현할 수 있는 광장 학습의 장이었다. 평생학습도시의 평생학습 역시 평생학습센터라는 시멘트 건물 안의 닫힌 교육이 아니라 누구나 학습하고 공개적으로 의사를 표현하고 나눌 수 있는 대화의 광장 학습이어야 함을 시사한다.

오늘날의 도시는 지역교육의 문제를 해결해 나가는 교육 경영을 해야 한다. 지금은 지식 경제시대로서 교육을 지배하는 자가 세계를 지배한다. 그러기에 세계경제를 움직이는 OECD와 세계은행은 학습도시를 만들기에 온 힘을 기울인다. 교육은 더 이상 소비 행위가 아니라 도시의 총체적 자본을 관리해 주고 그 나름대로 새로운 인적 자본, 사회적 자본, 문화적 자본이라는 황금알을 낳는 거위와 같다. 따라서 평생학습도시는 모든 시민의 지적 자산 가치를 평생 높여 주는 가장 믿을 만한 투자처다(윤여각 외, 2014).

지금 우리 사회는 평생학습도시를 마치 경쟁이나 하듯이 2014년 현재 226개 시 · 군 · 구 중에서 126개의 평생학습도시가 조성되어 있다(국가평생교육진흥원, 2014). 지금도 계속 진행 중에 있음은 고무적인 현상이 아닐 수 없다. 그러나 지역 기관장의 과열경쟁으로 실적을 쌓기 위한 사업으로 끝나는 경우가 있는데, 전 지역주민이 학습하는 지역을 만들기 위하여 다양한 계층의 관계자들이 함께 모여 공청회와 모든 지역주민의 경험을 공유하는 과정을 거쳐 참여적 합의를 도출하여야 한다는 것을 간과해서는 안 된다.

정부 부처 간 그리고 정부, 기업, 지역사회들 간 동반자 관계의 중요성이 전면에 부각되고, 이러한 동반자 관계가 형성될 때, 문제가 해결하고 기회를 잡을 수 있을 것이다. 정부가 사회단체들과 어떻게 상호작용하느냐에 따라서 성공적인 학습도시를 만드는 관건이 된다는 것을 알 수 있다.

(1) 우리나라의 평생학습도시

우리나라는 평생학습도시 정책의 기원은 창원시가 1995년 「창원시 평생학습원 설치 · 운영조례」를 제정한 때부터라고 할 수 있다(고영상 외, 2008). 창원시는 시민의 평생학습을 위하여 지역 NGO에 각 동지역의 평생학습원 운영을 위탁하고 평생학습 프로그램을 지원하였다. 또한 광명시는 정부가 평생학습도시 정책을 시행하고 지원하기 위하여 평생학습도시를 1999년 3월 9일에 최초로 선포하고 평생학습도시 사업을 추진하였다. 이것은 당시 정부 주도하에서 평생학습도시 정책이 시행되었다기보다는 지방 정부와 단체 등에 의해서 실시되었다는데 의의가 크다.

평생학습도시 정책의 목적은 지역 학습공동동체를 형성하고, 평생학습 추진 인프라를 정비하여, 양질의 평생학습 서비스를 제공함으로 지역혁신 역량강화를 추진하는데 있다. 평생학습도시 조성 사업이 전개되면서 다양한 사업이 들어오게 되었다. 평생학습도시 1도시 1특성화 프로그램 지원 사업은 기반 조성을 마친 평생학습도시를 대상으로 지역의 특성과 여건을 고려하여 프로그램을 계획하고 이를 추진하는 것을 지원하고 있다. 또 평생학습도시 컨설팅을 하여 평생학습도시 조성 및 발전과 관련해 지자체가 직면한 문제를 찾아 이를 분석하고, 학습도시가 발전할 수 있는 새로운 가능성을 발굴해 주며 학습도시의 관리자와 조직이 학습을 촉진하고 변화를 유도할 수 있도록 지원하는 전문적인 자문 서비스를 하고 있다. 그리고 평생학습도시 연계 체제 구축지원 사업을 하여 지역 내 교육 자원 간 제휴와 협력을 통해 지역 평생교육 역량을 강화하고, 평생학습도시 내 시설, 사업 내용, 비용, 인력 등의 자원을 효율적으로 활용할 수 있도록 하며 시 · 군 · 구 단위의 평생학습도시와 광역지자체 간 협력 체제 구축을 통해 광역 차원의 지역 평생교육 활성화를 유도한다.

더 나아가 평생학습의 결과 표준화 지원 사업은 개인이 학교 외의 다양한 영역에서 참여한 평생학습 결과를 체계적으로 기록 · 관리 · 평가를 인정할 수 있는 국가 차원의 자치와 제도를 마련하는 것을 목적으로 한다. 즉 개인의 다양한 학습 경험을 학습계좌(온라인 평생학습 이력 관리 체제)에 기록 · 누적된 개인별 평생학습 종합 이력부(e-포트폴리오)를 구축하는 사업을 하여, 개인별 평생학습 종합 이력부를 통해 체계적인 학습 설계를 지원하고, 학습 결과를 학력 · 자격 인정과 인계하며, 고용 정보로 활용하는 것을 목적으로 한다.

평생교육 학습도시 조성은 전 국민의 평생학습 기회 확충의 측면에서 좋은 성과가 도출된 것으로 평가되고 있다. 국가 차원의 평생학습에 대한 활성화가 이제는 시 · 군 · 구에 평생교육 인프라 구축까지 하게 되었으며 평생교육에 대한 이해와 전문성과 사업 추진 역량까지 강화되어 평생교육사 전문 자격증을 소지한 전문 인력이 현장에 배치되고 있다. 그러나 평생교육사 자격증이 시대의 조류에 편승한 것이 되지 않도록 소지자에 대한 재교육과 평가를 통하여 제도적으로 체계를 강화하는 동시에 그들이 현장에서 의욕을 갖고 일할 수 있는 제반 여건을 갖추어 주어야 한다.

또 평생학습도시 조성 사업을 매개로 하여 각 지역 및 단체 간 연계 · 협력 체계가 구축되었으며, 이 연계 · 협력 체제는 지역 평생교육 관계자들의 역량 증대, 운영의 효율성 뿐만 아니라 지역주민들의 지역 활동 참여로 이어지고 있다.

더구나 지역주민의 평생교육 참여로 말미암아 참여 만족도가 높아지고 있으며, 지역주민들의 필요에 따른 프로그램의 계발로 인하여 서비스 품질도 크게 개선되고 있다.

(2) 평생학습도시 과제

평생학습도시 조성은 지식경제 시대에 부합되는 측면이 많다. 그래서 OECD는 학습도시 조성사업을 전개하였고, 우리나라도 그 필요성을 공감하고 각 도시마다 평생학습도시 조성을 진행하였다. 그러나 유념해야 할 과제들이 있다. 평생학습도시 사업은 지역의 공동체 형성, 지역경제 활성화, 지역인적자원개발, 각 학습도시 특성에 적합한 유형별 정책 추진 등의 방향으로 전개되어야 한다. 또한 우선적으로 주민들에게 실질적인 혜택이 있는 평생학습도시 사업과제의 발굴과 개발이 선행되어야 한다는 데 초점을 두어야 할 것이다. 이와 같은 점들을 고려하여 다음과 같은 몇 가지 사항을 향후 과제로 논의하고자 한다.

첫째, 평생학습도시에 대한 개방적 사고이다. 평생학습도시는 유연성과 다양성이 그 특징이다. 지역사회나 중앙정부가 어떤 모드로 진행하는가가 관건일 수 있으므로 실제 학습도시를 정치적 프로젝트로 보는 것도 무리는 아니다.

둘째, 평생학습에서 도시의 위상을 재인식해야 한다. 도시를 중심으로 이루어지는 것인만큼 물리적 장소인 도시를 추상적인 도시가 아닌 사회적 수준에서 개인에게 영향력을 끼치는 장소가 되도록 해야 한다. 국가주도적으로 전개하던 평생학습도시 운영이 점차 지역주도적으로 이관되고 있는 입장에서 지역의 특성을 고려한 평생학습도시 운영과 평생학습 프로그램의 운영에 중점을 두어야 할 것이다.

셋째, 평생학습도시 사업을 지역공동체 형성과 사회통합 운동으로 승화시켜야 한다. 이에 따라 학습과 주민 간의 상호교류를 통해 주민들의 참여를 강화시키는 데 기여할 수 있으며, 교육, 문화, 지역, 성, 세대에 따라 소외된 계층들에게 평생학습의 기회를 제공함으로써 사회적 통합을 이룰 수 있을 것이다.

평생학습도시, 지역학습동아리 사업은 지역의 총체적 개발과 발전, 혁신에도 목적이 있지만 궁극적으로 학습자의 평생학습 참여에 목적이 있다. 앞으로 평생교육, 평생학습 및 지역평생교육을 위한 정책은 학습의 주체인 주민, 학습자의 요구와 필요를 분석하고 이들에게 초점을 두어 지역주민의 능력개발을 통한 지역사회의 혁신을 도모하는 방향으로 전개되어야 함으로 고려해야 할 것이다.

참고 문헌

고영상 외(2008). 학습도시조성사업과 성과분석 연구. 서울: 평생교육진흥원.

국가평생교육진흥원(2014). "국가평생교육진흥원 업무보고". p. 28.

고재방(2001). "인적자원개발정책의 비전과 추진방향". 지역인적자원개발 추진방향 검토를 위한 공청회. 한국교육개발원. pp. 1~19.

김득영(2006). 일본평생학습도시. 서울: 학지사.

김남선(2013). 지역사회교육론. 서울: 형설출판사.

김민호(2001). "지역평생학습 문화 활성화 방안", 지역공동체 형성을 위한 평생교육의 과제. 한국평생교육학회. pp. 25~40.

김종서, 주성민(1990). 지역사회 학교의 이론과 실재. 서울: 교육과학사.

김태완(2014). 글로벌 시대의 교육. 서울: 학지사.

김한별(2011). 평생교육론. 서울: 학지사.

김한별, 김영옥(2012). 구성원 관점에서 본 평생학습동아리의 운영원리. 교육문제연구, 42권, pp. 73-96.

나항진 외(2011). 평생교육론. 경기: 양서원.

박경실 외(2012). 평생교육론. 서울: 학지사

배석영 외(2010). 평생교육론. 경기: 양서원.

오혁진(2006). 지역공동체와 평생교육. 서울: 집문당.

윤여각 외(2014). 지역사회교육론. 서울: 방통대출판문화원.

이지혜(2001). "성인여성의 학습동아리 활동 시범지원방안에 관한 연구". 교육인적자원부 여성교육정책연구과제.

이지혜(2011). 학습공동체 운동의 의미와 전략. 직업훈련정보 카페.

이희수(2001). "지역공동체 형성을 위한 지역평생교육추진기구의 현황과 역할 개선 방안에 대한 토론". 지역공동체 형성을 위한 평생교육의 과제. 한국평생교육학회 추계학술대회. pp. 1~24.

이희수 외(2001). "지역단위 평생교육 체제 구축 방안 연구". 한국교육개발원.

이희수(2002). "평생학습도시에 대한 소크라테스의 변명". 한국평생교육학회 2002 추계학술대회 자료집. "평생학습시대 교육패러다임의 전환". 한국평생교육학회.

이희수, 양병찬, 조순옥(2008). 평생교육법 개정에 따른 시 · 도 및 시 · 군 · 구 평생학습 추진체제 개편 연구. 서울: 평생교육진흥원. p. 43.

정민승(1997). "학습공동체 개념 구안을 위한 시론-자유주의와 공동체주의 논쟁의 함의를 중심으로", 평생교육 연구, 3(1) pp. 75~90.

정현주 · 김은홍(2013). 스마트한 학습사회의 평생교육. 서울: 동문사.

주성민(2002). 평생학습실현: 지역사회교육 한국지역사회교육협의회 평생교육 심포지엄 주제강연 모음집.

한숭희(2001). 평생학습과 학습생태계: 평생교육론의 새로운 패러다임. 서울: 학지사.

한준상(2001). "지역공동체의 형성을 위한 평생교육의 과제". 지역공동체 형성을 위한 평생교육의 과제, 한국평생교육학학회 추계학술대회. pp. 1~24.

Jarvis, P.(2006). *Form adult education to the learning society.* New York: Routledge Taylor & Francis Group.

Linquist, K.(2005). Lifelong learning as a mechanism for change. *InMaking knowledge work, conference proceedings.* Scotland: University of Stirling.

Lotz, J.(1977). Understanding Canada: Regional and Community Development in a New Nation. Toronto: N.C. Press.

Longworth, N.(1999). *Making Lifelong Learning Work: Learning Cities for a Learrning Century.* Londdon: Kogan Page.

Lovett, T.(1980). 'Adult Education abd Community Action' In Thomson. J. L.(eds.). Adult Education for a Change, London: Hutchinson.

Walters, S.(2007). Building a learning region: Whose framework of learning matters? *Philosophical perspectives on lifelong learning.* Dordrecht: Springer.

제11장

국외 평생교육 현황과 이슈

1. 독일
2. 영국
3. 미국
4. 일본
5. 태국
6. 국제기구의 평생교육

이 장에서는 독일, 영국, 미국, 일본, 태국의 역사적 발전에 따른 평생교육관련법의 변화와 최근 중앙정부의 추진체계를 소개하고자 한다. 그리고 평생교육의 주요정책, 제도 등과 관련한 최신 동향을 살펴봄으로써 외국의 평생교육 현황과 이슈를 파악하고자 한다. 또한 평생교육의 발전에 기여해온 국제기구인 유네스코(UNESCO), 경제협력개발기구(OECD), 유럽연합(EU)의 최근 주요정책, 사업 프로그램 등을 살펴보고자 한다. 이 장을 통해 우리나라가 나아가야 할 평생교육의 방향을 모색할 수 있을 것이다.

1. 독일

평생교육은 독일이 직면하고 있는 가장 큰 정치적, 사회적 현안 중 하나이다. 평생교육의 실현은 개인의 전망, 산업의 성공과 사회의 미래에 대한 결정적인 것이기 때문이다. 개인 취업 기회를 활성화하고, 경제를 활성화하기 위해서 독일의 가장 중요한 자원인 '교육'의 사용을 증가시키기 위한 목표에 따라 '평생교육 개념'을 가지고 최선을 다하고 있다.

1) 관련법

독일에서 평생교육과 관련된 법이 다양하게 존재하는 것은 평생교육이 학습권에 관한 것 뿐만이 아니라 취업, 경제 그리고 사회보장법과 함께 깊은 연관을 맺고 있기 때문이다.

또한 평생교육법은 연방법이지만 제도와 경영은 연방과 각 주가 연방법과 주법에 따라서 실천하도록 되어 있다. 따라서 각 주마다 평생교육법은 다양하게 실천되고 있어서 복잡하며 쉽게 구분이 되지도 않는 편이다(박인섭, 2014).

독일 연방정부 차원에서 제정한 평생교육 관련법은 다음과 같다. 2002년에 시행된 계속교육촉진법(The Career Advancement Further Education Promotion Act, AFBG)은 경력개발을 위한 계속교육에 대한 재정 지원에 관한 것으로, 이 법이 시행된 뒤 계속교육 참여율이 상당히 높아졌다. 2005년부터 시행된 직업훈련법(The Vocational Training Act, BBiG)은 직업계속훈련과 재훈련의 실행 및 적절한 조직 지원, 그와 관련된 책임을 다루고 있다. 또한 고등교육체계법(The Framework Act for Higher Education)은 고등교육기관이 계속교육을 제공해야 하며, 자체 직원의 경력개발을 위한 계속교육도 제공할 것을 명시하고 있다(김종서 외, 2014).

연방교육훈련지원법(The German Federal Education And Training Assistance Act, BAföG)은 교육 및 훈련 기간 동안 이에 드는 비용과 생활비를 지원하는 내용 등 모든 젊은이들에게 평등한 취업기회를 보장하기 위한 법이다. 지난 40여 년간 지속되어 온 이 법은 2015년에는 25번째 개정을 통해 지원 금액 증액과 수혜자 증가를 위한 개혁을 계속하고 있다.

2) 중앙정부의 추진체제

연방정부 차원에서의 평생교육은 연방교육연구부가 담당한다. 연방교육연구부는 중앙 서비스부서와 7개 부서(전략과 정책 이슈, 유럽연합 및 국제적 협력, 직업훈련과 평생교육, 과학 시스템, 핵심기술, 생명과학, 미래에 대한 대비)로 조직되어 있다.

평생교육 업무는 직업훈련과 평생교육 부서에서 수행하고 있는데, 직업훈련 분야와 평생교육과 교육연구 분야로 나뉘어져 있다.

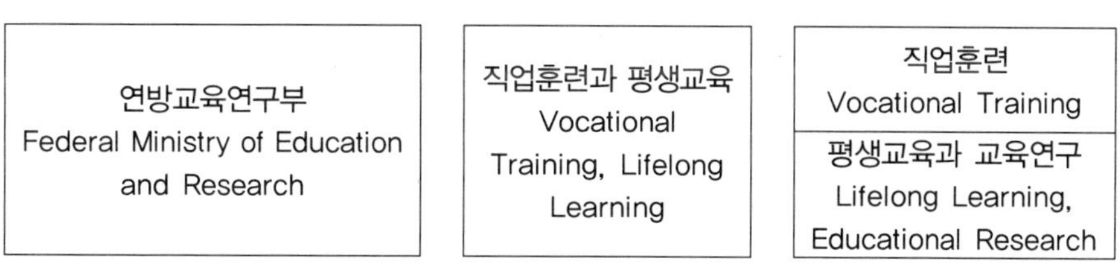

[그림 11-1] 독일 평생교육 추진체제(2016. 2. 현재)
출처: 독일연방교육연구부(www.bmbf.de/en/index.html)

직업훈련 분야의 업무는 훈련과 교육 장소에 관한 모든 것을 관여하고, 직업훈련법(The Vocational Training Act, BBiG)과 승급훈련지원법(Upgrading Training Assistance Act)에 대한 내용을 포함하고 있다. 기본적으로 새로운 훈련 직종의 개발, 기존의 훈련 직종의 현대화, 미래 훈련에 필요한 자격제도의 정규화 등의 업무를 수행한다.

평생교육 분야의 업무는 평생교육, 교육연구 및 계속교육 영역이다. 세계적인 추세인 문화교육과 뉴미디어교육 등과 관련된 업무를 수행하며 연방정부와 주정부가 공동으로 국가교육보고서 작성 등 광범위한 국립 학교 프로그램을 수행한다.

3) 특징 및 주요정책 동향

(1) 시민대학

독일의 시민대학의 시초는 1844년 덴마크의 그룬트비히가 세운 시민대학의 영향을 받아 1878년 설립한 홈볼트 아카데미라고 할 수 있으며, 시민대학이라는 공식 명칭은 1902년 베를린의 평생교육기관에서 최초로 사용하였다. 그리고 1919년 바이마르 공화국 헌법 148조에 시민교육기관의 설립을 명시하면서 시민대학의 설립이 제도화되는 계기가 마련되었다(박인섭, 2014).

시민대학의 가장 큰 특징은 개방성이다. 시민대학은 모든 시민에게 열려있다. 또한 시민대학은 전국 어디에서나 찾아볼 수 있다. 약 1,000여 개의 시민대학은 지역연계 평생교육 네트워크를 구현한 것이다. 이러한 시민대학은 특히 기존의 평생교육 프로그램의 혜택을 거의 받지 못한 사람들을 평생교육의 장으로 이끌어 내는 데에 큰 기여를 한다. 시민대학의 이런 개방성과 연계성은 시민들에게 평생교육의 혜택을 주고자 하는 목적으로 운영되고 있다.

(2) 평생교육 개념

최근 들어 독일에서는 학교, 훈련 또는 대학과정을 마치고도 학습을 중단하지 않는 추세가 더욱 두드러진다. 왜냐하면 학습은 생활하고 일하는데 있어서 개인에게 기회를 가져올 수 있는 필수적인 도구이기 때문이다.

2008년 4월 23일 독일 정부는 계속교육혁신위원회의 "평생교육 형성전략을 위한 제안서"에 기반을 둔 '평생교육 개념(The Concept for Lifelong Learning)'을 발표하여 향후 독일 평생교육의 중장기 전략으로 삼았다. 즉, 인구 통계학적 변화를 경제 발전의 기회로 삼기 위해 평생교육이 삶의 모든 국면에서 이뤄지는 교육에 정부가 중점적으로 지원할 계획을 담고 있는 것이다.

'평생교육 개념'은 독일의 평생교육이 국제적 비교치보다 낮다는 연구결과를 기반으로 하는데, 이에 따라 목표달성을 위한 가장 핵심적인 주안점은 첫째, 교육 활동에 참여하는 동기를 강화시킨다. 둘째, 평생교육에 대한 시도를 촉진시킨다. 셋째, 평생교육 체계의 범위를 넓힌다. 넷째, 개별교육 부분 간의 유연성과 통합을 증가시킨다. 다섯째, 교육을 통해 사회를 통합한다. 여섯째, 평생교육의 과정과 효과를 통해서 지식과 통찰력을 강화한다의 여섯 가지이다.

계속교육혁신위원회(Innovationskreis Weiterbildung)의 권고에 따라 연방교육연구부는 첫째, 2015년까지 형식적인 평생교육의 참여 비율을 현재 43%에서 50%로 올리는 것, 둘째, 낮은 수준의 기술을 가진 사람들 중 최소한 40%는 평생교육 분야에서 참여하는 것(현재는 28%), 셋째, 비공식 학습을 포함하여 모든 형태의 학습 참여율을 현재 72%에서 80%로 올리는 것의 세 가지 목표를 달성하고자 하였다.

(3) 계속교육

독일의 계속교육(Continuing Education)이라는 용어는 삶의 모든 단계를 통해 계속되는 교육이라는 의미이며, 계속교육의 개선 노력은 평생교육 체제구축과도 밀접하게 관련이 있다. 즉, 계속교육은 재교육 및 마이스터 과정, 어학과정, 여가 중심의 교육과정 등을 정규 교육 및 훈련 종료 후 모든 유형의 교육을 포함하는 것으로서 학습기회의 세 가지 영역을 다룬다. 첫 번째, 일반적인 계속교육은 개인의 직업과 직접적인 연관이 없는 분야에 대한 교육 기회를 말한다. 실제로 직업 및 일반적인 평생교육은 상호연결이 되는데, 예를 들면 외국어를 배우는 것과 같이 직업 세계에서 자신의 경력에 매우 중요한 영향을 미칠 수 있는 '핵심역량'을 말한다. 두 번째, 직업교육과 훈련에 대한 계속교육은 직업능력을 보충하기 위한 과정으로서 매일 훈련을 반복하고 개선하며 갱신하는 것을 말한다. 세 번째, 고등교육기관에서 계속교육이다. 고등교육기관에서의 계속교육 프로그램의 목표는 학위 과정을 완료한 모든 사람들도 최신의 지식을 유지할 수 있도록 지원하는 것을 말한다.

계속교육의 참여율은 2012년 유럽성인교육조사 결과에 따르면 독일의 노동연령 인구의 49%가 계속교육 프로그램에 참여했는데 이는 이전 조사 중에 가장 높은 비율이다. 특히 서쪽과 동쪽으로 나누어 보면 서부 독일은 48%, 동부 독일은 53%의 참여율을 나타냈다.

(4) 성인 문해 및 기초교육을 위한 국가 전략

2011년 함부르크 대학에서 수행한 조사 결과에 따르면, 독일 노동인구의 4%인 2만 3천여 명은 단어는 알지만 문장은 쓰지 못하는 문맹이며, 14%인 7만 5천여 명은 간단한 작업지침서에서 각 문장은 읽을 줄 알지만 전체 내용은 이해하지 못해서 사회생활에 참여가 불가능한 기능적인 문맹으로 나타났다.

이에 독일 연방교육연구부는 2012년 '성인의 문해 및 기초교육을 위한 국가 전략'을 발표하였는데, 장기적으로 독일의 문맹비율을 줄이기 위한 '직장 중심의 성인 문해 및 기초교육' 프로그램으로 2012년부터 2015년까지 54개의 프로젝트에 총 2천만 유로의 예산을 지원하는 것이다.

2. 영국

영국의 평생교육은 1920년대부터 1960년대까지는 시민정신과 불가분의 관계에 있는 보편적이고 계속적인 것으로서 성인교육이라는 용어를 주로 사용하였고, 1970년대 경제 활성화를 위해 실업교육, 실무강좌, 계속직업교육을 강조하면서 계속교육이라는 용어가 사용되었다. 1990년대에 들어서 평생교육이라는 용어가 주로 사용되었다.

1) 관련법

영국은 1944년에 제정한 교육법(Education Act)에서 영국의 교육체제를 기초교육(Primary Education), 중등교육(Secondary Education), 계속교육(Further Education)의 3단계로 구분하였는데, 여기에서 계속교육은 만 16세까지의 의무교육 이후 모든 청소년 및 성인의 교육이라고 규정하였다. 그 후 1988년 교육개혁법(The Education Reform Act)에서는 계속교육이란 '의무교육 연령이 넘은 이들을 위한 전일제 혹은 정시제 교육과 조직적인 여가활동으로 고등교육은 여기에서 제외된다.'고 규정하였다. 이 법에 의하여 영국 교육제도 전반에 걸친 개혁이 펼쳐짐에 따라 평생교육 정책은 인문학 위주의 교양교육에 치중하는 데에서 직업적인 계속교육을 발전시키는데 초점을 맞추었다(김가영, 2008). 이어서 1992년 계속교육과 고등교육법(Further and Higher Education Act), 2000년 학습기술법(Learning and Skills Act)을 통해 평생교육에 대한 개념을 분명히 하는 한편, 그 체제를 재정비하였다.

2) 중앙정부의 추진체제

2010년부터 영국의 평생교육에 관한 주무 부처는 경영혁신기술부(DfBIS)와 교육부(DfE)이고, 계속교육, 성인기술, 기술기금단체와 기술전략, 평생교육, 비공식적 성인학습, 도제제도 등의 영역에서 역할 및 책임을 공유하고 있다.

경영혁신기술부(DfBIS)는 기술기금단체(Skills Funding Agency)와 같은 기관 및 공공단체 47개소와 협력하여 업무를 추진하는 경제 성장을 위한 부서이다. 무역을 촉진하고 혁신을 강화하기 위해 기술과 교육에 투자하고 있다. 경영혁신기술부는 소비자를 보호하고, 규제의 효과를 감소시킨다. 특히 평생교육과 관련해서는 계속교육과 고등교육을 통하여 학생들이 글로벌 고용 시장에서 경쟁하는 데 필요한 기술을 제공하는 역할을 한다.

<table>
<tr><td rowspan="2">영국 정부</td><td>경영혁신기술부
Department for Business, Innovation & Skills</td></tr>
<tr><td>교육부
Department for Education</td></tr>
</table>

[그림 11-2] 영국 평생교육 추진체제(2016. 2. 현재)
출처: 영국교육부(www.gov.uk/government/organisations/department-for-education)

교육부(DfE)는 자격시험규정청(Ofqual)과 같은 기관 및 공공단체 10개소와 협력하여 교육과 어린이 서비스에 대한 업무를 수행한다. 자신의 배경 또는 가족 상황과 무관하게 어린이와 청소년이 동일한 교육 기회를 가지는 고등교육 사회를 달성하는 것을 목표로 한다. 초등학교와 그 이전 단계 어린이를 위한 학습, 19세 미만의 청소년들을 위한 중등교육 및 계속교육 분야에서의 학습, 어린이와 청소년을 가르치는 교사 지원, 아동을 지원하는 지역 서비스 구축 등의 분야에 대해 책임을 지고 있다. 또한 강력한 리더십으로 우수한 인력을 개발하고, 교육과정 및 평가를 관리하며, 불필요한 규제와 관료주의를 제거하는 것, 공정하고 효율적으로 자본을 할당하는 것 등에 우선순위를 두고 있다.

또한 영국 정부는 평생교육 정책 운영을 위해 영국고용기술위원회(UK Commission for Employment and Skills), 국가도제제도서비스(National Apprenticeship Service), 기술기금단체(Skills Funding Agency), 국가직업서비스(National Careers Service), 국가직업협의회(National Careers Council) 등의 기관들과 협력하고 있다.

3) 특징 및 주요정책 동향

(1) 학습혁명 백서

2010년 6월에 발표한 학습혁명 백서(The Learning Revolution White Paper)의 주요

내용은 평생교육이 개인과 가정, 그리고 지역사회의 건강과 웰빙에 중요한 역할을 하고, 자존감을 높여 주며, 사회의 화합과 건강을 증진시킨다는 것이다. 또한 평생교육이 수많은 개인과 조직이 그들의 열정을 어떻게 발전시키고 있는지 보여 주고 있다고 하였으며 '소규모 지역단체부터 가족까지 4,500개의 조직이 학습서약 실천, 지역사회의 비형식 학습을 위한 300개의 새로운 프로젝트에 대해 2천만 파운드 지원' 등 2009년~2010년 동안의 평생교육 추진 주요 사례에 대한 구체적인 내용을 소개하였다.

(2) 기술기금단체와 자격시험규정청 설립 및 운영

2001년부터 계속교육 관련 계획과 예산을 담당해 오던 학습기술협의회(Learning and Skills Council, LSC)는 2010년에 기술기금단체(Skills Funding Agency, SFA)와 청년학습단체(Young People's Learning Agency)로 전환되었다. 경영혁신기술부(DfBIS)가 후원하는 경영기관인 기술기금단체(SFA)는 계속교육을 위한 기술훈련의 재정지원을 담당하는데 1,000여 개의 대학을 지원하고 교육훈련기관과 고용주에게 매년 40억 유로 이상을 지원한다.

또한 2009년에 제정된 도제제도, 기술, 아동과 교육법(The Apprenticeships, Skills, Children and Learning Act)에 따라 2010년에 자격시험규정청(The Office of Qualifications and Examinations Regulation, Ofqual)이 설립되었는데 자격시험규정청(Ofqual)은 비(非)행정부 정부기관(non-ministerial government department)으로서 정부부처의 지휘 · 감독을 받는 것이 아니라, 독자적으로 의회에 보고하고 지시를 받는 기구이다. 2014년부터 2017년까지 '직업 관련 자격체계 재건을 위한 프로그램 발전, 규격화된 자격에 대한 정보제공 개선' 등의 계획을 수립하여 수행하고 있다.

(3) 계속교육과 기술훈련의 품질 개선 정책

2010년부터 만 16세 이후의 교육에 대한 경영혁신기술부(DfBIS)와 교육부(DfE) 간의 예산지원에 관한 책무성이 논의되어 왔는데 2011년 3월에는 14~19세 교육에 대한 검토과정을 거쳐 다음과 같은 여러 가지 제언들이 제시되었다. '자격단위 예산지원에서 학생단위의 예산지원으로 전환, 교육기관의 책무성 강화, 도제제도의 질적 수준 향상, 실용적인 직업훈련과 영어 및 수학에 대한 교육 확대, 직무 관련 학습 기회 제공' 등이 그 내용이다.

정부는 이러한 내용에 대한 의견 수렴을 거쳐 진일보한 교육 개혁 프로그램을 실행하였으며, 2012년 12월에 계속교육과 기술훈련의 품질 개선 정책(improving the quality of further education and skills training)을 발표하였다. 이 정책은 대학이나 훈련기관이 직업에서 요구하는 자격과 기술을 가르치는 계속교육(Further Education) 시스템이 학생들이 높은 수준의 교수법과 교육과정을 통해 직업세계에서 요구하는 숙련인이 될 수 있도록 보장할 필요가 있다고 주장하는 것이다. 이에 따라 계속교육 시스템의 질적 수준과 효율성을 향상시키기 위해 '16~19세에 제공되는 교육프로그램과 예산 지원 개혁, 학자금 대출과 관련된 새로운 펀딩 시스템 도입, 도제제도 개선, 고용 창출을 위한 학습자 대상의 새로운 훈련 프로그램 도입' 등과 같은 사업을 수행하고 있다.

2013년 4월, 정부는 '새로운 도전, 새로운 변화(new challenges, new chances)'라는 평생교육 정책 개선안을 발표하였는데 여기에서는 계속교육과 관련된 개혁의 성과에 대한 설명을 담고 있다. 또한 이와 함께 계속교육과 기술 시스템에 관해 '지속적인 성장을 위한 기술, 계속교육에 관한 향후 계획, 도제제도 관련 정부 보고서, 교육과 훈련에 대한 책무성 기준' 등의 내용을 포함한 보고서를 발간하였다.

(4) 평생학습계좌제

영국의 국가직업서비스(National Careers Service, NCS)는 국가자격제도(National Qualifications Framework, NQF)나 자격신용제도(Qualification and Credit Framework, QCF) 등과 같은 국가공인자격들에 대한 정보를 제공하여 자신에게 맞는 자격증이나 과정에 대한 도움을 준다. 이 중 가장 활성화된 것이 평생학습계좌제(Lifelong Learning Accounts, LLA)이다. 13세 이상이면 누구나 만들 수 있는 평생학습계좌제(LLA)는 개인의 학습과 기술 개발을 위해 유동적으로 선택하고 관리할 수 있도록 되어 있으며, 개인의 상황과 필요에 따라 다양한 정보와 도구를 안전하고 쉽게 저장할 수 있도록 국가직업서비스(NCS) 웹사이트를 통해 무료로 제공된다.

이와 같이 정부에서는 학습을 투자의 개념으로 보고 학습자에게 21세기에 필요한 시스템을 만들 수 있도록 노력하고 있으며, 계속교육 시스템이 성공적으로 정착할 수 있도록 개인에게 필요한 맞춤형 교육기회를 제공할 수 있도록 하고 있다.

3. 미국

미국의 평생교육은 곧 성인교육이라고 할 수 있으므로 미국의 평생교육동향을 탐색하기 위해서는 성인교육정책을 파악해야 한다. 미국의 성인교육은 경제발전의 동력으로서 학력취득과 직업능력교육을 일관되게 강조해 왔다. 미국의 평생교육 프로그램은 저녁프로그램, 비학점코스, 원격학습코스 등을 제공하는 커뮤티니 칼리지, 문맹을 줄이기 위해 영어와 미국 문화를 가르치는 기관, 기업체, 노동단체 등 성인교육 지원기관 등의 여러 가지 형태로 이루어지고 있다(권인탁, 2014).

1) 관련법

미국은 1962년에는 인력 개발 및 훈련법(Manpower Development and Training Act)이, 1963년에는 직업훈련법(Vocational Training Act)이 제정되었고 1965년 제정된 초·중등교육법 제2부를 개정하여 1966년에 성인교육법(Adult Education Act)이 제정되었다. 성인교육법은 성인들을 위한 교육기회를 확대해 영어능력을 향상시키고, 직업훈련과 고용을 위한 기초교육을 증진하여 책임 있는 시민이 되도록 도와주는 것을 목표로 하였다(김종서 외, 2014).

1976년에 제정된 평생학습법(Lifelong Learning Act)은 학습기회의 혜택을 받지 못한 자에게 학습기회를 공적으로 보장하는데 근본 취지가 있었다. 그러나 이 법은 정치 · 경제적인 상황 변화로 인해 실질적인 성과를 거두지 못하고, 1980년 고등교육법 개정으로 폐지되었다(Peterson, 1982).

1991년에는 성인교육법(AEA)이 국가문해교육법(National Literacy Act)에 통합되었다가 1998년에는 성인교육법(AEA)이 폐지되고 인력투자법(Workforce Investment Act)에 성인교육 및 가족문해교육법(Adult Education & Family Literacy Act)이 통합되었다(권인탁, 2008).

2014년에 제정된 인력혁신기회법(Workforce Innovation and Opportunity Act, WIOA)은 1998년의 인력투자법(Workforce Investment Act, WIA)을 재인증하는 것으로서 고용 성장에 대한 청사진과 인력 개발 시스템의 핵심을 만들어 가고 있다. 이 법은 근로자가 21세기에 필요로 하는 기초능력을 달성하고, 글로벌 경제에서 경쟁할 수 있는 현대적인 인력으로 육성되는 것을 돕는다. 특히 소외 청소년과 성인을 위한 취업경로 프로그램 작성, 향상 교육, 효율적인 서비스 제공을 강조한다.

2) 중앙정부의 추진체제

미국 연방정부는 법령에 의거하여 주정부의 평생교육 정책을 지원하고, 주정부는 지방의 기관 및 단체들과 더불어 평생교육 정책을 기획하고 실행한다. 연방정부의 평생교육 담당 부처는 교육부(Department of Education)이고 연관 부처는 노동부(Department of Labor)이다.

교육부의 경력 · 기술 · 성인교육국(OCTAE)에는 성인교육과 문해교육과, 직업과 기술교육과, 커뮤니티 칼리지과가 있다.

성인교육 및 문해교육 부서는 성인들이 사회생활하는데 있어 기본적인 능력을 갖출 수 있도록 성인교육과 관련한 교부금 집행, 프로그램의 질과 책무성 향상 등 성인교육의 질적 수준을 향상시키기 위한 활동을 한다.

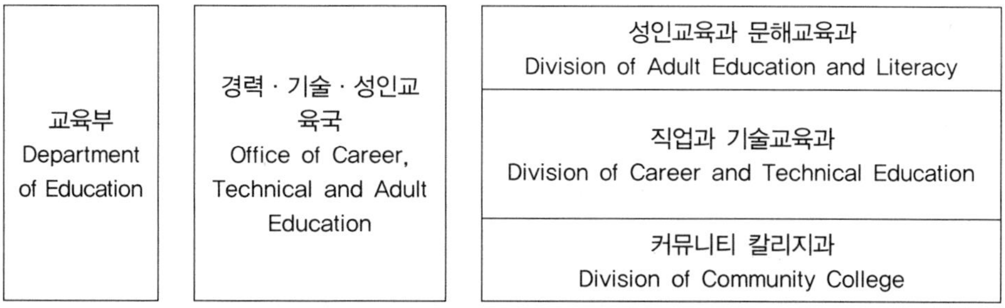

[그림 11-3] 미국 평생교육 추진체제(2016. 2. 현재)
출처: 미국교육부(www.ed.gov)

직업과 기술교육 부서는 모든 학생들이 기술을 습득하여 21세기 사회에서 요구하는 고(高)숙련, 고(高)임금, 고(高)수요 직업을 가질 수 있도록 도와주기 위해서 관련 법령에 의거 국고지원 프로그램을 집행하고 경력 및 기술교육 프로그램이 엄격한 기준에 의해 수행될 수 있도록 지원한다.

또한 성인들이 고등교육에 접근할 수 있도록 커뮤니티 칼리지의 역할을 강화하여, 직무능력을 개발할 수 있도록 하는데 최상의 교육훈련과 혁신을 위한 센터로 지원하고, 학생들의 자격증 및 학위취득을 지원할 수 있도록 전략적으로 지원한다.

3) 특징 및 주요정책 동향

(1) 성인교육과 문해교육

성인교육 및 문해교육과(DAEL)는 읽기, 쓰기, 수학 및 언어 등의 프로그램을 통해 성인들이 기본적인 지식과 기술을 습득할 수 있도록 도와주며, 주정부는 지방정부에 재정을 교부한다.

1992년 국가성인문해조사(National Adult Literacy Survey, NALS) 이후에 실시된 2003년 국가성인문해조사(National Assessment of Adult Literacy, NAAL)는 미국의 16세 이상 성인 1만 9천명이 참여한 영어 활용 능력에 관한 국가적인 평가로서, 현재까지는 1992년과 2003년의 결과 비교를 통해 성인 문맹 퇴치에 있어서 국가의 발전 정도를 파악할 수 있다. 2003년 국가성인문해조사(NAAL)에서 성인문해를 문장 이해력, 문서 작성능력, 계산 능력의 세 유형으로 구분하였고, 조사 결과 문해율의 정도를 기초 이하 수준, 기초 수준, 중간 수준, 능숙한 수준으로 구분하였다. 이와 같이 미국 성인교육 정책이 국민의 문해교육에 중점을 두는 이유는 이와 같은 조사결과에서 나타나는 문해율 때문이라고 볼 수 있다.

성인교육 및 가족문해교육법(AEFLA) 중 연방정부가 소외된 성인을 지원하는 가장 기본적인 프로그램인 기초능력 프로그램의 목적은 16세 이상의 성인 중 중등수준 이하의 사람들에게 교육기회를 제공하는 것으로서, 성인기초교육, 성인중등교육, 영어문해교육의 세 가지 영역에서 제공된다. 2012년부터 2013년까지 기초능력 프로그램에 170만여 명 참여하였는데, 각 프로그램별 참여 비율은 성인기초교육 48%, 성인중등교육 12%, 영어문해교육 40%로 나타났으며, 2014년에는 연방정부에서 대략 5억 7천만 달러의 예산을 지원하였다.

(2) 인력혁신기회법

2015년 7월부터 시행된 인력혁신기회법(WIOA)의 개혁의 중점 사항은 ① 국가의 비전과 목표를 갖춘 전략과 핵심 프로그램으로 연방정부 계획 또는 주 연합계획 제출, ② 프로그램 참가자 비율, 자격 · 학위 취득자 비율 등 핵심 프로그램에서 공통 성과지표 설정, ③ 기술을 가진 개인이 되는 것이라는 성인교육의 핵심목적 확립, ④ 재범을 줄이기 위해서 재소자를 위한 교육과 경력 발전 지원, ⑤ 고품질의 성인교육 전달 시스템 확립 촉진, ⑥ 성인교육 프로그램을 강화하는 혁신적인 모델 지원, ⑦ 성인교육 프로그램의 품질 개선을 위한 활동 촉진, ⑧ 통합 영어 문해와 시민교육 프로그램 문서화라는 내용을 담고 있다.

(3) 국가 리더십 활동

성인교육 및 문해교육 부서는 성인교육 및 가족문해교육법(AEFLA) 제243조를 통해 재정지원을 받는 국가 리더십 활동을 감독하고 있다. 이 활동을 통해서 모든 청소년과 성인학생은 대학과 직업에 응시할 수 있는 준비를 할 수 있고, 효과적인 교사와 지도자가 될 수 있으며, 고품질의 학습 기회에 공평하게 도전할 수 있는 등 혜택을 받을 수 있다.

4. 일본

일본의 평생교육 정책은 문부과학성을 중심으로 사회교육 정책에서 출발하여 생애교육으로 전환되었으며, 이후 학습자의 자발성을 전제로 하지 않으면, 지속적인 학습이 곤란하다는 점을 고려하여 생애학습 정책으로 변화, 발전하였다. 또한 일본의 평생교육은 생애에 걸쳐 언제 어디에서든 학습하고 그 성과를 적절하게 발휘할 수 있는 환경을 정비하여, 개개인의 자질 및 능력 향상을 통해 사회 전체의 활성화를 도모하는 평생학습 사회의 실현을 목표로 추진되고 있다(김은숙, 2009).

1) 관련법

1947년에 교육기본법이 제정되면서 적극적 논의를 거쳐 사회교육에 관한 조항(제7조)이 삽입되었다. 이에 이어 1949년 사회교육법이 제정되어 이를 기반으로 평생교육 추진체제가 정비되었는데, 사회교육법의 목적은 국가와 지방자치단체의 임무와 부담을 명확히 함으로써 사회교육의 법적 근거를 마련하고자 하는 것이었다.

1988년에 생애학습 정책이 추진되면서 생애학습이라는 개념이 이 시기 이후에 널리 퍼지게 되면서 1990년에 생애학습 진흥법이 제정되었는데 그 목적은 가정교육, 학교교육, 사회교육 뿐 아니라 민간의 평생학습을 진흥하기 위한 것이다. 기존의 학교교육법과 사회교육법을 교육기본법 하에 그대로 두면서 새롭게 제정된 의미는 평생교육이 교육기본법의 하위영역으로서가 아니라, 법의 위계상으로는 교육기본법과 같은 별도의 법으로서 존재한다는 뜻이다. 이 법의 취지는 국민이 평생에 걸쳐 학습할 기회가 널리 요구되는 상황에서 평생학습진흥을 위한 추진체제 및 지역의 평생학습 기회를 정비하는 것이었다. 2006년 12월에 학교, 가정, 지역주민의 협력에 관한 조항이 신설되어 교육기본법이 개정된 것의 영향을 받아 2년 후인 2008년 6월에는 학교교육과 연계를 강조하는 내용을 포함하여 사회교육법이 개정되었다(김윤정, 2008).

2) 중앙정부의 추진체제

일본에서 평생교육을 주관하는 중앙정부 부처는 문부과학성이다. 문부과학성의 평생학습정책국은 교육정책의 기본 방향을 제안할 뿐만 아니라 교육을 증진시키기 위한 활동을 한다. 부서는 정책 기획조정과, 교육미디어와 정보 정책과, 평생학습 진흥과, 사회교육과, 청소년 교육과, 양성평등 학습과, 조정 및 지역사회과가 있다.

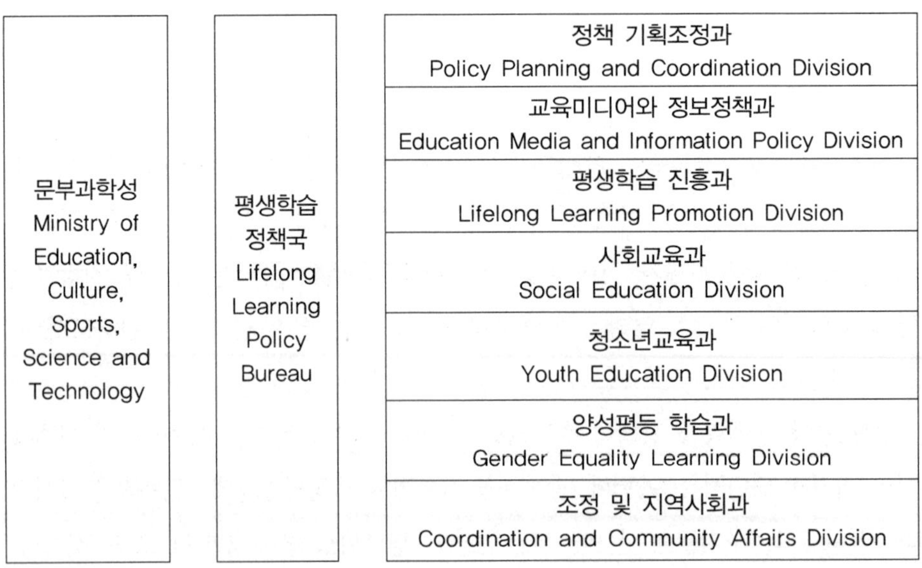

[그림 11-4] 일본 평생교육 추진체제(2016. 2. 현재)

출처: 일본문부과학성(www.mext.go.jp/english/lifelonglearning/index.htm)

3) 특징 및 주요정책 동향

(1) 공민관

일본 평생교육의 특징 중 하나는 지방자치체 중에서도 특히 기초자치체인 시정촌을 중심으로 하여 주민의 생활권 중심으로 평생교육이 발전하고 있다는 것이다.

공민관은 1946년 이후 만들어지기 시작했지만 1949년 제정된 사회교육법 제5장에 공민관과 관련된 조문이 들어가면서 그 설치의 법적 근거를 얻게 되었고, 이후에 공민관이 평생교육기관으로서 설치되었다. 공민관은 주민의 학습 요구와 지역의 실정에 맞는 다양한 학습 기회를 제공하여 지역주민 전체가 부담 없이 모일 수 있는 커뮤니티 거점이 되어 왔지만, 2000년대 이후 대규모의 지방자치체 통합(시정촌 합병)에 따라 광역화와 조직 재편의 영향을 받기도 하였다. 게다가 일본의 평생학습을 둘러싼 정체와 전환이라는 측면에서 보면 공민관의 영향력은 확실히 후퇴하고 있다. 2005년에는 18,182관이었던 전국의 공민관 수(양병찬 외, 2010)는 2011년 10월 현재 14,681관으로 통계적으로 시설 수, 직원 수 모두 감소 경향이 있다(문부과학성 홈페이지, 2015). 그러나 현재까지 공민관은 지역주민에게 가장 친밀한 학습 거점뿐 아니라 교류의 장으로서 중요한 역할을 하고 있으며, 전환점에서 향후 전망과 역할을 찾는 것이 필요하다.

(2) 평생교육 기회 제공

평생교육 기회를 향상시키기 위해서는 학교교육, 사회교육, 가정교육과 같은 다양한 유형의 학습에 대한 접근이 필요하다. 따라서 일본의 문부과학성은 일본 개방대학(Open University of Japan)을 통해 국민들이 가정에서 실무적인 직업교육에 특화된 대학교육을 받을 수 있도록 하고 있으며, 지역의 도서관, 박물관, 학습센터 등을 강화하고 있다. 또한 국민들의 평생학습에 대한 관심을 고취시키기 위해 전국 단위의 평생학습 축제를 개최하고, 적절한 평가와 효율적인 활용을 위해 고등학교 수준의 시험(검정고시)을 관리하고 있다.

(3) 사회 경제적 변화에 따른 평생학습의 중요성

출산율 감소와 인구 고령화, 산업 구조의 빠른 변화와 세계화, 경제적으로 차별과 빈곤 문제 대두, 사회 통합의 중요성 증대 등 일본 사회와 경제가 급격하게 변화되는 가운데에서 평생학습의 관점에서 교육을 점검하고 교육정책을 수행하는 것은 중요하다.

일본의 기업과 노동계, 중앙정부와 지방정부는 일과 삶의 균형을 유지하기 위해 노력하고 있다. 학습과 지역사회 활동을 확대함으로써 더욱 풍성해질 수 있기 때문에 일본 정부에서는 학습을 통해 사회의 활력을 불어넣기 위한 원동력으로 다양한 정책을 고안하고 있으며, '일과 학습의 균형'을 강조하고 있다.

(4) 평생학습과 지역사회의 활성화

지역사회의 발전과 힘을 향상시키는 것은 다양한 도전과 그 과정에 대한 학습으로 여겨진다. 예를 들어, 지역사회의 교육 능력이 쇠퇴하고 있는 상황에서 지역의 학교에 대한 지원 계획은 단지 학령기 학습자에 대한 교육을 풍성하게 해줄 뿐만 아니라 학교의 기능, 즉 지역사회의 참여와 평생학습도 포함된 것이다. 이는 지역사회의 결속력을 강화시켜 주고 활발한 지역 발전을 유도하며, 사회를 전반적으로 활기있게 만들어 준다.

또한 학교, 가정, 지역사회의 협력 추진을 중요시하는데 이는 교육기본법 제13조 '학교 가족 및 지역주민 간의 파트너십과 협력'의 규정에 비추어 보면, 교육을 개선하고 사회 전체가 자녀를 양육에 관여하는 환경을 만들기 위해 노력하는 것은 모든 사회에 중요하다고 하는 것이다.

따라서, 문부과학성은 학교, 가정, 지역사회가 협력하는 교육을 실현하기 위해 학교 및 지역사회 사람들과의 협력학습, 지역사회에서 자원봉사 활동 지원, 방과 후 수업 촉진 프로그램 등의 대책을 추진하고 있다.

5. 태국

태국의 평생교육의 목표는 생활수준이 다른 모든 국민이 평생교육을 받을 수 있는 동등한 기회를 누리도록 하는 것이다. 따라서 평생교육의 체계가 유연하고 실용적이며 대상자의 다양한 요구에 맞게 설계되어 있으며, 국민들의 연령과 성별, 교육배경, 직업에 관계없이 모든 국민이 교육에 참여할 수 있도록 교육 활동을 제공하고 촉진하며 지원하는 평생교육 서비스를 전달하는 것이 특징이다.

1) 관련법

태국의 평생교육 개념은 1977년 수립된 국가교육계획(National Education Plan)을 통해 도입되었고, 1999년 제정된 국가교육법(National Education Act)에서 국가 전체 교육체계를 구성하는 원칙으로서 평생교육을 제시하였다. 국가교육법(NEA)에서 평생교육은 "사람들이 일생 동안 지속적으로 삶의 질을 개선할 수 있도록 하는 모든 종류와 형태의 형식교육, 비형식교육, 무형식교육을 포함한다"고 정의하고 있다. 2007년 제정된 태국 '헌법'에는 국민들에게 동등한 12년 간 기본 교육 기회와 전문기관을 통한 교육과 훈련, 대안 교육, 자기주도적 학습, 평생학습을 통한 모든 방식의 교육 및 학습참여가 지원되어야 한다고 명시되었다. 2008년 '비형식 및 무형식교육촉진법(Non-formal and informal Education Promotion Act)'을 통해 국민들이 평생학습 과정에서 혜택을 얻을 수 있도록 효율적으로 비형식 및 무형식교육을 제공하는 방향과 지침을 마련하였다(국가평생교육진흥원, 2014).

2) 중앙정부의 추진체제

태국의 평생교육을 담당하는 부처는 교육부이고, 교육부는 국가교육위원회, 기초교육위원회, 직업교육위원회, 고등교육위원회로 구성되어 있다.

교육부는 국가 전체적인 교육 시스템을 정규(formal) 교육, 비형식(non-formal) 교육, 무형식(informal) 교육의 세 가지 유형이 있다고 정의하고 있는데, 1999년 국가교육법에서 평생교육은 세 가지 유형 모두를 포함하는 것으로 정의하였다. 이에 따라 평생교육과 관련한 업무는 국가교육위원회에서 담당하고, 하위 6개 부서에서 평생교육 전반에 대한 정책과 계획을 주도적으로 이끌어 가고 있다.

교육부 Ministry of Education	국가교육위원회 National Education Council	교육 연구 및 개발국 Bureau of Educational Research and Development
		교육 법률 개발국 Bureau of Educational Law Development
		행정 관리국 Bureau of Administration
		교육 계획 및 정책국 Bureau of Educational Plans and Policies
		교육 평가국 Educational Provision Evaluation Bureau
		국제 교육 개발 센터 Center for International Education Development

[그림 11-5] 태국 평생교육 추진체제(2015. 12. 현재)

출처: 태국교육부(www.opec.go.th)

3) 특징 및 주요정책 동향

"모든 태국인이 질 높은 평생교육을 받을 수 있도록 한다"는 비전을 정한 '2차 교육개혁 10개년 계획안(Proposals for the Second Decade of Education Reform, 2009-2018)'의 목표는 첫째, 교육 및 학습의 품질과 표준 개발(교육기관, 학습환경, 학습자료, 교육과정, 교사 및 교직원 등), 둘째, 수준 높은 교육과 학습에 보편적으로 참여할 수 있도록 교육 및 학습 기회 확대, 셋째, 교육 운영 및 계획 과정에서 모든 사회구성원의 참여 강화이다.

또한, 2008년에 개정된 국가교육계획(Reformed National Education Plan, 2009-2016)의 목표는 첫째, 모든 국민의 교육 기회 확대로 삶의 질 발전, 둘째, 가상 네트워크로 연결된 사회, 학습사회 지역 공동체 사회로 발전, 셋째, 평생교육 계획 수립에 국민의 참여 및 공유 촉진의 세 가지이다(국가평생교육진흥원, 2014).

6. 국제기구의 평생교육

평생교육정책은 경제 · 사회 · 문화적 측면에서 시대적 요구에 따라 끊임없이 변화되는 평생교육 개념에 의해 달라지고 있다. 세계적으로 평생교육을 이끌어 온 대표적 국제기구인 유네스코(UNESCO), 경제협력개발기구(OECD), 유럽연합(EU)의 최근의 평생교육정책을 중심으로 살펴보고자 한다.

1) 유네스코의 평생교육정책 동향

유네스코(United Nations Educational, Scientific and Cultural Organization, UNESCO)는 교육, 과학, 문화 분야에서 새로운 개념과 아이디어를 제안하고 실험하는 역할을 하고 이러한 새로운 개념과 아이디어가 보편적으로 받아들여지면, 세계적 의제(agenda) 설정 작업을 한다. 즉, 전 세계 회원국의 정보를 수집하고 공유하는 정보자료 교류 및 처리 기능을 하는 것이다. 이와 같이 유네스코는 교육, 과학, 문화 분야에서 국제적 협력을 촉진하여 궁극적으로 세계평화를 달성하고자 하는 것을 사명으로 한다(최동주 외, 2015). 특히 오늘날에는 국제적 차원의 평생교육의 실천에 앞장서고 있다.

(1) 주요정책 동향

유네스코(UNESCO)는 8년 단위의 중장기 전략과 4년 단위의 사업계획에 따라 활동하는데 2013년 제37차 정기총회에서 '2014년~2021년 중기 전략(Medium-Term Strategy)'과 '2014~2017년 사업계획'을 채택하였다.

2014년부터 2021년까지 중기 전략(MTS)에서 유네스코의 세 가지 교육 전략 목표는 첫째, 모두를 위한 양질의 평생학습 기회를 육성하는 교육 시스템 개발, 둘째, 창의적이고 책임감 있는 세계 시민이 될 수 있도록 학습자 지원, 셋째, 미래교육의 의제 형성이다.

2014년부터 2017년까지의 사업계획 중 세 가지 교육 전략 목표는 첫째, 회원국에서 모두를 위한 평생교육을 포함하고 높은 수준을 조성하는 교육 시스템 개발을 지원하고, 둘째, 평화교육, 지속 발전을 위한 교육, 글로벌 시민의식, 건강교육 등을 포함한 책임감 있는 글로벌 시민과 창의적인 학습자가 되도록 지원하며, 셋째, 모두를 위한 교육(EFA)을 증진시키고 미래 국제적인 교육 의제를 형성하는 것이다(UNESCO, 2014).

(2) 유네스코 평생학습연구소(UIL)

유네스코 평생학습연구소(UNESCO Institute for Lifelong Learning, UIL)는 인권과 공익 등 교육의 인본주의 철학에 기반을 두고, 21세기 교육을 이끌어 가는 패러다임으로서의 평생교육 부문 간 전체적이고 통합된 접근을 하고 있다. 유네스코 평생학습연구소(UIL)의 역할은 성인교육, 계속교육, 문해 및 비형식 기초교육을 중심으로 평생교육을 장려하고 지원하는 것이다. 따라서 평생교육에 대한 관심을 반영하여 평생학습의 확산 및 지원을 위한 다양한 활동과 사업을 지속적으로 추진해 오고 있다.

주요활동으로는 정책연구 조사활동, 세계성인교육회의(CONFINTEA), 모든 이를 위한 교육(Education for All, EFA)사업, 문해교육사업(Literacy Initiative for Empowerment, LIFE), UN 문해를 위한 10년(United National Literacy Decade, UNLD) 사업, UN 지속가능 발전을 위한 10년 교육(United Nation Decade of Education for Sustainable Development, DESD)사업, 밀레니엄 발전 목표(Milennium Development Goals, MDGs)사업 등이 있다.

2012년부터 2013년에는 연구소의 위상 정립을 위해서 더 집중적이고 결과지향적인 프로그램을 설계하고 평생교육에 대한 정보 교환을 촉진하기 위한 소통 강화시키는 등 새로운 전략을 적용하기 시작하였으며 특히, 평생학습정책과 전략

(Lifelong learning policies and strategies, LLPS), 문해와 기본기술(Literacy and basic skills, LBS), 성인학습 및 교육(Adult learning and education, ALE)의 세 가지 프로그램 영역으로 내부적 재구조화를 하였다.

2014년부터 2021년까지는 “어린이, 청소년 및 성인은 지속 가능한 발전과 평화의 구조 안에서 양질의 평생교육의 기회를 제공받아야 한다”는 비전과 “성인교육, 계속교육, 문해 및 비형식 기초교육을 중심으로 평생교육의 분야에서 유네스코 회원국의 역량을 강화시킨다”는 미션을 가지고 다음의 세 가지 목표를 달성하기 위해 노력하고 있다. 첫째, 교육 이해관계자들과 지역사회가 혜택을 누릴 수 있고, 그들의 평생교육 정책의 품질을 향상시킬 수 있도록 회원국의 역량을 강화하는 것, 둘째, 성차별적 문해교육, 업무 관련 비형식 학습, 역량 개발을 포함하여 ‘모두를 위한 교육(EFA)’을 향한 최종의 노력에 고품질의 능력을 갖추도록 회원국을 지원하는 것, 셋째, 학습사회 구축을 통해 교육 패러다임을 선도자로서의 평생학습을 촉진하는 것이다(UNESCO, 2014).

(3) ‘모두를 위한 교육’과 세계교육포럼의 의미

비문해자의 수가 줄어들지 않고서는 국가 발전도 세계 평화도, 민주주의도 불가능하며, 비문해자 해소를 위해 보다 적극적인 범세계적 공동 협력이 요구된다는 국제적 공감대를 바탕으로 유네스코는 1990년대에 범세계적 문맹퇴치 운동을 전개하기 시작하여, 1990년을 ‘국제 문해의 해’로 지정하고, 3월에 태국 좀티엔에서 모두를 위한 교육 세계회의(World Conference on Education for All)를 개최하였다. 이 회의에서 전 세계적 문해 운동을 주창한 ‘모두를 위한 교육(EFA)’ 세계 선언과 행동강령을 채택하였다. 유네스코는 이 선언을 토대로 ‘모두를 위한 교육(EFA)’ 사업을 전 세계적 운동으로 전개하였다.

이어서 2000년 4월 세네갈 다카에서 ‘세계교육포럼(World Education Forum)’을 개최하였다. ‘세계교육포럼’은 1990년 이후 10년간의 ‘모두를 위한 교육(EFA)’ 활동을 평가하고 향후 2015년까지 달성해야 할 목표를 점검하기 위한 것이었다. 이 회의에서 다카 행동강령을 채택하였는데 그 내용은 첫째, 유아교육의 확대, 둘째,

2015년까지 모든 아동들에게 무상의 의무 초등교육 기회 제공, 셋째, 모든 청년과 성인의 적절한 배움과 생활 기술 등 학습 수요 보장, 넷째, 2015년까지 성인 문해율 50% 향상, 다섯째, 2005년까지 초·중등교육에서 양성 격차 해소 및 2015년까지 교육에서의 양성평등 달성, 여섯째, 교육의 질 향상 등이다.

그러나 유네스코는 '모두를 위한 교육(EFA)'을 위해 재정지원보다는 기술적 지원에 머무르고 있어 국가적 역량이 부족한 나라들의 경우 이 사업의 목표 달성이 쉽지 않고, 유네스코의 활동에도 불구하고 전 세계 비문해자의 절대적 수치는 계속 늘어나고 있다. '2005 모두를 위한 교육(EFA) 세계 모니터링 보고서'는 2015년까지 목표 달성이 어렵다는 분석을 내놓았는데, 이는 유네스코 스스로 이 사업 추진의 한계를 인정한 것이다.

이에 대한민국 인천에서 열린 '2015 세계교육포럼'에서 향후 15년 동안 목표로 할 교육개발 의제를 논의하였는데, 유네스코는 "2030년까지 모두에게 평등한 교육을 평생 동안 보장(Ensure equitable and inclusive quality education and lifelong learning for all by 2030)"이라는 의제를 중심으로 앞으로의 15년간 진행될 세계교육 개발 목표를 제시하였다. '2015 세계교육포럼' 이후 새로 진행될 "모두를 위한 양질의 교육과 평생학습(Quality Education and Lifelong Learning for All)"은 범세계적 교육개발 목표 달성을 위한 모니터링을 지속적으로 진행하는 한편, 각 국가의 상황에 맞는 국가별 교육개발 목표 및 지표를 설정하도록 하였다(UNESCO, 2015).

2) 경제협력개발기구의 평생교육정책 동향

(1) 주요정책 동향

경제협력개발기구(Organization for Economic Cooperation and Development, OECD)는 회원국 간 상호 정책조정 및 협력을 통해 세계경제 문제에 공동으로 대처함으로써, 공동 발전을 도모하기 위해 설립된 정부 간 기구로서 1960년에 유럽경제협력기구가 해체되고 이에 이어 설립되었다. 또한 경제발전과 교육의 관계를 중요시하는 관점에서 교육에 관한 혁신적인 연구활동을 추진하고 회원국 간 연구협력체제를 확립하기 위해 1968년에 독자적인 의사결정체제를 갖춘 부속기구로 교육연구혁신센터(CERI)를 설립하였다(차갑부, 2012).

경제협력개발기구는 1973년에 순환교육(recurrent education)을 제안하였다. 순환교육은 교육활동과 다른 사회활동을 번갈아 행함으로써 사람들이 전 생애에 걸쳐 교육의 기회와 자원을 재분배하는 전략으로, 단순한 교육정책이 아니라 사회, 경제정책과 관련되는 것이다. 순환교육은 그 후의 발전과정에서 노동정책과의 관련성을 탐색하여 유급교육휴가제를 제기하기도 하였다.

경제협력개발기구의 교육활동은 다양한 국가의 교육과 노동시장 및 경제정책과 관련하여 전개되었는데, 본격적으로 평생학습에 관심을 기울인 것은 1990년대부터이다. 이 때부터 지속적 국가 발전은 평생학습 전략을 통해서 가능하다는 인식을 가지고 순환교육으로부터 모두를 위한 평생학습으로 전환을 시도하였다. 1996년에는 '모두를 위한 평생학습(Lifelong Learning for All)'이라는 보고서를 발표했는데, 지식기반 경제의 도래와 정보통신 기술의 발달, 인구 노령화 등 전 세계적인 사회 경제적 변화 속에서 평생학습 기회를 지속적으로 창출하는 것이 필요하다는 점을 지적하고 있다.

2004년에 수립한 경제협력개발기구의 평생교육정책 방향은 첫째, 접근성, 질, 형평성 향상을 위한 정책, 둘째, 모든 이를 위한 기초기술 습득을 보장하는 정책, 셋째, 가정, 지역사회, 직장 등을 포함하여 모든 학습 형태를 인정하는 정책, 넷째, 학습자, 가정, 기관 등 다양한 관계자들 간의 정책 협조 강화의 네 가지를 기초로 정하였다.

2015년에 OECD에서는 평생학습 전략의 장점을 개인, 기업, 경제, 사회에 장기적인 혜택을 제공함으로써 경제적 측면에서의 지식사회의 요구와 사회통합 측면에서의 사회적 요구 간의 융합을 이끌어 내는 것이라고 보았다. 또한 개인에게 있어서 평생학습의 장점을 충족감, 고소득, 고용, 혁신, 생산성에 기여하는 창의성과 주도권의 의미로 정의한다. 작업능력의 기술과 역량은 기업 수준에서의 경제적 성과와 성공의 주요 요인이며, 경제적인 측면에서의 경우, 교육 수준과 경제 성장 간에는 긍정적인 관계가 있다는 것이다.

이와 같이 OECD의 평생교육론은 지식기반 경제의 도래와 정보통신기술의 발달, 그리고 인구의 노령화 등 다양한 사회 경제적 변화에 적응하기 위하여 모든 사람이 평생에 걸쳐서 학습할 능력을 발휘하여야 하고, 학습하려는 동기를 개발하고, 학습에 참여할 수 있도록 하는, 적극적인 차원에서의 평생학습론을 의미한다. 이에 따라 OECD는 성인학습자의 다양한 역량, 생애에 걸친 학습 참여 등에 대한 심도 있는 논의를 계속해 나가고 있다.

(2) 국제성인역량조사

OECD는 2008년부터 준비하여 2012년부터 2013년까지 국제성인역량조사(Programme for International Assessment of Adult Competencies, PIAAC)를 실시하였다. 이는 총 24개국 성인 15만 7천여 명을 대상으로 언어능력, 수리력, 컴퓨터기반 문제해결력을 평가하고자 실시한 조사이다.

국제성인역량조사(PIAAC)의 가장 중요한 결론은 개인이 가진 지식과 역량의 활용이 개인의 삶에 중대한 영향을 미친다는 것이다. 역량이 높은 경우 노동시장 참여율이 증가하고, 고용과 임금뿐만 아니라 건강, 사회 정치적 참여, 사회에 대한 신뢰와 같은 기타 사회활동에도 긍정적 영향을 미치는 반면에 역량이 낮은 개인은 사회에서 점차 뒤쳐질 가능성이 크며, 세계경제가 점점 더 개인의 역량에 의존함에 따라 국민의 역량이 전반적으로 낮은 국가는 경쟁력을 상실할 위험이 있다는 것이다. 또한 이러한 역량의 격차는 소득의 격차와도 밀접한 관련이 있다.

국제성인역량조사(PIAAC)에 따르면 역량에 영향을 미치는 요인으로는 첫째, 연령이 낮을수록 역량이 높고, 둘째, 학력이 높을수록 역량이 높으며, 셋째, 가정의 사회·경제적 배경이 높을수록 역량이 높고, 마지막으로 이민자보다 자국민의 역량이 높은 것으로 나타났다.

OECD는 성인의 역량제고를 위해 다음과 같이 정책적 제안을 하였다(OECD, 2013). 정책적 제안은 ① 학습과 일의 연계, 특히 청년 및 중소기업 직장교육 지원, ② 이민자, 고령자, 소외계층 등 역량이 취약한 계층 지원, ③ 성인교육 활동에 대한 손쉬운 정보 제공, ④ 역량에 대한 인증시스템 개발, ⑤ 원격교육,

교육자료 개방, 편리한 장소와 유연한 교육시간 등 교육의 편의 제공의 다섯 가지이다. 위의 정책적 제안을 종합하면 OECD가 추진하는 국제성인역량정책의 주요 목표는 다음의 두 가지로 정리해 볼 수 있다. 첫째, 교육의 질(Quality) 제고이다. 교육수준과 역량이 밀접한 관련이 있지만, 동일한 교육수준일지라도 국가별 · 개인별 역량의 수준은 차이가 상당한 것으로 나타남에 따라, 국가 · 교육기관의 교육의 질 제고가 필요하다. 둘째, 평생학습 기회 확대 및 참여율 제고이다. 역량은 연령과 상관관계가 큰 바, 30세를 전후로 역량은 정점에 달하고 이후로 점차 떨어지는 것으로 나타나 평생학습의 중요성을 강조하였다. 또한, 역량이 높은 개인이 낮은 사람에 비해 성인교육 참여율이 훨씬 높은 것으로 나타남에 따라 특히 취약계층에 대한 성인교육 참여율 제고를 위해 노력해야 할 것이라고 촉구하고 있다.

3) 유럽연합의 평생교육정책

(1) 주요정책 동향

유럽연합(European Union, EU)은 유럽통합의 목표를 경제통합에 중심을 두었고, 성공적인 경제통합을 위한 인적 자원의 경쟁력 제고는 교육을 통해서 가능하다고 보았다. 공동체 차원에서 교육정책이 공식적인 정책영역으로 등장한 것은 1993년 11월부터 발효된 유럽연합조약(Treaty on European Union, 일명 마스트리히트조약)부터이다. 이 조약의 '제3장 교육, 직업교육 및 청소년'에서 교육과 직업교육을 함께 다루었는데 제126조와 제127조는 각각 교육과 직업교육에 관한 공동체의 입장을 명시하고 있다(이종원 외, 2014).

유럽연합은 1995년 '교수와 학습: 학습사회를 향하여(Teaching and Learning: Toward the Learning Society)'를 발간하고, 유럽연합의 발전을 위해 1996년을 '유럽 평생학습의 해'로 선언하고 경제, 교육, 사회, 문화 등 전 분야에 걸쳐 회원국 간 상호협력을 다지기 위한 다양한 교육 프로그램을 추진하였다. '유럽 평생학습의 해'는 '통합된 하나의 유럽'으로 나아가기 위해 일반학교 기초교육을 강화하고,

남녀 고용평등을 촉진하며, 직업교육 및 계속교육의 동기를 부여하는 등 유럽 통합의 핵심 동력이 되었다.

21세기 들어서는 유럽연합의 평생교육 정책은 유럽지역 전체의 모든 인구를 대상으로 하고 다양한 교육 및 훈련 기관을 포함하는 장기적인 유럽의 의지와 비전을 담고 있는 리스본 전략(Lisbon Strategy)과 이에 걸맞은 교육분야의 통합적이고 연계적인 평생학습 프로그램(Lifelong Learning Programme, LLP)을 의욕적으로 추진하고 있다.

(2) 평생학습 프로그램

교육에 대해서는 1994년부터 구체적인 프로그램이 실행되었는데, 크게 두 가지로 나뉜다. 유럽연합 국가 간 교육, 훈련과 교류 협력을 촉진하기 위한 목적인 '소크라테스 프로그램'과 직업훈련에 초점을 맞춘 '레오나르도 다 빈치 프로그램'이다.

2007년부터는 평생학습 프로그램(LLP)에 편입되어 2013년까지 운영되었는데, 이는 전 유럽에 걸쳐 학습 기회를 추구하는 개인이 삶의 모든 단계에서 참여할 수 있는 다양한 교육 및 훈련 사업 프로그램이다. 평생학습 프로그램(LLP)은 유럽의 협력 증진과 회원국의 교육, 훈련 시스템의 품질 증진을 위해서 정책적 협력과 혁신, 언어, 정보통신기술, 결과의 보급과 개발 등 네 가지 주요 활동에 초점을 두었으며, 유럽위원회(European Commission)에서 재정지원을 받았는데 2007년부터 2013년까지의 기간 동안 약 70억 유로의 예산이 사용되었다. 평생학습 프로그램(LLP)에는 코메니우스, 에라스무스, 레오나르도 다 빈치, 그룬트비히 네 가지의 하위프로그램이 있어서 유럽연합의 평생학습 프로그램의 비전을 실현하기 위한 전략을 분류하였다. 특히, 에라스무스 프로그램은 유럽연합 외 국가들과도 협력하는 에라스무스 문두스(Erasmus Mundus) 프로그램으로 확대되었다.

표 11-2 유럽연합 평생학습 프로그램(LLP) 영역

에라스무스 (고등교육)	레오나르도 다 빈치 (직업교육 및 훈련)
유럽지역 대학 재학생, 교직원, 대학 조직에 대한 대표적인 프로그램 학생 및 교직원의 유럽지역 내 교류와 연구 협력을 촉진하는 프로그램	기업/고용활동에 필요한 기술훈련 교육을 지원하는 프로그램 피훈련자, 노동자 등의 고용과정을 지원하기 위한 프로그램
평생학습 프로그램	
코메니우스 (학교교육)	그룬트비히 (성인교육)
유럽지역 내의 학교교육을 대상으로 하는 프로그램 학교 등 교육기관간의 프로젝트기반 파트너십에 재정을 지원	성인교육기관, 교강사 및 성인학습자 등을 위한 파트너십 및 훈련기회를 제공하기 위한 프로그램

출처: 평생교육진흥원(2008). 국제기구 평생교육 정책동향. p. 25 재구성.

(3) 에라스무스+ 프로그램 (Erasmus+)

유럽연합은 2014년부터 새로운 에라스무스+프로그램을 실행하고 있다. 이 프로그램은 기존의 평생학습 프로그램(LLP)을 모두 에라스무스+프로그램에 편입하고, 여기에 국제적인 고등교육 프로그램과 청년활동을 하나로 통합하여 학생·훈련생·직원·자원봉사자들이 자신의 능력과 고용 가능성을 높이기 위해서 해외에서 시간을 보내는 기회를 주고, 초국가적 협력 작업과 교육, 훈련 및 청소년 분야의 혁신 사례를 공유하는 기회를 주는 프로그램이다.

즉, 2020년까지 학교교육, 직업교육, 청소년활동, 스포츠에 초점을 맞추고 학교교육과 직업교육의 콘텐츠를 현실에 맞게 개편하여 청소년의 미래 고용 가능성을 높이는데 목적이 있다. 이전 예산의 40%를 증액하여 2014년부터 2020년까지 총 147억 유로를 지원하여, 400만 명 이상에게 유학 또는 훈련의 목적으로 해외에서 체류할 수 있는 기회를 제공할 계획이며, 이를 위해 외국기관과의 협력을 더욱 강화할 계획이다. 또한 스포츠를 처음으로 프로그램에 도입함으로써 승부조작, 약물복용, 폭력, 인종차별과 같은 초국가적 문제에도 대응하고자 한다(EU, 2013b).

표 11-3 유럽연합 평생학습 프로그램의 변화

<table>
<tr><th colspan="2">2007년~2013년</th><th></th><th colspan="3">2014년~2020년</th></tr>
<tr><td rowspan="2">LLP
(그룬트비히,
에라스무스,
레오나르도,
코메니우스)</td><td rowspan="3">국제적 고등교육
프로그램
(에라스무스 문두스,
Tempus, Alfa,
Edulink 등)</td><td rowspan="3">→</td><td colspan="3">에라스무스 +</td></tr>
<tr><td>1. 개인적인 학습
유동성</td><td>2. 혁신을
위한
협력과
경험 공유</td><td>3. 정책
개선 지원</td></tr>
<tr><td>Youth in Action</td><td colspan="3">특별부문(장 모네 ,스포츠)</td></tr>
</table>

출처: EU(2013b). Erasmus+ in detail. European Commission.

특히 성인학습의 품질과 효율성을 개선하고 성인학습을 통해서 평등, 사회 통합과 시민의식을 함양하기 위하여 '성인학습을 위한 전자 플랫폼(The Electronic Platform for Adult Learning in Europe, EPALE)'을 운영하며, 에라스무스+ 프로그램을 구성하는 교육, 훈련, 청소년 및 스포츠 분야의 작업을 지원하기 위해 브뤼셀에 있는 교육시청각문화행정기구(Education, Audiovisual and Culture Executive Agency, EACEA)에서 중앙집중식으로 관리한다(EU, 2013a).

참고 문헌

국가평생교육진흥원(2014). ASEAN 국가의 평생교육정책. 글로벌평생교육동향 ISSUE 04. 서울: 국가평생교육진흥원.

김가영(2008). 영국 평생교육 정책동향. 서울: 평생교육진흥원.

김윤정(2008). 일본 평생교육 정책동향. 서울: 평생교육진흥원.

김은숙(2009). 평생학습사회 구축을 위한 해외 추진체제 사례와 시사점. 강원발전연구원.

김종서, 김신일, 한숭희, 강대중(2014). 평생교육개론. 경기: 교육과학사.

권인탁(2008). 북미 평생교육 정책동향. 서울: 평생교육진흥원.

박인섭(2014). 대학의 평생교육 해외선진사례 심층조사 분석 연구. 서울: 국가평생교육진흥원.

양대종(2008). 독일 평생교육 정책동향. 서울: 평생교육진흥원.

양병찬, 小林文人, 伊藤長和 공편(2010). 일분의 사회교육 평생학습. 서울: 학지사.

이종원, 윤성원, 황기식(2014). EU 28 유럽 통합의 이해. 서울: 도서출판 해남.

차갑부(2012). 평생교육론. 경기: 교육과학사.

최동주, 정우탁, 조현주(2015). 국제기구와 교육 · 문화 · 노동 · 스포츠: UNESCO · ILO · IOC. 서울: 도서출판 오름.

평생교육진흥원(2008), 국제기구 평생교육 정책동향. 서울: 평생교육진흥원.

Peterson, R. E.(1982). Lifelong learning in America. San francisco:Jossey-Bass Publishers.

〈웹 문서〉

EU(2013a), Erasmus+ at a glance. European Commission. http://ec.europa.eu/programmes/erasmus-plus/documents/erasmus-plus-in-detail_en.pdf

EU(2013b), Erasmus+ in detail. European Commission. http://ec.europa.eu/programmes/erasmus-plus/documents/erasmus-plus-at-a-glance_en.pdf

OECD (2013), OECD Skills Outlook 2013: First Results from the Survey of Adult Skills, OECD Publishing. http://dx.doi.org/10.1787/9789264204256-en

UNESCO(2014), Laying foundations for equitable lifelong learning for all. http://unesdoc.unesco.org/images/0022/002292/229289E.pdf

UNESCO(2015), Incheon declaration: education 2030: towards inclusive and equitable quality education and lifelong learning for all. http://learningportal.iiep.unesco.org

/en/notice/T1439643657

〈웹 사이트〉

https://www.bmbf.de/en/index.html 독일 연방교육연구부
https://www.gov.uk/ 영국 정부
https://www.gov.uk/government/organisations/department-for-education 영국 교육부
http://www.gov.uk/government/organisations/department-for-business-innovation-skills 영국 경영혁신기술부
https://nationalcareersservice.direct.gov.uk/Pages/Home.aspx 영국 NCS홈페이지
http://www.ed.gov/ 미국 교육부
http://www.mext.go.jp/english/lifelonglearning/index.htm 일본 문부과학성
http://www.opec.go.th/ 태국 교육부
http://www.unesco.or.kr/ 유네스코 한국위원회
http://www.uil.unesco.org/home/ 유네스코 평생학습연구소
http://europa.eu/index_en.htm 유럽연합
http://www.oecd.org/ 경제개발협력기구
http://oecd.mofa.go.kr/korean/eu/oecd/main/index.jsp 경제개발협력기구 대한민국 대표부

제12장

다문화교육과 평생교육

1. 다문화의 이해
2. 다문화교육의 이해
3. 다문화교육과 평생교육의 이해

1. 다문화의 이해

21세기에 들어와서 급속한 세계화로 국가 간 인적인 교류의 확대로 민족, 인종, 성, 문화적 다양성은 지구촌을 보편적인 삶의 현상으로 인식하게 하였다. 한국사회도 이미 국내 인구의 저출산과 고령화로 인한 인구의 변동과, 세계화의 영향으로 국제교류의 증가는 다문화사회로 빠르게 변모시켜 나가고 있다. 최근 10년간 경제적 성장과 사회적 성장과 신자유주의적 자본주의의 영향으로 외국인근로자, 결혼이주여성, 북한이탈주민 등의 유입 현상의 급격한 증가로 한국사회도 근본적인 변화와 대책이 요구되고 있다(한국다문화교육연구학회, 2014).

1) 다문화 이론

(1) 용광로 이론

용광로 이론(Theory of melting pot)은 이민자가 출신국의 문화와 정체성을 포기하고 이미 주류사회의 구성원으로 동화되는 것을 목표로 하는 정책으로, 18~19세기부터 정립되기 시작하였고 'melting pot'은 미국이 다양한 인종과 문화를 흡수하는 사회라는 개념으로 사용된 미국 초기의 이민정책이었다. 1908년 이스라엘 장윌(Israel Zangwill)의 희곡 '도가니, The Melting Pot'에서 이 용어가 유래되었다. 이 이론은 아메리칸 드림을 가지고 미국에 들어오는 이민자에게 문화적 동화라는 것을 대가로 '사회의 일원'으로 인정하는 것이다. 미국이라는 매개체를 중심으로 순조롭게 동화 되도록 지배 주류사회가 이민자들의 정착을 돕는 정책을 편다.

이것은 미국이라는 사회를 하나의 큰 용광로로 보고 들어오는 많은 이민자들을 철광석에 비유하여 미국사회에 정착하도록 하는 과정에서 주류인 WASP문화에 용해되어 새로운 미국인이라는 인종으로 바뀐다는 것이다. 즉 문화일원주의인 동화교육을 의미한다.

그러나 '용광로'라는 단어는 새로운 그룹과 인종을 환영하려는 미국사회의 진정한 모습이 아니라, 미국에 입국을 허가한 이주민에게 일체성과 동화정책을 강요하는 것을 연상하게 한다. 주류사회의 언어 습득과 이주민의 자녀가 정규학교에 취학하는 것을 지원하는 정책은 기초적 동화정책의 하나이다.

(2) 모자이크 이론

모자이크 이론(Theory of mosaic)은 캐나다의 John Murry Gibbon이 1938년에 저술한 『캐나다식 모자이크(Canadian Mosaic)』에서 이 용어가 유래되었다. 그는 미국의 용광로 이론은 미국이 이주민들의 출신국의 뿌리를 없애려는 정책이라고 비판하면서, 이민자들의 문화적 특성을 인정하면서 함께 살아가는 캐나다의 모자이크 이론을 이상적 다문화사회의 모습으로 제시하였다.

이주민의 특수성을 고려한 정책이라고 주장하나, 다양한 색상의 조각들인 이주민들이 모여 하나의 아름다운 모자이크를 완성하지만, 이 역시 그 바탕의 밑그림은 서구문화를 근간으로 민족적 제국주의를 근간으로 하고 있다는 것이 문제점이다.

(3) 샐러드 볼 이론

샐러드 볼 이론(Theory of salad bowl)은 세계화로 진입하는 20세기 후반부터 제기된 다문화교육 이론으로 국가나 민족의 경계를 허물고 이주민들의 정체성을 지니게 하자는 것이다. 다양한 사회 구성원들이 함께 상호공존하며 각자의 색깔과 향기를 지니면서도 샐러드 볼 안에 담긴 각 재료의 개성을 존중함으로써 조화로운 연합을 이루어 사회통합을 이루려는 것이다. 한국에서는 '비빔밥'에 비유하기도 한다. 그러나 샐러드 볼 이론은 소수민족의 주류사회로의 연합이 아닌 공존이 정책의 목적이다. 그래서 이 이론은 각각의 정체성을 살리는 면도 있지만, 어우러지는 경향이 더 강하여 각자의 정체성을 인정하고 서로를 배려하는 사회를 대변하기에는 한계가 있다.

(4) 문화생태 이론

문화생태 이론(Theory of Eco-cultures)에서 생태계란 어떤 지역 내에서 동물, 식물, 인간 등이 무기적 환경에 의해서 제어되는 복합체계를 말한다. 따라서 문화생태 이론은 각기 다른 문화적 배경을 가진 인간사회도 이것을 둘러싸고 있는 제반 환경에 의해 적절하게 균형 관계가 잘 유지될 수 있음을 하나의 체계로 규정하는 것이다. 나아가 문화생태는 인위적인 것을 벗어나 자연처럼 있는 모습 그대로 더불어 공존, 공생하며 인간의 존엄성과 생존권을 보장하는 문화적 총화이다(서종남, 2008).

문화생태 이론은 약육강식 세계가 아닌 공생, 공존의 세계를 말한다. 이 이론이 추구하는 참사회는 다양한 문화와 인종들이 각자 서로 다르다는 자체를 인정하고 수용하며 차별하지 않는 대자연의 아름다운 모습으로 더불어 살아가는 이상적인 세상을 말한다. 다시 말하면 어떤 인위적인 것도 섞일 수 없는 자연의 순리를 따라 공존, 공생의 세상을 말한다.

2) 다문화의 의미와 다문화사회

'다문화'라는 용어의 사전적 정의를 살펴보면 '한 사회 안에 여러 민족이나 여러 국가의 문화가 혼재하는 것을 이르는 말(국립국어원, 2016)'로 정의하고 있다. 현재 다양한 인종과 문화가 혼재되어 커다란 변화가 이루어지고 있는 우리 사회에서는 다소 제한적으로 다인종화, 다민족화로 인해 나타나는 문화의 다양화를 칭하는 것으로 '다문화'의 의미를 이해할 수 있다.

한 사회의 다문화를 구성하는 요소가 무엇인가가 중요하다. 베이커(Baker, 1994)는 다문화를 개인과 집단 사이에서 나타나는 모든 다양성을 포괄하는 넓은 개념으로 사용하면서, 다문화를 구성하는 요소를 개인차, 인종, 민족, 종교, 성별, 사회경제적 수준, 연령, 능력, 신체적 조건 등으로 보았다.

박찬옥 외(2011)는 자신과 집단의 정체성을 형성하고 평등과 다양성을 기초로 편견에서 벗어나 다양한 문화를 인식하고 세계가 함께 협력하는 이상을 추구하는 사회를 다문화사회라고 하였으며, 골닉과 친(Gollnick & Chinn, 2002)도 우리 자신의 정체성 또는 문화적 정체성을 형성하는데 영향을 미치는 요인이 다양하게 존재하는 사회를 다문화사회로 규정하였다.

우리나라는 21세기에 들어와 세계화가 가속되면서 민족, 인종, 종교 등 여러 차원에서 다문화사회로의 빠른 변화를 경험하고 있다. 이에 다문화사회를 구성하고 있는 모든 사람들과 공존할 수 있는 새로운 가치관, 인식, 행동을 필요로 하게 되었다. 즉, 개인적으로 언어소통과 가족적응, 문화적응의 문제를 해결하고, 사회적으로 편견과 차별의 문제를 해결하기 위해서 다양성을 인정하고 배려하며 협력하는 노력을 해야 한다. 더 나아가 다문화사회에 적합한 제도를 정착시키고, 공존 가능한 상호협력체제를 구축하는 것이 다문화사회를 살아가는 우리의 과제인 것이다.

2. 다문화교육의 이해

1) 다문화교육의 필요성

우리나라에서 다문화교육에 대한 논의는 1980년대부터 시작되었으나 연구가 활발하게 진행되지는 않았다. 2006년에 교육인적자원부(현 교육부)가 '다문화가정 자녀 교육지원 대책'을 발표하면서 다문화가정을 위한 지원을 시작하였고, 보건복지부와 여성가족부, 법무부 등 관련 부처에서도 다문화가정을 위한 지원정책을 실시해 오고 있다.

이와 같이 우리나라는 다문화사회로 발전되어 가고 있다는 전제 아래 통합을 강조하는 다문화정책의 추진을 표방하고 있으나, 우리 정부의 다문화 정책은 한국인과 결혼한 외국인으로 구성된 다문화가족을 중심으로 결혼이주자들이 기존에 속해 있던 사회문화에서 벗어나서 우리나라의 사회문화에 적응하고 동화되는데 초점을 두었으며, 주로 이주자(移住者)들이 정주자(定住者)들의 문화에 적응하는 것을 중요하게 보고 한국어교육 등을 통해 우리나라 사회 구성원으로 동화시키고자 노력해 왔다. 그러나 이와 같은 정주자-이주자, 다수자-소수자, 주류-비주류의 구분에 의한 동화주의적 접근은 문화에 대해 우열을 나누는 결과를 가져올 수 있다.

다문화교육은 주류집단이 동화주의적 관점에서 비주류집단을 통합시키고자 하는 것이 아니라, 비주류집단, 소수집단의 다양성을 인정하고 존중하는 대등한 관계 속에서 통합을 추구는 것이며, 이를 실현하기 위해 교육과정 개혁을 통한 인식을 전환하고, 행동을 실천하는 것이다. 현대사회에서는 일방적인 동화주의 정책보다는 다양한 문화의 공존을 추구하는 다문화주의 방향으로 나아가야 한다.

즉, 다문화사회를 살아가는 현대인에게는 문화적 다양성을 포용하고 상호존중하는 자세가 요구되며, 이러한 상황에서 다문화교육의 필요성은 더욱 증가하고 있다. 다문화교육은 다양한 문화가 존재한다는 것을 인정하고, 각 문화가 가치 있다는 것을 이해하도록 교육하는 것이다. 이와 같은 다문화교육을 통해서 사회에서 갈등과 차별이 발생하지 않고 조화롭게 공존하는 사회를 실현할 수 있을 것이다.

2) 다문화교육의 개념 및 구성요소

다문화교육의 개념에 대해서 니에토(Nieto, 1992)는 '다문화교육은 모든 학습자를 위한 기본 교육과 종합적인 학교 개혁과정'이라고 정의하면서 교육과정 개혁을 강조하였고, 골닉과 친(Gollnick & Chinn, 2009)은 '다문화교육은 교육의 개념에 평등성과 다양성을 포함시킨 개념'이라고 정의하면서 평등교육을 강조하였다. 이와 같이 다문화교육을 연구해 온 학자들은 다문화교육의 개념을 평등교육을 실현하기 위한 교육과정 개혁을 통한 학교 및 사회 개혁으로 정의한다. 다시 말하면, 다문화교육은 평등교육의 교육철학적 목표를 달성하기 위한 교육개혁 운동으로서 교육과정 개혁을 통해 학교 및 사회개혁을 실현하려는 교육이다.

이러한 다문화교육의 개념을 종합하여 베넷(Bennett, 2011)은 다문화교육의 구성요소를 평등교육, 교육과정 개혁, 다문화적 능력, 사회정의를 향한 교육의 네 가지 요소로 설명하였다.

첫째, 평등교육은 모든 학습자에게 공평하고 동등한 교육의 기회를 부여해 주는 것을 의미한다. 또한 각자가 가지고 있는 잠재력을 계발할 수 있도록 잠재력의 차이에 따라 차별화된 교육적 개입이 이루어져야 한다는 것을 의미한다. 이와 같이 다문화교육에서의 평등교육은 공평한 '기회의 평등'과, 교육이 이루어지는 과정에서 잠재력을 발휘할 수 있고, 문화적 차이에 따른 결핍이 없도록 지원하는 '과정의 평등'이라 할 수 있다.

둘째, 교육과정 개혁은 기존의 단일민족, 단일문화 중심의 교육 내용에 다민족적이고 세계적인 관점을 포함하여 다른 사람의 입장에서 사안을 판단하는 관점을 가질 수 있도록 교육과정을 개편하는 것을 의미한다.

셋째, 다문화적 역량은 다양한 방식으로 인식하고 행동하고 평가할 수 있는 역량을 의미한다. 이 과정에서 중요한 것은 자문화 내에서 또는 다른 문화 사이에 존재하는 문화적 다양성을 이해하는 방법을 배우는 것이다.

넷째, 사회정의를 향한 교육은 인종차별, 문화차별, 성 차별 등 차별에 대한 이해력을 높이고 이와 관련된 적절한 사회적 행동기술, 가치관 및 태도를 제고함으로써 차별에 대한 문제해결 과정에 직접적으로 참여하게 하는 교육을 의미한다.

한편, 뱅크스(Banks, 1993)는 다문화교육은 교육철학이자 교육개혁 운동으로서 교육기관의 구조를 바꾸어 학습자들에게 평등한 교육기회를 제공하는 것이 중요한 목표라고 정의하였으며, 복합적이고 다차원적으로 이루어진 다문화교육의 구성요소를 다음과 같은 다섯 가지 차원으로 설명하였다.

첫째, 교과 내용의 통합이다. 교과 내용의 통합이란 교사들이 자신의 교과에 나오는 주요 내용을 가르치기 위해서 다양한 문화와 관련된 정보, 내용, 자료 및 예시를 활용하는 정도를 의미한다.

둘째, 지식구성의 과정이다. 이는 다문화 수업에서 중요한 비중을 차지하고 있는데, 특정 학문 영역에서 암시적인 문화적 가정(assumptions), 사고의 틀, 관점, 편견 등이 해당 학문 영역에서 학습자들이 지식을 구성하는 과정에 어떠한 영향을 미치는지 이해하고, 탐구하여 알아내도록 교사가 돕는 것을 의미한다.

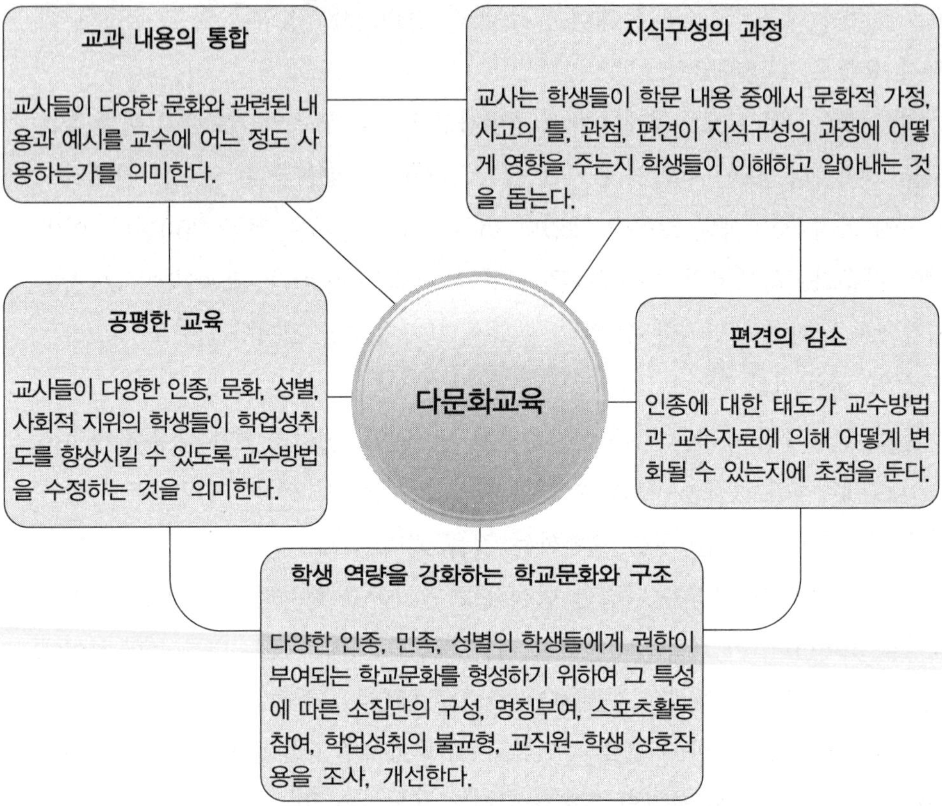

[그림 12-1] 다문화교육의 차원

출처: James A. Banks(2008)

셋째, 편견의 감소이다. 이는 학습자들이 교수방법 및 교수자료에 의해서 보다 긍정적인 인종적, 민족적 태도를 습득하고 변화될 수 있는지에 초점을 둔다.

넷째, 공평한 교육이다. 공평한 교육이란 교사가 다양한 인종, 문화, 성별, 사회적 지위의 학습자들의 학업성취도를 향상시킬 수 있도록 사용하는 교수방법과 기법을 수정하는 것을 의미한다.

다섯째, 학습자의 역량을 강화하는 학교 문화와 구조이다. 이는 다양한 인종, 민족, 언어, 성별 등의 학습자들이 교육적 평등을 경험하도록 학교의 문화와 구조를 형성하는 과정이다. 구체적으로는 다양한 문화에서 온 학습자들이 성공할 수 있는 평등한 기회를 가질 수 있도록 소집단 구성, 스포츠 참여, 학업성취의 불균형, 교직원-학습자 상호작용을 조사하고 개선하여 학교 환경에 구조적 변화를 주는 것을 의미한다.

3) 다문화교육의 목표 및 목적

뱅크스(Banks, 2008)는 다문화교육의 여섯 가지 목표를 제시하였다.

첫째, 다문화교육은 자기 이해의 심화를 추구하는 것이다. 즉, 개인이 다른 문화의 관점을 통해 자신의 문화를 바라보게 함으로써 자기 이해를 증진시키고자 하는 것을 목표로 한다.

둘째, 다문화교육은 주로 교육과정에 대안을 제시하는 것을 목표로 한다.

셋째, 다문화교육은 모든 학습자들이 다문화사회에서 요구되는 지식과 기능, 태도를 습득하는 것을 목표로 한다.

넷째, 다문화교육은 다문화가정 자녀들이 인종적, 신체적, 문화적 특성 때문에 겪는 고통과 차별을 감소시키는 것을 목표로 한다.

다섯째, 다문화교육의 목표는 학습자들이 글로벌한 테크놀로지 세계에서 살아가는데 필요한 읽기, 쓰기, 그리고 수리적 능력을 습득하도록 돕는 것이다.

여섯째, 다문화교육은 학습자들이 자신의 공동체에서 제구실을 하는데 필요한 지식, 태도, 기능을 다양한 집단의 학습자들이 습득하도록 도와주는 것이다.

이상에서 뱅크스가 제시한 다문화교육의 목표 여섯 가지 내용을 종합해 보면 다문화교육의 목표는 크게 세 가지로 나누어 볼 수 있다.

첫째는 소수자를 위한 배려와 교육의 기회균등 추구이다. 둘째는 주류 학습자들을 포함한 모든 학습자들의 시민적 자질 육성이다. 셋째는 지구촌 공동체의 일원으로서의 역량 함양이다. 이러한 세 가지 목표는 서로 밀접하게 연관되어 있으며 각각의 실현은 다른 목표의 달성에도 도움을 준다.

또한 베넷(Bennett, 2007)은 다문화 교육과정에서 다문화교육이 추구해야 할 여섯 가지 목적을 다음과 같이 제시하였다.

첫째, 서로 다른 집단의 관점을 동시에 고려할 수 있는 다양한 역사적 관점의 발달, 둘째, 다양한 사고방식과 행동방식을 이해하고 자신의 그것이 타인에게 이해되는 방식을 인식하는 것을 포함하는 문화적 의식 강화, 셋째, 다른 비언어적 의사소통, 무의식적 신호, 문화적 관습을 해석하는 능력을 포함하는 간문화적 역량 강화, 넷째, 인종차별, 성 차별 등 모든 형태의 차별과 편견에 대한 투쟁, 다섯째, 지구의 현 상태와 세계적 역동성에 대한 이해 증진, 여섯째, 문제해결에 필요한 지식, 태도, 기술 등 사회적 행동 기술 형성이다.

베넷의 여섯 가지 목적을 종합해 보면, 다문화교육의 핵심적 가치는 세계 공동체에 대한 책임, 지구상에 존재하는 모든 사람들에 대한 존중, 문화적 다양성에 대한 수용과 인정, 인간의 존엄성과 보편적 인권에 대한 존중이라고 할 수 있다. 그러므로 베넷은 다문화 교육과정은 이러한 핵심적 가치를 기반으로 학습자들의 이해, 행동, 태도, 가치관 등을 개발하는 것으로 구성되어야 한다고 주장한다. 이를 그림으로 나타내면 [그림 12-2]와 같다.

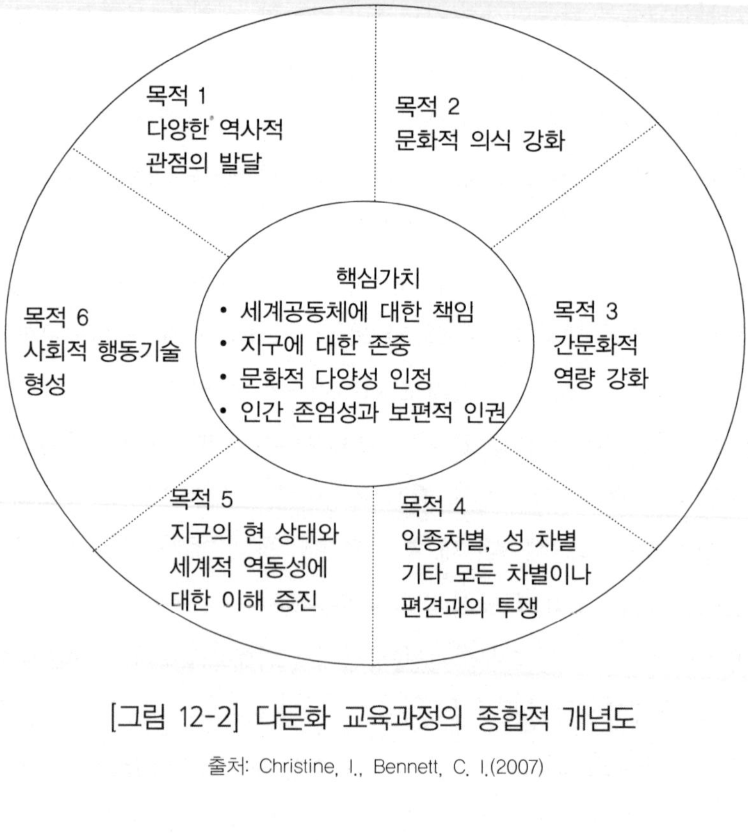

[그림 12-2] 다문화 교육과정의 종합적 개념도

출처: Christine, I., Bennett, C. I.(2007)

4) 다문화교육에 대한 오해

최근 우리나라에서는 다문화교육이 빠른 속도록 확산되며 발전하고 있으나, 동시에 오해로 인한 문제점도 제기되고 있다. 다문화교육이 소수자만을 위한 교육이라고 보는 점과 다문화교육은 문화이해교육과 같아서 다른 문화를 가르치는 것이라고 보는 점 등이다.

우리나라에서 실제적인 정책지원 측면은 대부분이 다문화가정만을 대상으로 하고 있기 때문에 다문화교육은 주류집단이 아닌 소수집단인 다문화가정만을 대상으로 하는 교육이라는 오해가 생겨난 것이다. 예들 들어, 소수자인 다문화가정을 지원하는 교육은 '다문화교육', 다수자를 지원하는 교육은 '다문화이해교육'으로 용어를 나누어 사용하기도 하는데, 이는 잘못된 용어 사용으로 인해 다문화교육의 의미가 왜곡되고 있는 대표적인 예이다.

주류집단은 다른 문화를 인정하고 존중하여 함께 살아갈 수 있도록 하고, 소수집단은 잘 적응할 수 있도록 지원하여 모두 함께 잘살 수 있는 사회를 만들기 위한 교육적 노력이 필요하다.

또한 우리나라에서의 다문화교육은 다른 나라 문화를 소개하는 국제이해교육과 혼용되기도 한다. 그러나 국제이해교육은 단순히 다른 나라에 존재하는 타문화에 대해 이해하는 것이라고 한다면, 다문화교육은 평등교육을 목적으로 하며, 이를 실현하기 위해서는 나의 관점에서만이 아닌 다른 사람의 관점에서 볼 수 있도록 교육과정을 개혁하는 것에 중점을 두는 것이다. 즉, 진정한 다문화교육은 문화이해교육에서 확장하여 상호존중과 공존의 관점을 기르는 방향으로 나아가야 하는 것이다.

이와 같은 다문화교육에 대한 오해는 다문화교육에 대한 개념과 목표을 잘 이해하고, 이에 근거하여 적합한 다문화교육 정책을 추진함으로써 바로잡아야 할 것이다.

3. 다문화교육과 평생교육의 이해

1) 평생교육 관점에서 본 다문화교육

다문화교육은 평생교육 영역의 한 부분에 속한다. 다문화교육의 실천으로 한국어를 잘 모르는 사람들에게 기초문해교육을 하는 것, 소수의 이주민들이 우리 사회의 시민으로서 권리와 의무를 다할 수 있도록 시민교육을 하고, 동시에 기존 지역주민들에게도 다문화적 가치관과 지역사회 구성원으로서의 행동양식을 가질 수 있도록 교육을 하는 것 등이 평생교육 영역의 한 부분이라는 것이다. 다시 말하자면, 이와 같이 삶의 현장에서 교육을 통해 지역공동체를 만드는 일이 바로 평생교육의 철학이며 역할이고, 다문화교육은 평생교육 영역의 한 부분에 속한다고 보는 것이다.

다문화교육에 대한 논의는 평생교육의 이념과 실천과도 밀접한 관련을 갖는다. 우리나라는 평생교육법 제4조 1항에서 '모든 국민은 성별, 종교, 신념, 인종, 사회적 신분, 경제적 지위 또는 신체적 조건 등을 이유로 교육에서 차별을 받지 아니한다.'라고 명시하고 있다. 이러한 법적 근거에 기반을 두어 국가평생교육진흥원, 시 · 도평생교육진흥원, 지역평생학습관, 민간 평생교육기관 등에서 다문화교육을 실천하고 있다.

정민승 외(2013)는 평생교육의 관점에서 다문화교육을 새롭게 조망할 수 있을 때 비로소 다문화교육이 목표로 하는 다문화주의의 구현이 가능할 것이라고 하였고, 다문화교육은 우리 사회의 일부 구성원들만을 대상으로 형식적 교육의 방식으로 실행하는 것이 아니라, 우리 사회 전체 구성원들을 대상으로 하는 다양한 방식의 평생교육, 다시 말해 형식과 비형식, 무형식을 포괄하는 다양한 문화 자극 및 체험들로 이루어질 필요가 있으며, 이러한 방향에서 새로운 운영 원리의 마련이 시급함을 강조하였다.

또한 정민승 외(2013)는 다문화교육에 대한 평생교육적 접근의 특징을 체험중심성, 상호호혜성, 관계성으로 제시하고 있다.

첫째, 체험중심성은 다문화'교육'을 다문화'체험'으로 보는 것이다. 타 언어 및 문화에 대한 이해는 해당 언어의 사용과 문화에 대한 참여를 통해서 온전히 이해될 수 있기 때문이다. 또한 교육이 삶과 따로 존재하는 것이 아니라 생활과 실천 속에서 교육이 함께 존재한다는 다문화 체험의 관점은 평생교육에서 중요시하는 '학습과 삶의 연계성' 관점과 매우 흡사하다. 이와 같은 관점에서는 다문화를 따로 '교육으로 가르치는 것'이 아니라 '실제 생활에서 체험하는 것'이 최적의 다문화교육이라고 인식할 수 있다. 즉, 다문화교육은 교과교육 형태로 학교 제도 안에서만 이루어지는 것이 아니라 지역사회 구성원 모두 참여할 수 있는 평생교육의 형태로 이루어져야 할 것이다.

둘째, 상호호혜성은 평생교육적 관점에서 교수자와 학습자의 역할이 고정되어 있지 않고, 상호작용을 하며 교수-학습과정이 서로 도움을 주고받음으로써 학습이 일어난다고 보는 바와 같이, 다문화교육도 참여자 상호간에 도움을 주고받는다고 보는 것이다. 이와 같은 타 문화에 대해서도 '이해하고 배울 만한 가치, 도움이 되는 부분이 있다'는 관점으로 인식할 수 있다.

셋째, 관계성은 평생교육이 참여자들 간의 '관계'에 중점을 두는 것과 같이 다문화교육에서도 참여자 상호간의 관계에 중점을 둔 것이다. 다문화교육은 다문화 학습자를 대상화하는 교육이 아니라, 참여자인 가르치는 사람과 배우는 사람이 의미를 주고받는 과정에서 지속적이고 구조적인 '관계'를 형성한다는 의미이다. 이때 관계는 일회적 도구로서가 아니라, 상호작용을 통해 의미를 재생산하는 관계라고 보았다.

앞서 뱅크스(Banks, 2008)가 제시한 다문화교육의 여섯 가지 목표에서 종합적으로 강조하는 것은 다문화교육은 대상이 아니라 이념과 내용을 중심으로 이루어져야 한다는 점이었다. 진정한 의미의 다문화교육은 문화적 배경이 다른 이주민들을 대상으로 한 주류사회 적응교육을 넘어, 이주민과 사회 소수자들의 문화에 대한 정주민과 다수자들의 반편견교육과 함께 공존하기 위해 서로 소통하는 지구촌 공동체 일원으로서의 역량강화교육을 의미한다는 것이다.

이러한 맥락에서 고려해 보면 다문화교육은 평생교육의 6대 영역 중 하나인 시민참여교육, 더 구체적으로는 세계 시민교육과 일맥상통한다. 즉 이와 같은 다문화교육이 잘 이루어지면 평생교육에서 말하는 시민참여교육, 세계 시민의식 교육은 저절로 잘 이루어질 수밖에 없고, 바로 이 지점에서 다문화교육과 평생교육의 연계 접점을 찾을 수 있을 것이다(백은순 외, 2013).

2) 다문화교육과 지역사회

다문화교육이 학교교육이나 다문화가족지원센터 등 특정 장소 중심으로 국한되지 않고, 학습자, 학부모 외에 다양한 연령대의 지역사회 구성원을 모두 아우를 수 있도록 평생교육적 관점에서 다문화교육에 접근해야 한다. 또한 다문화교육은 제도, 법과 같은 정책적 방안도 중요하지만, 그것이 구체적으로 적용되고 실천되는 곳이 지역사회이므로 지역사회를 중심으로 활성화되어야 한다. 다문화교육은 지역주민 전체와 관련된 문제이고, 지역사회의 상황에 따라 지역주민에 의해, 지역을 기반으로 하여 그들의 문제를 교육적 프로그램을 통해 해결할 수 있기 때문이다. 이와 같은 과정을 통해 지역사회 구성원들이 성장하고 지역사회도 발전할 수 있을 것이다. 또 그렇게 하는 것이 지역사회 다문화교육의 역할이다.

다문화교육이 평생교육의 관점에서 지역사회 중심으로 활성화되기 위해서는 다음과 같은 사항을 고려해야 할 것이다.

첫째, 지역사회에 다문화교육을 주도할 수 있는 주체, 즉 평생교육기관, 시민단체 등의 역할이 필요하다. 다문화교육이 더욱 절실한 지방에는 더 많은 평생교육기관과 시민단체가 활성화되어야 할 것이다. 이들 주체를 중심으로 구성원의 힘을 모아 함께 다문화교육을 실시하고, 지역사회를 성장시킬 수 있기 때문이다.

둘째, 지역사회에서 활용할 수 있는 인적, 물적 자원을 찾아내어 네트워크를 형성하는 것이다. 다문화교육이 제대로 이루어지기 위해서는 전문가와 자원봉사자, 이용 가능한 기관 등의 발굴과 연계가 필요하다.

셋째, 다문화교육을 실시할 수 있는 이론과 실천 분야의 전문가를 육성하는 일이다. 지역사회에서 전문적인 다문화교육을 실시하기 위해서는 전체적인 지역사회의 상황 분석과 요구분석에 근거하여 교육목표를 설정하고 수요자의 교육적 요구를 충족시켜 줄 수 있는 교사 및 전문가 육성이 필요하다. 동시에 다문화교육 관련 교사와 전문가를 육성할 수 있는 교육기관과 교육 프로그램도 필요하다.

평생교육의 관점에서 다문화교육이 지역사회를 중심으로 활성화되기 위해서는 구체적인 지역사회 자원을 활용한 다문화교육이 되어야 한다. 즉, 지역사회 구성원이 거주하고 있는 지역사회의 인적, 물적 자원 등을 다문화 수업의 주요 장소, 주요 주제와 도구 등으로 활용하는 교육이다. 지역사회 자원을 활용하는 다문화교육을 유형별로 두 가지로 나누어 보면 다음과 같다.

첫째, 인적 자원을 활용하는 것이다. 예를 들면, 다문화교육의 이론과 실천 분야의 지역사회 내의 전문가를 섭외하여 다문화교육을 실시할 수 있으며, 지역사회 내에서 다문화교육을 지원하는 자원봉사자로서 봉사활동을 하거나, 다문화가정 자녀들에게 멘토가 되어 도움을 주는 등 다문화교육의 영향을 확산시키는 활동을 할 수 있다.

둘째, 물적 자원을 활용하는 것이다. 즉, 지역사회의 미술관, 도서관, 공연장, 수련관, 주민센터 등은 물론이고, 시장, 길거리, 공원 등 모든 생활공간을 다문화교육의 관점에서 다시 바라보고, 활용하여 다문화를 습득하고 체험할 수 있는 기회를 제공할 수 있다.

지역사회에서 운영되는 다문화교육은 거주하는 지역이 비교적 가까우므로 다문화교육에 대한 접근 가능성이 매우 높다. 그리고 다문화교육에 직접 참여함으로써 지역사회에 대한 이해의 폭을 넓힐 수 있으며, 지역사회 구성원으로서의 소속감과 정체성을 고취시킬 수 있게 된다. 더 나아가 지역사회에서의 다문화교육을 통해서 개인의 문제 및 지역사회의 문제를 해결할 수 있고, 이와 같은 문제해결을 통해서 삶의 질을 향상시킬 수 있다.

3) 다문화교육과 교사

우리나라가 다문화사회로 변화함에 따라 학교 내에서도 학습자들의 구성이 점점 다양해지고 있으나 학교 현장에서 주도적으로 활동하는 교사들이 준비가 제대로 되어 있지 않다. 다문화교육에 대한 지식이나 경험이 부족하며, 교사교육과정에서는 예비교사나 현직교사를 위한 다문화교육 프로그램을 효과적으로 제공해 주지 못하고 있는 실정이다. 이 문제는 지역사회에서 다문화교육을 담당하는 교사들도 크게 다르지 않다.

다문화를 담당하는 교사교육을 위한 교육과정과 교과서 및 학습자료, 교수-학습방법 등이 충분히 개발, 보급되지 않은 지금과 같은 상황에서 다문화교육에 대한 교사의 인식은 대단히 중요하다. 왜냐하면 다문화교육의 방향과 실천 여부가 교사의 인식과 노력에 달려 있기 때문이다. 다문화교육을 핵심적으로 수행하는 주체가 교사이므로 다문화교육 정책은 교사의 다문화적 인식을 살펴보는 데서부터 출발해야 할 것이다. 다문화교육의 주체인 교사의 인식이 무엇보다도 중요하며, 교사의 이해와 인식이 없이는 다문화교육은 본질적인 목적을 달성하기 어렵다. 즉 교사가 다문화적 인식을 가지고 있지 않다면 다문화교육은 성공을 거둘 수 없는 것이며, 많은 연구들이 다문화교육에 교사가 중요한 요인임을 밝히고 있다(Banks & Banks, 2004).

이와 같이 다문화교육은 문화적으로 다양한 학급에서 가르치게 될 교사를 육성해야 하는 과제를 안고 있으며 다문화교육을 위한 교사교육의 필요성은 오랫동안 제기되어 왔다. 따라서 다문화학습 지도 능력과 자신감 향상을 위한 방안이 시급히 마련되어야 한다. 특히, 교사들의 다문화적 효능감 향상을 위해 필요한 지식과 경험을 제공해 줄 수 있는 적절한 교육 프로그램 및 연수 프로그램이 운영되어야 할 것이다(조경자 외, 2010).

다문화교육의 지역화가 성공하기 위해서는 다문화교육의 이론과 실천을 담당하는 교사들의 노력이 필요하다. 우리나라 사회에서 지역사회 구성원 간에 친밀한 관계 맺음을 통해 소속감과 정체감을 찾기 위한 다문화교육 실천이 필요한 단계이며, 그 역할을 할 수 있는 사람이 바로 다문화교육을 담당하는 교사들인 것이다.

다문화교육을 담당하는 교사는 첫째, 문화적 개방성, 유연성을 포함하는 다문화역량이 필요하다. 둘째, 다양한 문화를 가진 학습자를 존중하고 이해하는 학습자중심으로 사고하는 역량이 필요하다. 셋째, 다양한 문화의 학습자간의 갈등을 조절하고 해결할 수 있고, 학습자간의 네트워크를 지원할 수 있는 관계를 촉진하는 역량이 필요하다. 넷째, 다문화정책을 이해하고, 외국어 능력을 갖추고, 교수능력 및 내용 전문성 등을 갖춘 교사 전문성 역량이 필요하다. 다섯째, 교사로서의 일반적인 사명감, 도전의식, 정보수집역량, 사회성 역량 등 일반 전문성 역량이 필요하다.

4) 다문화교육의 발전 방향

진정한 의미에서 다문화주의는 종족집단이 갖고 있는 문화적 이질성에도 불구하고 사회 전반적으로 평등하게 참여하는 것을 인정하고 각 민족의 존엄성을 존중하는 것이다. 따라서 바람직한 다문화정책은 다양한 민족의 문화나 언어를 하나로 동화시하지 않고 공존시켜 서로 인정, 존중하는 것을 목적으로 하는 정책이어야 한다. 그러므로 기본적으로 문화의 다양성과 복수성을 수용해야 한다. 나아가 국가가 적극적으로 개입하여 소수민족과 이민자의 고유문화를 발전시키는 데 도움을 주는 방향으로 교육정책이 만들어져야 한다(김민호 외, 2011).

다문화사회에서 동화주의를 채택하건 다문화주의를 채택하건 완전한 사회통합을 실현하는 것은 극히 어려운 일이다. 외국 출신 이주민들에게 한국어 학습 기회를 넓히는 것이 언뜻 보면 동화주의적 발상이라고 생각할지 모른다. 그러나 한국어 교육이 그들의 고유한 언어와 생활방식을 훼손하지 않는 한 그것을 동화주의적 발상이라고 할 수 없다. 다른 한편으로 우리는 이 땅에 함께 사는 소수의 이주자들에게 그들의 고유한 생활방식을 존중해주며, 또한 그들의 문화를 배우려는 자세를 가져야 한다. 그들에게 우리의 문화를 익히게 하는 동시에 우리 역시 그들의 문화를 익힘으로써 우리 사회는 포용성과 다양성, 역동성을 확보하여 미래에 생겨날지도 모를 모든 유형의 갈등을 예방하고 건강한 민주 시민사회로 성장해 나갈 수 있을 것이다.

다시 말해 이민자들이 우리 사회에 와서도 평등한 시민으로서 살아갈 수 있도록 제도적, 법률적 지원을 해 주어야 할 것이며, 다른 한편 그들의 문화를 지켜가면서도 우리 사회에서 잘 어울려 살아갈 수 있도록 문화적 다양성을 보장해 주어야 할 것이다. 또한 일반 시민들이 다문화적 가치관을 가질 수 있도록 교육해야 한다. 이를 위해 국가적인 차원에서는 제도적, 법률적 장치의 정비를 위해 노력해야 할 것이며, 교육적 차원에서는 문화적 다양성을 받아들일 수 있는 문화적 감수성을 온 국민들에게 길러 주는 작업을 해야 할 것이다. 바로 여기에 다문화교육의 필요성과 당위성이 존재하는 것이다.

그리고, 다문화교육은 학교중심의 교육과정에서만 다뤄지는 것이 아니라 다문화가정 자녀의 교육지원을 위한 개입에서부터 다문화가정의 구성원인 성인을 위한 고용, 복지지원에 이르기까지 평생교육 차원에서 이루어진다. 그러므로 다문화교육 정책은 학습자와 이를 둘러싼 생태학적 환경, 즉 학습자 중심으로 가족, 이웃, 학교, 지역사회, 국가가 유기적으로 작용하는 전 생애 평생교육 차원의 포괄적인 접근으로 정책이 수립되고 추진될 필요가 있다.

다문화교육은 지역사회의 평생교육기관들이 함께 나서서 교육 프로그램을 제공해 주어야 한다. 또한 국가 차원에서는 법적, 제도적 노력을 해 주어야 할 것이며 지역사회의 차원에서는 이민자들을 지역주민으로 포용하고, 문화의 다양성을 인정하고 존중해 줄 수 있는 분위기를 조성하는 것이 필요하다.

바로 이러한 이유 때문에 다문화교육은 학교중심에서 평생교육적 관점으로 확대 접근해야 할 필요성이 있는 것이며, 지역사회를 기반으로 기획, 실천되어야 한다. 평생교육 관점에서 실천하는 다문화교육의 지역화는 지역민들에 의한 인간관계의 회복, 지역경제의 발전 및 세계 시민의식으로의 성장을 가져올 수 있는 새로운 계기가 될 수 있을 것이다.

참고 문헌

국립국어원(2016). 표준국어대사전.

김민호, 염미경, 변종헌, 최현, 김은석, 권상철, 황석규, 장승심, 오고운, 홍주희, 김종우, 손명철, 류현종 (2011). 지역사회와 다문화교육. 서울: 학지사.

박찬옥, 지성애, 김미경, 이부미, 채영란, 김현경, 김순자(2011). 유아다문화교육. 서울: 창지사.

백은순, 박형민(2013). 평생교육관점에서 바라본 다문화교육의 방향과 과제. 학습자중심교과교육학회 공동학술대회 발표자료집, 203-215.

서종남(2008, 2). 다문화가정자녀교육 멘토링 프로그램 및 사이버상담실 운영지원사업 보고서. 경기도교육청, 경기도다문화교육센터.

서종남(2012). 다문화교육 이론과 실제. 서울: 학지사.

정민승, 이해주, 모경환, 차윤경(2013). 다문화교육론. 서울: 한국방송통신대학교출판부.

조경자, 이주옥(2010). 유아다문화교육. 서울: 동문사.

한국다문화교육연구학회(2014), 다문화교육 용어사전, 서울: 교육과학사.

Baker, G. C.(1994). *Planning and Organizing for Multicultural Instruction.* Addison-Wesley.

Banks, J. A.(1993). *Multicultural Education : Historycal Development,Dimensions, on and Practice.* Review of Researchi in Education, Vol. 19, pp. 3-49.

Banks, J. A.(2008). *Introduction to Multicultural Education*(4th ed.). Pearson Education, Inc. 모경환 외 역(2010). 다문화교육 입문. 서울: 아카데미프레스.

Banks, J. A., & Banks, C. A. M.(Eds.)(2004). *Handbook of Research onMulticultural Education*(2nd ed.). San Francisco:Jossey-Bass.

Bennett, C. I.(2007). *Multicultural Education : Theory and practice* (6th ed.). 김옥순 외 역(2010). 다문화 이론과 실제. 서울: 학지사.

Bennett, C. I.(2011). *Comprehensive Milticultural Education : Theory and practice* (7th ed.). New york: Pearson.

Gollnick, D. M., & Chinn, P. C.(2002). *Multicultural Education in a Pluralistic Society* (5th ed.). Upper Saddle River, NJ: Merrill.

Gollnick, D. M., & Chinn, P. C.(2002). *Multicultural Education in a Pluralistic Society*

(8th ed.). Upper Saddle River, NJ: Pearson Merrill.

Nieto, S.(1992). *Affirming diversity : The socilpolitical context of multicultural education.* White Plain, NY: Longman.

제13장

평생교육의 향후 과제

1. 미래사회의 트렌드 변화에 따른 평생교육 전략의 전환 필요성
2. 평생교육 대상자의 이해와 지원
3. 평생교육제도와 행정의 선진화 전략
4. 평생교육과 학습이론에 관한 관점
5. 평생교육 방법의 이해와 전망
6. 평생교육 프로그램의 이해 및 개발
7. 평생교육과 인적자원개발
8. 성인학습 상담 및 창의성
9. 평생교육 경영과 전략
10. 지역사회 평생교육의 발전
11. 다문화교육과 평생교육

교육의 역사를 보면 사람은 누구나 요람에서 무덤까지, 평생에 걸쳐서 교육을 계속함으로써 사람다운 삶을 영위하며 살아갈 수 있었다. 그러나 현대적 의미에서의 평생교육은 변화하는 세계 속에서 지속적인 교육이 모든 인간의 삶에 필수적이며, 인간의 평생학습권이 보장되어야 한다는 점이 강조되고 있다.

이제 개인이 지닌 핵심역량(key competency), 즉 언어능력, 수리력, 문제해결력 및 영역지식 등은 개인의 삶을 변화시킬 뿐만 아니라 사회통합을 촉진시키는 역할을 하게 되었다. 따라서 각 개인은 그들의 역량을 계발하고 지속적으로 증진시키기 위하여 평생학습에 더욱 참여할 수밖에 없게 되었다. 게다가 점차 인터넷을 통하여 전 세계의 지식을 접할 수 있게 되었고, 직업세계에서도 급격한 변화가 초래되었다. 오늘날에는 문제를 해결하는 방식에 있어서도 변화가 생겨 관련된 작은 조각들을 모으고 분석하여 문제를 해결하는 것이 아니라 종류가 다른 조각들을 통합하는 방법으로 그 가치를 생성하게 되었다. 그러므로 이와 같은 사고를 하기 위해서는 호기심과 열린 사고, 그리고 이전까지 서로 연관이 없어 보이던 아이디어를 연결시키는 작업이 필요하며, 이를 위해서 자기 분야가 아닌 다른 분야의 지식도 잘 알고 이를 수용할 수 있어야 한다. 즉, 창의성(creativity)과 융합적 문제해결력이 요구되게 된 것이다. 우리가 평생 동안 하나의 분야 안에서만 살아간다면, 흩어져 있는 점을 연결해 새로운 것을 만들어 낼 수 있는 창의적인 능력을 습득하지 못할 것이다(Schleicher, 2014).

평생학습사회에서 각 개인이 새로운 역할을 맡을 수 있기 위해서는 새로운 역량을 습득하고, 관계를 맺으며, 끊임없이 상황에 적응할 뿐만 아니라 계속해서 배우고 성장하면서, 빠르게 변화하는 세상에서 자신의 위치를 꾸준히 정립해 나가야 한다. 이와 같이 빠르게 변화되는 지식정보사회, 평생학습사회에서 각 개인이 새로운 가치를 정립하고 평생학습에 참여하면서 적응할 수 있도록 하기 위하여 평생교육은 새로운 패러다임의 전략을 수립하고 발전해 나가야 한다.

본 서(書)는 평생교육과 관련된 사람들이 평생교육을 이해할 수 있도록 하고, 평생학습사회에서 다양한 연령과 계층 및 문화의 학습자들이 평생교육에 참여하기에 도움을 주고, 평생교육의 주체가 되는 평생교육 담당자들이 어떤 철학과 방법으로 평생교육에 임해야 하는지에 대해 개괄적으로 안내해 주는데 목적을 두었다. 본 장에서는 각 챕터의 핵심내용을 중심으로 평생교육이 향후 어떻게 발전해 나가야 하는지에 관하여 논의하였다.

1. 미래사회의 트렌드 변화에 따른 평생교육 전략의 전환 필요성

정보화, 개방화, 다원화의 특성을 지닌 현대사회에서는 새로운 지식과 기술, 정보로 인해 교육의 패러다임에 변화가 발생되었다. 즉, 이러한 사회에 적응하기 위해서 개인에게는 기존의 학교교육으로 충족되지 못한 새로운 패턴의 교육인 평생교육이 필요하게 된 것이다. 전 일생에 걸쳐 형식적 · 비형식적 형태로 교육의 기회가 제공되고, 다양한 교육의 통합과 학교와 지역사회의 동반 관계가 이루어지게 되었다.

이러한 평생교육은 1960년대에 논의되고 자리잡기 시작한 이후, 1980년대에는 안드라고지 모형을 통해 성인교육으로 정착되고 발전되었다. 평생교육은 개인과 사회의 요구를 만족시킬 뿐만 아니라 사회 공동체의 유지와 발전을 위해 역할을 담당하게 되었다. 다시 말해, 평생교육은 개인적 측면에서 개인의 자아실현과 삶의 질 향상을 추구할 수 있도록 하였으며, 다원화된 사회에서 문화에 대해 증가되는 욕구를 충족시키고, 새로운 생활양식에 적응할 수 있도록 하며, 안정된 직업 창출을 위한 지원을 할 수 있게 도움을 준 것이다. 한편 사회적 측면에서는 사회의 급격한 변동에 적응하기 위한 지속적 교육을 제공하고, 생명 연장으로 인한 노인교육과 사회구조의 변화에 따른 평등교육과 다문화 교육의 제공 등 과거에는 요구되지 않았던 새롭고 다양한 교육의 필요를 충족시키는데 평생교육이 기여를 하게 된 것이다.

우리 사회는 과거 농경사회에서 산업사회로 그리고 정보화 사회로 발전되었으나 미래는 ICT 융합의 새로운 패러다임의 사회로 빠르게 변모하게 될 것이다. 미래사회의 특징으로 무한경쟁의 심화, 개인화, 다원화의 확산, 가상공간의 가치 증대, 디지털과 휴머니즘의 결합, 그리고 사회적 자본으로써 '신뢰' 강화 등을 들고 있다. 따라서 바람직한 미래 창출을 위한 준비 방향으로 사회 구성원의 창의적 역량 증진, 사회적 밸런싱의 유지, 가상공간의 새로운 가치 창출, 인간 중심으로 기술 진화, 사회발전의 새로운 엔진으로서 신뢰의 구축 등을 미래 준비의 과제로 제시하였다(한국정보화진흥원, 2009). 이와 같은 과제의 실현을 위해서 미래지향적 사고와 유연성을 갖춘 창조적 인력의 육성과 협력적 창조의 발전을 위해 창작과 활용 권리의 선순환 구조의 정립, 분권화와 네트워크화, 국제화를 지향하는 뉴거버넌스의 확립, 새로운 취약계층과 격차 해소를 위한 기회의 확대, 버추얼 오션(virtual ocean)에 주목하여 사이버 국토 건설을 위한 국가 차원의 투자와 준비, 디지털과 휴머니즘이 결합된 새 패러다임의 비전 제시 그리고 사회적 사본으로서의 신뢰가 강화되어 새로운 경계에 따른 감시와 프라이버시 침해 분쟁을 해결하기 위한 대안 마련 등이 필요하게 된 것이다. 이러한 미래 변화에 따른 새로운 과제에 대응하고 적응하며 문제를 해결하기 위해서 평생교육은 더 범위를 확대하고 새로운 전략의 교육으로 발전되어야 할 것이다.

2. 평생교육 대상자의 이해와 지원

평생교육이 발전되기 위해서는 무엇보다도 평생교육 대상자에 대한 이해가 필요하다. 평생교육은 인간의 전 일생에 걸쳐 이루어지므로, 아동, 청소년, 성인 그리고 노인에 이르기까지 각 발달적 특성을 고려한 평생교육적 지원이 이루어져야 할 것이다. 과거에는 아동과 청소년 교육은 학교가 전적으로 담당하였다. 그러나 새로운 사회로의 변화는 학교교육으로 충족되지 못하는 영역이 생기게 됨에 따라 학교교육을 보완하는 대안교육, 원격교육 등이 요구된 것이다. 성인학습자는 자신의 경험과 이전 학습을 바탕으로 한 새로운 학습이 필요하므로 온라인 평생교육, 유비쿼터스 교육환경의 구축 등이 논의되었고, 고령화가 진행됨에 따라 노인들을 위한 평생교육은 은퇴자의 생활설계를 위한 교육, 노인 재취업교육 등에 초점을 두게 되었다. 한편 다문화 사회로 변모되어 감에 따라 학령기 학습자뿐만 아니라 성인을 위한 다문화교육, 여성 및 장애인을 위한 교육도 평생교육의 영역으로 자리잡게 되었다. 따라서 평생교육에 있어서 우선시되어야 하는 것은 다양한 발달적 특성과 사회적 특성을 지닌 평생교육 대상자에 대한 이해와 요구분석을 기초로 평생교육 설계와 평생교육 관계자에 대한 역량개발 교육이 더욱 필요하다.

3. 평생교육제도와 행정의 선진화 전략

국가는 평생교육을 진흥해야 한다는 목표 하에 2002년, 평생교육종합진흥계획이 발표된 이후, 평생교육 관련 법안과 제도는 다양하게 변화되고 발전되어 왔다. 전 국민의 평생교육을 지원하기 위하여 평생학습사회를 구축하고 평생학습도시를 마련하며, 다양한 유형의 평생교육기관을 설립하여 평생학습의 기회를 확대하고자 노력하는 등 개인과 사회, 행정 및 재정체제 측면에서의 지원 등이 활발히 이루어지게 되었다. 그러나 앞으로 우리나라의 평생교육이 더욱 발전하기 위해서는 유럽연합의 경제위기 속에서 평생교육의 정책적 패러다임이 전환되는 모습을 한국의 평생교육정책의 발전을 위해 벤치마킹할 필요가 있다. 즉, 유럽 각국들은 사회 경제적 통합은 물론 정치적 분야에서도 단일 유럽은 실현해 오고 있는 가운데서도 2008년 이후 유럽연합의 몇몇 국가들은 경제 침체로 인하여 국가재정의 위기를 맞이하였고, 급기야 유럽 전체의 재정위기로 영향을 미치게 되었다. 이러한 상황 속에서 유럽연합은 사회 경제적 통합의 지속 가능성을 위한 통합적 평생교육체제를 마련하고 사회 경제적 환경 변화에 대비할 수 있는 교육적 대응을 마련하게 되었다. 이와 같은 사례는 우리나라가 새로운 평생교육의 패러다임 전환과 정책을 수립하기 위한 전략 마련에 시사점을 줄 수 있을 것이다.

4. 평생교육과 학습이론에 관한 관점

성인학습 연구의 패러다임은 성인 학습자의 개별적 · 상황적 특성이라는 두 가지 관점에 근거하여 구분되었다. 그러나 Caffarella와 Merriam(1999)은 선행연구를 포괄적이고 분석적으로 검토한 내용을 근거로 성인학습에 있어서 세 번째 패러다임인 통합적 관점(integrative perspective)을 제안하였다. 초기에 성인학습자가 학습에 참여하기에는 개인적 동기가 주요 원인이 되었다. 개인 배경과 상황에 무관하게 자기주도적인 동기에 의해 학습에 참여하게 되면, 더 높은 소득과 고용이 증가될 가능성이 더 높아지게 되었다. 이와 관련하여 성인교육의 연구영역에 있어서 동기(Boshier & Collins 1985), 자기주도학습(Tough, 1971), 성인교육(Knowles, 1970), 전환학습(Mezirow, 1991), 기억과 학습(Ormord, 1995), 그리고 학습의 신경생리학(Sylwester, 1995) 등이 주요 주제로 연구되었다. 특히 참여에 관한 문제는 성인교육에 있어서 초점을 두고 연구되었다. 즉, 누가 참여하며, 무엇을 학습하고, 무엇이 성인학습의 동기이며, 어떻게 학습에 연관되는지 등의 문제이다.

다음으로 맥락적 관점(contextual perspective)에서는 사회학적 준거 하에 학습의 상호작용적 특성과 구조적 특성이 주요 요소로 작용하게 된다. 즉, 학습은 개별 학습자이건 교수자이건 학습이 발생되는 상황과 분리될 수 없다는 관점이다. 이에 따라 맥락적 접근에서 경험학습과 상황적 인지학습 등에 관한 연구들이 진행되었다.

그러나 결국 성인교육 연구는 개인과 맥락의 두 관점에서 수행되어야 한다. 예를 들어, 신경생리학적 학습 연구는 성인기의 학습장애, 학습과정에서의 정서의 중요성, 그리고 어떻게 성인기에 생리적 변화가 발생되는지 등에 관한 우리의 지식을 확장시키는데 도움이 된다. 마찬가지로 성인학습에 영향을 미치는 인종,

성, 계층 등과 학습의 상호작용과 맥락 측면에서의 구조 등에 대한 심도 있는 탐구가 이루어져야 한다. 일부 학자들은 학습에 대한 통합적 관점이 성인학습의 세부적인 측면에 관한 사고의 풍부한 준거 틀을 제공해 줄 수 있다고 확신하기도 하였다.

이와 같은 성인학습을 이해하고 설명하기 위하여 본서에서는 초기의 전통적인 학습이론을 살펴보고, 최근의 학습이론을 통해 성인학습에 대한 방향과 새로운 대안을 제시하고자 하였다.

5. 평생교육 방법의 이해와 전망

평생교육 방법은 평생교육 전개를 위해 교육과정을 설계하고 수행하며 평가하는 전체 과정에 있어서 계획된 내용을 달성하기 위한 효과적인 방안 마련에 해당된다. 평생교육을 위한 교수-학습방법을 고안하기 위해서는 무엇보다 평생교육 대상에 대한 고려, 목적 수립, 목적에 도달하기 위해 다양한 방법 중에서 효과적인 방법을 선택하여 진행하는 일 등이 포함된다.

이제 평생교육도 목적과 대상에 있어서 변화가 있게 되었다. 예를 들어, 2000년 이후 UN을 중심으로 추진되었던 '새천년 개발 목표(Millennium Development Goals, MDGs)' 중에서 교육 분야에서 2015년은 UN이 정한 '지속발전가능발전교육 10년(2005~2014)'이 종료되고, 9월 전 세계의 개발 및 교육 발전 목표가 새롭게 세워지게 되었다. 다음의 [그림 13-1]에서 볼 수 있는 것처럼 UNESCO가 주도해 온 기초교육 보급운동인 '모두를 위한 교육(Education for All, EFA)'에 있어서 앞으로의 EFA의 6대 목표 중 '초등교육 보편화'와 '교육의 양성 평등'은 MDGs에서 '보편적 초등교육의 실현'과 '양성평등 및 여성 역량 강화'라는 목표로 반영되었다. 이와 함께 영유아 보육 및 교육, 청년 및 성인학습 관련 목표는 MDGs의 유아 및 성인 대상 보건 증진과 밀접한 관계를 가지고 있다.

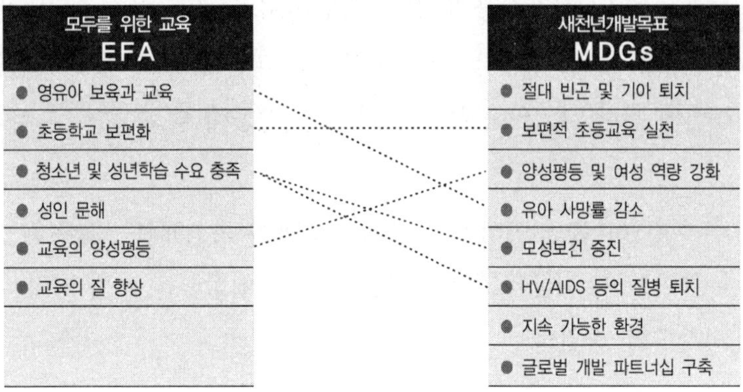

[그림 13-1] EFA 목표와 MDGs의 연관성

자료: 유네스코 한국위원회(2015). 2015 세계교육회의. 서울: 유네스코 한국위원회, p. 6.

이와 같이 국제화, 정보화가 급격히 진행되고 있는 시점에서 평생교육에 있어서의 교육방법도 다양화되어 가고 있다. 학습 환경에 있어서도 정보와 지식을 중심으로 한 사회적 변화로 인하여 업무와 연관된 자료와 정보를 찾아내어 새로운 지식과 이슈를 창출하고 공유하는 학습자 중심의 자기주도적 학습 환경이 주목을 받고 있다. 따라서 이러한 사회적 환경에 적응하기 위해 지속적인 학습을 통한 자기계발이 필요하게 되어 평생교육과 재교육에 대한 중요성이 점차 증가되었다. 따라서 오프라인 형식의 평생교육 방법에 부가하여 웹기반 교육이 학습 환경의 변화에 효과적, 효율적으로 지원할 수 있는 구체적인 실천적 학습형태라는 점에서 사회적인 관심을 끌고 있다. 웹기반 교육은 1990년대 중반 이후 인터넷의 등장과 함께 우리나라의 기업과 일부 대학을 중심으로 기업의 성과 향상과 고등교육의 질적 향상을 위해 활발하게 도입되어 왔다. 최근에는 각종 초·중·고등학교, 교원연수기관, 직업훈련기관, 평생교육기관에 이어 유아교육기관에 이르기까지 그 적용범위를 해마다 확대해 가고 있다(유평준, 2003).

이제 웹기반 교육이 평생교육 방법의 대안적 방법으로 자리잡게 되었다는 점과 더불어, 다문화 가정의 확대와 고령화 사회로 진입함에 따라 증가되는 노인 인구를 대상을 고려한 평생교육 방법의 대안 마련이 더욱 논의되어야 할 것이다.

6. 평생교육 프로그램의 이해 및 개발

평생교육 프로그램은 평생학습사회 구현을 위해 기여해 왔다. 평생교육 프로그램은 개인 학습자의 역량 향상과 집단 혹은 지역사회에서 발생되는 다양한 문제해결을 위한 평생교육을 위한 내용이다. 따라서 평생교육의 목적, 대상, 기관 등의 특성에 따라 다양하고 차별적으로 개발되어야 한다. 즉, 평생교육의 특성에 따라 평생학습 프로그램이 개발되고 실행되어야 한다. 평생교육의 특징적인 요소로 학습자 중심이 있다. 평생학습에 참여하는 학습자의 능력과 요구를 충족시켜 교육 기회를 공평하게 제공하는 것이 중요하다. 이외에도 저렴한 비용, 단기간의 학습, 학습자의 요구 등을 특성으로 구분하고 있다. 이런 특성은 평생교육기관이나 프로그램의 개발과 실행의 성과를 결정하는 기본 조건으로 평생학습 프로그램에 얼마나 반영되었는가에 따라 성공의 여부를 가늠할 수 있기 때문이다(김용현, 2012).

평생학습 프로그램에 대한 관심은 학습자와 기관, 단체 등을 통해 급속히 확산되었다. 학습자는 제도권 교육에서 받지 못했던 학습자 중심의 자기주도적 프로그램과 학습자 요구에 부합하는 프로그램에 참여할 수 있는 기회를 가지게 되어, 이는 학점은행제와 연계할 수 있었고, 새로운 경쟁사회에서 다양한 직업교육의 경험을 하게 됨은 재취업의 기회와 연계될 수 있음으로 인해 사회에 적응을 위한 프로그램이 증가하게 되었다. 또한 취미, 여가의 참여를 통해 삶의 질의 개선과 생활의 활력을 얻는 프로그램에 대한 관심도 증가하게 되므로 기관이나 단체는 그 기관의 고유한 정체성 아래 구성원 잠재력과 경쟁력을 위해 다양한 프로그램 제공은 물론 자체적인 평생학습 프로그램을 개발하려는 많은 노력을 해왔다(한석근 · 박민정, 2013).

이제 평생학습시대에 진입함에 따라 평생교육기관에서는 기관별 특성에 따른 차별화된 프로그램 운영을 통해 평생학습기관의 특성과 전문성을 신장하는데 기여할 수 있도록 노력해야 할 것이다. 한편으로는 학습자의 학습 선택의 기회를 다양하게 제공할 수 있는 방법을 모색하고, 평생교육기관의 일률적인 프로그램 운영으로 자칫 왜곡될 수 있는 평생학습에 대한 사회적 인식을 개선할 수 있도록 최선을 다해야 할 것이다.

7. 평생교육과 인적자원개발

과거에는 학교교육을 통해 사회에서 필요로 하는 사람으로서의 능력과 기능 및 인성을 길러서 사회 각 영역에 배치하고 그 역할을 잘 할 수 있도록 인간능력, 역량을 함양하는 것이 중요한 학교교육 목표 중 하나였다. 그리고 사회, 기업 등에서 적절한 인력을 선발하여 배치하는 업무 중의 한 가지를 인사관리라고 하였다. 그러나 이제 학교교육에서 추구하는 목표에도 변화가 생기고, 사회에서도 평생교육 차원에서 각 개인의 역량을 개발하는 업무가 확대되게 되었다.

인사관리는 채용과 평가, 보상, 배치 등을 관리하는 HRM(Human Resource Management)과 인적자원의 교육, 훈련, 육성, 역량개발, 경력관리 및 개발 등을 관리하는 HRD(Human Resource Development)로 구분된다. HRD는 단순히 직무교육을 실행하는 것을 의미하지는 않는다. 이전에는 훈련(training)이라는 개념으로 이용되다가, 교육(education)으로 그 의미가 확대되었으며, 현재는 글로벌화, 지식정보산업으로 발전되면서 인재경영, 인재육성의 중요성이 부각되었고 HRD라는 개념으로 정착되어 인적자원에 대한 육성체계를 만들어 가고 있다. 교육이라는 개념에는 교육의 주체인 가르치는 사람의 입장이 많이 반영되어 있지만, 단순히 이전에 못하던 것을 할 수 있도록 하는 차원이 아니라 배운 것을 응용, 적용하며 유사한 분야에 전이하여 파급하고 전수할 수 있도록 한다는 의미가 있다. 따라서 교육의 효과는 교육이 끝나는 시점에서 바로 확인할 수 없는 부분이 많다. 그런데 HRD는 낮은 수준의 인적자원을 전환하여 사람을 더 가치 있고 효용 있는 사람으로 만드는 것으로 개인, 조직, 그리고 사회적 만족을 모두 고려해야 한다. 따라서 교육대상자가 현재 처해있는 현재 상태와 바라는 상태에 대한 다양한 요구를 파악하여 충족시켜 주는 것이 중요한 포인트이다. 훈련이나 교육보다 좀 더 폭넓은 의미로 HRD는 학습자, 지도자, 학습내용, 매체 그리고 조직이 처한 환경의 상호작용적인 측면을 상당히 중요시하므로, 특히 기업이나 산업교육 영역에서는 주로 HDR이라는 용어로 훈련과 교육을 모두 포괄하여 다루고 있다.

이제 평생교육은 단순히 학교 밖 교육, 무형식이나 비형식 교육이라는 관점에서 벗어나, 더 광범위하고 포괄적인 관점과 영역에서의 교육이 되었다. 초 · 중등 학교에서도 글로벌 융합창의 인재육성을 주요 교육목표로 하며, 융합적 역량을 필요로 하는 미래사회에 적응하고 역할을 할 수 있도록 하는 교육에 역점을 두고 있다. 인적자원개발을 위한 학교, 사회, 기업 등에서의 다양한 노력이 이제 요구된다. 단순히 기업에서 조직 구성원의 성과와 생산성을 향상시키기 위하여 경력개발 및 조직개발을 위한 전략을 구성하는 차원에서 한 걸음 더 나아가, 단기적, 장기적으로 개인과 집단 및 조직, 지역사회, 국가 및 인류 전체의 이익을 위한 목적으로 일 관련 지식 증진, 역량 및 전문성 개발, 생산성과 만족도를 향상시키는 방향으로 인적자원을 개발할 수 있는 효과적이고 다양한 전략 마련이 필요한 때이다.

8. 성인학습 상담 및 창의성

성인은 사회생활을 해 나가면서 필요성에 의해서, 직업세계에의 적응을 위해서, 혹은 여가를 선용하기 위해서 등 다양한 이유로 학습에 참여하고자 한다. 따라서 성인학습의 동기는 매우 다양하다. 따라서 성인학습 상담은 좁은 의미에서 보면 성인학습자의 학습문제에 관한 상담을 의미하는 것이지만, 넓은 의미에서 보면 성인의 학습자의 학습활동 수행에서 나타나는 제반 문제들에 대해 상담하는 것을 의미한다. 따라서 성인학습 상담자는 단순히 학습과 관련된 정보를 제공하거나 효과적인 학습전략을 안내해 주는데 그치는 것이 아니라 성인학습자의 생활 전반에 걸친 다양한 어려움에 대하여 이해하면서 들어주고, 그 해결을 함께 모색해

감으로써 성인학습자가 계속적으로 성장하고 발달해 나갈 수 있도록 도와주는 역할을 담당하여야 한다.

따라서 평생교육 관점에서 성인학습 상담은 성인의 학습, 교육, 상담에 대한 전문적인 지식과 훈련을 받은 상담자가 도움을 필요로 하는 성인학습자의 학습과 일상에서 직면하는 다양한 문제에 대한 해결을 위해 도움을 주는 활동을 함으로써 평생교육을 촉진시키는 과정을 포함한다. 이제 성인학습의 범위와 내용은 점차 더 확대되어 가리라 예상되므로, 더 효과적인 성인학습 상담을 위하여 대상, 방법 측면에서 발전적인 대안 마련을 위한 연구가 더 추진되어야 할 것이다. 앞으로 사이버 성인학습 상담, 멘토링과 코칭, 창의성과 융합적 사고가 더 요구되는 미래 사회에의 적응을 위한 창의성 프로그램 구안, 고령화 시대에 대비한 성인학습 상담, 성인학습자의 자기주도성과 자기조절 능력 향상 및 계속교육을 위한 전략 등에 대한 연구도 더 추진될 필요가 있다.

9. 평생교육 경영과 전략

경영이란 조직체의 목적 달성을 위하여 인적, 물적 자원을 효율적으로 배분하고 효과적인 산출을 만들어 내는 순환과정을 의미한다. 그런데 평생교육 경영은 평생교육기관 및 조직을 효과적이고 효율적으로 운영하기 위한 일련의 과정이므로, 평생교육기관에서도 일반적인 경영전략에 대한 이해와 분석을 통한 발전적 전략 마련이 더 필요하다.

이장익(2006)은 평생교육 공급체계의 발전전략에 관한 논의를 위하여 기관 유형별 SWOT 분석을 통해 평생교육기관의 전략을 분석하면서 평생교육 공급체계의 특성은 평생교육기관의 다양성과 분산성으로 요약될 수 있다고 하였다. 이는 평생교육의 다양성을 보장하는 본질적 특성인 동시에 교육공급체계의 중복성과 영세성이라는 문제점의 원인이기도 하다. 조사에서 각기 다른 기관 유형별 역량과 기회, 위기, 강점, 약점 등이 분석되고, 기관 특성에 따른 경영전략이 논의되었다. 그 결과, 평생교육기관에서는 다음과 같은 경영전략이 필요하다고 보고하였다. ① 지역 밀착적 홍보와 마케팅 전략 강구, ② 관련 법제, 정책 및 행정의 안정성 확보, ③ 평생학습 결과의 인정 및 활용제도 정착, ④ 평생교육 공급기관의 품질관리 지원 및 인증제도 도입, ⑤ 분산성과 중복성 극복을 위한 평생학습 공급체계의 네트워킹 강화와 아웃소싱의 필요, ⑥ 평생교육기관 간 전략적 제휴와 협조를 통한 상생적 관계망 형성 등이 필요함을 시사받을 수 있었다.

10. 지역사회 평생교육의 발전

우리나라 근대화 과정에서 사회 발전의 토대가 된 것이 지역사회 교육운동이었다. 지역사회 교육은 지역사회의 자원과 역량을 동원하여 지역사회 발전과 지역 공동체 구성원의 성장 및 지역의 문제해결을 위해 진행되었다. 지역사회 교육은 좁게는 학습동아리 형태로 다양한 대상과 내용을 중심으로 확산되어 오고 있으며, 넓게는 전 국민의 평생학습 기회 확충의 일환으로 평생학습 도시가 조성되어 발전되었다.

우리나라의 평생학습 도시는 2001년 3개의 지방자치단체를 대상으로 시작하여, 점차 확대 · 운영되고 있다. 평생학습 도시는 평생교육을 통해 시민들의 삶의 질을 높이고, 역량을 강화하여 지역을 발전시키고 나아가 국가의 역량 강화에 목적이 있다. 하지만 현재 우리나라의 평생학습 도시는 지정 운영한지 10년의 기간이 벌써 지났지만, 아직도 평생학습 운영에 대한 개선방안에 관해서는 지속적으로 연구가 되어야 할 과제이다. 즉, 시민들에게 평생학습 지식을 습득하고 관리하는 평생학습 도시의 운영방법에 대한 개선방안 및 활용방안에 대한 대안을 제시하고, 경영기법 중 하나인 지식경영을 접목하여 평생학습 도시를 발전시키고 평생학습 프로그램 이용자의 지식역량 강화를 통한 지역의 경제발전과 더불어 지역지식 발전에 기여할 수 있도록 지속적인 연구가 필요한 것이다.

11. 다문화교육과 평생교육

이제 우리나라도 다문화사회로 급속히 진입하고 있는 상황이다. 즉, 결혼으로 인한 이주로 다문화 가정이 확대되고, 탈북을 통해 형성된 새터민 등 다양한 형태의 다문화 가정이 발생되고 있다. 그러므로 이제 국가, 사회 차원에서 다문화에 대한 이해와 인식의 전환을 위한 다문화 교육과 다문화 가족들이 한국사회에 적응하기 위한 다문화 교육 등 다양한 형태의 다문화 교육과 다양한 연령층을 대상으로 한 다문화 교육 등 평생교육 차원에서 다문화 교육에 대한 고려가 필요하게 되었다. 이에 따라 최근에 다문화를 주제로 한 새로운 연구들이 진행되었다.

김민환(2010)의 다문화 교육에 관한 연구에 의하면, 우리나라에서 다문화 교육에 관한 연구가 본격적으로 시작된 것은 2006년부터로, 그 이후 각종 학회나 단체 및 정부 기관의 연구 활동도 증가하고 있다고 하였다. 그렇지만 다문화 교육 연구가 중등보다 초등과 유치원 교육에서 활발하며, 그 초점도 학교에서의 다문화 교육 실태나 내용, 방법 및 교사의 인식 등에 맞추어져 있다. 그러나 향후 평생교육 차원에서의 연구에서 진지하게 고려할 사항이자 과제로 다음과 같은 점을 들 수 있다.

첫째, 평생교육 차원에서 다문화 교육 실태 연구 대상을 확대하고 심층적으로 접근할 필요가 있다.

둘째, 다문화 가정의 범위가 외국 이민자 뿐만 아니라 새터민에 대한 다문화 교육 프로그램을 개발하여 체계적으로 적용되어야 할 것이다.

셋째, 다문화 교육 대상자들의 요구나 원망을 파악하여 개선안을 마련할 필요가 있다.

넷째, 이중 언어교육 프로그램의 개발 연구가 필요하다.

다섯째, 우리나라 상황에서의 다문화는 다른 나라와는 다를 수 있으므로 우리 상황에 적합한 다문화 교육의 의미를 규정하고, 이에 적절한 다문화 프로그램을 개발하여 적용하기 위한 전략을 마련해야 할 것이다.

한편 라휘문(2011)은 이민자의 사회통합을 위한 다문화 가족지원센터가 어떤 역할을 해야 할 것인지에 관한 연구에서 첫째, 중앙정부와 지방자치단체, 민간단체, 종교단체 등 다양한 행위주체들이 이민자 사회통합을 위하여 노력하고 있으므로 총괄부처를 정한 후 집행력을 확보할 수 있도록 할 필요가 있다.

둘째, 이민자 사회통합 프로그램의 개발 시 커뮤니케이션에 치중하기보다는 다문화가 공존하는 사회통합을 유도하기 위한 근본적인 프로그램을 개발할 수 있도록 노력할 필요가 있다.

셋째, 이민자 사회통합을 위해서는 각 행위 주체 간 견고한 네트워크의 구축이 필요하다.

넷째, 이민자 사회통합정책의 일부를 담당하고 있는 다문화가족지원센터에 대한 중앙 및 지방자치단체의 적극적인 지원이 있어야 할 것이다.

다섯째, 다문화가족 지원 사업이 지속적으로 추진되기 위해서는 재원의 안정적 확보 및 확대가 바람직하므로 이에 대한 대책을 강구할 필요가 있다.

여섯째, 다문화가족지원센터를 운영하는 과정에서 발생하는 승진, 인센티브, 급여수준, 전문성 확보 등과 같은 다양한 문제를 해소할 수 있도록 노력하여야 한다는 등의 제안을 하였다.

이제 평생교육의 패러다임에도 변화가 필요하며, 새로운 전략의 교육내용과 방법을 요구한다. 평생학습에 참여하는 학습자나 평생교육을 담당하는 교수자, 행재정 담당자 및 관련된 자들은 각 나라의 상황과 특성에 기초한 평생교육 방안과 평생교육 대상자의 특성을 고려한 적절한 평생교육 프로그램이 개발되어 적용될 수 있도록 최선을 다하여 연구하고 적용 전략을 마련해야 할 것이다.

참고 문헌

김민환(2010). 다문화 교육에 관한 연구 경향과 과제, 학습자중심교과교육연구, 10권 1호(통권 20호), 61-86.

김용현(2012). 평생교육프로그램 개발론, 경기: 양서원.

라휘문(2011). 이민자 사회통합을 위한 다문화가족지원센터의 역할제고방안, 한국정책연구, 제11권 제1호, 43-63.

유네스코 한국위원회(2015). 2015 세계교육회의. 서울: 유네스코 한국위원회.

유평준(2003). 원격대학원 온라인 수업의 학습참여도, 학업성취도, 및 학습만족도에 미치는 학습자 관련 변인, 教育情報放送硏究, Vol. 9(4), 229-267.

이장익(2006). 평생교육기관 경영전략분석에 관한 SWOT 조사연구, Andragogy today, Vol. 9, No. 2, 151-171.

한국정보화진흥원(2009). 트렌드로 보는 미래사회의 5대 특징과 준비 과제, IT & Future Strategy, 8호.

한석근, 박민정(2013). 평생학습프로그램 체계 분석 연구, 教育問題硏究, Vol. 19, No. 6, 101-120.

Andreas Schleicher(2014). OECD 국제성인역량조사(PIAAC) 결과를 통한 평생교육의 시사점, 글로벌평생교육동향, Issue 02, 국가평생교육진흥원.

부　록

1. 평생교육법
2. 교육기본법

1. 평생교육법

[일부개정 2016. 05. 29]

제1장 총칙

제1조 (목적)
이 법은 「헌법」과 「교육기본법」에 규정된 평생교육의 진흥에 대한 국가 및 지방자치단체의 책임과 평생교육제도와 그 운영에 관한 기본적인 사항을 정함을 목적으로 한다.

제2조 (정의)
이 법에서 사용하는 용어의 정의는 다음과 같다.
1. "평생교육"이란 학교의 정규교육과정을 제외한 학력보완교육, 성인 문자해득교육, 직업능력 향상교육, 인문교양교육, 문화예술교육, 시민참여교육 등을 포함하는 모든 형태의 조직적인 교육활동을 말한다.
2. "평생교육기관"이란 다음 각 목의 어느 하나에 해당하는 시설 · 법인 또는 단체를 말한다.
가. 이 법에 따라 인가 · 등록 · 신고된 시설 · 법인 또는 단체
나. 「학원의 설립 · 운영 및 과외교습에 관한 법률」에 따른 학원 중 학교교과교습학원을 제외한 평생직업교육을 실시하는 학원
다. 그 밖에 다른 법령에 따라 평생교육을 주된 목적으로 하는 시설 · 법인 또는 단체
3. "문자해득교육"(이하 "문해교육"이라 한다)이란 일상생활을 영위하는데 필요한 문자해득(文字解得)능력을 포함한 사회적 · 문화적으로 요청되는 기초생활능력 등을 갖출 수 있도록 하는 조직화된 교육프로그램을 말한다.

제3조 (다른 법률과의 관계)
평생교육에 관하여 다른 법률에 특별한 규정이 있는 경우를 제외하고는 이 법을 적용한다.

제4조 (평생교육의 이념)
① 모든 국민은 평생교육의 기회를 균등하게 보장받는다.
② 평생교육은 학습자의 자유로운 참여와 자발적인 학습을 기초로 이루어져야 한다.
③ 평생교육은 정치적 · 개인적 편견의 선전을 위한 방편으로 이용되어서는 아니 된다.
④ 일정한 평생교육과정을 이수한 자에게는 그에 상응하는 자격 및 학력인정 등 사회적 대우를 부여하여야 한다.

제5조 (국가 및 지방자치단체의 임무)
① 국가 및 지방자치단체는 모든 국민에게 평생교육 기회가 부여될 수 있도록 평생교육진흥정책

을 수립 · 추진하여야 한다.
② 국가와 지방자치단체는 장애인이 평생교육의 기회를 부여받을 수 있도록 장애인 평생교육에 대한 정책을 수립 · 시행하여야 한다.
③ 국가 및 지방자치단체는 그 소관에 속하는 단체 · 시설 · 사업장 등의 설치자에 대하여 평생교육의 실시를 적극 권장하여야 한다.

제6조 (교육과정 등)
평생교육의 교육과정 · 방법 · 시간 등에 관하여 이 법과 다른 법령에 특별한 규정이 있는 경우를 제외하고는 평생교육을 실시하는 자가 정하되, 학습자의 필요와 실용성을 존중하여야 한다.

제7조 (공공시설의 이용)
① 평생교육을 실시하는 자는 평생교육을 위하여 공공시설을 그 본래의 용도에 지장이 없는 범위 안에서 관련 법령으로 정하는 바에 따라 이용할 수 있다.
② 제1항의 경우 공공시설의 관리자는 특별한 사유가 없는 한 그 이용을 허용하여야 한다.

제8조 (학습휴가 및 학습비 지원)
국가 · 지방자치단체와 공공기관의 장 또는 각종 사업의 경영자는 소속 직원의 평생학습 기회를 확대하기 위하여 유급 또는 무급의 학습휴가를 실시하거나 도서비 · 교육비 · 연구비 등 학습비를 지원할 수 있다.

제2장 평생교육진흥기본계획 등

제9조 (평생교육진흥기본계획의 수립)
① 교육부장관은 5년마다 평생교육진흥기본계획(이하 "기본계획"이라 한다)을 수립하여야 한다.[개정 2008.2.29 제8852호(정부조직법), 2013.3.23 제11690호(정부조직법)]
② 기본계획에는 다음 각 호의 사항이 포함되어야 한다. [개정 2016.5.29] [[시행일 2017.5.30]]
1. 평생교육진흥의 중 · 장기 정책목표 및 기본방향에 관한 사항
2. 평생교육의 기반구축 및 활성화에 관한 사항
3. 평생교육진흥을 위한 투자확대 및 소요재원에 관한 사항
4. 평생교육진흥정책에 대한 분석 및 평가에 관한 사항
5. 장애인의 평생교육진흥에 관한 사항
6. 장애인평생교육진흥정책의 평가 및 제도개선에 관한 사항
7. 그 밖에 평생교육진흥을 위하여 필요한 사항
③ 교육부장관은 기본계획을 관계 중앙행정기관의 장, 특별시장 · 광역시장 · 도지사 · 특별자치도지사(이하 "시 · 도지사"라 한다), 시 · 도교육감 및 시장 · 군수 · 자치구의 구청장에게 통보하여야 한다.

제10조 (평생교육진흥위원회의 설치)

① 평생교육진흥정책에 관한 주요사항을 심의하기 위하여 교육부장관 소속으로 평생교육진흥위원회(이하 "진흥위원회"라 한다)를 둔다.

② 진흥위원회는 다음 각 호의 사항을 심의한다.

1. 기본계획에 관한 사항
2. 평생교육진흥정책의 평가 및 제도개선에 관한 사항
3. 평생교육지원 업무의 협력과 조정에 관한 사항
4. 그 밖에 평생교육진흥정책을 위하여 대통령령으로 정하는 사항

③ 진흥위원회는 위원장을 포함하여 20인 이내의 위원으로 구성한다.

④ 진흥위원회의 위원장은 교육부장관으로 하고, 위원은 평생교육과 관련된 관계 부처 차관, 평생교육과 관련된 전문가 등 평생교육에 관한 전문지식 및 경험이 풍부한 자 중에서 위원장이 위촉한다.

⑤ 진흥위원회의 구성 · 운영에 필요한 사항은 대통령령으로 정한다.

제10조 (평생교육진흥위원회의 설치) 신구조문

① 평생교육진흥정책에 관한 주요사항을 심의하기 위하여 교육부장관 소속으로 평생교육진흥위원회(이하 "진흥위원회"라 한다)를 둔다.

② 진흥위원회는 다음 각 호의 사항을 심의한다.

1. 기본계획에 관한 사항
2. 평생교육진흥정책의 평가 및 제도개선에 관한 사항
3. 평생교육지원 업무의 협력과 조정에 관한 사항
4. 그 밖에 평생교육진흥정책을 위하여 대통령령으로 정하는 사항

③ 진흥위원회는 위원장을 포함하여 20인 이내의 위원으로 구성한다.

④ 진흥위원회의 위원장은 교육부장관으로 하고, 위원은 평생교육과 관련된 관계 부처 차관, 평생교육 · 장애인교육과 관련된 전문가 등 평생교육에 관한 전문지식 및 경험이 풍부한 자 중에서 위원장이 위촉한다.

⑤ 진흥위원회의 구성 · 운영에 필요한 사항은 대통령령으로 정한다.

제11조 (연도별 평생교육진흥시행계획의 수립 · 시행)

시 · 도지사는 기본계획에 따라 연도별 평생교육진흥시행계획(이하 "시행계획"이라 한다)을 수립 · 시행하여야 한다. 이 경우 시 · 도교육감과 협의하여야 한다.

제12조 (시 · 도평생교육협의회)

① 시행계획의 수립 · 시행에 필요한 사항을 심의하기 위하여 시 · 도지사 소속으로 시 · 도평생교육협의회(이하 "시 · 도협의회"라 한다)를 둔다.

② 시 · 도협의회는 의장 · 부의장을 포함하여 20인 이내의 위원으로 구성한다.

③ 시 · 도협의회의 의장은 시 · 도지사로 하고, 부의장은 시 · 도의 부교육감으로 한다.
④ 시 · 도협의회 위원은 관계 공무원, 평생교육과 관련된 전문가, 평생교육 관계 기관의 운영자 등 평생교육에 관한 전문지식 및 경험이 풍부한 자 중에서 해당 시 · 도의 교육감과 협의하여 의장이 위촉한다.
⑤ 시 · 도협의회의 구성 · 운영에 필요한 사항은 해당 지방자치단체의 조례로 정한다.

제12조 (시 · 도평생교육협의회) 신구조문
① 시행계획의 수립 · 시행에 필요한 사항을 심의하기 위하여 시 · 도지사 소속으로 시 · 도평생교육협의회(이하 "시 · 도협의회"라 한다)를 둔다.
② 시 · 도협의회는 의장 · 부의장을 포함하여 20인 이내의 위원으로 구성한다.
③ 시 · 도협의회의 의장은 시 · 도지사로 하고, 부의장은 시 · 도의 부교육감으로 한다.
④ 시 · 도협의회 위원은 관계 공무원, 평생교육과 관련된 전문가, 장애인 평생교육 전문가, 평생교육 관계 기관의 운영자 등 평생교육에 관한 전문지식 및 경험이 풍부한 자 중에서 해당 시 · 도의 교육감과 협의하여 의장이 위촉한다. [개정 2016.5.29] [[시행일 2017.5.30]]
⑤ 시 · 도협의회의 구성 · 운영에 필요한 사항은 해당 지방자치단체의 조례로 정한다.

제13조 (관계 행정기관의 장 등의 협조)
① 교육부장관은 기본계획을 수립하기 위하여 필요하다고 인정하는 때에는 관계 행정기관이나 그 밖의 기관 또는 단체의 장에게 관련 자료를 요청할 수 있다.
② 시 · 도지사는 시행계획을 수립하기 위하여 필요하다고 인정하는 때에는 관계 행정기관이나 그 밖의 기관 또는 단체의 장에게 관련 자료를 요청할 수 있다.
③ 제1항 및 제2항에 따라 자료를 요청 받은 기관 또는 단체의 장은 특별한 사정이 없는 한 협조하여야 한다.

제14조 (시 · 군 · 자치구평생교육협의회)
① 시 · 군 및 자치구에는 지역주민을 위한 평생교육의 실시와 관련되는 사업간 조정 및 유관기관 간 협력 증진을 위하여 시 · 군 · 자치구평생교육협의회(이하 "시 · 군 · 구협의회"라 한다)를 둔다.
② 시 · 군 · 구협의회는 의장1인과 부의장1인을 포함하여12인 이내의 위원으로 구성한다.
③ 시 · 군 · 구협의회의 의장은 시장 · 군수 또는 자치구의 구청장으로 하고, 위원은 시 · 군 · 자치구 및 지역교육청의 관계 공무원, 평생교육 전문가, 관할 지역 내 평생교육 관계 기관의 운영자 중에서 의장이 위촉한다.
④ 시 · 군 · 구협의회의 구성 · 운영 등에 필요한 사항은 지방자치단체의 조례로 정한다.

제14조 (시 · 군 · 자치구평생교육협의회) 신구조문
① 시 · 군 및 자치구에는 지역주민을 위한 평생교육의 실시와 관련되는 사업간 조정 및 유관기

관 간 협력 증진을 위하여 시 · 군 · 자치구평생교육협의회(이하 "시 · 군 · 구협의회"라 한다)를 둔다.
② 시 · 군 · 구협의회는 의장1인과 부의장1인을 포함하여12인 이내의 위원으로 구성한다.
③ 시 · 군 · 구협의회의 의장은 시장 · 군수 또는 자치구의 구청장으로 하고, 위원은 시 · 군 · 자치구 및 지역교육청의 관계 공무원, 평생교육 전문가, 장애인 평생교육 관계자, 관할 지역 내 평생교육 관계 기관의 운영자 중에서 의장이 위촉한다.
④ 시 · 군 · 구협의회의 구성 · 운영 등에 필요한 사항은 지방자치단체의 조례로 정한다.

제15조 (평생학습도시)
① 국가는 지역사회의 평생교육 활성화를 위하여 시 · 군 및 자치구를 대상으로 평생학습도시를 지정 및 지원할 수 있다.
② 제1항에 따른 평생학습도시 간의 연계 · 협력 및 정보교류의 증진을 위하여 전국평생학습도시협의회를 둘 수 있다.
③ 제2항에 따른 전국평생학습도시협의회의 구성 · 운영에 필요한 사항은 대통령령으로 정한다.
④ 제1항에 따른 평생학습도시의 지정 및 지원에 필요한 사항은 교육부장관이 정한다.

제16조 (경비보조 및 지원)
① 국가 및 지방자치단체는 이 법과 다른 법령으로 정하는 바에 따라 다음 각 호의 어느 하나에 해당하는 평생교육진흥사업을 실시 또는 지원할 수 있다.
1. 평생교육기관의 설치 · 운영
2. 제24조에 따른 평생교육사의 양성 및 배치
3. 평생교육프로그램의 개발
4. 그 밖에 국민의 평생교육 참여를 촉진하기 위하여 수행하는 사업 등
② 지방자치단체의 장은 해당 지방자치단체의 조례로 정하는 바에 따라 주민을 위한 평생교육진흥사업을 실시하거나 지원할 수 있다. 이 경우 교육감 또는 지역교육장과 협의하여야 한다.

제17조 (지도 및 지원)
① 국가 및 지방자치단체는 평생교육기관의 요청이 있는 때에는 그 기관의 평생교육활동을 지도 또는 지원할 수 있다.
② 국가 및 지방자치단체는 평생교육기관의 요청이 있는 때에는 그 기관에서 평생교육활동에 종사하는 자의 능력향상에 필요한 연수를 실시할 수 있다.

제18조 (평생교육 통계조사 등) 과태료
① 교육부장관 및 시 · 도지사는 평생교육의 실시 및 지원에 관한 현황 등 기초자료를 조사하고 이와 관련된 통계를 공개하여야 한다.
② 평생교육과 관련된 업무 담당자 및 평생교육기관 운영자 등은 제1항의 조사에 협조하여야 한다.

제3장 국가평생교육진흥원 등

제19조 (국가평생교육진흥원)

① 국가는 평생교육진흥과 관련된 업무를 지원하기 위하여 국가평생교육진흥원(이하 "진흥원"이라 한다)을 설립한다.

② 진흥원은 법인으로 한다.

③ 진흥원은 주된 사무소의 소재지에서 설립등기를 함으로써 성립한다.

④ 진흥원은 다음 각 호의 업무를 수행한다.

1. 평생교육진흥을 위한 지원 및 조사 업무
2. 진흥위원회가 심의하는 기본계획 수립의 지원
3. 평생교육프로그램 개발의 지원
4. 제24조에 따른 평생교육사를 포함한 평생교육 종사자의 양성 · 연수
5. 평생교육기관간 연계체제의 구축
6. 제20조에 따른 시 · 도평생교육진흥원에 대한 지원
7. 평생교육 종합정보시스템 구축 · 운영
8. 「학점인정 등에 관한 법률」 및 「독학에 의한 학위취득에 관한 법률」에 따른 학점 또는 학력인정에 관한 사항
9. 제23조에 따른 학습계좌의 통합 관리 · 운영

9의2. 이 법 또는 다른 법령에 따라 위탁받은 업무

10. 그 밖에 진흥원의 목적수행을 위하여 필요한 사업

⑤ 진흥원의 정관에는 다음 각 호의 사항을 기재하여야 한다.

1. 목적
2. 명칭
3. 주된 사무소의 소재지
4. 사업에 관한 사항
5. 임원 및 직원에 관한 주요 사항
6. 이사회에 관한 사항
7. 재산 및 회계에 관한 사항
8. 정관의 변경에 관한 사항

⑥ 제5항에 따른 정관의 내용을 변경하고자 하는 때에는 교육부장관의 인가를 받아야 한다.

⑦ 국가는 예산의 범위 내에서 진흥원의 설립 · 운영에 필요한 경비를 출연할 수 있다.

⑧ 진흥원에 관하여 이 법에서 정하는 것을 제외하고는 「민법」 중 재단법인에 관한 규정을 준용한다.

제19조 (국가평생교육진흥원)

① 국가는 평생교육진흥과 관련된 업무를 지원하기 위하여 국가평생교육진흥원(이하 "진흥원"

이라 한다)을 설립한다.
② 진흥원은 법인으로 한다.
③ 진흥원은 주된 사무소의 소재지에서 설립등기를 함으로써 성립한다.
④ 진흥원은 다음 각 호의 업무를 수행한다.
1. 평생교육진흥을 위한 지원 및 조사 업무
2. 진흥위원회가 심의하는 기본계획 수립의 지원
3. 평생교육프로그램 개발의 지원
4. 제24조에 따른 평생교육사를 포함한 평생교육 종사자의 양성 · 연수
5. 평생교육기관간 연계체제의 구축
6. 제20조에 따른 시 · 도평생교육진흥원에 대한 지원
7. 평생교육 종합정보시스템 구축 · 운영
8. 「학점인정 등에 관한 법률」 및 「독학에 의한 학위취득에 관한 법률」에 따른 학점 또는 학력인정에 관한 사항
9. 제23조에 따른 학습계좌의 통합 관리 · 운영
9의2. 문해교육의 관리 · 운영에 관한 사항
9의3. 이 법 또는 다른 법령에 따라 위탁받은 업무
10. 그 밖에 진흥원의 목적수행을 위하여 필요한 사업
⑤ 진흥원의 정관에는 다음 각 호의 사항을 기재하여야 한다.
1. 목적
2. 명칭
3. 주된 사무소의 소재지
4. 사업에 관한 사항
5. 임원 및 직원에 관한 주요 사항
6. 이사회에 관한 사항
7. 재산 및 회계에 관한 사항
8. 정관의 변경에 관한 사항
⑥ 제5항에 따른 정관의 내용을 변경하고자 하는 때에는 교육부장관의 인가를 받아야 한다.
⑦ 국가는 예산의 범위 내에서 진흥원의 설립 · 운영에 필요한 경비를 출연할 수 있다.
⑧ 진흥원에 관하여 이 법에서 정하는 것을 제외하고는 「민법」 중 재단법인에 관한 규정을 준용한다.

제19조의2 (국가장애인평생교육진흥센터) 신구조문
① 국가는 장애인의 평생교육진흥과 관련된 업무를 지원하기 위하여 국가장애인평생교육진흥센터(이하 "장애인평생교육진흥센터"라 한다)를 둔다.
② 장애인평생교육진흥센터는 다음 각 호의 업무를 수행한다.
1. 장애인 평생교육진흥을 위한 지원 및 조사 업무

2. 진흥위원회가 심의하는 기본계획에 관한 사항 중 장애인 평생교육진흥에 관한 사항
3. 장애 유형별 평생교육프로그램 개발의 지원
4. 장애인 평생교육 종사자의 양성 · 연수와 공무원의 장애인 의사소통 교육
5. 장애인 평생교육기관 간의 연계체제 구축
6. 발달장애인의 평생교육과정의 개발
7. 발달장애인의 의사소통 도구의 개발과 보급
8. 장애인 평생교육프로그램을 운영하는 각급학교와 평생교육기관 양성을 위한 지원
9. 장애 유형별 평생교육 교재 · 교구의 개발과 보급
10. 그 밖에 장애인평생교육진흥센터의 목적수행을 위하여 필요한 사업

③ 장애인평생교육진흥센터의 설립 · 운영에 필요한 사항은 대통령령으로 정한다.

제20조 (시 · 도평생교육진흥원의 운영) 관련판례

① 시 · 도지사는 대통령령으로 정하는 바에 따라 시 · 도평생교육진흥원을 설치 또는 지정 · 운영할 수 있다.

② 시 · 도평생교육진흥원은 다음 각 호의 업무를 수행한다.

1. 해당 지역의 평생교육기회 및 정보의 제공
2. 평생교육 상담
3. 평생교육프로그램 운영
4. 해당 지역의 평생교육기관간 연계체제 구축
5. 그 밖에 평생교육진흥을 위하여 시 · 도지사가 필요하다고 인정하는 사항

제20조의2 (장애인평생교육시설 등의 설치) 신구조문

① 국가 · 지방자치단체 및 시 · 도교육감은 관할 구역 안의 장애인을 대상으로 평생교육프로그램 운영과 평생교육 기회를 제공하기 위하여 장애인평생교육시설을 설치 또는 지정 · 운영할 수 있다.

② 국가 · 지방자치단체 및 시 · 도교육감 외의 자가 제1항에 따른 장애인평생교육시설을 설치하고자 하는 때에는 대통령령으로 정하는 시설과 설비를 갖추어 교육감에게 등록하여야 한다.

③ 국가 및 지방자치단체는 장애인평생교육시설의 운영에 필요한 경비를 예산의 범위에서 지원할 수 있다.

제21조 (시 · 군 · 구평생학습관 등의 설치 · 운영 등)

① 시 · 도교육감은 관할 구역 안의 주민을 대상으로 평생교육프로그램 운영과 평생교육 기회를 제공하기 위하여 평생학습관을 설치 또는 지정 · 운영하여야 한다.

② 시장 · 군수 · 자치구의 구청장은 평생학습관의 설치 또는 재정적 지원 등 해당 지방자치단체의 평생교육을 진흥하기 위하여 필요한 사업을 실시할 수 있다.

③ 평생학습관은 다음 각 호의 사업을 수행한다.

1. 평생교육프로그램의 개발 · 운영
2. 평생교육 상담
3. 평생교육 종사자에 대한 교육 · 훈련
4. 평생교육 관련 정보의 수집 · 제공
5. 제21조의2에 따른 읍 · 면 · 동 평생학습센터에 대한 운영 지원 및 관리
6. 그 밖에 평생교육 진흥을 위하여 필요하다고 인정되는 사업

④ 제1항 및 제2항에 따른 평생학습관의 설치 · 운영 등에 필요한 사항은 해당 지방자치단체의 조례로 정한다.

제21조 (시 · 군 · 구평생학습관 등의 설치 · 운영 등) 신구조문

① 시 · 도교육감은 관할 구역 안의 주민을 대상으로 평생교육프로그램 운영과 평생교육 기회를 제공하기 위하여 평생학습관을 설치 또는 지정 · 운영하여야 한다.

② 시장 · 군수 · 자치구의 구청장은 평생학습관의 설치 또는 재정적 지원 등 해당 지방자치단체의 평생교육을 진흥하기 위하여 필요한 사업을 실시할 수 있다.

③ 평생학습관은 다음 각 호의 사업을 수행한다.

1. 평생교육프로그램의 개발 · 운영
1의2. 장애인 대상 평생교육프로그램의 개발 · 운영
2. 평생교육 상담
3. 평생교육 종사자에 대한 교육 · 훈련
4. 평생교육 관련 정보의 수집 · 제공
5. 제21조의3에 따른 읍 · 면 · 동 평생학습센터에 대한 운영 지원 및 관리
6. 그 밖에 평생교육 진흥을 위하여 필요하다고 인정되는 사업

④ 제1항 및 제2항에 따른 평생학습관의 설치 · 운영 등에 필요한 사항은 해당 지방자치단체의 조례로 정한다.

제21조의2 (읍 · 면 · 동 평생학습센터의 운영)

① 시장 · 군수 · 자치구의 구청장은 읍 · 면 · 동별로 주민을 대상으로 하여 평생교육프로그램을 운영하고 상담을 제공하는 평생학습센터를 설치하거나 지정하여 운영할 수 있다.

② 제1항에 따른 읍 · 면 · 동 평생학습센터의 설치 또는 지정 및 운영에 관한 사항은 해당 지방자치단체의 조례로 정한다.

제21조의2 (장애인 평생교육과정)

① 「유아교육법」 제2조제2호에 따른 유치원 및 「초 · 중등교육법」 제2조에 따른 학교의 장은 해당 학교의 교육환경을 고려하여 「장애인복지법」 제2조에 따른 장애인의 계속교육을 위한 장애인 평생교육과정을 설치 · 운영할 수 있다.

② 평생교육기관은 장애인의 평생교육 기회의 확대를 위하여 별도의 장애인 평생교육과정을

설치 · 운영할 수 있다.
③ 진흥원은 장애인의 평생교육기회 확대 방안 및 장애인 평생교육프로그램을 개발하여야 한다.
④ 제20조에 따른 시 · 도평생교육진흥원은 평생교육기관이 장애인 평생교육과정을 설치 · 운영할 수 있도록 지원하여야 한다.

제21조의3 (읍 · 면 · 동 평생학습센터의 운영) 신구조문
① 시장 · 군수 · 자치구의 구청장은 읍 · 면 · 동별로 주민을 대상으로 하여 평생교육프로그램을 운영하고 상담을 제공하는 평생학습센터를 설치하거나 지정하여 운영할 수 있다.
② 제1항에 따른 읍 · 면 · 동 평생학습센터의 설치 또는 지정 및 운영에 관한 사항은 해당 지방자치단체의 조례로 정한다.

제22조 (정보화 관련 평생교육의 진흥) 관련판례
① 국가 및 지방자치단체는 각급학교 · 민간단체 · 기업 등과 연계하여 교육의 정보화와 이와 관련된 평생교육과정의 개발을 위하여 노력하여야 한다.
② 국가 및 지방자치단체는 각급학교 · 평생교육기관 등이 필요한 인적자원을 활용할 수 있도록 하기 위하여 대통령령으로 정하는 바에 따라 강사에 관한 정보를 수집 · 제공하는 제도를 운영할 수 있다.

제23조 (학습계좌)
① 교육부장관은 국민의 평생교육을 촉진하고 인적자원의 개발 · 관리를 위하여 학습계좌(국민의 개인적 학습경험을 종합적으로 집중 관리하는 제도를 말한다)를 도입 · 운영할 수 있도록 노력하여야 한다.
② 교육부장관은 제1항의 학습계좌에서 관리할 학습과정을 대통령령으로 정하는 바에 따라 평가인정할 수 있다.
③ 교육부장관은 제2항에 따라 평가인정을 받은 학습과정을 설치 · 운영하는 평생교육기관이 다음 각 호의 어느 하나에 해당하면 그 평가인정을 취소할 수 있다. 다만, 제1호에 해당하는 경우에는 평가인정을 취소하여야 한다.
1. 거짓이나 그 밖의 부정한 방법으로 평가인정을 받은 경우
2. 제2항에 따라 평가인정 받은 내용을 위반하여 학습과정을 운영한 경우
3. 제2항에 따른 평가인정의 기준에 이르지 못하게 된 경우
④ 교육부장관은 제3항제2호 및 제3호에 따라 평가인정을 취소하고자 할 경우에는 대통령령으로 정하는 기간과 절차에 따라 평생교육기관의 장에게 시정을 명하여야 한다.
⑤ 교육부장관은 제4항에 따라 시정명령을 하는 경우에는 평생교육기관의 장에게 시정명령을 받은 사실을 공표할 것을 명할 수 있다.

제4장 평생교육사

제24조 (평생교육사)

① 교육부장관은 평생교육 전문인력을 양성하기 위하여 다음 각 호의 어느 하나에 해당하는 자에게 평생교육사의 자격을 부여한다.

1. 「고등교육법」 제2조에 따른 학교(이하 "대학"이라 한다) 또는 이와 동등 이상의 학력이 있다고 인정되는 기관에서 교육부령으로 정하는 평생교육 관련 교과목을 일정 학점 이상 이수하고 학위를 취득한 자
2. 「학점인정 등에 관한 법률」 제3조제1항에 따라 평가인정을 받은 학습과정을 운영하는 교육훈련기관(이하 "학점은행기관"이라 한다)에서 교육부령으로 정하는 평생교육 관련 교과목을 일정 학점 이상 이수하고 학위를 취득한 자
3. 대학을 졸업한 자 또는 이와 동등 이상의 학력이 있다고 인정되는 자로서 대학 또는 이와 동등 이상의 학력이 있다고 인정되는 기관, 제25조에 따른 평생교육사 양성기관, 학점은행기관에서 교육부령으로 정하는 평생교육 관련 교과목을 일정 학점 이상 이수한 자
4. 그 밖에 대통령령으로 정하는 자격요건을 갖춘 자

② 평생교육사는 평생교육의 기획 · 진행 · 분석 · 평가 및 교수업무를 수행한다.

③ 다음 각 호의 어느 하나에 해당하는 자는 평생교육사가 될 수 없다.

1. 제24조의2에 따라 자격이 취소된 후 그 자격이 취소된 날부터 3년이 지나지 아니한 사람
2. 제28조제2항제1호부터 제5호까지의 어느 하나에 해당하는 사람

④ 평생교육사의 등급, 직무범위, 이수과정, 연수 및 자격증의 교부절차 등에 필요한 사항은 대통령령으로 정한다.

⑤ 교육부장관은 제1항에 따른 평생교육사의 자격증을 교부 또는 재교부 받으려는 자에게 교육부령으로 정하는 바에 따라 수수료를 받을 수 있다.

제25조 (평생교육사 양성기관)

교육부장관은 평생교육사의 양성과 연수에 필요한 시설 · 교육과정 · 교원 등을 고려하여 대통령령으로 정하는 바에 따라 평생교육기관을 평생교육사 양성기관으로 지정할 수 있다.

제26조 (평생교육사의 배치 및 채용)

① 평생교육기관에는 제24조제1항에 따른 평생교육사를 배치하여야 한다.

② 「유아교육법」, 「초 · 중등교육법」 및 「고등교육법」에 따른 유치원 및 학교의 장은 평생교육 프로그램을 운영함에 있어서 필요한 경우에 평생교육사를 채용할 수 있다.

③ 제20조에 따른 시 · 도평생교육진흥원, 제20조의2에 따른 장애인평생교육시설 및 제21조에 따른 시 · 군 · 구평생학습관에 평생교육사를 배치하여야 한다.

④ 제1항부터 제3항까지의 규정에 따른 평생교육사의 배치대상기관 및 배치기준은 대통령령으로 정한다.

제27조 (평생교육사 채용에 대한 경비보조)
국가 및 지방자치단체는 제26조제2항에 따른 평생교육 프로그램 운영 및 평생교육사 채용에 사용되는 경비 등을 보조할 수 있다.

제5장 평생교육기관

제28조 (평생교육기관의 설치자)
① 평생교육기관의 설치자는 다양한 평생교육프로그램을 실시하여 지역사회 주민을 위한 평생교육에 기여하여야 한다.
② 다음 각 호의 어느 하나에 해당하는 자는 평생교육기관의 설치자가 될 수 없다.
1. 피성년후견인 또는 피한정후견인
2. 금고 이상의 실형을 선고받고 그 집행이 종료(집행이 종료된 것으로 보는 경우를 포함한다)되거나 집행이 면제된 날부터 3년이 경과되지 아니한 자
3. 금고 이상의 형의 집행유예를 선고받고 그 유예기간 중에 있는 자
4. 법원의 판결 또는 다른 법률에 따라 자격이 정지 또는 상실된 자
5. 제42조에 따라 인가 또는 등록이 취소되거나 평생교육과정이 폐쇄된 후 3년이 경과되지 아니한 자
6. 임원 중 제1호부터 제5호까지의 어느 하나에 해당하는 자가 있는 법인
③ 제2조제2호가목에 따른 평생교육기관의 설치자는 특별시 · 광역시 · 도 · 특별자치도(이하 "시 · 도"라 한다)의 조례로 정하는 바에 따라 평생교육시설의 운영과 관련하여 그 시설의 이용자에게 발생한 생명 · 신체상의 손해를 배상할 것을 내용으로 하는 보험가입 또는 공제사업에의 가입 등 필요한 안전조치를 하여야 한다.
④ 평생교육기관의 설치 · 운영자는 학습자의 보호를 위하여 다음 각 호의 어느 하나에 해당하는 경우에는 대통령령으로 정하는 바에 따라 학습비 반환 등의 조치를 하여야 한다.
1. 제42조에 따라 평생교육시설의 설치인가 또는 등록이 취소되거나 평생교육과정이 폐쇄 또는 운영정지된 경우
2. 평생교육기관의 설치 · 운영자가 교습을 할 수 없게 된 경우
3. 학습자가 본인의 의사로 학습을 포기한 경우
4. 그 밖에 학습자 보호를 위하여 대통령령으로 정하는 경우
⑤ 제31조제2항에 따른 학력인정 평생교육시설의 설립 주체는 「사립학교법」에 따른 학교법인 또는 「공익법인의 설립 · 운영에 관한 법률」에 따른 재단법인으로 한다.

제29조 (학교의 평생교육)
① 「초 · 중등교육법」 및 「고등교육법」에 따른 각급학교의 장은 평생교육을 실시함에 있어서 평생교육의 이념에 따라 교육과정과 방법을 수요자 관점으로 개발 · 시행하도록 하며, 학교를 중심으로 공동체 및 지역문화 개발에 노력하여야 한다.

② 각급학교의 장은 해당 학교의 교육여건을 고려하여 학생 · 학부모와 지역 주민의 요구에 부합하는 평생교육을 직접 실시하거나 지방자치단체 또는 민간에 위탁하여 실시할 수 있다. 다만, 영리를 목적으로 하는 법인 및 단체는 제외한다.
③ 제2항에 따른 학교의 평생교육을 실시하기 위하여 각급학교의 교실 · 도서관 · 체육관, 그 밖의 시설을 활용하여야 한다.
④ 제2항 및 제3항에 따라 학교의 장이 학교를 개방할 경우 개방시간 동안의 해당 시설의 관리 · 운영에 필요한 사항은 해당 지방자치단체의 조례로 정한다.

제30조 (학교 부설 평생교육시설)
① 각급학교의 장은 학생 · 학부모와 지역 주민을 대상으로 교양의 증진 또는 직업교육을 위한 평생교육시설을 설치 · 운영할 수 있다. 평생교육시설을 설치하는 경우 각급학교의 장은 관할청에 보고하여야 한다.
② 대학의 장은 대학생 또는 대학생 외의 자를 대상으로 자격취득을 위한 직업교육과정 등 다양한 평생교육과정을 운영할 수 있다.
③ 각급학교의 시설은 다양한 평생교육을 실시하기에 편리한 형태의 구조와 설비를 갖추어야 한다.

제31조 (학교형태의 평생교육시설)
① 학교형태의 평생교육시설을 설치 · 운영하고자 하는 자는 대통령령으로 정하는 시설 · 설비를 갖추어 교육감에게 등록하여야 한다.
② 교육감은 제1항에 따른 학교형태의 평생교육시설 중 일정 기준 이상의 요건을 갖춘 평생교육시설에 대하여는 이를 고등학교졸업 이하의 학력이 인정되는 시설로 지정할 수 있다. 다만, 제6항에 따라 지방자치단체로부터 지원받은 보조금을 목적 외 사용, 부당집행하였을 경우에는 그 지정을 취소할 수 있다.
③ 제2항에 따른 학력인정 평생교육시설에는 「초 · 중등교육법」 제19조제1항의 교원을 둘 수 있다. 이 경우 교원의 복무 · 국내연수와 재교육에 관하여는 국 · 공립학교의 교원에 관한 규정을 준용한다.
④ 「초 · 중등교육법」 제54조제4항에 따라 전공과를 설치 · 운영하는 고등기술학교는 교육부장관의 인가를 받아 전문대학졸업자와 동등한 학력 · 학위가 인정되는 평생교육시설로 전환 · 운영할 수 있다. 이 경우 전공대학의 명칭을 사용할 수 있다.
⑤ 제2항에 따른 학력인정 평생교육시설의 지정 및 지정취소 기준 · 절차, 입학자격, 교원자격 등과 제4항에 따른 평생교육시설의 인가 기준 · 절차, 학사관리 등의 운영 방법 등에 필요한 사항은 대통령령으로 정한다.
⑥ 지방자치단체는 해당 지방자치단체의 조례로 정하는 바에 따라 예산의 범위 내에서 「초 · 중등교육법」 제2조의 학교에 준하여 제2항에 따른 학력인정 평생교육시설에 필요한 보조금을 교부하거나 그 밖의 지원을 할 수 있다.

⑦ 제2항에 따른 학력인정 평생교육시설로 지정을 받은 자가 그 시설을 폐쇄하고자 하는 때에는 재학생 처리방안 등 대통령령으로 정하는 사항을 갖추어 관할 교육감의 인가를 받아야 한다.
⑧ 제2항에 따른 학력인정 평생교육시설의 재산관리, 회계 및 교원 등의 신규채용에 관한 사항은 각각 「사립학교법」 제28조,제29조 및 제53조의2제9항을 준용하고, 장학지도 및 학생의 학교생활기록 관리는 각각 「초·중등교육법」 제7조 및 제25조제1항을 준용한다. 다만, 교비회계에 속하는 예산·결산 및 회계 업무는 교육부령으로 정하는 방식으로 처리하여야 한다.

제32조 (사내대학형태의 평생교육시설) 과태료
① 대통령령으로 정하는 규모 이상의 사업장(공동으로 참여하는 사업장도 포함한다)의 경영자는 교육부장관의 인가를 받아 전문대학 또는 대학졸업자와 동등한 학력·학위가 인정되는 평생교육시설을 설치·운영할 수 있다.
② 제1항에 따른 사내대학형태의 평생교육시설은 다음 각 호의 어느 하나에 해당하는 사람을 대상으로 한다.
1. 해당 사업장에 고용된 종업원
2. 해당 사업장에서 일하는 다른 업체의 종업원
3. 해당 사업장과 하도급 관계에 있는 업체 또는 부품·재료 공급 등을 통하여 해당 사업장과 협력관계에 있는 업체의 종업원
③ 제1항에 따른 사내대학형태의 평생교육시설에서의 교육에 필요한 비용은 제2항 각 호에 해당하는 사람을 고용한 고용주가 부담하는 것을 원칙으로 한다.
④ 제1항에 따른 사내대학형태의 평생교육시설의 설치기준·학점제등 운영에 필요한 사항은 대통령령으로 정한다.
⑤ 제1항에 따른 사내대학형태의 평생교육시설을 폐쇄하고자 하는 경우에는 교육부장관에게 신고하여야 한다.

제33조 (원격대학형태의 평생교육시설)
① 누구든지 정보통신매체를 이용하여 특정 또는 불특정 다수인에게 원격교육을 실시하거나 다양한 정보를 제공하는 등의 평생교육을 실시할 수 있다.
② 제1항에 따라 불특정 다수인을 대상으로 학습비를 받고 교육을 실시하고자 하는 경우(「학원의 설립·운영 및 과외교습에 관한 법률」 제2조의2제1항제1호의 학교교과교습학원에 해당하는 경우는 제외한다)에는 대통령령으로 정하는 바에 따라 교육감에게 신고하여야 한다. 이를 폐쇄하고자 하는 경우에는 그 사실을 교육감에게 통보하여야 한다.
③ 제1항에 따라 전문대학 또는 대학졸업자와 동등한 학력·학위가 인정되는 원격대학형태의 평생교육시설을 설치하고자 하는 경우에는 대통령령으로 정하는 바에 따라 교육부장관의 인가를 받아야 한다. 이를 폐쇄하고자 하는 경우에는 교육부장관에게 신고하여야 한다.
④ 교육부장관은 제3항에 따라 인가한 원격대학형태의 평생교육시설에 대하여는 평가를 실시하고 그 결과를 공개하여야 한다.

⑤ 제3항에 따른 원격대학형태의 평생교육시설의 설치기준, 학사관리 등 운영방법과 제4항에 따른 평가에 필요한 사항은 대통령령으로 정한다.
⑥ 제28조제2항 각 호의 어느 하나에 해당하는 자는 원격대학형태의 평생교육시설의 설치자가 될 수 없다.

제34조 (준용 규정)
제33조제3항에 따른 원격대학형태의 평생교육시설을 설치 · 운영하는 자와 그 시설에 대하여는 「사립학교법」 제28조 · 제29조 · 제31조 · 제70조를 준용한다.

제35조 (사업장 부설 평생교육시설) 과태료
① 대통령령으로 정하는 규모 이상 사업장의 경영자는 해당 사업장의 고객 등을 대상으로 하는 평생교육시설을 설치 · 운영할 수 있다.
② 제1항에 따른 사업장 부설 평생교육시설을 설치하고자 하는 자는 대통령령으로 정하는 바에 따라 교육감에게 신고하여야 한다. 이를 폐쇄하고자 하는 경우에는 그 사실을 교육감에게 통보하여야 한다.

제36조 (시민사회단체 부설 평생교육시설) 과태료
① 시민사회단체는 상호 유기적인 협조체제를 구축하고 공공시설 및 민간시설 등 유휴시설을 활용하여 해당 시민사회단체의 목적에 부합하는 평생교육과정을 운영하도록 노력하여야 한다.
② 대통령령으로 정하는 시민사회단체는 일반 시민을 대상으로 하는 평생교육시설을 설치 · 운영할 수 있다.
③ 제2항에 따른 시민사회단체 부설 평생교육시설을 설치하고자 하는 자는 대통령령으로 정하는 바에 따라 교육감에게 신고하여야 한다. 이를 폐쇄하고자 하는 경우에는 그 사실을 교육감에게 통보하여야 한다.

제37조 (언론기관 부설 평생교육시설) 과태료
① 신문 · 방송 등 언론기관을 경영하는 자는 해당 언론매체를 통하여 다양한 평생교육프로그램을 방영하는 등 국민의 평생교육진흥에 기여하여야 한다.
② 대통령령으로 정하는 언론기관을 경영하는 자는 일반 국민을 대상으로 교양의 증진과 능력향상을 위한 평생교육시설을 설치 · 운영할 수 있다.
③ 제2항에 따른 언론기관 부설 평생교육시설을 설치하고자 하는 자는 대통령령으로 정하는 바에 따라 교육감에게 신고하여야 한다. 이를 폐쇄하고자 하는 경우에는 그 사실을 교육감에게 통보하여야 한다.

제38조 (지식 · 인력개발 관련 평생교육시설)
① 국가 및 지방자치단체는 지식정보의 제공과 교육훈련을 통한 인력개발을 주된 내용으로

하는 지식 · 인력개발사업을 진흥 · 육성하여야 한다.
② 제1항에 따른 지식 · 인력개발사업을 경영하는 자 중 대통령령으로 정하는 자는 평생교육시설을 설치 · 운영할 수 있다.
③ 제2항에 따른 지식 · 인력개발사업과 관련하여 평생교육시설을 설치하고자 하는 자는 대통령령으로 정하는 바에 따라 교육감에게 신고하여야 한다. 이를 폐쇄하고자 하는 경우에는 그 사실을 교육감에게 통보하여야 한다.

제38조의2 (평생교육시설의 변경인가 · 변경등록 등)
① 제31조 부터 제33조까지, 제35조 부터 제38조까지의 규정에 따라 평생교육시설 인가를 받거나 등록 · 신고를 한 자가 인가 또는 등록 · 신고한 사항을 변경하고자 하는 때에는 대통령령으로 정하는 바에 따라 변경인가를 받거나 변경등록 · 변경신고를 하여야 한다.
② 제1항에 따른 변경인가 및 변경등록 · 변경신고의 방법 · 절차 등에 필요한 사항은 교육부령으로 정한다.

제6장 문해교육

제39조 (문해교육의 실시 등)
① 국가 및 지방자치단체는 성인의 사회생활에 필요한 문자해득능력 등 기초능력을 높이기 위하여 노력하여야 한다.
② 교육감은 대통령령으로 정하는 바에 따라 관할 구역 안에 있는 초 · 중학교에 성인을 위한 문해교육 프로그램을 설치 · 운영하거나 지방자치단체 · 법인 등이 운영하는 문해교육 프로그램을 지정할 수 있다.
③ 국가 및 지방자치단체는 문해교육 프로그램을 위하여 대통령령으로 정하는 바에 따라 우선하여 재정적 지원을 할 수 있다.

제39조의2 (문해교육센터 설치 등)
① 국가는 문해교육의 활성화를 위하여 진흥원에 국가문해교육센터를 둔다.
② 시 · 도교육감 및 시 · 도지사는 시 · 도문해교육센터를 설치하거나 지정 · 운영할 수 있다.
③ 국가문해교육센터 및 시 · 도문해교육센터의 구성, 기능 및 운영, 그 밖에 필요한 사항은 대통령령으로 정한다.

제40조 (문해교육 프로그램의 교육과정 등)
제39조에 따라 설치 또는 지정된 문해교육 프로그램을 이수한 자에 대하여는 그에 상응하는 학력을 인정하되, 교육과정 편성 및 학력인정 절차 등에 필요한 사항은 대통령령으로 정한다.

제40조의2 (문해교육종합정보시스템 구축 · 운영 등)
① 교육부장관은 문해교육의 효율적 지원을 위하여 문해교육종합정보시스템을 구축 · 운영할

수 있다.
② 교육부장관은 문해교육종합정보시스템 운영업무를 국가문해교육센터에 위탁할 수 있다.
③ 제1항에 따른 문해교육정보시스템의 구축 · 운영과 제2항에 따른 문해교육정보시스템 운영업무의 위탁 등에 필요한 사항은 대통령령으로 정한다.

제7장 평생학습 결과의 관리 · 인정

제41조 (학점, 학력 등의 인정)
① 이 법에 따라 학력이 인정되는 평생교육과정 외에 이 법 또는 다른 법령의 규정에 따른 평생교육과정을 이수한 자는 「학점인정 등에 관한 법률」로 정하는 바에 따라 학점 또는 학력을 인정받을 수 있다.
② 다음 각 호의 어느 하나에 해당하는 자는 「학점인정 등에 관한 법률」로 정하는 바에 따라 그에 상응하는 학점 또는 학력을 인정받을 수 있다.
1. 각급학교 또는 평생교육시설에서 각종 교양과정 또는 자격취득에 필요한 과정을 이수한 자
2. 산업체 등에서 일정한 교육을 받은 후 사내인정자격을 취득한 자
3. 국가 · 지방자치단체 · 각급학교 · 산업체 또는 민간단체 등이 실시하는 능력측정검사를 통하여 자격을 인정받은 자
4. 「무형문화재 보전 및 진흥에 관한 법률」에 따라 인정된 국가무형문화재의 보유자와 그 전수교육을 받은 사람
5. 대통령령으로 정하는 시험에 합격한 자
③ 각급학교 및 평생교육시설의 장은 학습자가 제31조에 따라 국내외의 각급학교 · 평생교육시설 및 평생교육기관으로부터 취득한 학점 · 학력 및 학위를 상호 인정할 수 있다.

제8장 보칙

제42조 (행정처분) 과태료
① 교육부장관 또는 교육감은 평생교육시설의 설치자가 다음 각 호의 어느 하나에 해당하는 경우에는 그 시설의 설치인가 또는 등록을 취소하거나 평생교육과정을 폐쇄할 수 있고,1년 이내의 기간을 정하여 평생교육과정의 전부 또는 일부에 대한 운영의 정지를 명할 수 있다. 다만, 제1호 및 제4호의 경우에는 그 인가 또는 등록을 취소하여야 한다.
1. 거짓이나 그 밖의 부정한 방법으로 인가를 받거나 등록 또는 신고한 경우
2. 인가 또는 등록 시의 기준에 미달하게 된 경우
3. 평생교육시설을 부정한 방법으로 관리 · 운영한 경우
4. 제28조제2항 각 호의 어느 하나의 결격사유에 해당하는 경우

5. 제38조의2를 위반하여 변경인가를 받지 아니하거나 변경등록 · 변경신고를 하지 아니하고 평생교육시설을 변경하여 운영한 경우

② 교육부장관 또는 교육감은 제1항에 따라 평생교육과정의 전부 또는 일부에 대한 운영의 정지를 명하기 전에1개월 이상의 기간을 정하여 위반사항의 시정 및 개선을 명할 수 있다.

제42조의2 (지도 · 감독)

① 교육부장관 또는 교육감은 이 법에 따라 설치 인가 · 지정을 하거나 등록 또는 신고를 받은 평생교육시설의 회계 관리 및 운영 실태 등을 지도 · 감독할 수 있다.

② 교육부장관 또는 교육감은 제1항에 따른 지도 · 감독을 위하여 필요하면 대통령령으로 정하는 바에 따라 해당 평생교육시설의 장에게 자료의 제출을 요구하거나 그 밖에 필요한 지시를 할 수 있다.

제43조 (청문) 신구조문

교육부장관 또는 교육감은 다음 각 호의 어느 하나에 해당하는 처분을 하려는 경우에는 청문을 실시하여야 한다.

1. 제24조의2에 따른 평생교육사 자격의 취소
2. 제42조제1항에 따른 인가 또는 등록의 취소

제44조 (권한의 위임 및 위탁)

① 교육부장관은 이 법에 따른 권한의 일부를 대통령령으로 정하는 바에 따라 교육감에게 위임할 수 있다.

② 교육부장관은 다음 각 호에 따른 업무의 전부 또는 일부를 대통령령으로 정하는 바에 따라 진흥원에 위탁할 수 있다.

1. 제24조에 따른 평생교육사의 양성 및 평생교육사 자격증의 교부 · 재교부
2. 제25조에 따른 평생교육사 양성기관의 지정

③ 교육감은 이 법에 따른 권한의 일부를 대통령령으로 정하는 바에 따라 소관 교육장에게 위임할 수 있다.

제45조 (유사 명칭의 사용 금지) 과태료

이 법에 따른 진흥위원회 · 진흥원 · 평생교육협의회 · 평생학습관 및 평생학습센터가 아니면 이와 비슷한 명칭을 사용하지 못한다.

제45조 (유사 명칭의 사용 금지) 과태료

이 법에 따른 진흥위원회 · 진흥원 · 평생교육협의회 · 평생학습관 · 평생학습센터 · 국가문해교육센터 및 시 · 도문해교육센터가 아니면 이와 비슷한 명칭을 사용하지 못한다.

제45조의2 (벌칙)
제31조제2항에 따른 학력인정 평생교육시설을 설치 · 운영하는 자가 다음 각 호의 어느 하나에 해당하는 경우에는 2년 이하의 징역 또는 2천만원 이하의 벌금에 처한다.
1. 제31조제8항에 따라 준용되는 「사립학교법」 제28조를 위반한 경우
2. 제31조제8항에 따라 준용되는 「사립학교법」 제29조제6항을 위반한 경우

제46조 (과태료)
① 다음 각 호의 어느 하나에 해당하는 자에게는 500만원 이하의 과태료를 부과한다.
1. 제18조제2항을 위반하여 자료를 제출하지 아니하거나 거짓의 자료를 제출한 자
1의2. 제28조제4항을 위반하여 학습비 반환 등의 조치를 하지 아니한 자
2. 제32조제5항, 제33조제2항 · 제3항, 제35조제2항, 제36조제3항, 제37조제3항 및 제38조제3항에 따른 신고를 태만히 한 자
3. 제42조제2항에 따른 명령을 위반한 평생교육시설 또는 설치자
4. 제45조를 위반하여 유사 명칭을 사용한 자
② 제1항에 따른 과태료는 대통령령으로 정하는 바에 따라 관할청이 부과 · 징수한다.
③ 제2항에 따른 과태료 처분에 불복하는 자는 그 처분을 고지받은 날부터 30일 이내에 관할청에 이의를 제기할 수 있다.
④ 제2항에 따른 과태료 처분을 받은 자가 제3항에 따라 이의를 제기한 때에는 관할청은 지체 없이 관할 법원에 그 사실을 통보하여야 하며, 통보를 받은 관할 법원은 「비송사건절차법」에 따른 과태료 재판을 한다.
⑤ 제3항에 따른 기간에 이의를 제기하지 아니하고 과태료를 내지 아니한 때에는 국세 또는 지방세 체납처분의 예에 따라 징수한다.

2. 교육기본법

[일부개정 2016. 05. 29]

제1장 총칙

제1조 (목적)

이 법은 교육에 관한 국민의 권리 · 의무 및 국가 · 지방자치단체의 책임을 정하고 교육제도와 그 운영에 관한 기본적 사항을 규정함을 목적으로 한다.

제2조 (교육이념)

교육은 홍익인간(弘益人間)의 이념 아래 모든 국민으로 하여금 인격을 도야(陶冶)하고 자주적 생활능력과 민주시민으로서 필요한 자질을 갖추게 함으로써 인간다운 삶을 영위하게 하고 민주국가의 발전과 인류공영(人類共榮)의 이상을 실현하는 데에 이바지하게 함을 목적으로 한다.

제3조 (학습권)

모든 국민은 평생에 걸쳐 학습하고, 능력과 적성에 따라 교육 받을 권리를 가진다.

제4조 (교육의 기회균등)

① 모든 국민은 성별, 종교, 신념, 인종, 사회적 신분, 경제적 지위 또는 신체적 조건 등을 이유로 교육에서 차별을 받지 아니한다.

② 국가와 지방자치단체는 학습자가 평등하게 교육을 받을 수 있도록 지역 간의 교원 수급 등 교육 여건 격차를 최소화하는 시책을 마련하여 시행하여야 한다.

제5조 (교육의 자주성 등)

① 국가와 지방자치단체는 교육의 자주성과 전문성을 보장하여야 하며, 지역 실정에 맞는 교육을 실시하기 위한 시책을 수립 · 실시하여야 한다.

② 학교운영의 자율성은 존중되며, 교직원 · 학생 · 학부모 및 지역주민 등은 법령으로 정하는 바에 따라 학교운영에 참여할 수 있다.

제6조 (교육의 중립성)

① 교육은 교육 본래의 목적에 따라 그 기능을 다하도록 운영되어야 하며, 정치적 · 파당적 또는 개인적 편견을 전파하기 위한 방편으로 이용되어서는 아니 된다.

② 국가와 지방자치단체가 설립한 학교에서는 특정한 종교를 위한 종교교육을 하여서는 아니 된다.

제7조 (교육재정) 관련판례
① 국가와 지방자치단체는 교육재정을 안정적으로 확보하기 위하여 필요한 시책을 수립 · 실시하여야 한다.
② 교육재정을 안정적으로 확보하기 위하여 지방교육재정교부금 등에 관하여 필요한 사항은 따로 법률로 정한다.

제8조 (의무교육) 관련판례관련사례
① 의무교육은 6년의 초등교육과 3년의 중등교육으로 한다.
② 모든 국민은 제1항에 따른 의무교육을 받을 권리를 가진다.

제9조 (학교교육) 관련판례
① 유아교육 · 초등교육 · 중등교육 및 고등교육을 하기 위하여 학교를 둔다.
② 학교는 공공성을 가지며, 학생의 교육 외에 학술 및 문화적 전통의 유지 · 발전과 주민의 평생교육을 위하여 노력하여야 한다.
③ 학교교육은 학생의 창의력 계발 및 인성(人性) 함양을 포함한 전인적(全人的) 교육을 중시하여 이루어져야 한다.
④ 학교의 종류와 학교의 설립 · 경영 등 학교교육에 관한 기본적인 사항은 따로 법률로 정한다.

제10조 (사회교육)
① 국민의 평생교육을 위한 모든 형태의 사회교육은 장려되어야 한다.
② 사회교육의 이수(履修)는 법령으로 정하는 바에 따라 그에 상응하는 학교교육의 이수로 인정될 수 있다.
③ 사회교육시설의 종류와 설립 · 경영 등 사회교육에 관한 기본적인 사항은 따로 법률로 정한다.

제11조 (학교 등의 설립) 관련판례
① 국가와 지방자치단체는 학교와 사회교육시설을 설립 · 경영한다.
② 법인이나 사인(私人)은 법률로 정하는 바에 따라 학교와 사회교육시설을 설립 · 경영할 수 있다.

제2장 교육당사자

제12조 (학습자)
① 학생을 포함한 학습자의 기본적 인권은 학교교육 또는 사회교육의 과정에서 존중되고 보호된다.
② 교육내용 · 교육방법 · 교재 및 교육시설은 학습자의 인격을 존중하고 개성을 중시하여 학습자의 능력이 최대한으로 발휘될 수 있도록 마련되어야 한다.

③ 학생은 학습자로서의 윤리의식을 확립하고, 학교의 규칙을 준수하여야 하며, 교원의 교육·연구활동을 방해하거나 학내의 질서를 문란하게 하여서는 아니 된다.

제13조 (보호자) 관련문헌
① 부모 등 보호자는 보호하는 자녀 또는 아동이 바른 인성을 가지고 건강하게 성장하도록 교육할 권리와 책임을 가진다.
② 부모 등 보호자는 보호하는 자녀 또는 아동의 교육에 관하여 학교에 의견을 제시할 수 있으며, 학교는 그 의견을 존중하여야 한다.

제14조 (교원)
① 학교교육에서 교원(敎員)의 전문성은 존중되며, 교원의 경제적·사회적 지위는 우대되고 그 신분은 보장된다.
② 교원은 교육자로서 갖추어야 할 품성과 자질을 향상시키기 위하여 노력하여야 한다.
③ 교원은 교육자로서의 윤리의식을 확립하고, 이를 바탕으로 학생에게 학습윤리를 지도하고 지식을 습득하게 하며, 학생 개개인의 적성을 계발할 수 있도록 노력하여야 한다.
④ 교원은 특정한 정당이나 정파를 지지하거나 반대하기 위하여 학생을 지도하거나 선동하여서는 아니 된다.
⑤ 교원은 법률로 정하는 바에 따라 다른 공직에 취임할 수 있다.
⑥ 교원의 임용·복무·보수 및 연금 등에 관하여 필요한 사항은 따로 법률로 정한다.

제15조 (교원단체)
① 교원은 상호 협동하여 교육의 진흥과 문화의 창달에 노력하며, 교원의 경제적·사회적 지위를 향상시키기 위하여 각 지방자치단체와 중앙에 교원단체를 조직할 수 있다.
② 제1항에 따른 교원단체의 조직에 필요한 사항은 대통령령으로 정한다.

제16조 (학교 등의 설립자·경영자)
① 학교와 사회교육시설의 설립자·경영자는 법령으로 정하는 바에 따라 교육을 위한 시설·설비·재정 및 교원 등을 확보하고 운용·관리한다.
② 학교의 장 및 사회교육시설의 설립자·경영자는 법령으로 정하는 바에 따라 학습자를 선정하여 교육하고 학습자의 학습성과 등 교육의 과정을 기록하여 관리한다.
③ 학교와 사회교육시설의 교육내용은 학습자에게 미리 공개되어야 한다.

제17조 (국가 및 지방자치단체)
국가와 지방자치단체는 학교와 사회교육시설을 지도·감독한다.

제3장 교육의 진흥

제17조의2 (남녀평등교육의 증진)
① 국가와 지방자치단체는 남녀평등정신을 보다 적극적으로 실현할 수 있는 시책을 수립 · 실시하여야 한다.
② 국가 및 지방자치단체와 제16조에 따른 학교 및 사회교육시설의 설립자 · 경영자는 교육을 할 때 합리적인 이유 없이 성별에 따라 참여나 혜택을 제한하거나 배제하는 등의 차별을 하여서는 아니 된다.
③ 제1항에 따른 시책에는 체육 · 과학기술 등 여성의 활동이 취약한 분야를 중점 육성할 수 있는 교육적 방안이 포함되어야 한다.
④ 학교교육에서 남녀평등을 증진하기 위한 학교교육과정의 기준과 내용 등 대통령령으로 정하는 사항에 관한 교육부장관의 자문에 응하기 위하여 남녀평등교육심의회를 둔다.
⑤ 제4항에 따른 남녀평등교육심의회 위원의 자격 · 구성 · 운영 등에 필요한 사항은 대통령령으로 정한다.

제17조의3 (학습윤리의 확립)
국가와 지방자치단체는 모든 국민이 학업 · 연구 · 시험 등 교육의 모든 과정에 요구되는 윤리의식을 확립할 수 있도록 필요한 시책을 수립 · 실시하여야 한다.

제17조의4 (건전한 성의식 함양)
① 국가와 지방자치단체는 학생의 존엄한 성(性)을 보호하고 학생에게 성에 대한 선량한 정서를 함양시킬 수 있도록 필요한 시책을 수립 · 실시하여야 한다.
② 제1항에 따른 시책에는 학생 개인의 존엄과 인격이 존중될 수 있는 교육적 방안과 남녀의 성 특성을 고려한 교육 · 편의시설 마련 방안이 포함되어야 한다.

제17조의5 (안전사고 예방)
국가와 지방자치단체는 학생 및 교직원의 안전을 보장하고 사고를 예방할 수 있도록 필요한 시책을 수립 · 실시하여야 한다.

제17조의6 (평화적 통일 지향)
국가 및 지방자치단체는 학생 또는 교원이 자유민주적 기본질서를 확립하고 평화적 통일을 지향하는 교육 또는 연수를 받을 수 있도록 필요한 시책을 수립 · 실시하여야 한다.

제18조 (특수교육)
국가와 지방자치단체는 신체적 · 정신적 · 지적 장애 등으로 특별한 교육적 배려가 필요한 자를 위한 학교를 설립 · 경영하여야 하며, 이들의 교육을 지원하기 위하여 필요한 시책을 수립 · 실시하여야 한다.

제19조 (영재교육)
국가와 지방자치단체는 학문 · 예술 또는 체육 등의 분야에서 재능이 특히 뛰어난 자의 교육에 필요한 시책을 수립 · 실시하여야 한다.

제20조 (유아교육)
국가와 지방자치단체는 유아교육을 진흥하기 위하여 필요한 시책을 수립 · 실시하여야 한다.

제21조 (직업교육)
국가와 지방자치단체는 모든 국민이 학교교육과 사회교육을 통하여 직업에 대한 소양과 능력을 계발하기 위한 교육을 받을 수 있도록 필요한 시책을 수립 · 실시하여야 한다.

제22조 (과학 · 기술교육)
국가와 지방자치단체는 과학 · 기술교육을 진흥하기 위하여 필요한 시책을 수립 · 실시하여야 한다.

제22조의2 (학교체육)
국가와 지방자치단체는 학생의 체력 증진과 체육활동 장려에 필요한 시책을 수립 · 실시하여야 한다.

제23조 (교육의 정보화)
국가와 지방자치단체는 정보화교육 및 정보통신매체를 이용한 교육을 지원하고 교육정보산업을 육성하는 등 교육의 정보화에 필요한 시책을 수립 · 실시하여야 한다.

제23조의2 (학교 및 교육행정기관 업무의 전자화)
국가와 지방자치단체는 학교 및 교육행정기관의 업무를 전자적으로 처리할 수 있도록 필요한 시책을 마련하여야 한다.

제23조의3 (학생정보의 보호원칙)
① 학교생활기록 등의 학생정보는 교육적 목적으로 수집 · 처리 · 이용 및 관리되어야 한다.
② 부모 등 보호자는 자녀 등 피보호자에 대한 제1항의 학생정보를 제공받을 권리를 가진다.
③ 제1항에 따른 학생정보는 법률로 정하는 경우 외에는 해당 학생(학생이 미성년자인 경우에는 학생 및 학생의 부모 등 보호자)의 동의 없이 제3자에게 제공되어서는 아니 된다.

제24조 (학술문화의 진흥)
국가와 지방자치단체는 학술문화를 연구 · 진흥하기 위하여 학술문화시설 설치 및 연구비 지원 등의 시책을 수립 · 실시하여야 한다.

제25조 (사립학교의 육성)
국가와 지방자치단체는 사립학교를 지원 · 육성하여야 하며, 사립학교의 다양하고 특성있는 설립목적이 존중되도록 하여야 한다.

제26조 (평가 및 인증제도)
① 국가는 국민의 학습성과 등이 공정하게 평가되어 사회적으로 통용될 수 있도록 학력평가와 능력인증에 관한 제도를 수립 · 실시할 수 있다.
② 제1항에 따른 평가 및 인증제도는 학교의 교육과정 등 교육제도와 상호 연계되어야 한다.

제26조의2 (교육 관련 정보의 공개)
① 국가와 지방자치단체는 국민의 알 권리와 학습권을 보장하기 위하여 그 보유 · 관리하는 교육 관련 정보를 공개하여야 한다.
② 제1항에 따른 교육 관련 정보의 공개에 관한 기본적인 사항은 따로 법률로 정한다.

제27조 (보건 및 복지의 증진)
① 국가와 지방자치단체는 학생과 교직원의 건강 및 복지를 증진하기 위하여 필요한 시책을 수립 · 실시하여야 한다.
② 국가 및 지방자치단체는 학생의 안전한 주거환경을 위하여 학생복지주택의 건설에 필요한 시책을 수립 · 실시하여야 한다.

제28조 (장학제도 등)
① 국가와 지방자치단체는 경제적 이유로 교육받기 곤란한 자를 위한 장학제도(奬學制度)와 학비보조제도 등을 수립 · 실시하여야 한다.
② 국가는 다음 각 호의 자에게 학비나 그 밖에 필요한 경비의 전부 또는 일부를 보조할 수 있다.
1. 교원양성교육을 받는 자
2. 국가가 특히 필요로 하는 분야를 국내외에서 전공하거나 연구하는 자
③ 제1항 및 제2항에 따른 장학금 및 학비보조금 등의 지급 방법 및 절차, 지급받을 자의 자격 및 의무 등에 관하여 필요한 사항은 대통령령으로 정한다.

제29조 (국제교육)
① 국가는 국민이 국제사회의 일원으로서 갖추어야 할 소양과 능력을 기를 수 있도록 국제화교육에 노력하여야 한다.
② 국가는 외국에 거주하는 동포에게 필요한 학교교육 또는 사회교육을 실시하기 위하여 필요한

시책을 마련하여야 한다.
③ 국가는 학문연구를 진흥하기 위하여 국외유학에 관한 시책을 마련하여야 하며, 국외에서 이루어지는 우리나라에 대한 이해와 우리 문화의 정체성 확립을 위한 교육 · 연구활동을 지원하여야 한다.
④ 국가는 외국정부 및 국제기구 등과의 교육협력에 필요한 시책을 마련하여야 한다.

부 칙 [2016. 5. 29]

이 법은 공포 후 3개월이 경과한 날부터 시행한다.

저자 소개

✍ 이경화

숙명여자대학교 대학원졸업, 교육학박사
숭실대학교 평생교육학과 교수
숭실대학교 아동교육센터장, 영재교육연구소장

✍ 권옥경

숭실대학교 대학원졸업, 교육학박사
유아독서교육연구소 소장

✍ 김숙기

숭실대학교 대학원졸업, 교육학박사
한국가족부모교육협회 회장

✍ 김경열

숭실대학교 대학원졸업, 교육학박사
광신대학교 사회복지대학원 평생교육학과 교수

✍ 황성용

숭실대학교 대학원졸업, 교육학박사
한국평생교육심리연구소 소장

✍ 권희철

숭실대학교 대학원졸업, 교육학박사
새한일보 교육원장

✍ 송미정

숭실대학교 대학원졸업, 교육학박사
한국리더역량개발원(주) 원장

✍ 임제현

승실대학교 대학원졸업, 교육학박사
iHamstar 대표

✍ 최윤주

숭실대학교 대학원졸업, 교육학박사
(주)사니아연구소 소장

✍ 이은정

숭실대학교 대학원수료
백석예술대학교 등 강사

평생교육론

Chlee
2018. 8.

초판발행 2017년 2월 25일
재판발행 2018년 8월 25일

저 자 이경화 · 권옥경 · 김숙기 · 김경열 · 황성용
권희철 · 송미정 · 임제현 · 최윤주 · 이은정
발행인 김현태
발행처 태영출판사

주 소 (08301) 서울 구로구 구로동 104-10 동남오피스텔 201호
전 화 02 · 839-3757, 839-3752
팩 스 02 · 837-3754
등 록 2005년 5월 30일 제12-421호
홈페이지 http://www.taeyeongbook.co.kr
E-mail tys2005@hanmail.net
ISBN 978-89-6302-209-3 93370
정 가 19,000원

NAVER 태영출판사

* 잘못 만들어진 책은 교환해 드립니다.